X 现代企业管理

IANDAI
QIYE GUANLI

主　编　王相平　牟绍波
副主编　黄　雷　宋宝莉　唐雪梅
主　审　唐云锦

西南财经大学出版社

图书在版编目(CIP)数据

现代企业管理/王相平,牟绍波主编.—成都:西南财经大学出版社,2014.10

ISBN 978-7-5504-1526-3

Ⅰ.①现… Ⅱ.①王…②牟… Ⅲ.①企业管理 Ⅳ.①F270

中国版本图书馆 CIP 数据核字(2014)第 185861 号

现代企业管理

主　编:王相平　牟绍波

副主编:黄　雷　宋宝莉　唐雪梅

责任编辑:植　苗

助理编辑:傅倩宇

封面设计:墨创文化

责任印制:封俊川

出版发行	西南财经大学出版社(四川省成都市光华村街55号)
网　　址	http://www.bookcj.com
电子邮件	bookcj@foxmail.com
邮政编码	610074
电　　话	028-87353785　87352368
照　　排	四川胜翔数码印务设计有限公司
印　　刷	四川森林印务有限责任公司
成品尺寸	185mm×260mm
印　　张	21
字　　数	475 千字
版　　次	2014 年 10 月第 1 版
印　　次	2014 年 10 月第 1 次印刷
印　　数	1—2000 册
书　　号	ISBN 978-7-5504-1526-3
定　　价	39.80 元

前言

现代企业管理不仅是促进我国经济发展与企业发展的必要工具，也是高等学校学生素质教育的重要组成部分。本书从现代企业管理的实际需要出发，全面阐述了现代企业管理的热点问题和重点问题，较充分地反映了现代企业管理领域的新进展。本书注重理论联系实际，具有一定的深度和广度。本书不仅可作为应用型高等院校工商管理类本科专业和企业管理研究生专业学生的教材，也适合各类企业的经营管理者学习和培训使用。

全书由西华大学王相平和牟绍波任主编，西南政法大学管理学院唐雪梅任副主编，唐云锦任主审。全书共分 10 章，内容包括：现代企业管理概述、现代企业战略管理、现代企业人力资源管理、现代企业文化管理、现代企业社会责任管理、现代企业知识管理、现代企业质量管理、现代企业供应链管理、现代企业创新管理、现代企业客户关系管理。其中第一章由王相平、唐云锦、刘欢、李青青编写；第二章由宋宝莉、王相平编写；第三章由曹嘉晖、王相平编写；第四章由谢开勇、宋宝莉、唐雪梅编写；第五章由黄雷、牟绍波、唐云锦编写；第六章由牟绍波、刘欢、欧坚强、王怀玉编写；第七章由陈昌华、宋宝莉、唐雪梅编写；第八章由丁灿、黄雷编写；第九章徐武明、田敏、唐雪梅编写；第十章由杨小杰、黄雷编写。全书由王相平统稿，唐云锦审稿。

本书是西华大学“工商管理特色专业”建设和“现代企业管理”研究生示范课程建设的阶段性成果。在编写过程中参阅了大量的中外参考书籍和文献资料，在此对这些作者、译者表示衷心感谢！由于编者水平有限，书中不妥之处，恳请广大读者批评指正。

编者

2014 年 6 月

目 录

第一章 现代企业管理概述

第一节 现代企业概述

一、现代企业的含义和特征

（一）现代企业的含义

现代企业一般是指以盈利为目的，运用各种生产要素（土地、劳动力、资本、技术和企业家才能等），向市场提供商品或服务，实行自主经营、自负盈亏、独立核算的具有法人资格的社会经济组织。企业是一个有机的整体，企业管理是一个完整的系统，它是由生产管理、财务管理、营销管理、人力资源管理等子系统构成的。各子系统在企业管理中所处的地位是由它们在企业生产经营活动中所起的作用决定的，各子系统之间存在着密切关系。现代企业管理面临一系列新的问题，如顾客需求的多样化、个性化趋势明显；顾客化产品与低成本之间存在着一定的矛盾，企业必须在解决这一矛盾方面倾注更多精力和时间；新技术不断涌现，企业技术进步的压力明显增大等。

1. 企业应该具备的基本条件

（1）企业必须有一定的组织机构，有自己的名称、办公和经营场所、组织章程等。

（2）企业应自主经营、独立核算、自负盈亏，具有法人资格。企业必须依据国家相关的法律、法规设立，取得社会承认，履行义务，拥有相应的权利，依法开展经营活动并受到法律保护。

（3）企业是一个经济组织。企业以获取利益为最终目标，它的活动都与经济活动相关，这区别于学校、医院、政府机构、慈善机构、教会等非经济组织。

2. 企业的基本要素

（1）拥有一定数量、一定技术水平的生产设备和资金。

（2）具有开展一定生产规模和经营活动的场所。

（3）具有一定技能、一定数量的生产者和经营管理者。

（4）从事社会商品的生产、流通等经济活动。

（5）进行自主经营，独立核算，并具有法人地位。

（6）生产经营活动的目的是获取利润。

3. 企业的基本资源

（1）人力资源。人力资源包括机器操作人员、技术人员、管理人员和服务人员。

人力资源是企业的主体和灵魂，人的素质高低将决定企业经营的成败。

（2）物力资源。物力资源包括土地资源、建筑物和各种物质要素，也就是企业生产的物质环境。物力资源是企业开展生产经营活动的必要条件，企业的生产效率和质量在很大程度上取决于这些物质要素。

（3）财力资源。财力资源即资金，这是物的价值转化形态，它的周转情况是反映企业经营好坏的晴雨表。

（4）信息资源。信息包括各种情报、数据、资料、图纸、指令、规章等，它是维持企业正常运营的神经细胞。企业信息吞吐量是企业对外适应能力的综合反映。信息的时效性可以使企业获得利润或产生损失。

（5）时间资源。时间是一种特殊的资源要素。时间的节约会提高企业的效率和盈利水平，现代社会生活的节奏越来越快，企业必须树立“时间就是金钱、时间就是财富”的理念。

现代企业是现代市场经济社会中代表企业组织的最先进形式和未来主流发展趋势的企业组织形式。

（二）现代企业的特征

企业具有双重性。它既是生产力的组织形式，又体现一定的社会关系。现代的企业都具有明显的整体性、相关性、目的性和动态环境适应性等系统特征。我们把企业看成一个“输入—转换—输出”的开放式循环体。其中，企业的输入就是企业从事生产经营活动所必需的一切要素资源；转换和输出就是企业合理地配置这些资源要素，运用物理的、化学的或生物的方法，按照预定的目标向消费者生产或提供新的产品或服务，实现物质变换和增值，满足社会需求，获得经济效益。

现代企业特征具体表现在以下几个方面：

（1）企业生产经营活动具有先进性。现代企业普遍运用现代科学技术手段开展生产经营活动，生产经营活动的社会化和自动化程度较高，并比较系统地将科学知识应用于生产经营过程。

（2）企业生产经营活动具有协作性。现代企业内部分工、协作的规模和细密程度得到了极大地提高，劳动效率呈现逐步提高的态势。

（3）企业生产经营活动具有盈利性。现代企业必须通过商品生产、流通或相关服务为消费者提供商品或服务，从而实现企业价值增值的目标，实现盈利。

（4）企业生产经营活动具有环境适应性。企业是一个开放的系统，它和外部环境之间存在着相互交换、相互渗透、相互影响的关系，任何企业都离不开外部环境条件而独立存在。企业必须从外部环境中获得人力、资金、材料、技术、信息等要素的投入，然后通过企业内部的转换系统，把这些投入物转换成产品、劳务以及企业成员所需的各种形式的报酬，最后作为产出离开企业系统，从而完成企业与外部环境之间的交换过程。

（5）企业生产经营活动具有法律性。企业都是依法成立并依法进行生产经营活动，具备一定的法律形式。

二、现代企业的类型

（一）以企业的所有制性质标准分类

1. 国有企业

国有企业是指具有法人资格的，企业的全部资产归全民所有（国有）的依法自主经营、自负盈亏、独立核算的企业。这里所谓的法人是指“法律上的人”，即所有具有民事权利能力和民事行为能力，依法独立享有民事权利和承担民事责任的组织。它的基本特点是：国家作为全体人民的代表拥有企业的财产所有权。

2. 集体所有制企业

集体所有制企业是指具有法人资格的集体，财产归城乡劳动群众集体所有的企业。我国集体所有制企业存在多种具体形式：农村有生产、供销、信用、消费等各种合作经济组织、股份合作经济组织和股份经济组织，从事农、林、牧、副、渔生产和工业、建筑业、运输业以及其他服务性劳动生产经营活动；城镇主要有手工业合作社、合作或股份合作工厂、街道工业生产或生活服务组织以及机关、学校、部队等单位举办的集体经济组织等。

3. 个体私营企业

个体私营企业是指由一个或多个自然人投资，投资者以其个人财产对企业债务承担责任的企业。个体企业符合条件的可以取得法人资格。

4. 合资企业

合资企业是由一个或多个自然人和法人联合投资（投资者既可能是国家和集体，也可能是企业和自然人等），投资者分别以其投资额对企业债务承担有限责任的经济实体。合资企业一般具有法人资格。

5. 外资企业

外资企业是指在我国境内设立的有外商参与投资或独资的企业。外资企业的设立要经过我国政府的批准。企业符合法人条件的可以取得中国法人资格，具有中国法人资格的采取有限责任公司的形式。外资企业又可分为中外合资经营企业、中外合作经营企业、外商独资经营企业等形式。

（二）按股份制形式为标准分类

1. 股份合作制企业

股份合作制企业是指两个以上的劳动者或投资者按照章程或协议以资金、技术、实物、劳力和土地使用权等作为股本，自愿组织起来，依法从事各种生产经营服务，具有法人资格的集体经济组织。股份合作制企业可以在企业内部发行股票筹集资金，实行股份合作制，但外部人员不能入股。股份合作制企业的主要优点是实现了按劳分配和按股分配、所有者与劳动者的两个相结合。这样就有利于调动劳动者的积极性，提高企业活力。

2. 有限责任公司

有限责任公司是指由两个以上股东共同出资，每个股东以其所认缴的出资额对企业承担有限责任，公司以其全部资产对公司的债务承担责任的股份制企业。它的基本特征是：不公开发行股票，全部资本不划分为等额股份，对公司债务承担有限清偿责任。有限责任公司主要适用于中小型企业。

3. 股份有限公司

股份有限公司是指全部注册资本由等额股份所构成，并通过发行股票筹集资本的股份制企业。其基本特征是：全部注册资本划分为等额股份，向社会公众公开发行股票，并自由交易，公司以其全部资产对债务承担有限清偿责任。股份有限公司主要适用于大中型企业。

（三）以企业资产的构成形式为标准分类

1. 个人业主制企业

个人业主制企业是指由个人出资兴办，完全归个人所有和控制的企业。这种企业在法律上称为自然人企业，也称个人独资企业。个人业主制企业是最早产生，也是一种最简单的企业，它流行于小规模生产时期，但就是在现在的经济社会中，这种企业的数量也是占多数。

2. 合作制企业

合作制企业是指由两个或两个以上的个人联合经营的企业，合伙人分享企业所得，并对经营亏损共同承担责任。合伙人出资可以是资金或其他财物，也可以是权力、信用和劳务等其他形式。企业不具有法人资格，合伙人对企业的债务承担无限连带责任，即使其中某合伙人不能全部负起他应负的责任，则其他合伙人也要对他负不起责任的部分负责到底。

3. 公司制企业

公司制企业是指由许多人集资创办的企业，公司是法人，在法律上具有独立人格，这是公司制企业与个人业主制企业和合作制企业的主要区别。

（四）按照企业内部生产力各要素所占比重分类

1. 劳动密集型企业

劳动密集型企业是指使用劳动力较多，技术装备程度低，产品成本中活劳动消耗所占比重大的企业。例如纺织、服装、日用五金、饮食、儿童玩具等企业多属于劳动密集型企业。

2. 资金密集型企业

资金密集型企业是指原材料成本较高，或产品生产技术复杂，所需技术装备水平较高，生产单位产品所需投资较多，使用劳动力较少的企业。它一般具有劳动生产率高、物资或劳动消耗少、竞争能力强等优点。例如钢铁企业、重型机械企业、汽车制造企业和石油化工企业等通常划归资金密集型企业。

3. 技术密集型企业

技术密集型企业是指运用现代化、自动化等先进的科学技术装备较多的企业，如计算机企业、软件企业、飞机制造企业和技术咨询管理企业等。有的技术密集型企业需要较多具有高程度科学技术知识和能力的科技人员从事科研与生产经营，因此也被称为知识密集型企业。

(五) 按企业规模分类

企业规模一般是指按照企业的年销售额、生产能力、资产总额、员工人数等指标来进行划分的，可以分为大型企业、中型企业和小型企业三类。

三、现代企业的责任

(一) 企业责任

企业责任就是企业作为主体在社会生活中应该承担的义务以及对企业所选择的不良行为所承担的后果。现代企业制度的确立，确立了企业在整个社会经济中的主导地位。一方面，企业的出现改变了社会生产的组织形式，使生产力的各个要素以不同于以往的方式在企业里面结合起来并发挥巨大的作用，从而使企业成了提供社会生存条件(生产资料和生活资料)的最主要的方式和途径；另一方面，企业的存在，使得在企业中工作与生活成了人们最基本的生存方式。企业承担着使现代社会存续与发展的重大使命。

在早期大多数人的观念中，企业责任就是经济责任，主要以企业股东的利益为关注对象，企业实现利润最大化的责任实乃企业谋求股东利益最大化的责任。但随着市场经济体制的建立，企业在追求利润最大化的过程中引发的社会问题日趋突出。唯利是图的企业忽视法律、伦理和公益等行径所引起的不满情绪日渐高涨。企业对利润的追求不能建立在践踏法律、无视伦理和公益的基础上，企业除了对股东负责之外，还应对股东以外的相关利益者负责，即应负有社会责任。

(二) 企业社会责任

企业社会责任是指市场经济环境下的现代公司在创造企业自身经济效益的同时，处理好与公司相关的各种利益群体的利益关系，实现公司与社会的和谐与可持续发展(沈洪涛，2005)。耶鲁大学的经济学教授沃利克（1972）认为：现代公司寻求的是持续生存，更关注长期的利益。短期利润最大化行为可能会损害企业长期生存，因此，认同社会责任可以使得公司被社会所接纳，而这是公司持续经营所必需的。

企业社会责任在我国越来越受到理论界和实务界的重视，是有其深刻的现实和历史原因的：我国作为一个发展中国家，如果没有一段时间的高速经济增长，不具备一定的经济实力，人民生活就不能改善，甚至改革也无法继续下去。改革开放的初期，我国所面临的主要问题就是发展经济，所以，和许多发达或新兴工业化国家一样，选择了在一段时间里通过支付更大的经济和社会成本的方式换取较快的经济增长。但是，当经济发展取得了初步的成就，我们开始面对一个不同的局面，有必要反思我国经济增长的方式以及存在的问题。例如，强调经济增长和效率，牺牲公平；高能耗、高污染的粗放型经济发展模式破坏了生态甚至危及了人们的健康。人们对企业所带来的一系列问题反映强烈，社会对企业的期望提高，希望企业能够承担社会责任。

（三）会计责任

会计责任是一个历史的发展过程。会计最初只有计量和记录两项职责。随着经济的发展和环境的变化，会计核算内容也正在不断扩展和丰富，逐渐增加了计算、核算、报告、监控、分析和预决策等内容。会计责任的发展始终没有离开对谁负责这个核心问题。在私有制下，会计为私有财产所有者负责。在计划经济体制下，会计要为计划经济当局服务。在市场经济体制下，会计环境发生了前所未有的大变革，会计责任主体、责任对象、责任目标的多元化，也使会计出现了是对企业还是对国家、是对股东还是对法人、是对社会还是对所有者、是对生产者及经营者还是对消费者及客户负责的问题。会计要对市场经济的多元化负责。会计的多元利益主体使得会计在对多元利益主体服务过程中，不能片面强调任何一方的局部利益，必须兼顾各方利益使之公平和公允，满足各利益主体对会计的委托责任目标，即达到多元经济利益致衡。

（四）企业社会责任、企业责任和会计责任的关系

现有文献对企业责任和企业社会责任的关系大体有两种观点。一种观点认为：企业责任和企业社会责任是包含关系。企业责任共有四种，即经济责任、法律责任、道德责任和社会责任。这是以布鲁梅尔为代表的并列责任观，把企业社会责任作为与经济责任、法律责任和道德责任相并列的一种企业责任。另一种观点认为：社会责任等同企业社会责任。这是以卡罗尔为代表的综合企业社会责任观，这种社会责任几乎涵盖了企业的所有责任，但这种观点有失企业社会责任创立的初衷和其特殊意涵。无论哪种观点，企业责任包含经济责任是不争的事实，企业的经济责任是指企业追求投资的增值、获取利润方面的责任，它以企业的所有者（股东、投资者）为目标，以利润最大化为原则，作为反映企业经营成果的会计责任必然属于经济责任范畴。

目前，会计责任承担企业社会责任主要有两种形式：一是指建立社会责任会计，理论界众多学者已经对社会责任会计各领域进行探索，如社会责任会计的计量方法、报告模式等。但由于还没有形成一套完整、健全的理论体系，在实务界还不可能进行执行。二是建立社会责任会计信息披露制度。虽然理论界和实务界对如何进行披露企业的社会责任进行了大量的探讨。但由于制度以及其他原因，企业对社会责任会计信息的披露还存在如形式单一、内容不全面等很多问题。

第二节 企业管理概述

一、企业管理的定义与发展

（一）企业管理的定义

企业管理是指对企业的管理，是管理者把现场、现状的操作，运用技术、知识等与历史人文（即文化精神，是一种历史经验和价值理念的运用）交融，积累经验，总结上升为智慧并完美结合得到综合的运用和发挥。是总操作、技术、知识、人文、心

智、智慧的一种主观的主体结构，使它成为一套能够学习、遵循、可复制和推广的体系，工商管理通常也指工商企业的管理。

企业管理（Business Management）一般定义为：对企业的生产经营活动进行组织、计划、指挥、监督和调节等一系列职能的总称。此定义说明了管理采用的措施是计划、组织、控制、激励和领导这五项基本活动，利用这五项活动来协调人力、物力和财力方面的资源，使整个组织活动更加富有成效，这也是管理活动的根本目的。企业管理运用各类策略与方法，对企业中的人、机器、原材料、方法、资产、信息、品牌、销售渠道等进行科学管理，实现组织目标的活动，由此衍生了各个管理分支：人力资源管理、行政管理、财务管理、研发管理、生产管理、采购管理、营销管理等。通常情况下公司会按照这些专门的业务分支设置职能部门。

（二）企业管理的发展

企业管理的发展大体经历了三个阶段：

1. 18 世纪末至 19 世纪末的传统管理阶段

这一阶段出现了管理职能同体力劳动的分离，管理工作由资本家个人执行，其特点是一切凭个人经验办事。

2. 20 世纪 20 年代至 20 世纪 40 年代的科学管理阶段

这一阶段出现了资本家同管理人员的分离，管理人员总结管理经验，使之系统化并加以发展，逐步形成了一套科学管理理论。

3. 20 世纪 50 年代以后的现代管理阶段

这一阶段的特点是：从经济的定性概念发展为定量分析，采用数理决策方法，并在各项管理中广泛采用电子计算机进行控制。

企业管理历史悠久，经历了多次转变，即从科学管理阶段、资本管理阶段和集权管理阶段转变为文化管理阶段、人本管理阶段和分权管理阶段。这样的转变与企业内、外部环境的变化有着密切关系。随着经济全球化的加速、股份制等形式的推广，我国的企业管理向着文化管理、人本管理和分权管理迈进。

文化管理是企业管理的一个重要组成部分。它主要是通过企业的文化氛围来感染人，培养职工共同价值观，增强员工对企业的信任感，强化他们的凝聚力，培养他们的集体主义精神。这是企业发展不可缺少的重要因素。面对新的社会历史条件，传统的管理方式已不能很好地适应现在的环境。因此，我国的企业管理向着文化管理方向发展。

在以人为本的社会大环境的趋势下，企业管理也朝着人本管理的方向发展。企业的管理大致经历了四次变革：机器为本到技术为本到资本为本再到以人为本。随着经济全球化趋势的日益加深，信息高速公路的建成，人本管理的思想逐渐形成。在企业管理中，人本管理主要包括四个内容，即情感、民主、人才、文化的管理。然而，不论哪一种管理都离不开人的作用，企业的管理需要人，企业的发展更需要人。甚至有人提出“3P”理论，认为企业是由人组成的，企业的管理需要依靠人，企业的发展是为人谋福利。因此，为了更好地实现企业的发展，企业管理要朝着人本管理的方向迈进。

企业是由各个部门组成的，各个部门相互配合才能更好地实现企业利益的最大化。因此，做好企业的分权管理是十分必要的。企业分权管理的作用主要体现为以下三点：第一，能够发挥各部门的自主权，如创立“专案团队”；第二，能够维持企业部门的良好沟通，分权管理使各个部门拥有更多的自主权，更多平等对话的机会；第三，可以更好地建立起“内企业”制，即在大企业内部建立起小企业制，有利于各部门的相互配合。企业是一个由各小部门组成的整体，为了更好地发挥其作用，便要逐步实现集权到分权的转变。这种转变有利于各部门的自主决策和自主管理，便于团队合作，能最大限度地提高企业反应的灵活性和敏捷性，为企业的发展注入活力。

企业管理是企业生存发展的一个重要手段，日益受到企业管理者的重视。企业是一个生产部门，为了保证企业的正常运转，企业领导者需要不断提升自身的管理水平。然而，不同的企业有不同的管理方式，受到经济发展速度、网络普及程度、管理知识不断更新等因素的影响，企业管理的发展受到了挑战，为了适应不断变化的外部环境，企业的管理者们需要不断更新自己的管理知识，逐步与外界接轨，迎接接踵而来的挑战。

二、企业管理的基本原理

（一）系统原理

管理的系统原理是指管理者要实现对企业的有效管理就必须把管理的对象当做一个系统，并按照系统论的要求，对管理对象的各要素进行系统分析、系统优化和统筹整合，并通过对管理效果及环境变化的观察及时调整和控制系统的运行，最终实现管理目标。系统论是管理系统原理的理论基础，管理的系统原理来源于系统理论。系统原理应用于管理实践中，主要应遵循以下原则：

1. 系统原理的整分合原则

按照系统原理，任何管理组织都是一个由相互联系的各要素、子系统构成的有机整体，所谓整分合原则，是指任何管理工作都必须在整体规划下有明确分工，而在分工基础上又讲究综合协调。整分合原则的前提是系统的整体观念。任何管理活动，如不充分了解系统整体及其运动规律，分工必然是混乱而盲目的。整分合原则的过程当然是分工协作。分工也是关键，没有分工的整体只是混沌的原始状态，构成不了当代有序的系统。整分合原则的应用就是从整体角度设计组织系统的结构功能，明确系统的总体目标，然后再将总目标进行层层分解，按职责加以分工，落实到部门、岗位以及具体人，为实现组织目标提供可靠的保证。

2. 系统原理的相对封闭原则

所谓相对封闭原则是指任一系统内的管理职能、管理手段都必须构成一个连续封闭的回路，才能形成具有自适应和自循环特征的有效管理，确保组织目标的实现。管理封闭原则要求，管理系统的职能机构应分解为决策机构、执行机构、监督机构和反馈机构。在这样的管理系统中，由决策机构首先发出工作指令，通过执行机构来贯彻落实，监督机构监督执行情况，指令执行效果输入到反馈机构，反馈机构对信息处理，比较效果与指令的差距后，再反馈到决策机构；决策机构根据反馈信息情况进行调整，发出新的指令。这便形成了管理相对封闭的回路。我们在应用相对封闭原则时，应着重注意以下几个方面：

（1）对管理结果的评估是应用相对封闭原则的基础。评估管理结果的标准是目的，一般来说，管理结果与目的应取得一致，如果通过评估，发现管理结果偏离目的，就要采取对策，加以封闭，纠正偏离目的的管理结果。评估管理结果是贯彻封闭原则的起点。

（2）要善于解决主要矛盾。管理者要善于从纷繁复杂的管理结果中，理出头绪，选择出可以反馈控制的主导线加以封闭；否则，构不成封闭的管理回路，即便奏效一时，也不会根本解决问题。

（3）采取两类基本的封闭方法。这两类方法，一类是从管理结果找出管理手段各环节中的原因加以封闭；二类是直接从管理结果采取措施加以封闭。

管理的相对封闭原则，其实就是任何组织的管理工作都要“有始有终”且“善始善终”，只有这样，才能保证组织管理目标的实现。

（二）分工原理

现代高效率的管理必须在整体规划下明确分工，在分工的基础上进行有效的综合，这就是整分合原理。其实，这个原理的意义，马克思早就指出：“由协作和分工产生的生产力，不费资本分文，这是社会劳动的自然力”。

这个原理中的整体观点是大前提，不充分了解整体及其运动规律，分工必然是混乱而盲目的；但是分工是关键，没有分工的整体只是混沌的原始，构成不了现代有序的系统；没有分工的协作是吃大锅饭，只能是每况愈下的低效率。马克思说过：“一个民族生产力发展的水平，最明显地表现在该民族分工发展程度上”。

问题在于按什么原则进行分工？在我们现代社会里大致有四类分工：

1. 按社会功能进行专业化功能分工

封建社会是按行政权力进行分工的，即皇权高于一切，统管一切，实行中央集权下的郡县制。每个郡县都是行政权力控制下，实行工农兵学商合一的，构成了各个层次的自给自足的小农经济。但现代社会打破了这种一统壁垒，而是按照事物的社会功能及其固有规律来进行分工和组织的，不仅工农兵学商各成体系，而且各体系内部的构成也是有分工的，并且分工是日益精细。作为工业企业，必须承担社会分工的功能，集中精力搞好生产经营，为社会提供物质产品。

2. 按自然资源特点进行专业化区域分工

自然资源是劳动对象，是生产力的重要构成。自然资源的分布是不随人愿的。现在的管理只能也必须顺从自然规律，才能充分有效地利用自然资源，创造更大的生产力。工业生产应该就近资源发展，特别是中小企业，更应充分利用当地的资源优势，变资源优势为商品优势，实现工业生产的区域分工化。

3. 按产品及其构成进行专业化生产分工

随着现代科学技术的迅猛发展，工农业产品以惊人的速度增加。据有关资料统计，仅20世纪60年代发展宇宙空间技术领域中就出现了12 000多种过去没有的新产品和新工艺，由此可见一斑。这么多新产品不可能由一个企业、一个部门来生产，必须实现专业化，以达到技术上精益求精。这种专业化生产的产品，已不再是成套机组，甚至也不是整机，而更多的是零部件了。中小企业应发展自己规模小的特点，实行小而专的生产。

4. 按照作业程序进行专业化作业分工。

这类分工日益在生产和科研的不同层次内深入进行。以现代企业而言，它不再是传统意义上的工厂了，而是包括了市场预测系统、研究开发系统、生产工厂、技术服务和销售系统。随着生产的自动化，生产工厂的比重日趋下降。在国外一些先进企业，科技人员、销售人员和生产人员已是各占三分之一了。以生产作业而言，毛坯、铸造、金属加工和装配也日益专业化分工了，相应地发展了许多新的行业。

上述四类分工有机地排列组合，构成现代社会生产繁荣与绚丽的景象。不同层次的分工还在继续进行，新行业在不断涌现。优秀的管理者就是要善于抓住时机，进行必要的合理分工。但是，分工并不是现代管理的终结，分工也不是万能的，它会带来许多新的问题。分工特别容易在时间和空间、数量和质量方面脱节。因此，必须强有力的组织管理，使各方面同步协调，有计划按比例、综合平衡的发展才能创造真正新水平的生产力。这就是先分而后合。

（三）弹性原理

弹性原理，是指管理必须要有很强的适应性和灵活性，用以适应系统外部环境和内部条件千变万化的形势，实现灵活管理。

管理弹性的表现形式：

1. 局部弹性

局部弹性是指管理环节上所保持的可调节性。具体表现为：在确定目标时，各子系统目标任务应该有一定的弹性，在确保总目标实现的前提下，允许下级管理人员在许可的范围内自行调整；在制订计划时，在确保总目标计划实现的前提下，应有多种方案可供选择使用，而且要有备用的机动计划；在人员使用上，要有可调节性，在力量配备上要形成梯队；在经费使用上要留有可供调节的机动经费；在物资使用上，必须有一定的贮备；在时间安排上，要留有必要的机动时间。

2. 整体弹性

整体弹性是指对各个层次的管理系统都应具有适应情况变化的应变能力。整体弹性对任何一级管理系统和任何一个管理者都是必要的。对一个管理系统来说，提高整体弹性应从三方面努力：①建立具有较大弹性的知识结构，也即建立纵横交叉的三维知识结构，才能有较强的应变能力；②保持有较大弹性的知识技术水平，只有知识技术水平提高，才能建立起应变的知识结构；③建立有弹性的组织结构，不论是技术队伍，还是管理队伍，都应有几个梯队，以适应多变的情况。

3. 积极弹性

积极弹性是指根据管理的需要，保持适当的可调节性。因此，在管理中要“多一手”，多一个保险措施，有备无患，以防不测。

4. 消极弹性

消极弹性是指超过了管理的需要，宽打窄用，或压低任务、指标。其出发点也是“留一手”，但它助长了官僚主义、形式主义等不正之风，因此在管理中要防止和克服消极弹性。

增强管理弹性可以从增强组织的弹性，以及增强计划、目标、战略的弹性和增强管理者随机应变、灵活管理的能力三个方面入手。

（1）增强组织的弹性。

组织系统的弹性，主要是指组织系统能在外部环境发生变化时迅速地做出反应。采取积极的行动，适应环境的变化，能动地达成组织目标的应变能力。组织系统的弹性必须通过富有弹性的管理来实现，既包括增强组织内各组成部分的局部弹性，如确定各部门、各环节的职能时留有余地，还包括增强组织系统的整体弹性，如通过调整组织系统内各组成部分的相互关系来增强组织系统的应变能力。

（2）增强计划、目标、战略的弹性。

这就要求在制订计划时，既充分考虑到各种有利条件，又充分考虑到各种不利因素，指标既不过高、又不过低，充分留有余地，同时根据外部环境及内部条件的变化，适时、适当地加以调整。组织系统的目标和方案的制订也要留有充分的余地，计划和决策的制订要充分考虑需要与可能，从最坏处着想，从最好处入手，指标的确定不能过高或过低，应以平均先进水平为准。防止任务过重、目标过高造成组织承受压力太大而使组织断裂和任务过轻造成资源浪费的现象的发生。方案和目标的制订与实施要有阶段性、灵活性，要不断根据变化了的条件进行调整，防止一成不变的僵化和形而上学。

（3）增强管理者随机应变、灵活管理的能力。

管理者素质的提高是增强管理弹性的重要条件。管理人员要培养自己应付环境变化、处理意外管理实践的应变能力。这种应变能力可以说是一种活的弹性且最具有能动性。要增强管理者处理非程序性管理问题的能力，必须提高科学知识水平，增强其随机应变、灵活管理的管理技巧和艺术水平。管理者应在管理理论的学习和管理实践锻炼中，有意识地提高自己的理论水平和艺术水平，培养自己的组织才能、联络才能和社交才能，以提高处理管理问题的应变力，从而提高管理的弹性水平。

（四）效益原理

在任何管理活动中，都要讲求实效，力图用最小的投入和消耗，创造出最大的经济效益和社会效益，这就是管理的效益原理。

效益原理揭示了管理的目的属性。管理的一切职能、措施、方法、手段等，最终都是为了尽早地实现管理的预定目标。也就是说，要通过各种管理活动，使投入的人力资源、物力资源、财力资源、信息资源和时间资源等，得以最充分、最有效地利用，从而产生最大的经济效益和社会效益。假若管理者每天从早到晚不停地工作，认为“没有功劳也有苦劳”，甚至用“无愧于心”、“全心全意”来自我安慰和自我表扬，实际上并没有做出有效益的贡献来，这是无效和失职的。效益原理要求我们不能做一个只讲动机不讲效益的“原则领导者”。必须加强科学管理，发展科学技术，提高管理者和被管理者的素质，牢固树立效益观念，通过多种途径提高社会经济效益。

应用效益原理必须遵循的两个原则：

1. 价值原则的内涵

价值原则是指管理活动要围绕着提高经济效益和社会效益这个目标，科学地、节省地、高效地使用管理的各项资源，以创造最大的经济价值和社会价值。

管理学的价值原则中所讲的价值，是一个综合性的社会范畴。它除了包括商品价值和经济价值外，还包括社会价值。社会组织管理活动，都可抽象为完成人类价值的某种社会转换或创新，即通过消费一定的价值，经由系统的整体转换功能，有效地向社会提供某种新的更大的价值。

2. 价值原则的要求

管理的价值原则就是要分析投入与产出之比。投入是社会所耗费、占用的劳动总量（包括活劳动和物化劳动），产出指符合社会需要的产品总量。它不仅可以指企业生产的商品总量，也可以指科研工作的成果总量，还可以指学校培养的人才总量，等等。借鉴价值工程的公式：

价值=功能/成本

我们可以作这样的引申，即上述公式中的功能指的是商品中零件、部件的功能以及由此提高的使用价值和市场效应，属于产出。成本指的是可靠地实现产品的必要功能所消耗的财力和物力的总和，属于投入。这样，追求最大价值，就有五种途径：

（1）提高功能，降低成本；或提高产出，降低投入，减少消耗，这是一种最理想的途径。

（2）功能不变，降低成本；或者说产出不变，降低投入。

（3）成本不变，提高功能；或投入不变，提高产出。

（4）功能略降，成本大大下降；或产出略降，投入大幅度下降。

（5）成本略升，功能大大提高；或投入略增，产出大幅度提高。

在管理活动中，利用这种价值分析方法，有助于提高经济效益和社会效益。在此，价值原则强调的是，管理活动虽然反映生产力发展的要求，力图用最新的技术和设备、科学的手段和方法去提高效益，但这种追求最佳效益的管理活动，又总是受一定的社会关系所制约。因此，要有效实现经济和社会效益，必须处理好局部效益与整体效益的关系、近期效益与远期效益的关系。

（五）激励原理

激励原理是根据人的行为规律，通过强化人的动机，以调动人的积极性的一种理论。激励理论一般划分为内容型激励理论和过程型激励理论两大方面。内容型激励理论着重探讨什么因素能够使一个人采取某种行为，主要有马斯洛的“需要层次理论”、奥德费的“EGR 理论”、赫茨伯格的“双因素理论”和麦克莱兰的“成就激励理论”。过程型激励理论则着重研究动机的形成和行为目标的选择，主要有弗洛姆的“期望理论”、亚当斯的“公平理论”和斯金纳的“强化理论”。

运用激励原理遵循的原则：

1. 机会均等原则

激励是为了调动劳动者的积极性，其条件和标准适宜于企业的全体成员，任何一个成员都有受到激励的权利和机会，人人均等。哈罗德·杰尼大胆破格录用年轻人，给看似没有机会的人以机会，推动他们登上自己都没有预料到的高度，发挥出自己都意识不到的潜能，这些都是从心理上取得的最上限，而不是无限，因为从心理上抓住了激励点，其内动力会主动发挥，效果更佳。

2. 物质鼓励和精神鼓励相结合原则

物质激励是指通过物质刺激的手段鼓励员工工作，主要表现形式有正激励，如发放工资、奖金、津贴、福利等；负激励，如罚款等。但在实践中，不少单位在使用物质激励的过程中，耗费不少，而预期的目的并未达到。那些一味地认为只有奖金发足了才能调动员工的积极性的想法是错误的。事实上人类不但有物质上的需要，更有精神方面的需要。因此企业单用物质激励不一定能起作用，必须把物质激励和精神激励结合起来才能真正地调动广大员工的积极性。

3. 激励与惩戒相结合原则

激励是一种正强化，惩戒是种反刺激，二者能起到教育的作用，相辅相成，相得益彰，缺一不可。领导者要坚持以奖励为主、奖惩结合的原则。

4. 注重实绩原则

有成绩有贡献者收到激励，其他企业员工才会信服，激励的作用才能充分发挥。

5. 差别对待原则

针对需要，认真分析受激励者的心理，因人而异，激发内在的动力。

6. 引导原则

因时因事，运动激励的手段树立榜样，既考虑个体的引导，更要考虑对群体的引导。

（六）动态原理

管理动态原理认为：由于管理的对象所处的是一个变化的环境，整个管理系统自然也处于发展变化之中；以计划为起点，经过组织、指挥、控制，实现组织目标为宗旨的管理过程，始终处于连续不断、无休止的运动状态，推动着管理活动的循环与前进。应用管理动态原理必须遵循的两个基本原则是：

1. 动态原理的弹性原则

弹性原则要求我们，只有管理保持充分的弹性，及时适应客观事物各种可能的变化，才能最终实现我们的管理目标。我们知道，管理所面临的问题往往是多因素的，并且有很大的不确定性，管理者不可能也不必要将所有的变化因素都弄得一清二楚。这时，对企业的管理保持弹性，留有余地就显得十分必要。因此我们说，遵循弹性原则是管理活动的客观要求。

管理弹性一般情况下分为两类。一是局部弹性。局部弹性是指任何管理必须在一系列管理环节中保持可以调节的弹性，特别是在关键环节更要注意保持足够的余地。二是整体弹性。整体弹性是指整个管理系统所具有的能适应环境变化的应变能力和可塑性。整体弹性从一个侧面反映了管理系统的整体素质及各方面的协调性。在实际应用弹性原则时，应注意严格区分消极弹性与积极弹性。消极弹性的基本特点是把留有余地当作“留一手”。而积极弹性则不是遇事“留一手”，而是遇事“多一手”。充分发挥人的聪明才智，进行科学判断，不仅在关键环节保持可调节性，而且事先准备多种可供选择的预案，从而可以大大改善管理过程，有利于我们管理目标的实现。

2. 动态原理的反馈原则

反馈是控制论的一个基本概念，意思是指把信息输送出去，又把其作用的结果传送回来，并根据传送回来的结果对信息的再输出发生影响，从而起到控制的作用。反馈原则是指面对不断变化的客观环境，管理是否有效，并向预期的目标发展，必须具备完善高效的信息反馈机制，以便采取相应的变革措施，将问题和矛盾消灭在萌芽状态。

反馈原则实施的关键是反馈的信息要灵敏、准确和有力。“灵敏”就必须有敏锐的感受器，以便及时发现管理与客观实际之间的矛盾和变化的信息。“准确”就必须有高效的分析系统，以过滤和加工感受到的各种信息。“有力”是指把经过加工后的信息变为决策机构强有力的行动，以指导管理运行，使之更符合实际情况。反馈机制使决策机构和执行之间实现了互动，并形成了一个循环回路，使得管理活动沿着“决策—执行—反馈—修正—再决策”的路线，循环往复，螺旋上升，管理活动便不断得到提升和完善。

三、企业管理的职能

就目前企业和管理具体而言，由企业的各项运营活动（营销、生产、技术、财务、会计）和一般性的管理活动（计划、组织、指挥、协调、控制、监督）综合而成。因此，企业管理职能具有双重性：一方面，具有与生产力、社会化大生产相联系的自然属性；另一方面，又具有与生产关系、社会制度相联系的社会属性，即维护生产关系的基本职能。这两种基本管理职能结合作用于生产过程，是在一个系统的运行过程中来实现的。随着企业经营技术的进步、经济、社会环境的变化，所有权和经营权的分离，越来越需要管理职能的专业化。在这些基础上，为了满足这种普遍的要求，人们对企业管理劳动的过程开始分析研究，并产生了企业管理职能理论。

企业管理职能是对企业的基本工作内容和工作过程所做的理论概括。包括一般管理职能(属于合理组织生产力的管理职能)和特殊职能(属于维护生产关系的职能)。主要职能包括计划、组织、领导、协调、控制，即“五职能说”。

1. 计划职能

计划职能是企业经营管理者对未来经济活动事先确定目标和决定实现这些目标的

原则、方法、步骤和手段等完整的全部管理劳动。计划职能分为确定目标、预测、决策和制订规划（短、中、长）四个阶段。目标是结果，预测是对过去和现在的各种有关信息资料进行分析，从而判断将来事态发展情况，是决策的基础，决策是对未来经营活动方案的选择，制订规划是对决策选择的方案中的各个环节进行经济预算与分析，进行人财物各种资源条件的综合平衡，成为企业行动的指南。在制订计划时要有全局观念、独立观念、效益观念、平衡观念及应变观念，以适应企业内部条件和外部环境的变化，编制执行和控制是计划管理系统不用分割的整体，它是企业经营思想、经营战略和经营目标的具体化表现。

2. 组织职能

组织职能是为了实现企业的总目标和总任务，设计任务结构和权力结构，进行生产要素合理组合的管理劳动。有直线制、职能制、直线职能制（直线参谋制）、事业部制（分权组织或部门结构）、超事业都制、矩阵制（目标规划制）等组织形式。几种典型的现代管理模式有利·克特模式和瞿曼斯模式。而我国多采用直线职能模式。现代管理理论充分吸收了社会学、心理学、管理学等许多学科的研究成果，摆脱了传统组织理论的局限性，在现代社会中正起着愈来愈重要的作用。

3. 领导职能

领导职能就是管理者利用职权和威信施展影响，指导和激励各类人员努力去实现目标的过程。当管理者激励他的下属、指导下属的行动、选择最有效的沟通途径或解决组织成员间的纷争时，他就是在从事领导工作。

领导职能有两个要点：一是努力搞好组织工作；二是努力满足组织成员的个人需要。领导工作的核心和难点是调动组织成员的积极性，它需要领导者运用科学的激励理论以及合适的领导方式。

4. 协调职能

协调职能是企业在生产经营过程中消除各环节、各要素之间的不和谐现象，加强相互间的配合与合作，达到预定目标和同步发展的管理劳动。协调职能是针对过程，不是结果。

5. 控制职能

控制职能是按照企业计划目标和工作的质量标准，对企业各系统各部分的工作进行检查和对照，找出差异，排除和预防产生差异的因素，以保证总体目标实现的管理劳动。控制职能的任务就是使计划指标与实际执行的结果相一致。

上述五大职能是相互联系、相互制约的，其中计划是管理的首要职能，是组织、领导和协调、控制职能的依据；组织、领导、协调和控制职能是有效管理的重要环节和必要手段，是计划及其目标得以实现的保障，只有统一协调这五个方面，使之形成前后关联、连续一致的管理活动整体过程，才能保证管理工作的顺利进行和组织目标的完满实现。

四、企业管理的环境

企业管理环境是指对企业管理岗位职能要素以及管理者本身产生影响的各种因素的总和。企业环境一般分为外部环境和内部环境。企业外部环境是指企业外部的各种自然和社会因素。外部环境可以进一步划分为一般环境和任务环境。一般环境也称宏观环境，即所有企业共同面临的整个社会的某些环境因素。包括那些影响企业所有行动者的较广泛的社会力量或因素，包括人口的、经济的、技术的、政治的、法律的以及社会文化方面的力量和因素。任务环境也叫微观环境，特指某个企业在完成特定任务过程中所面临的环境因素。微观环境包括那些直接影响企业履行其使命状况的管制机构、供应商、各种市场中间商、顾客、竞争对手等。企业内部环境是指企业内部的物质、文化环境的总和，包括企业资源、企业能力、企业文化等因素，也称企业内部条件。即组织内部的一种共享价值体系，包括企业的指导思想、经营理念和工作作风。

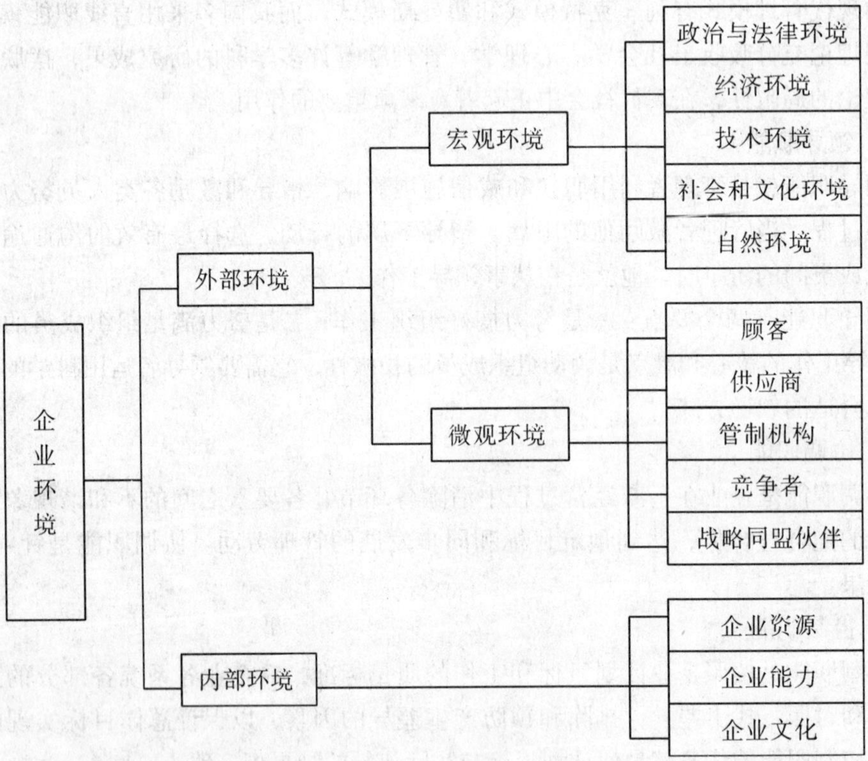

图 1-1 企业管理环境

外部环境是指存在于企业之外、企业不能控制但是能对企业决策和绩效产生影响的外部因素的总和。外部环境分为宏观环境和微观环境。宏观环境是对所有行业和企业的运行产生影响的环境因素。本书将宏观环境因素分为五类：经济环境、政治与法律环境、社会和文化环境、技术环境、自然环境。微观环境是直接影响一个企业及其竞争行动与反映的一组因素。企业外部环境是一个多因素的组合体，具有明显的复杂性和多变性。这些变化的因素有渐变也有突变。如自然地理环境变化较慢，而经济环境，特别是市场变化却是很快的。企业环境可以变化的特性，既可带来企业的经营困难，也可给企业带来发展机会，关键在于企业是否善于把握。另一方面，各种外部环境因素可能单独影响企业，也可能由多个因素产生综合影响。

企业内部环境是指企业对自身的条件主要是内部资源和能力的现状及其变动趋势进行分析，通过分析找出影响企业未来发展的优势和劣势，扬长避短，抓住发展机遇，谋求企业的发展和壮大。企业内部环境或条件分析的目的在于掌握企业历史和目前的状况，明确企业所具有的优势和劣势。它有助于企业制订有针对性的战略，有效利用自身资源，发挥企业优势，同时避免企业劣势，或采取积极的态度改进企业劣势。

第二章　现代企业战略管理

战略无处不在，无时不在，大可用于国家，小可用于个人。战略是组织成功的根本，战略管理自20世纪60年代作为一门学科正式诞生后，便对企业管理产生了重要影响，企业管理的所有问题，若不能首先上升到战略的高度来把握，便会失去解决的方向，战略管理不同于企业管理的其他学科，它可以说是企业管理所有学科的综合，涵盖了所有的内容，但又不是取代其他学科，而是从战略的高度把握企业的经营理念、业务定位、发展方向和目标、资源配置和经营活动方式等。战略管理决定企业的发展方向，决定企业的生死存亡。

第一节　战略与战略管理

一、战略

战略思想自人类社会诞生之日起就已出现，并广泛应用于各种政治、经济尤其是军事活动中。战略（Strategy）一词来源于希腊语种的 stratego，意为“将军”，是指“对资源的有效使用加以规划以摧毁敌人”。著名的德国军事家卡尔·菲利普·戈特费里德·冯·克劳塞维茨把战略看做是指导战争的规划和方针，他在《战争论》中认为，“战略就是为了达到战争目的而对战斗的运用”，“战略必须为整个军事行动规定一个适应战争目的的目标，也就是要拟订战争计划”。激烈的市场竞争和企业管理实践的发展，使得企业经营者更注重从战略上思考和把握企业的经营活动。因此，军事学上的战略概念和战略思想逐渐被引进到企业管理实践中。

关于企业管理的战略，不同的学者具有不同的观点，彼得·德鲁克认为战略就是“管理者找出企业所拥有的资源并在此基础上决定企业应该做什么”。钱德勒认为，战略是“确定企业基本长期目标，选择行动途径和为实现这些目标进行资源分配”。奎因认为战略是“一种模式或计划”……

总结学者们的观点，企业管理的战略是指企业在激烈的竞争环境中，根据市场的变化因素、自身的客观条件和潜能，在总结经验、调查现状和预测未来的基础上，为谋求生存和发展，寻找和制订的对将来一定时期内全局性的经营活动的理念、目标以及资源和力量的总体部署与规划。可见，战略的本质是认清企业外部环境和内部实力的基础上，确定企业与环境的最佳契合点，这一契合点决定着企业的生存和发展。

专题1　企业战略的特征①

概括起来，企业战略具有如下特征：

·总体性：形象地说，企业战略就是企业发展的蓝图，制约着企业经营管理的一切具体活动。

·长远性：企业战略考虑的是企业未来相当长一段时间内的总体发展问题。经验表明，企业战略通常着眼于未来3~5年乃至更长远的目标。

·指导性：企业战略规定了企业在一定时期内基本的发展目标，以及实现这一目标的基本途径，指导并激励着企业全体主动努力工作。

·现实性：企业战略是建立在现有的主观因素和客观条件的基础上的，一切从现有起点出发。

·竞争性：企业战略也像军事战略一样，其目的也是克敌制胜，赢得市场竞争的胜利。

·风险性：企业战略是对未来发展的规划，然而环境总是处于不确定的、变化莫测的趋势中，任何企业战略都伴随着风险。

·创新性：企业战略的创新性源于企业内外部环境的发展变化，因循守旧的企业战略是无法适应时代发展的。

·稳定性：企业战略一经制定后，在较长时期内要保持稳定（不排除局部调整），以利于企业各级单位、部门努力贯彻执行。

·适应性：企业战略不应脱离现实可行的管理模式基础，管理模式也必须调整以适应企业战略的要求。

二、战略管理

1. 战略管理的内涵

早期的学者对战略管理的认识是从战略的概念构建开始的。但随着认识的深入，学者们逐渐认识到战略管理与战略是有区别的。安索夫所提出来的战略概念演变过程最能说明这二者的区别，安索夫最初提出了战略的概念，认为战略是贯穿于企业经营与产品及市场之间的一条共同主线，包括产品与市场范围、增长向量、竞争优势和协同作用四个要素。在这个定义中，安索夫把战略视为一个方案。但他随后提出了战略管理的概念，更倾向于把战略管理视为一个过程，而且是一个根据实施的情况不断修正目标与方案的动态过程。

因此从概念上进行区分，可以认为战略是一个静态的概念，是战略管理的对象；而战略管理则是对战略的管理过程，是组织制定、实施和评价使组织达到其目标的、跨功能决策的艺术和方法。具体讲，战略管理是包括战略的制定、战略的实施、战略的评价三个部分构成的企业管理过程以及相应的方法和技术。

2. 战略管理的特征

首先，战略管理不是职能管理，而是一种高层次管理。

---

① 王方华，吕巍. 战略管理［M］. 2版. 北京：机械工业出版社，2012：19.

很多学者将战略管理作为一种职能管理，认为战略管理像财务管理一样是由特定部门如战略规划部所负责的一种企业日常管理工作。这是一种不全面的看法，其实质是将战略管理仅仅视为一种规划，这种看法已不能反映战略管理科学发展的现实和企业战略管理实践的实际情况。战略管理并不是由某一固定的部门负责的日常工作，而是由企业高层负责的对企业长期发展或事关全局问题的掌控和运作。

其次，战略管理是一种系统管理，也是整体性管理。

与其他职能管理只负责企业某一方面事务的情况不同，战略管理是对整个企业所有事物的系统管理。当然这并不意味着战略管理就替代了所有的其他管理。但战略管理涵盖了企业管理的所有方面，在服务于企业整体目标的宗旨下进行整体的协调和配置，是对企业整个系统的管理。

最后，战略管理统率其他管理。

如果说将战略管理看做是整个企业的“宪法管理”的话，那么其他管理可以视为在“宪法”框架下的各个“法律”。其他管理将服务和统一于企业的战略管理，与战略管理匹配、保持一致，任何与企业的战略管理相矛盾的其他管理活动都是不可接受的。

动态性管理：企业战略管理的目标就是使企业内部因素与企业的外部环境相适应，而企业的外部环境因素是不断变化的，因此，战略管理活动也要进行调整。

3. 战略管理的层次

（1）公司战略。

公司战略是企业的战略总纲，是最高管理层指导和控制企业一切行为的最高行动纲领。从企业经营发展的方向到各经营单位之间的协调以及资源的充分利用到整个企业的价值观念、企业文化的建立，都是公司战略的内容。公司战略主要是回答企业应该在哪些经营领域进行生产经营，因此，经营范围和资源配置是公司战略中主要的构成要素。

公司战略主要有发展战略、稳定战略和收缩战略。

（2）业务层战略。

业务层战略是公司战略之下的子战略，主要涉及如何在特定的细分市场上进行竞争。其目的有两个：第一，使企业某一个特定的经营领域取得较好的经营业绩，努力寻找建立可持续的竞争优势；第二，对那些影响企业竞争成败的市场因素的变化作出正确的规划。

具体说来，业务层战略主要侧重以下几个方面：怎样贯彻企业使命、业务单位发展的机会和威胁分析、业务单位发展的内部微观条件分析、确定业务单位发展的总体目标和要求、确定业务单位战略的战略重点、战略阶段和战略实施。

（3）职能层战略。

职能层战略是为贯彻、实施和支持公司战略与事业部战略而在企业特定的职能管理部门制定的战略。职能层次战略的重点是提高企业资源的利用效率，使企业资源利用效率最大化和成本最小化。

与上述两种战略相比，职能层战略更详细、具体，更具可操作性。

表 2-1 列举了三个层次战略的特点比较。

表 2-1　　三个战略层次的特点比较

特点	战略层次		
	公司层	业务层	职能层
性质	观念型	中间	执行层
明确程度	抽象	中间	确切
可衡量程度	以判断评价为主	半定量化	通常可定量
频率	定期或不定期	定期或不定期	定期
时期	长期	中期	短期
所起作用	开创性	中等	改善增补性
承担的风险	较大	中等	较小
盈利潜力	大	中	小
灵活性	大	中	小
协调要求	高	中	低

4. 战略管理的过程

（1）战略制定。

战略制定主要包括确定企业任务，认清企业外部的机会与威胁，识别企业内部的优势与劣势，建立长期目标，制定可供选择的战略，选择可供选择的战略方案。战略制定过程中所要决策的问题包括企业要进入哪些新的业务领域、企业需要放弃哪些业务、资源需要如何有效配置、是否需要扩大经营规模、是否需要采取多元化经营、是否需要采取并购行动、如何防止潜在的恶意接管、是否需要开展跨国经营等。

（2）战略实施。

战略实施要求企业依据已经制订的战略方案，明确企业经营宗旨，确立年度目标，制定政策，激励企业员工并合理配置资源，以便使制定的战略得以贯彻执行。战略实施活动包括培育支持战略实施的企业文化、调整企业的经营方向、建立适应战略需要的组织机构、配备合适的人力资源、有效调配各种资源、科学制定企业预算、建立有效的信息沟通渠道以保证战略实施等。

（3）战略评价。

由于企业外部和内部环境处在不断的运动变化中，因此要保证战略管理过程的顺利实现，战略管理者就必须随时掌控战略进程信息，对企业战略进行动态的调整。这就要求通过战略评价的指标体系对战略实施的效果进行评价，以便采取相应措施。战略评价主要从三个方面进行：①重新审视外部与内部因素，这是决定现实战略的基础；②度量业绩，发现战略实施进展与预先设计的业绩目标之间的差异；③采取纠正措施。通过不断分析环境和企业自身因素来及时获取战略反馈信息，对战略实施过程存在的问题采取有力的纠正措施，以保证战略的有效贯彻和动态运行。

第二节 战略研究历程[①]

在战略规划出现以前，企业最重要的应对长期发展的手段是预算。长期预算、趋势分析、差距分析等方法在当时较为流行。1957 年，塞尔兹尼克研究了制度承诺（Institutional Commitment）的角色，并引进了“独特竞争力”（Distinctive Competence）的概念，构建现代战略的雏形。

20 世纪 60 年代初期，R. N. Anthony、H. I. Ansoff 和 K. R. Andrews 奠定了战略规划的基础，他们重点阐述了如何把商业机会与公司资源有效匹配，并论述了战略规划的作用。三者的研究被称为“三安范式”（Anthony- Ansoff- Andrews Paradigm）。“三安范式”1978 年在匹兹堡大学战略规划研讨会上得到公认，后经 Dan E. Schendel 和 C. W. Hofer 在 1979 年出版的《战略管理》一书广泛向世界传播。20 世纪 80 年代是通用战略阶段，人们试图总结成功的普遍模式，由 M. E. Porter 领头，重点研究如何预测商机，创造商机以建立和保持公司的竞争优势。20 世纪 80 年代后期至 20 世纪 90 年代，人们越来越多地认识到战略的制定不是一个简单的机械设计过程，不同的组织有不同的战略，战略规划与实际结果间存在差距，战略需要根据外界条件的变化不断的修改调整。

一、20 世纪 60 年代，战略规划理论的诞生

战略管理的三部开创性著作是：钱德勒的《战略与结构》（1962）、安索夫的《公司战略》（1965）、安德鲁斯的《商业政策：原理与案例》（1965）。

《战略与结构》解释了大企业的成长并分析了企业的管理结构如何随企业的成长而改变，分析了美国大企业的管理人员如何确定企业的成长方向，作出投资决定并调整企业的组织结构，确保战略的贯彻实施。《公司战略》一书，率先以公司战略为书名，将企业管理方面的决策系统性地区分为业务决策、管理决策和战略决策这三类决策，并定义了战略的内涵。1979 年，安索夫又出版了《战略管理》一书，系统地提出了战略管理模式，他认为，战略行为是对其环境的适应过程以及由此而导致的企业内部结构化的过程；企业战略的出发点是追求自身的生存和发展。德鲁斯接受了钱德勒的思想，增加了塞尔兹尼克的独特竞争力概念，并强调企业必须适应不确定的外部环境。安德鲁斯区分了战略的制定和战略的实施，他认为战略包括四个要素：市场机遇（企业可能做什么）、公司能力（企业能够做什么）、个人激情（企业想做什么）以及社会责任（企业应该做什么），战略就是实现四者的契合。

战略管理最早的时候叫“政策”或者简单地“战略”，它是关于企业的发展方向

① 周三多，邹统钎. 战略管理思想史［M］. 上海：复旦大学出版社，2003：1-15.
黄旭. 战略管理思维与要径［M］. 2 版. 北京：机械工业出版社，2012：21-30.
王方华，吕巍. 战略管理［M］. 2 版. 北京：机械工业出版社，2012：7-15.

问题。哈佛大学首先开辟商业政策的教学，当时是作为企业管理的最高层课程，主要针对高层经理面临的问题，教学方法依然是哈佛最传统的案例研究法。20 世纪 60 年代在哈佛商学院，安德鲁斯和克里斯滕森使用单向法形成了战略规划的基本理论体系，其基本步骤包括资料的设计与分析、战略制定、评估、选择与实施。这种方法的实质是认为战略乃是如何匹配公司能力与其竞争环境的商机。Learned 等人的 SWOT（Strengths Weakness Opportunity Threats，简称 SWOT）分析是这一时期的战略态势分析工具的经典，并一直沿用到现在。

当时的战略规划包括四个步骤：第一步是研究外部环境条件与趋势及公司内部的独特能力；第二步是研究外部机遇与风险及内部公司资源的优势与劣势并且把它们结合起来；第三步是通过评估决定给予与资源的最佳匹配；第四步是做出战略选择。

传统战略规划的致命弱点是：它是一个单向过程，环境不断变化，规划同样也要不断修改调整，否则难以适应新环境。因此，规划应该是一个循环动态而非单向静态的过程。

二、20 世纪 70 年代，环境适应理论横行

20 世纪 60 年代后期与 20 世纪 70 年代早期，战略规划与长期规划在战略领域扮演重要角色，这主要起源于第二次世界大战中的战争计划的经验应用到公司中。按照战略规划的说法，一切都在意料之中，一切都在控制之下。1973 年的石油危机开始动摇战略规划的垄断地位，企业发展战略规划无法应对现实中普遍出现的环境巨变与激烈国际竞争，最根本的一点是无法预测未来。现实的战略往往是不断试错的结果。环境不确定性必然导致企业不断尝试与修改自己的对策，这些对策逐步积累就形成了战略，因此战略是事后产物，事前无法描绘与系统化。

20 世纪 70 年代是环境适应学派的时代，战略家越来越把环境的不确定性作为战略研究的重要内容。更多地关注企业如何适应环境。激烈的国际竞争与不确定性使战略研究引进了脚本分析，即假设各种不同的市场环境，从而设计出各种不同的对策来应付这些变化。管理不确定性变成了企业的核心能力。林德布罗姆的“摸着石头过河”、奎因的“逻辑渐进主义”以及明茨伯格和沃特斯的“应急战略”都把战略看成是意外的产物，是企业应对环境变化所采取应急对策的总结。William Giles 研究了壳牌公司的经验，提炼出战略规划是一个学习的过程（Planning as learning）的观点，战略规划理论把环境适应思想纳入自身的体系之中。

三、20 世纪 80 年代，通用战略研究

20 世纪 80 年代，在产业组织理论的“结构（S）—行为（C）—绩效（P）”分析范式的基础上，通过对美国、欧洲与日本制造业的实践提出了自己的竞争战略理论学说。他的竞争战略理论认为，企业要通过对产业结构的分析来选择有吸引力的产业，然后通过寻找价值链上有利环节，利用成本领先或性能差异化来取得竞争优势。波特对竞争环境结构做了研究，认为五种竞争力量决定某一行业的吸引力。波特总结了通用的企业竞争战略：成本领先、差异化与专一化战略。波特认为公司必须从三种战略

中选择一种以赢得竞争优势。要么把成本控制到比竞争对手更低的程度，要么提供与竞争者不同的产品或服务，让顾客感觉你提供了比竞争者更高的价值。专一化战略要求企业致力于服务某一特定的市场区隔，某一特定的产品种类，或某一特定的地理范围。三种战略水火不容，虽然后来的研究对这一互相排斥的通用战略提出了质疑，但他确实打开了总结通用战略的先河。后来波特对其三大战略作了改变，根据竞争优势（成本与差异）及竞争的范围提出了四大战略：成本领先、差异化、成本专一化和差异专一化。

波特认为，企业的盈利能力取决于其选择何种竞争战略，竞争战略的选择主要基于以下两点：①选择有吸引力、高潜在利润的产业。一个处在朝阳产业的企业要比处在夕阳产业的企业拥有更高的获利能力，因为产业的内在盈利能力是决定企业获利能力的重要因素。②在已选择的产业中确立优势地位。处在同一产业中的企业，尽管产业环境相似，但处在优势地位的企业要比处在劣势地位的企业拥有更高的获利能力。

为了正确地选择有吸引力的产业和确定自己的竞争优势定位，波特提出了“五力模型”进行分析，这五种力量包括：潜在进入者、替代品、现有竞争对手、顾客讨价还价能力、供应商讨价还价能力。这五种力量的强度在不同的产业中是不同的，企业可以通过战略对这五种力量施加影响，并影响产业结果，从而获得竞争优势，提高获利能力。

竞争战略理论在分析产业（市场）竞争环境上有了很大的进步，强调了在分析产业（市场）结构环境的基础上制定竞争战略的重要性，并系统地提出了竞争优势的理论框架和可操作的分析工具。但是，竞争战略缺乏对企业内在条件差异的考虑，因此无法解释诸如同样处在没有吸引力的产业中，仍然有企业能够获得很高的盈利水平这样的事实，如1990—1993年，美国其他航空公司亏损约100亿美元，而西南航空公司却利润持续增长。其实，产业中企业间的利润差异并不比产业间的差异小。

四、20世纪90年代，资源基础论和核心能力理论盛行

20世纪90年代，企业经营环境的最大特点是竞争的全球化，国际竞争越来越激烈，国家边界越来越模糊，信息网络的发达使得行业边界模糊。此外，第二大特点在于产品的生命周期大大缩短，产品过时加速。一些企业为了保持竞争优势故意提前淘汰产品，创新成为竞争的主题。第三大特点是顾客需求的个性化和差异化，多品种少批量成为重要生产战略，即时生产、灵捷制造成为企业间的生产方式。时间和速度成为新的竞争优势。20世纪80年代流行的产业组织理论受到了普遍的批判，人们越发认识到，竞争无常规，没有通用的战略，人们无法单独通过通用战略与公司特征来解释企业的优异表现，人们转向寻找企业的竞争优势的源泉。竞争优势是促成企业比竞争者更成功的因素，而且这些因素无法被竞争者轻易模仿。这些因素包括：组织的资源与能力、战略实施的卓越能力、时间与创新等。一部分学者认为，资源与能力是竞争优势的主要来源，公司的战略依赖于公司最优秀的方面而非外部环境，战略家的工作是寻找公司中能有别于其他竞争者的资源与能力。

这种强调资源的战略分析有五个步骤：

（1）对公司的资源分类，评估其优势与缺陷。

（2）分析公司的能力：如何使公司比竞争者更有效。

（3）评价资源与能力的潜力，尤其是在保持长期竞争优势方面确定其竞争优势。

（4）选择能最好地匹配公司的资源、能力与外部环境的机遇，制定相关战略。

（5）找出资源差距。投资强化提高公司的资源条件。然后回到第一步，进入第二循环。

1990 年，普拉哈拉德和哈默尔两位学者通过多年的研究，在《哈佛商业评论》上撰文提出了“核心能力”的概念。核心能力理论强调现实中企业的战略大多是“选择有吸引力的行业”，同时“培养别人无法模仿的核心能力”两者的结合。

核心能力理论基于以下理论假设：第一，每个组织都拥有自己独特的资源和能力，这是组织利润的源泉和制定战略的基础；第二，在同一产业中竞争的企业不一定拥有相同的战略资源和能力；第三，资源不能再在组织间自由流动，正是这种资源的差异性构成了企业的竞争优势基础。

五、20 世纪末的战略创新

20 世纪末，由于经济全球化、技术信息化与知识经济时代的到来，企业界有了一系列战略创新，这些创新包括：大规模定制、时间竞争、归核化、虚拟组织、竞合、学习型组织等。

（1）大规模定制（Mass Customization）。

大规模生产是 20 世纪初在美国诞生的。主张生产标准化的产品，成本领先是主要的竞争战略。随着需求个性化的发展，人们对“one size fits all”的消费观越来越厌恶。大规模定制营运应运而生。大规模定制式对定制的产品和服务进行个别的大规模生产。其特点是：①以个性化客户为中心，围绕客户的需求生产产品；②以灵活性和快速反应实现产品或服务的定制化；电脑、网络、电子商务等信息技术是新战略的技术基础；注重整个过程的效率，而非局限于生产效率。

（2）时间竞争（time-based competition）。

1988 年 G. Stalk，Jr. 在《哈佛商业评论》上发表论文“时间——下一个竞争优势的源泉”（Time-The Next Source of Competitive Advantage），把时间作为企业竞争优势的源泉。认为过去企业靠降低成本与产品多元化来竞争，而现在，时间和速度成为重要的竞争优势来源。在设计、制造、销售和创新上争时间、抢速度，对顾客的需求迅速发硬。缩短产品周期、缩短产品时间等时间管理成为重要的竞争手段。

（3）归核化（refocusing）。

归核化是指企业通过坚守业务活动的范围以集中经营核心业务的过程。主要是通过剥离的方式实行企业的重组。美国大企业在 20 世纪 50 年代起施行的多元化战略在 20 世纪 70 年代达到高峰，20 世纪 80 年代进入战略转换期，由于经济不景气，很多企业实施归核化战略。欧洲大企业的这种战略转换比美国晚 5~8 年，20 世纪 90 年代中期才陆续实施归核化战略。在亚洲，韩国大企业在金融危机中的 1998 年才开始实施归核化战略。

归核化战略的要旨是：

①把公司的业务归拢到最具竞争优势的行业上；

②把经营重点放在核心行业价值链上自己优势最大的环节上；

③强调核心能力的培育、维护和发展，重视战略性外包这种新兴的战略手段。

（4）虚拟组织（virtual organization）。

为了提高对市场机遇的反应，越来越多的企业采取非股权安排方式的核心虚拟企业。根据核心能力分工原则，企业只经营其核心能力擅长的业务，把边沿业务外包，形成劳动社会大分工。企业快速形成，一旦使命完成立即解体。通过契约的方式形成临时利益共同体。特许经营、委托管理、战略联盟等就是这种虚拟企业的代表组合方式。

（5）竞合。

竞合即“竞争”与“合作”，在竞争对手之间构成合作关系。越来越多的战略联盟就体现出这一点。采取双胜共赢的原则，相互合作，而非开展你死我活的竞争。

（6）学习型组织。

学习型组织是一种“地方为主”的扁平式结构，决策权往下层移动，尽最大可能让当地决策者面对所有的课题，包括处理企业成长与持续经营之间的两难困境。通过学习来控制。提高企业对顾客需求变化作出发硬的灵敏度。学习型组织发展它的员工，使它的员工热衷于并且有能力适应环境与变革自身。学习型组织具有共同的远景，相互公开沟通，但与企业相冲突时，员工会把个人与部门的利益放在一边。

第三节　企业战略分析

任何一个组织都不是孤立存在的，组织的生存与发展受到其所在环境的影响和制约，战略管理与日常管理的一个重要区别就是战略管理更加关注广泛的环境变量对企业生存与发展的影响，并通过对环境变化的观察来把握其趋势，以发现企业发展的新机会和避免这些变化所带来的威胁。企业战略分析包括外部环境分析和内部环境分析。

一、外部环境分析

所谓外部环境，是指存在于企业周围、影响企业经营活动及其发展的各种客观因素和力量的总和。企业外部环境具有很强的波动性，其变化难以预测，而且其变化不受单个企业的控制，对不同类型的企业的作用和影响各不相同。对企业外部环境的分析可以从宏观和中观两个层面进行。

（一）宏观环境分析

1. 宏观环境的内容

宏观环境因素分析的意义，是确认和评价政治、法律、经济、技术、社会、人文等宏观因素对企业战略目标和战略选择的影响。宏观环境分析的内容如图 2-1 所示。

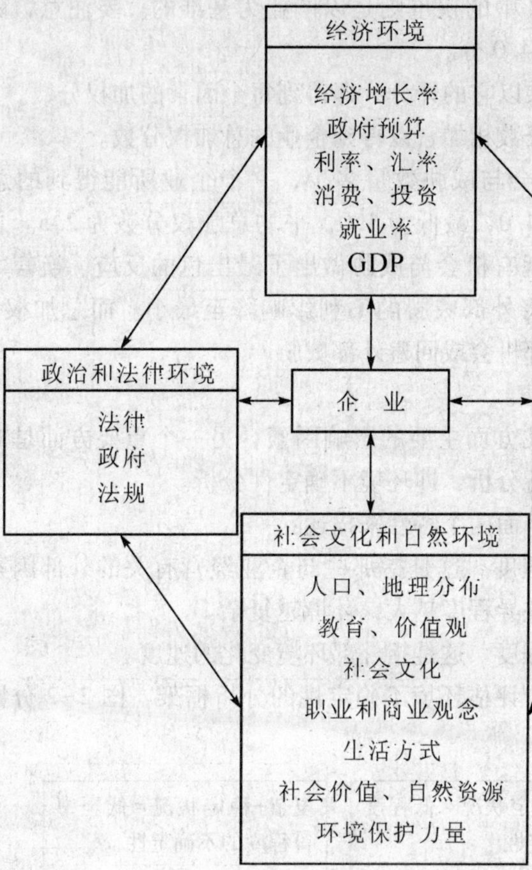

图 2-1　外部环境因素分析

2. 宏观环境分析方法

（1）外部因素评价（EFE）矩阵。

外部因素评价矩阵可帮助战略制定者归纳和评价经济、社会、文化、人口、环境、政治、政府、法律、技术及竞争等方面的信息。

建立 EFE 矩阵的五个步骤如下：

第一，列出在外部分析过程中确认的外部因素。

因素总数在 10~20 个之间。因素包括影响企业的各种机会与威胁。先列举机会，后列举威胁。要尽量具体，可能时要采用百分比、比率和对比数字。

第二，赋予每个因素以权重，其数值由 0.0（不重要）到 1.0（非常重要）。

权重标志着该因素对企业取得成功的影响的相对重要性。机会往往比威胁得到更高的权重，但当威胁因素特别严重时也可得到高权重。确定恰当权重的方法包括对成功的竞争者和不成功的竞争者进行比较，以及通过集体讨论而达成共识。所有因素的权重总和必须等于 1。

第三，按照企业现行战略对各关键因素的有效反应程度给各关键因素进行评分，范围为 1.0~4.0 分，“4.0”代表反应很好，“3.0”代表反应超过平均水平，“2.0”代表反应为平均水平，而“1.0”则代表反应很差。评分反映了企业战略的有效性，因此它是以公司为基准的，而步骤 2 中的权重则是以产业为基准的。要注意，威胁和机会都可以被评为 1.0，2.0，3.0，4.0 分。

第四，用每个因素的权重乘以它的评分，即得到每个因素的加权分数。

第五，将所有因素的加权分数相加，以得到企业的总加权分数。

无论 EFE 矩阵所包含的机会与威胁数量多少，一个企业所能得到的总加权分数（Total Weighted Score）最高为 4.0，最低为 1.0，平均总加权分数为 2.5。总加权分数为 4.0 说明企业在整个产业对现有机会与威胁做出了最出色的反应。换言之，企业的战略有效地利用了现有机会并将外部威胁的不利影响降至最小。而总加权分数为 1.0 则说明公司的战略不能利用外部机会或回避外部威胁。

（2）环境不确定性分析方法。

环境分析不仅要考虑上述几方面主要的影响因素，另一个重要方面是对这些影响因素的复杂程度和变化速度进行分析，即环境不确定性分析。

环境不确定性程度可以由下面两个特性来描述：

第一，环境简单或复杂的程度。这是指那些与企业经营有关的外部因素的数量和差异程度，外部因素越多以及差异程度越大，环境越复杂。

第二，环境稳定与不稳定程度。这是指外部环境变化的速度。

上述两种特性，形成了一个评估环境不确定性的分析框架，图 2-2 分别探讨了由两个特性组成的四种环境状况。

环境稳定程度	简单	复杂
稳定	简单+稳定状况＝低程度的不确定性 外部因素较少，性质接近，因素较稳定、变化较小 例如：饮料批发商，方便面加工厂、包装制造商。	复杂+稳定状况＝低至中等程度的不确定性 外部因素较多，性质差异大，因素较稳定，变化较小。 例如：学校，机械设备制造厂，石油化工厂。
不稳定	简单+不稳定状况＝中至较高程度的不确定性 外部因素较少，性质较接近，因素变化大、偶然性强。 例如：化妆品公司、时装公司、玩具制造商、医药公司。	复杂+不稳定状况＝高程度的不确定性 外部因素较多，性质差异大，因素变化大、偶然性强。 例如：通讯公司，航空公司

环境复杂程度

图 2-2 评估环境不确定性的分析框架

简单与稳定状况。在此种状况下，不确定性程度很低，企业环境比较容易把握。由于环境稳定或可预期，企业过去对环境影响的分析就有一定的实际意义。

复杂与稳定状况。在复杂与稳定状况下，外部环境影响因素较多，且难以预测，变化较大，对企业的影响增大，不确定性增加。

简单与不稳定状况。在此种状况下，不确定性进一步增加。尽管外部影响因素较少，但由于这些因素难以预测，往往与企业初衷相违背。

复杂与不稳定状况。这种状况下的不确定程度最高。企业面临着众多的外部因素，且变化频繁，对企业的影响甚大。

（二）中观环境

中观环境主要是指企业所处的行业环境，具体包括行业的基本情况和行业竞争结构状况。宏观环境的变化对企业生存与发展起着广泛的影响，这种影响通过较长时间才能显现出来，而且其影响范围涉及所有企业。因此，对宏观环境的深入分析很容易造成信息超载，而企业所处的行业环境则与企业战略的形成直接相关，分析中观环境对企业战略的制定和选择具有更大的实际意义。

1. 行业基本情况分析

行业基本情况分析主要包括产业生命周期分析和产业内战略集团分析。

（1）产业生命周期分析方法。

企业的经营状况不仅取决于自身所处的生命周期位置，同时还取决于其所处产业的整体发展状况及企业在该产业领域中的竞争地位。分析产业发展状况就需要分析产业的生命周期。由于产品的生命周期阶段往往也是产业的生命周期阶段，因此，企业进行战略分析时，也要在分析产业生命周期的同时，分析产业和产品成功的关键因素。表2-2列出了产业生命周期对战略的影响。

表2-2　　　　产业生命周期对战略的影响

销量	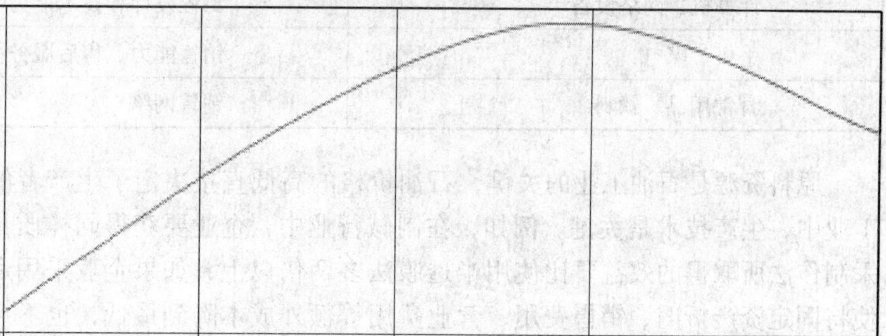			
阶段	开发	成长	成熟	衰退
市场发展	缓慢	迅速	下降	亏损
市场结构	零乱	竞争对手增多	竞争激烈，对手成为寡头	取决于衰退的性质，或形成寡头或出现垄断
产品系列	种类繁多，无标准化	种类减少，标准化程度增加	产品种类大幅度减少	产品差异度小

表2-2(续)

财务含义	启动成本高，回本无保障	增长带来利润但大部分利润用于再投资	带来巨额利润，再投资减少，形成现金来源	采取适当的战略保持现金来源
现金使用或来源	大量使用现金	趋于保本	重要的现金来源	现金来源（如果战略不适当可能需要使用大量现金）
产品含义	一次性或批量生产，未能流水生产、大量生产	经验曲线上升成本下降	强调降低成本，高效率	行业生产能力下降
研究和开发	大量的用于产品和生产过程	对产品的研究减少，继续生产过程研究	很少，只有必要时进行	除非生产过程或重振产品有此需要，否则无支出

成功关键因素是指公司在特定市场获得盈利必须拥有的技能和资产，归根结底就是企业的核心竞争能力。

①不同产业（产品）的成功关键因素。不同产业，成功的关键因素有很大差异，见表2-3。

表2-3　　不同产业中的成功关键因素

工业部门类型	成功关键因素
石油	原料资源
机械制造	生产设施
航空、汽车	设计能力
化工	生产技术
Mall、大型超市	商品花色品种
计算机、网络设备	工程设计和技术能力
手机、家电	销售能力、售后服务
日常用品、饮料	销售网络

原料资源是石油工业的关键，石油价格的高低直接决定了生产者的利润，而在化工业中，生产技术是关键。例如，在制碱行业中，企业要获得同样质量的纯碱，使用汞制作法所取得的效益要比使用半透膜法多两倍以上，如果企业采用后一种方法，即使将固定资产折旧、销售费用、营业费用等额外成本降到最低，也不可能具备价格优势，很难在经营上取得成功。

②不同企业对产业成功关键因素的不同侧重。即使是同一产业中的各个企业，也可能对该产业关键因素有不同的侧重。例如，在化妆品产业中，美国的宝洁公司和欧莱雅公司均很成功，但它们的成功关键各有侧重。宝洁公司的产品侧重于大量的以及无孔不入的广告宣传和庞大的销售渠道，而欧莱雅公司侧重于产品质量、产品在消费者心中的形象的树立和有选择的销售渠道。

（2）产业战略集团分析法。

产业战略集团分析用来解释在同一产业中，企业之间在经营上的差异以及这些差异与它们的战略地位的关系。为此，按照产业内各企业战略地位的差别，将企业划分成不同的战略集团，分析产业内各个战略集团之间的关系，从而进一步认识该产业及其竞争状况。

所谓战略集团是指一个产业内执行类似战略并具有类似战略特征的一组企业。在一个产业中，如果所有的企业都执行着相同的战略，则该产业中只有一个战略集团。如果每个企业都奉行差异化战略，则该产业中有多少企业便有多少战略集团。当然，在正常情况下，一个产业中仅有几个战略集团，它们采用性质根本不同的战略。每个战略集团内的企业数目不等，但战略相似。

在同一战略集团中的企业除了广义的战略外，还在许多方面彼此非常相近。它们在类似的战略影响下，会对外部环境做出类似的反应，采取类似的竞争行动，占有大致相同的市场份额。这种特征可以用战略集团图勾画出来，作为产业内部竞争分析的一种工具，如图 2-3 所示。在图中，横轴代表纵向一体化，纵轴代表专业化程度。对于战略集团来说，这是两个重要的约束因素。实际上，战略分析还可以根据产业的特点和需要，确定出不重要的战略约束因素，以便更清楚地勾画出产业中不同类型的战略集团。一般来讲，以标志图形的大小表示每一战略集团中企业市场占有率之和。

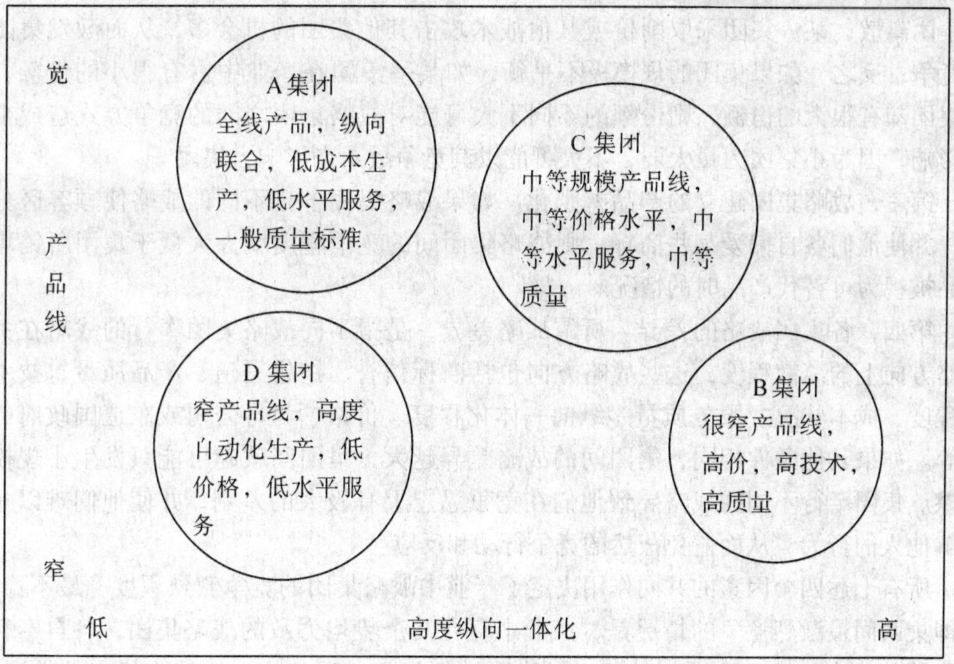

图 2-3 产业战略集团划分

战略集团作为一种分析工具，既不同于产业整体分析方法，也不同于单个企业的个别分析方法，而是介于两者之间。它是要从产业中不同企业的战略管理中找出带有共性的事物，更准确地把握产业中竞争方向的实质，避免以大代小或以小代大所造成的缺陷。在勾画战略集团图时，必须选取少数战略变量作为图轴，所遵循的原则是：第一，用作图轴的最佳战略变量是那些对产业中战略集团的形成起决定作用的变量。第二，所选的轴变量不可一同变化。例如，如果一切实行产品差别化的企业也都具有宽产品线，则不应当将这两个变量都选为图轴，而应把反应产业中战略组成多样化程度的变量选为图轴。第三，图轴变量无需一定是连续或单调的。第四，对一个产业可以勾画数个战略集团图，利用战略的各种组合来认识最关键的竞争问题。

一个产业中如果出现两个或两个以上的战略集团，则可能出现战略集团之间的竞争，也就是说会有价格、广告、服务及其他变量的竞争。战略集团之间的竞争激烈程度不仅影响着整体产业的潜在利润，而且在对付潜在的产业进入者、替代产品、供应商和销售商讨价还价能力方面表现出很大的差异性。一般来说，下列四个因素决定着一个产业中战略集团之间的竞争激烈程度：

第一，战略集团间的市场相互牵连程度。所谓市场牵连程度就是各战略集团对同一顾客进行争夺的程度，或者说是它们为争取不同细分市场中的顾客进行竞争的程度。当战略集团间的市场牵连很多时，战略集团间将导致剧烈的竞争。当战略集团将目标放在差别很大的细分市场上时，它们之间的相互影响就会小得多。当它们的销售对象区别很大时，其竞争就更像是在不同产业的集团间进行。

第二，战略集团数量以及它们的相对规模。一个产业中战略集团数量越多且各个战略集团的市场份额越相近时，则战略集团间的竞争越激烈。战略集团数量多就意味着集团离散，某一集团采取削价或其他战术攻击其他集团的机会多，从而激发集团间的竞争；反之，如果集团的规模极不平衡，如某一集团在产业中占有很小的份额，另一集团却有很大的份额，则份额的不同不大可能对战略集团之间的竞争方式造成很大的影响，因为小集团力量太弱，不大可能以其竞争战术来影响大集团。

第三，战略集团建立的产品差别化。如果战略集团各自不同的战略使顾客区分开来，并使他们各自偏爱某些商标，则战略集团间的竞争程度就大大低于集团所销售的产品被视为可替代产品时的情况。

第四，各集团战略的差异。所谓战略差异，是指不同战略集团奉行的战略在关键战略方向上的离散程度，这些战略方向包括商标信誉、销售渠道、产品质量、技术领先程度、成本状况、服务质量、纵向一体化程度、价格、与母公司或东道国政府的关系等。如果其他条件相同，集团间的战略差异越大，集团间就越可能只发生小规模的摩擦。集团奉行不同的战略导致他们在竞争思想上有极大的差别，并使他们难以相互理解他人的行为，从而避免茫然的竞争行动和反应。

所有上述四个因素的共同作用决定了产业中战略集团的竞争激烈程度。最不稳定，也即集团间最激烈竞争的情况是，产业中存在几个势均力敌的战略集团，各自奉行全然不同的战略并为争取同一类基本顾客而进行竞争；反之，一般较为稳定的情况是，产业中只有少数几个大的战略集团，它们各自为一定规模的顾客面而进行竞争，所奉行的战略除少数几个方向外并无差异。

此外，战略集团内部的不同企业，在执行相似战略的过程中，除了合作与一致对外，集团内的企业也会出现不同程度的竞争，它们是一种既合作又竞争的关系。

2. 行业竞争结构状况分析

（1）五力模型。

行业结构影响着行业内企业之间竞争强度和行业的获利性，企业通过对行业结构的分析可以了解行业结构、竞争态势和获利水平之间的关系，并通过行业结构的变化趋势预测其未来获利能力的变化，寻求和利用影响行业结构的机会以缓解企业之间的激烈竞争，进而改善行业的获利能力，深入分析行业竞争态势和竞争对手的各种信息，以明确行业关键成功因素，创造并维持竞争优势。

战略大师迈克·波特特别重视产业结构对企业的重要作用，他认为决定企业盈利能力首要的和根本的因素是产业吸引力，有五种基本的竞争力量影响着行业结构，并据此提出了分析行业结构的“五力模型”，如图 2-4 所示。

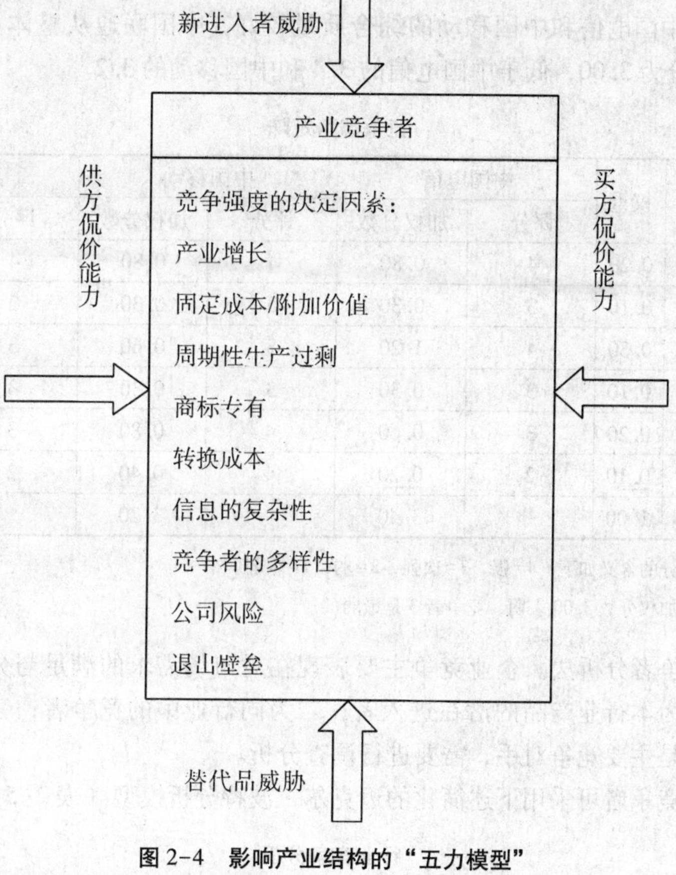

图 2-4 影响产业结构的“五力模型”

从图中我们可以看出，行业竞争不仅仅是在产业内现有竞争者之间进行的，而且还存在着五种基本的竞争力量，即新进入者、替代品的威胁、买方的砍价能力、卖方的砍价能力和现有竞争者之间的抗衡。这五种基本竞争力量的状况及综合强度决定着行业竞争的激烈程度，同时也决定了行业的最终获利能力。

（2）竞争对手分析。

《孙子兵法·谋攻篇》指出“知己知彼，百战不殆；不知彼而知己，一胜一负；不知彼不知己，每战必殆。”世界上任何事物都是由主观和客观矛盾构成，只有掌握矛盾双方的各种信息才能正确决策，知彼不仅仅需要了解企业所处的外部宏观环境和产业环境的变化情况，更重要的是必须了解竞争对手的情况。对竞争对手的分析可以用以下几种工具：

①竞争态势矩阵（CPM）。竞争态势矩阵用于确认企业的主要竞争者及相对于该企业的战略地位，这些主要竞争者的特定优势与弱点。CPM 中的权重和总加权分涉及内外两方面因素。评分表示优势与弱点，4=强，3=次强，2=弱，1=很弱。需注意的是，CPM 中的关键因素较为笼统，它们不包括具体的或实际的数据，而且可能集中于内部问题；CPM 对竞争公司的评分和总加权分数可以与被分析公司的相应指标相比较，这一比较分析可提供重要的内部战略信息。

表 2-4 是一个竞争局势矩阵的实例。在此实例中，价格是最重要的影响因素，其权重为 0.30。中国电信和中国移动的综合质量较好，中国联通从整体上看相对较弱，其总加权平均分为 3.00，低于中国电信的 3.4 和中国移动的 3.2。

表 2-4　　竞争态势矩阵

关键因素	权重	中国电信		中国移动		中国联通	
		评分	加权分数	评分	加权分数	评分	加权分数
广告	0.20	4	0.80	4	0.80	4	0.80
服务质量	0.10	3	0.30	3	0.30	2	0.20
价格竞争力	0.30	4	1.20	3	0.60	3	0.90
管理	0.10	3	0.30	3	0.30	3	0.30
用户忠诚度	0.20	3	0.60	4	0.80	3	0.60
市场份额	0.10	2	0.20	4	0.40	2	0.20
总计	1.00		3.40		3.20		3.00

注释：（1）评分的含义如下：4=强，3=次强，2=弱，1=很弱。
（2）总加权分数 3.00 表明，竞争者 3 是最弱的。

②企业竞争者分析法。企业竞争主要表现在对市场需求的满足与分割。竞争的对手有三种：一为本行业产品的潜在进入者；二为同行业中的竞争者；三为替代品的生产者。究竟谁是主要竞争对手，需要进行调查分析。

判断主要竞争者可采用下述简化的迈克尔·波特分析模型（表 2-5 所示）：

表 2-5　　行业竞争分析

各种竞争力量	坚决同意	同意	中间	反对	坚决反对
Ⅰ. 潜在进入者					
①进入行业成本很高	1	2	3	4	5
②本企业的产品有很大差异性	1	2	3	4	5
③进入行业需要资本量大	1	2	3	4	5
④顾客更换供应者成本高	1	2	3	4	5

表2-5(续)

各种竞争力量	坚决同意	同意	中间	反对	坚决反对
⑤很难得到政府批准来经营与我们同样的产品	1	2	3	4	5
⑥新企业进入对本企业构成威胁不大	1	2	3	4	5
分数=（各项得分和/所回答项数）×最后一项得分					
Ⅱ. 行业中的竞争者	1	2	3	4	5
①本行业有许多竞争者	1	2	3	4	5
②所有竞争者几乎一样	1	2	3	4	5
③市场增长缓慢	1	2	3	4	5
④本行业的固定成本很高	1	2	3	4	5
⑤顾客转换供应者容易	1	2	3	4	5
⑥现有生产能力增加生产十分困难	1	2	3	4	5
⑦本行业没有两个企业是一样的	1	2	3	4	5
⑧本行业中大部分企业要么成功，要么垮台	1	2	3	4	5
⑨本行业多数企业准备留在本行业	1	2	3	4	5
分数=（各项得分和/所回答项数）×最后一项得分					
各种竞争力量	坚决同意	同意	中间	反对	坚决反对
Ⅲ. 替代产品（或国外产品）生产者					
①与我公司产品目的相同的产品很多	1	2	3	4	5
②其他产品有和我公司产品相同的功能和较低成本	1	2	3	4	5
③生产和我公司产品功能相同产品的企业在其他市场有较大的利润率	1	2	3	4	5
④我公司非常关心与我公司产品功能相同的产品	1	2	3	4	5
分数=（各项得分和/所回答项数）×最后一项得分对这些陈述的态度来打分。					

说明：①表中列出的3种反映各自所包含的内容的若干陈述，管理人员可以根据他们对这些陈述的态度来打分。

②如果坚决同意就是1分；一般同意是2分；不同意也不反对是3分；一般反对是4分；坚决反对是5分。

③每一类关键因素或每一个竞争者的分数按下面等式计算。

竞争力量得分=（x/n）I

其中：x表示由被调查者回答所有那个竞争力量相关项目的得分之总和；n表示对某个竞争力量来说，评分人所回答问题的项数；I表示据评分人最后一个项目的回答所得到的关于各个竞争力量的重要性得分。

④每一个竞争力量的得分多少说明这个竞争力量对本企业成功的重要性大小。某一项目和单项得分越高，就说明这个问题应尽量解决和认真对付。

一般来说，当行业获得高额利润时，不仅会刺激行业内现有的企业增加投资以提高生产能力，而且会吸引行业外企业进入该行业，即行业的潜在进入者。但是由于产业壁垒（投资起点、生产规模和生产技术等）的存在，新投资者形成强有力的竞争需要一定的时间，但是对企业来说，只要有新的对手进入本行业可能会引起价格下降，从而引起企业利润下降，对企业造成一定影响；而替代产品生产者除行业内产品的更新换代外，其他替代产品在功能和使用效果上很难与本行业产品完全一样，因此，其威胁程度相对而言不如本行业内同种产品之间的竞争大。所以，在调查了解企业竞争对手的工作中，重点是要了解本企业同行中竞争对手当前的态度以及今后的发展趋势。

二、企业内部环境分析

所谓内部环境主要是指企业所拥有的资源以及在资源基础上组合起来的经营能力。对内部环境分析的主要目的是认清企业在资源和能力方面的优势和劣势，并在此基础上培育企业的核心竞争力，获取竞争优势。企业资源是指贯穿于企业经营、技术开发、生产制造、市场营销等各个环节的一切物质和非物质的要素，主要包括有形资源和无形资源两大类，其中有形资源主要是指固定资产、财务资源等物质形态的资源，无形资源主要是指人力资源、组织资源等非物质形态的资源。企业能力是指能够将企业的资源加以整合以完成预期任务和目标的技能，是对企业各种资源进行组合协调以发挥其潜在价值的能力，它集中体现为管理能力，企业能力是多种多样和多层次的，它不仅存在于企业各职能领域之内，还存在于企业内部各个层次上。

1. 内部环境分析的内容

具体来说，一个企业的内部环境包括下列方面：财务状况、产品线及竞争地位、设备状况、市场营销能力、研究与开发能力、人员的数量及质量、组织结构，企业过去确定的目标和曾经采用过的战略等。而对每一方面的分析和评价，需要回答一系列的问题。从这些问题的答案中，就可明确企业所具备的优势和劣势。

2. 内部环境分析方法

企业内部环境分析的方法依企业的不同情况而呈现多样化。但是，一般说来，各种各样的分析方法可归纳为两大类：一类是进行纵向分析，即分析企业的各个方面的历史沿革，从而发现企业在哪些方面得到了发展和加强，以及在哪些方面有所削弱。根据这种纵向分析，对企业各方面的发展趋势做出预测。另一类是将企业的情况与行业平均水平作横向比较分析。通过这种分析，企业可以发现相对于行业平均的优势和劣势。因此，这种分析对企业的经营来说更具有实际意义。就某一企业来说，可以比较的行业平均指标有：资金利税率、销售利税率、流动资金周转率、劳动生产率等。这里主要介绍内部因素评价矩阵、企业财务分析和企业价值链分析法。

(1) 内部因素评价矩阵（IFE)。

对内部战略管理分析进行总结的步骤是建立内部因素评价矩阵（Internal Factor Evaluation Matrix)。这一战略制定工具总结和评价了企业各职能领域的优势与弱点，并为确定和评价这些领域间的关系提供基础。在建立 IFE 矩阵时需要靠直觉判断，因此具有科学方法的外表并不意味着是万能的技术。对矩阵中因素的透彻理解比实际数字更为重要。IFE 矩阵可以按如下五个步骤来建立：

第一，列出在内部分析过程中确定的关键因素。采用 10~20 个内部因素，包括优势和弱点两个方面。首先列出优势，然后列出弱点。要尽可能具体，要采用百分比、比率和比较数字。

第二，给每个因素以权重，其数值范围由 0.0（不重要）到 1.0（非常重要)。权重标志着各因素对于企业在产业中成败影响的相对大小。无论关键因素是内部优势还是弱点，对企业绩效有较大影响的因素就应当得到较高的权重。所有权重之和等于1.0。

第三，为各因素进行评分。1分代表重要弱点；2分代表次要弱点；3分代表次要优势；4分代表重要优势。请注意，优势的评分必须为3或4，弱点的评分必须为1或2。评分以公司为基准，而权重则以产业为基准。

第四，用每个因素的权重乘以它的评分，即得到每个因素的加权分数。

第五，将所有因素的加权分数相加，得到企业的总加权分数。

无论IFE矩阵包含多少因素，总加权分数的范围都是从最低的1.0到最高的4.0，平均分为2.5。总加权分数低于2.5的企业的内部状况处于弱势，而分数高于2.5的企业的内部状况则处于强势。同外部因素评价矩阵一样，IFE矩阵应包含10~20个关键因素。因素数不影响总加权分数的范围，因为权重总和永远等于1。

当某种因素既构成优势又构成弱势时，该因素将在IFE矩阵中出现两次，而且被分别给予权重和评分。

(2) 企业财务分析法。

进行企业内部条件分析的另一有力工具是企业财务分析法。通过财务分析，可以帮助管理人员考查企业过去的经营业绩，评估企业当前的经营、财务状况。若将若干年的财务数据及分析结果排在一起，则可研究企业财务的变化规律及趋势，反映企业历史的沿革。此外，通过财务分析而得出的有关数据，亦可与同行业的企业进行比较，发现优势，找出不足。

财务分析主要是利用财务报表对企业状况进行分析，而这些财务报表包含了关于企业财务状况和经营状况以及筹资、投资活动的历史资料。主要包括资产负债表和损益表。资产负债表是关于企业在特定时刻（通常在企业的会计年度之末）的资产、负债及股东权益的报表。损益表显示企业在一年或多年内的盈利或亏损，还列出导致盈亏的各收支项目。

三、战略综合分析

对企业内外部环境的战略分析有助于我们对企业所处的地位、情况以及战略综合能力进行考察。但是，这些方法都是从某一个侧面反映企业的现状，无法给战略制定者一个全面清楚的认识。在制定战略时，我们需要使用综合分析方法，在特定的外部环境中全面认识企业的综合能力，并根据外部环境的变化不断调整自己的战略，在变革中求发展。

1. SWOT分析法

SWOT分析法是一种综合考虑企业内部条件和外部环境的各种因素，进行系统评价，从而选择最佳经营战略的方法。这里，S是指企业具有的优势（Strengths）；W是指企业具有的劣势（Weakness）；O是指企业外部环境的机会（Opportunities）；T是指企业外部环境的威胁（Threats）。

SWOT分析过程可以分为如下几个步骤：

第一，确认企业当前执行的战略。这种战略可能是成功的，也可能是有问题的。

第二，确认企业外部环境的关键性变化，把握可能出现的机会与威胁。虽然没有固定的数目，但以不超过 8 个关键点为宜。

第三，根据企业的资源组合状况，确认企业的关键能力（优势）和受到的关键限制（劣势），同样，关键点最好不超过 8 个。

第四，对所列出的外部环境和内部条件的各关键因素逐项打分，然后按因素的重要程度加权并求其代数和。

第五，将上述结果在 SWOT 分析表上具体定位，确定企业战略能力（如表 2-6 所示）。

表 2-6　　　　　　　　　SWOT 分析

	优势—S 1 2 3 列出优势 10	劣势—W 1 2 3 列出劣势 10
机会—O 1 2 3 列出机会 10	SO 战略 1 2 3 发挥优势，利用机会 10	WO 战略 1 2 3 利用机会，克服劣势 10
威胁—T 1 2 3 列出威胁 10	ST 战略 1 2 3 利用优势，回避威胁 10	WT 战略 1 2 3 降低劣势，回避威胁 10

也可用图 2-5 进行分析：

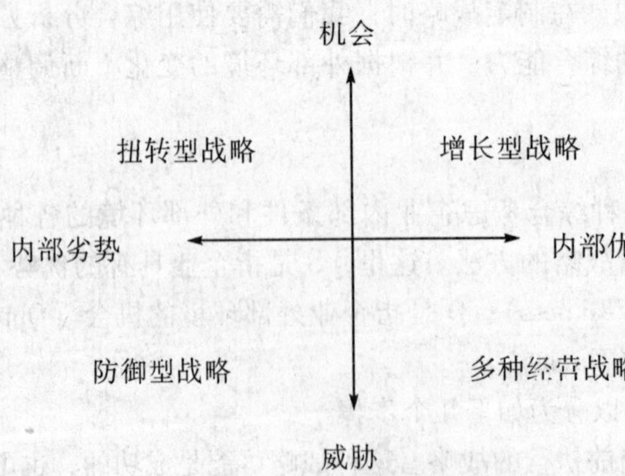

图 2-5　综合战略分析

在右上角定位的企业，具有很好的内部条件以及外部机会，应该采取增长型战略；处于左上角的企业，面临巨大的外部机会，却受到内部劣势的限制，应采用扭转型战略，充分利用环境带来的机会，设法清除劣势；在左下角定位的企业，内部存在劣势，外部面临强大威胁，应采用防御型战略；处于右下角的企业，具有一定的内部优势，但外部环境存在威胁，应采取多种经营战略，利用自己优势，在多样化经营上寻找长期发展的机会。

2. 波士顿矩阵

波士顿矩阵是美国波士顿咨询公司（BCG）在1960年提出的一种投资组合分析方法，如图2-6所示。这种方法是把企业生产经营的全部产品或业务组合作为一个整体进行分析，分析企业相关经营业务之间现金流量的平衡问题。通过这种方法，企业可以找到企业资源的产生单位和这些资源的最佳使用单位。

波士顿矩阵的横轴表示企业在产业中的相对市场份额，是指企业某项业务的市场份额与这个市场上最大的竞争对手的市场份额之比。这一市场份额反映企业在市场上的竞争地位。相对市场份额的分界线为1.0~1.5，划分为高、低两个区域。纵轴表示市场增长率，是指企业所在产业某项业务前后两年市场销售额增长的百分比。这一增长率表示每项经营业务所在市场的相对吸引力。通常用10%平均增长率作为增长高、低的界限。图2-6中纵坐标与横坐标的交叉点表示企业的一项经营业务或产品，而圆圈面积的大小表示该业务或产品的收益与企业全部收益的比。

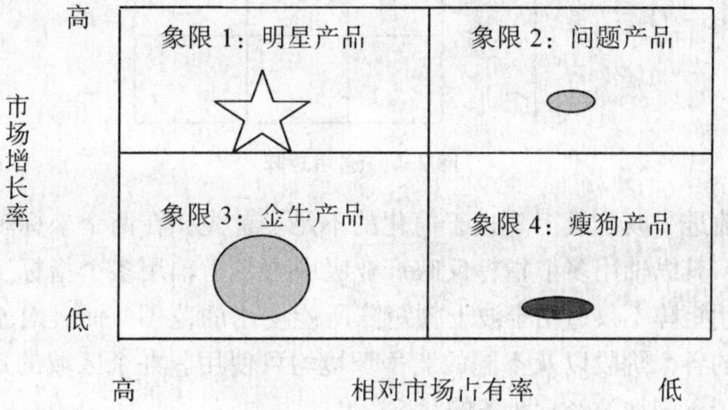

图2-9　波士顿矩阵

根据相关业务或产品的市场增长率和企业相对市场份额，波士顿矩阵可以把企业的经营业务定位在四个区域中，分别为：

第一象限，高增长——强竞争地位的“明星”业务。这类业务在迅速增长的市场中享有很大的市场份额。在企业的全部业务当中，“明星”业务的增长和获利有着极好的长期机会，但它们是企业资源的主要消费者，需要大量的投资。为了保护和扩展“明星”业务在增长的市场上占主导地位，企业往往需要投入大量资金以维持其明星产品的地位，支持它们继续发展。由于经验曲线效应，成本随着时间的推移会逐渐下降。

第二象限，高增长——弱竞争地位的“问题”业务。这类业务在成熟的市场环境下市场占有率很高，通常处于最差的现金流量状态。企业对于“问题”业务的进一步投资需要进行分析，判断使其转移到“明星”业务所需要的投资量，分析其未来盈利，研究是否值得投资等问题。

第三象限，低增长——强竞争地位的“金牛”业务。这类业务处于成熟的低速增长的市场中，市场占有率高，盈利率高，本身不需要投资，反而能为企业提供大量资金，用以支持其他业务的发展。

第四象限，低增长——弱竞争地位的“瘦狗”业务。这类业务处于饱和的市场当中，竞争激烈，可获利润很低，不能成为企业资金的来源。如果这类经营业务还能自我维持，则应缩小经营范围，加强内部管理。如果这类业务已经彻底失败，企业应及时采取措施，清理业务或退出经营。

3. 通用矩阵

通用矩阵，又称行业吸引力矩阵，是美国通用电气公司设计的一种投资组合分析方法，如图 2-7 所示。

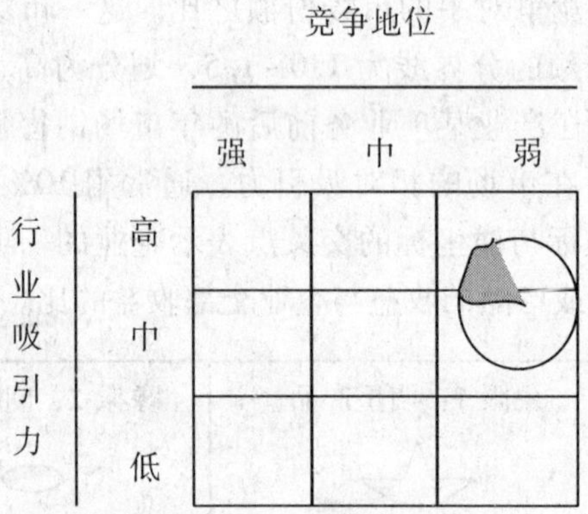

图 2-7　通用矩阵

通用矩阵改进了波士顿矩阵过于简化的不足。首先，在两个坐标轴上都增加了中间等级；其次，其纵轴用多个指标反映产业吸引力，横轴用多个指标反映企业竞争地位。这样，通用矩阵不仅适用于波士顿矩阵所能使用的范围，而且对不同需求、技术寿命周期曲线的各个阶段以及不同的竞争环境均可使用。九个区域的划分，更好地说明了企业中处于不同地位经营业务的状态。

在图中，产业吸引力和竞争地位的值决定着企业某项业务在矩阵上的位置。矩阵中圆圈面积的大小与产业规模成正比，圈中扇形（涂黑部分）表示某项业务所占有的市场份额。

影响产业吸引力的因素，有产业增长率、市场价格、市场规模、获利能力、市场结构、竞争结构、技术及社会政治因素等。评价产业吸引力的大致步骤是，首先根据每个因素的相对重要程度，定出各自的权数，然后根据产业状况定出产业吸引力因素的级数，最后用权数乘以级数，得出每个因素的加权数，并将各个因素的加权数汇总，即为整个产业吸引力的加权值。

影响经营业务竞争地位的因素，有相对市场份额、市场增长率、买方增长率、产品差异化、生产技术、生产能力、管理水平等。从矩阵图 9 个方格的分布来看，企业中处于左上方三个方格的业务最适于采取增长与发展战略，企业应优先分配资源；处于右下方三个方格的业务，一般采取停止、转移、撤退战略；处于对角线三个方格的业务，应采取维持或有选择地发展的战略，保护原有的发展规模，同时调整其发展方向。

第四节　企业总体战略

企业总体战略主要解决公司经营范围、方向和道路问题，是对企业全局的长远性谋划，由其最高管理层负责制定和组织实施。企业总体战略主要考虑以下几个方面：一是企业是集中从事现有业务、相关业务的经营，还是涉足于其他产业；二是企业是否要进攻扩张，是通过内部发展，还是通过外部收购、合并或合资经营实现这一目的；三是企业是否应该防御收缩或实行撤退，以便收回更多的投资或防止遭受更大的损失。企业总体战略模式主要有：一体化战略、加强型战略、多元化战略、并购战略、防御型战略。

一、一体化战略

一体化战略就是企业利用自己生产、技术、市场等方面的优势，沿着业务经营链条的纵向或横向水平方向，不断地扩大其业务经营的深度和广度来扩大经营规模、提高其收入和利润水平，使企业得到发展壮大。一体化可以是全线一体化（参与行业价值链的所有阶段），也可以是部分一体化（进入整个行业价值链的某些阶段）。一个公司进行一体化的方式可以是在行业活动价值链中的其他阶段自己创办有关的业务，也可以是并购一家已经开展某些活动的公司。

加强公司的竞争地位，这是公司动用自己的资源进行一体化经营的一个唯一的绝好理由。如果一体化所产生的成本节约足以保证额外的投资或者足以产生以差别化为基础的竞争优势，那么无论是从利润的角度来讲，还是从战略角度来讲，一体化都会带来真正的回报。

一体化战略包括前向一体化、后向一体化和横向一体化三种类型。

一体化的最大缺点是：它将一家公司深深地陷入某一个行业之中；如果跨越行业价值链体系的几个阶段的经营运作不能建立竞争优势的话，那么一体化就是一个有问题的战略行动。

二、加强型战略

加强型战略，是指企业通过努力提高现有产品的竞争地位的战略。采取加强型战略的企业将全部或绝大部分的资源集中使用于最能代表自己优势的某一项业务上，力求取得在该业务上的最优业绩。随着消费需要的多样性，业务种类的增多，没有哪一个企业能成功地解决所有用户的所有问题，只有为某一特定范围的市场提供适用的产品的企业才能成为市场上的领先企业。

加强型战略包括市场渗透、市场开发、产品开发三种战略。市场渗透就是企业通过更大的市场营销努力，提高现有产品和服务在市场上的份额。市场开发是指企业在市场范围上的扩展，将现有产品和服务打入新的地区市场。产品开发指通过改进和改变产品或服务而增加产品的销售，主要是在产品上的扩展。

三、多元化战略

多元化战略是指企业的发展扩张是在现有产品和业务的基础上增加新的与原有产品和业务既非同种也不存在上下游关系的产品和业务。多元化战略涉及的关键问题是：在企业的发展过程中，总会碰到这样或那样的、看似非常令人激动的发展机会，其中有些机会与企业目前的经营领域相一致或相接近，而另一些机会则与企业目前的业务领域相去甚远，企业是否要抓住这些机会，或者企业在发展过程中是否应当积极地寻找这样的机会以求得企业的发展？这些都是多元化战略要考虑的问题。多元化战略分为两类：相关多元化、不相关多元化。

相关多元化指增加新的且与原有业务相关的产品与服务的经营战略。强调市场、产品和技术等方面的共性。

在相关多元化战略中，还有一种与用户相关，与产品和服务不相关的横向多元化战略，即向现有用户提供新的且与原业务不相关的产品或服务的经营战略。横向多元化战略的实现方式是：利用企业自身的能力或通过外部引进开发新的产品或服务。横向多元化战略的优点是：对现有用户比较了解，利用现有销售渠道，风险小，费用低；缺点是：进入陌生业务领域，风险大。横向多元化战略的适用条件是：①通过增加新的、不相关的产品，企业从现有产品和服务中得到的盈利可显著增加；②企业参与竞争的产业属于高度竞争或停滞增长的产业，其标志是低产业盈利和低投资回报；③企业可利用现有销售渠道向现有用户营销新产品；④新产品的销售波动周期与企业现有产品的波动周期可以互补。

不相关多元化指增加新的与原有业务不相关的产品或服务的经营战略，有的文献又称混合型多元经营战略或复合多样化、不相关多元化、跨产业经营战略等，亦即用户、产品和服务都不相关的经营战略。

四、并购战略

并购就是兼并和收购，二者都是企业产权交易，它们的动因极为相近，运作方式有时也很难区分，因此人们常常将它们作为一个固定的词组来使用，简称并购。在西方国家公司法中，并购主要分为吸收合并、新设合并和收购控股三种形式。当收购或合并不是出于双方共同的意愿时可以称作接管或恶意接管。

并购能够加强市场力量，能够克服进入行业的壁垒，能够降低成本和风险并提高速度，能够实现多元化经营，并购能够避免竞争。

一宗企业并购能否成功的关键在于采取的方法。由于各目标公司的股东、管理层的要求，财务结构和资本结构不同，因此要针对不同企业的特点，实施不同的方法。并购有现金并购、股票并购、综合证券收购等实施方法。

五、防御型战略

防御型战略是企业减少经营风险，保护竞争优势和盈利的有效手段。防御战略有两种类型：一种是企业为了减少经营风险和损失而采取的一系列防范措施，包括合资经营、投资转向、调整、放弃和清算等战略；另一种是企业针对挑战者而采取的一系列措施。

（一）企业为减少经营风险和损失而采取的防御型战略

1. 合资经营战略

合资经营战略，即企业为了规避风险，寻找合作伙伴，由两个或两个以上的企业共同出资兴办一个新的企业的经营战略。

合资经营战略能够克服独立兴办新企业实力不够的障碍，吸引多家企业共同参与，可以扩大资金规模和共享经营管理经验，风险共担。但是新办企业需要大量投资，会增加企业财务负担。同时，如果合资者之间有不可调和的矛盾，则会影响企业的正常经营。

2. 投资转向战略

投资转向战略，即减少企业在某一特定领域内的投资。这一特定领域可以是一个产品、一个战略经营单位甚至是一组产品线。实施这一战略时，这个特定领域产品或服务的销售额和市场占有率一般都会大幅度下降。但是，在这一特定领域削减了投资，减少了费用，改善了企业的现金流，使资金投入到具有战略意义的项目上，可增强企业整体竞争力。

投资转向战略可以使企业摆脱不盈利或需要资金太多的不良业务，强化自己的核心业务，提高企业的竞争优势；降低多元化程度，减少经营风险。但是可能会影响企业整体战略的完整性，迫使企业调整战略；可能会影响企业整体的技术或经济结构的完整性，从而削弱企业的整体实力；减少某一领域的投资，可能会引起该领域员工和相关利益者的不满；可能会影响企业形象，给公众一种企业实力减弱的印象。

3. 调整战略

调整战略，即通过各种措施扭转企业销售额和利润不断下降的局面，提高经营效率，使企业度过危机。调整战略的优点是有利于企业巩固原有阵地，在危机中生存下来，并有机会在将来东山再起。该战略的缺点是企业在调整过程中可能遇到意想不到的障碍，阻止战略的顺利实施。

调整战略主要采用以下几种方式：出卖企业部分资产；更换企业高层领导人；采取集中化决策以控制成本；减少甚至不再招聘新员工；减少一般性支出，如广告、促销费用、裁员等；强调成本控制和预算等。

4. 放弃战略

放弃战略，即卖掉企业一个主要部门，可以是某一战略经营单位、一组产品线或一个事业部。这一战略是在企业投资转向战略和调整战略失败的情况下实施的。放弃战略的主要目的是找到肯出高于固定资产市价的买主，因此，企业管理者要尽力说服买主，使其认识到购买这些技术和资源能够增加利润。企业在实施放弃战略时要注意把握时机，以免决策过早或过晚，遭受重大损失。

5. 清算战略

清算战略又称清理战略，指企业通过拍卖资产或停止全部经营活动来结束企业的生命。这一战略是在所有战略都失败的情况下不得不采取的一种战略。显然，清算战略对于任何企业来说都是最不具有吸引力的战略，是一种痛苦的抉择。对单一经营的企业来说，清算意味着结束了企业的生存；对多种经营的企业来说，清算意味着关掉一定的经营单位和解雇一定数量的员工或进行培训转岗。但是，在确实别无选择时，若能尽可能早地实施清算战略，企业可有计划地、尽可能多地收回企业的资产，以减少损失，因此，清算战略也不失为特殊情况下的一种明智选择。

(二) 企业针对挑战者的防御战略

企业会面对各种各样的竞争对手和挑战者，如何面对挑战者是企业不得不考虑的问题。因此，企业除了了解为减少经营风险和损失而实施的一般防御型手段以外，还要学会应对挑战者的挑战行为而实行的防御型战略。

1. 应对挑战者的方法

(1) 防御时机的选择。

挑战者的进攻过程一般包括四个阶段：准备期、进入期、持续期和后进入期。不同阶段，挑战者对其战略的投入程度可能不同，因此防御战略实施的时机十分关键。一般来说，实施防御战略必须在挑战者决定是否采取退出或收缩壁垒步骤之前进行，这样才会动摇挑战者的意志。因此，熟练的防御者应及时阻止挑战者达到其初始目标，并努力改变产业竞争情况，使挑战者怀疑自己对该产业吸引力初始假设的正确性。

(2) 防御战略的选择。

实施防御战略的方式主要有：提高结构壁垒、增加可预期的报复、降低进攻的诱惑力、扼制、还击、撤资等。

第一，提高结构壁垒。结构壁垒的存在会减少挑战者从其进攻中获得的预期收益。常用方法有：防御性地增加所需成本、提高进行尝试的成本、提高竞争对手的投入成本、投资保护专有技术诀窍、填补产品或位置缺口、增加买方转移成本、排除其他可选技术、防御性地建立联盟、鼓励提高壁垒的政府政策等。

第二，增加可预期报复。防御者的预期报复会降低挑战者的收入或增加其成本，损害挑战者的预期利益。常用方法有：显示早期壁垒、竞争威胁承诺、提高退出或丧失市场份额需付出的代价、鼓励好的竞争对手、显示对防御的投入、集聚报复的资源、树立反击榜样、建立防御联盟等。

第三，降低进攻的诱惑力。即降低行业利润率。常用方法有：降低利润目标、控制竞争对手对未来产业前景的假设。

第四，扼制。扼制需要的成本往往小于进攻开始后投入的成本。有效扼制需要做好的工作：预见可能出现的挑战者、了解现存壁垒、预测可能的进攻线路、防御封锁可能的进攻线路、确立现实的利润期望值、树造企业牢固防御者的形象等。

第五，还击。如果扼制失败，企业就要对进攻作出有效而及时的还击。有效还击遵循的原则：尽早以某种方式还击、为尽早发现挑战的实际行动投资、针对进攻原因作出还击。

第六，撤资。对于那些投资于防御根本不合适或只适于作为暂时拖延手段的行业中的企业来说，最佳的防御战略就是“赚了钱就跑”的撤资战略，了解到进入或重新定位将最终损害企业地位时，企业应尽量掌握更多的现金，甚至鼓励竞争对手进入以提高市场占有率。

2. 应对挑战者应注意的问题

（1）要避免只狭隘关心短期利润率而忽视防御战略的倾向。因为成功的防御意味着将风险降到最小。

（2）要避免自满和大意的倾向。如果企业过于自满和大意而不注意考察和提防自己为潜在竞争对手提供的进攻机会，或不认真考虑挑战出现的可能性，就会造成企业在遭到袭击时措手不及，甚至导致企业在遭受重创后一蹶不振。

第五节　企业竞争战略

一、一般竞争战略

一般竞争战略包括战略管理大师迈克尔·波特从产业组织的观点，运用结构主义分析方法提出的三种基本竞争战略和后人根据管理实践的发展在此基础上提出的复合型战略，以及克利夫·鲍曼提出的“战略钟”。

1. 成本领先战略

成本领先战略又称低成本战略，是企业努力发掘现有的资源和能力优势，大规模生产一种标准化的产品，在行业内保持整体成本领先地位，从而以行业最低价格为其产品定价的竞争战略。它是以较低成本赢得竞争优势的战略，在实施过程中，通常是以较低的单位产品价格为价格敏感客户提供标准化的产品。按照波特的思想，成本领先战略体现为相对于竞争对手而言的低价格，但这并不意味着仅仅获得短期成本优势或仅仅削减成本，而是一个“可持续成本领先”，从而企业可通过其低成本地位来获得持久的竞争优势。

2. 差异化战略

差异化战略又称差别化战略，是指企业向顾客提供的产品或服务在行业范围内独具特色，这种特色可以给产品或服务带来额外的溢价。如果一个企业的产品或服务的溢出价格超过因其独特性所增加的成本，那么，拥有这种差异化的企业将取得竞争优势。

差异化的本质是通过提高顾客效用来提高顾客价值，但不是所有的差异化都能为顾客创造价值。因此，差异化不是简单追求产品形式上的差异化，而是关注顾客需求和偏好的变化。这都是企业战略需要解决的问题，即谁是企业的客户？怎样才能为企业的客户增加价值？在满足客户需求并获得盈利时，怎样才能比竞争对手更有效率？差异化的目的是为了创造产品或服务的差异性和独特性，因此很难通过一种简单的程序和方法获得这种差异化。为了保证差异化的有效性，企业必须了解自身的资源和能力是否能够提供差异化的产品或服务。同时，由于差异化优势的前提和基础是企业提供的产品或服务能够与顾客需求、偏好相一致，因此，差异化必须以顾客需求为核心，深入了解其需求和偏好的变化。

3. 集中化战略

集中化战略又称集中一点战略，是指企业集中满足细分市场目标的战略。集中化战略是企业主攻某个特定的客户群、某产品系列的一个细分区段或某一个地区市场的战略。依据迈克尔·波特的观点，成本领先战略和差异化战略都是雄霸天下的战略，而集中化战略则是穴居一域之策。该战略的目标不在于达到全行业范围内的目标，而是围绕特定的目标开展经营或服务，如图 2-8 所示。

竞争范围

竞争范围		客户察觉到的独特性	成本领先地位
	全行业范围内	差异化	成本领先
	仅限于某个特定的市场面	差异化集中	成本集中

图 2-8　三种竞争战略

集中化战略可以是差异化集中，即为某一特定市场面的顾客提供差异化的产品或服务，也可以是成本集中，即为某一特定市场面的顾客提供低成本，或者是两者兼而有之。从整个行业范围来看，集中化战略可能并未取得差异化或成本领先优势。但是，集中化能在较狭窄的市场范围内满足特定顾客的需求，获得竞争优势。因此，对于资金、实力、经验不足的企业来说，集中化是比较适合的战略。实施差异化战略必须明确顾客需求和不同顾客群体之间的需求差异，明确哪部分顾客不满足于现有产品或服务，然后确定企业的差异化方向，只有这样的差异化才是有意义的。集中化战略就是对选定的市场进行专业化的服务，实施该战略时一般选择对替代品最有抵抗力或竞争对手最弱之处作为目标市场。

二、竞争战略创新

一般竞争战略只是企业战略选择的基本模式。随着经济的发展和科技的不断进步，企业面临的环境更加复杂，客观上要求企业不断创新竞争战略以适应竞争环境的动态变化。竞争战略的创新形式有：全面质量管理、品牌战略、大规模定制战略、战略联盟、时基竞争战略、信息战略、产业创新战略等。

（一）全面质量管理

20世纪50世纪至20世纪60年代，西方社会的物质产品较为短缺，大多西方公司只强调增加产量和利润，产品的质量并未受到足够的重视，到了20世纪70年代，日本产品逐渐占领了美国市场，美国企业开始认识到质量问题的重要性，并掀起了一场质量革命，这场革命的结果就是20世纪80年代大多数美国公司采用的全面质量管理。

1. 全面质量管理的含义

全面质量管理就是完全从消费者的需求出发，要求组织不断提高顾客的满意度，以满足顾客需求为宗旨，企业各部门相互配合进行综合开发，努力保持和改进产品或服务的质量。以最高管理者为龙头，以全员参与为基础，以系统方法为主要手段，以定量方法为工具，以持续提高产品或服务质量为目标，有效地实施企业全面质量管理。

2. 全面质量管理的基本思想

全面质量管理的基本思想是："质量第一，顾客至上"，将企业内部各部门各工序之间的关系也视为顾客与供应者的关系；预防为主，将质量管理的重点由事后检验转移到事前预防上；定量管理，以数理统计方法提出和分析问题；企业全体成员都参与质量管理，让"质量第一"的理念深入人心，并成为员工行为的准绳。

3. 全面质量管理的实施原则

全面质量管理的实施原则：关注顾客，这里的顾客是广义的顾客，不仅包括购买企业产品或服务的顾客，还包括企业内部顾客；采用有效的度量手段，采用统计技术度量组织作业中的每一个关键变量，然后与标准和基准进行比较发现问题，追踪问题的根源，消除问题的原因①；控制过程的目标是预防，企业必须具有满足顾客各种需求的能力；企业的目标是要具有一套运作程序，使企业有能力专注于最小的甚至持续见效的误差值，以降低最小误差的产品或服务来满足顾客的需求；充分授权，全面质量管理要求企业内部全体员工从战略的高度思考如何进行生产、如何改进质量，要求企业放弃传统的自上而下的控制导向型的管理模式，提倡员工高度参与、高度自治的管理方式，使员工在处理顾客问题时拥有更大的权力和更多的责任；不断改进产品或服务的质量，质量不仅指最终产品或服务的质量，还包括交货方式、服务态度、交货速度等问题。

（二）品牌战略

1. 品牌战略的含义

在市场竞争日益激烈、产品性能趋同的今天，品牌已成为企业最有竞争力的手段之一，成为企业之间差别化的基础。品牌战略是定位战略和竞争战略的结合体，是企业位置优势和综合实力的集中体现，是企业为了谋求市场份额持续稳定增长而实施的战略。

品牌具有极大的商业价值，是企业最宝贵的财富。品牌是产品质量的保证，是典

---

① 斯蒂芬·P. 罗宾斯. 管理学［M］. 李原，等，译. 北京：中国人民大学出版社，1997.

型的核心竞争力，通过企业的长期积累而形成，具有路径依赖性，竞争者无法迅速模仿。品牌不等于名牌，名牌是在市场竞争中有杰出表现，在相关市场上得到顾客和权威人士的认同，并能产生巨大商业价值的品牌。品牌战略的经营目标就是创立和发展名牌，品牌战略的指导思想是树立品牌形象、营造品牌优势，品牌战略的着眼点是培育和提升品牌顾客忠诚。

2. 培育品牌顾客忠诚

所谓品牌顾客忠诚是指顾客对品牌的感情与偏好，以及由此产生的重复购买行为。品牌顾客忠诚的真正价值只有在竞争中才能得到体现，顾客忠诚形成了企业最强有力的进入壁垒，保护企业免受竞争对手的猛烈攻击。因此，品牌顾客忠诚是企业持续发展的有力保证，是企业确保一定市场份额、降低经营风险和不确定性的有效途径。

培育品牌顾客忠诚要经历扩大品牌知名度、提高品牌美誉度和提升顾客忠诚度三个阶段。研究表明，顾客大多乐于购买自己熟悉且留下美好印象的商品。因此，知名度和美誉度对品牌的市场占有率起着十分关键的作用，它们是提升顾客忠诚度的基础。提升品牌的知名度和美誉度的途径有：促销、公关、代言、CIS 战略等。

培育品牌顾客忠诚除了要提升品牌知名度和美誉度以外，企业还必须以顾客需求为出发点，做好以下几方面工作：树立“顾客至上”的观念，营造“顾客至上”的氛围；妥善处理顾客的意见和建议；经常与顾客交流沟通，及时收集、处理并反馈顾客信息；提供超出顾客预期的附加服务和保证；预测和引导顾客需求和偏好的变化，不断地创新以满足顾客需求；注重企业文化建设和企业形象塑造。

3. 品牌战略的选择

企业在发展过程中会有扩张的需求，品牌战略是企业实现发展战略的一条重要途径，因此，品牌战略的实施必须与企业总体战略相协调。

如图 2-9 所示，企业品牌扩张战略有四种选择：产品线扩展、品牌延伸、多品牌和新品牌。

品牌 \ 产品	现有	新的
现有	产品线扩展	品牌延伸
新的	多品牌	新品牌

图 2-9　品牌战略的选择

（1）产品线扩展。

产品线扩展，即企业在现有品牌和现有产品线中引入一些新的内容，可以是对现有产品的创新或是补缺，如改变包装、新口味、新色彩、添加新成分等。产品线扩展可以利用企业过剩的生产力，进入更多的细分市场，满足消费者更多的需求，扩大市场占有率，对竞争对手形成强有力的打击。但要注意的是，产品线扩展可能淡化品牌在顾客心目中的形象，使品牌失去某一特定的意义。同时，由于销售规模不大，难以收回产品线扩展的研发和促销成本，即使销量较大也有可能以牺牲产品线上其他项目为代价。因此，在实施产品线扩展时，企业要考虑可能发生的风险以及竞争对手的反击，做好应对风险和反击的准备。

（2）品牌延伸。

品牌延伸，即企业将一个已被消费者认同的具有一定市场地位的品牌用于企业新产品上，通过消费者对原有品牌的好感来帮助新产品迅速打开市场。品牌延伸可以帮助新产品获得消费者即刻的认知和接受，克服新产品在市场上的进入壁垒，还可节约大量广告和促销费用，从而使新产品具有竞争优势。但盲目的品牌延伸会为企业带来巨大的风险：新产品可能会使企业的原有消费者失望，损害品牌在消费者心目中的形象。比如，将高贵的品牌用于一些廉价的产品上就可能导致市场份额的丢失；品牌名称可能对新产品并不合适，消费者难以接受，甚至还会产生心理冲突，如将服装品牌用于食品行业上；品牌滥用还可能会影响品牌在消费者心目中原有的特定定位，使品牌在消费者心目中原有的形象变得模糊不清甚至与其他产品混淆。因此，实施品牌延伸战略时要十分谨慎，尽量在品牌产品的相关领域进行延伸。

（3）多品牌。

多品牌，即企业在现有产品市场中使用多种品牌，以多层次、多方位地拓展市场空间，扩大产品市场占有率。实施多品牌战略的企业可以为不同的消费者提供不同性能、不同品牌的产品，以进入行业内更多的细分市场。该战略还可以分散企业的经营风险，如果一个品牌开发失败，不会影响其他品牌在目标客户心目中的形象，不会削弱企业主流品牌的竞争优势。多品牌战略还可以严格区分企业的高、中、低档产品，便于用户识别和选购、维护和提升企业品牌的信誉。同时，企业为了保护主流品牌，会开发一些不同层次的品牌来应对竞争对手的攻击。需要指出的是，实施多品牌战略会使企业的资源分散到众多的品牌上，增加宣传费用，并可能导致每个品牌市场占有率较小，使企业无法实现规模效益。因此，企业必须拥有较强的实力。同时，实施多品牌战略必须以准确详尽的市场调研为前提，避免企业多个品牌瞄准相同的目标市场，使企业品牌自相残杀，而不是去抢占竞争对手的市场份额。总之，实施多品牌战略应当以企业自身实力和现有资源为基础，以市场为导向，以顾客需求为中心，合理配置资源，谋求企业长期稳定的发展。

（4）新品牌。

新品牌，即在新的市场上开发新的品牌。创新是企业生命力的源泉，新品牌战略也是一种创新。实施新品牌战略的企业通过新品牌，将企业新的精神、新的理念和产品新的特点有效地传达给顾客，使原有顾客有一种全新的感觉，从而提高企业在市场上的知名度、美誉度和顾客忠诚度。但是，建立一个新品牌需要企业投入巨大的广告、促销等方面的成本。因此，企业在实施新品牌战略之前，必须仔细比较建立新品牌的成本与收益，研究企业是否有必要建立新品牌，考虑建立新品牌的各种可预知和不可预知的风险，并做好抵抗风险的周密准备。

（三）大规模定制战略

大规模定制战略是对大规模生产战略的挑战，它是对定制的产品或服务进行个别的大规模生产。大规模生产战略源于20世纪初亨利·福特发明的流水线。大规模生产的特点是：标准化的产品；较长的产品生命周期和开发周期；统一的市场；有规律可循；无意外发生；等等。美国企业正是依靠大规模生产在20世纪前期赢得了全球经济的统治地位。但是，随着世界经济一体化的发展、技术的进步和消费者需求的不断变化，标准化的产品已经不能够满足消费者的需求，因此，多样化和定制化的产品或服务逐步代替了原有的标准化的产品或服务。大规模定制应运而生，它要求企业为每一个消费者提供独一无二的产品或服务，要求企业以大规模生产的价格提供多样化甚至是个性化定制的产品或服务。

实施大规模定制战略的企业必须兼顾低成本与个性化。企业用标准化的零部件实现规模经济，然后将零部件按多种方式进行组合，形成多样化的产品，从而实现范围经济和低成本。

约瑟夫·派恩认为，大规模定制战略中有四个创新点使大规模和定制化同时实现：

第一，及时发送和生产原料和部件，消除过程间断，降低库存成本。

第二，减少准备和转换的次数，可直接降低运行规模和变化成本。

第三，压缩价值链中所有过程的循环周期，可避免因增加灵活性和反应能力造成的浪费，从而降低成本。

第四，按订单生产而不是预测生产，订单可以提供个性化定制所需要的信息。这样，可以降低库存成本，消除生产不足或生产过剩问题。

美国的戴尔电脑公司就是利用大规模定制战略从一个企业逐渐成长为全球数一数二的电脑制造商。

（四）战略联盟

自亚当·斯密以来，由西方文化所主导的经济学和工商管理学体系，一直是以“竞争”作为主线，但是到了20世纪末，这种流行了几百年的模式开始发生变化，越来越多的企业开始认识到，单凭企业自身的力量很难在这激烈竞争的市场环境中求得生存和发展。尤其是西方企业中的跨国公司，迫于强大的竞争压力，开始对企业竞争关系进行战略性调整，纷纷从对立竞争走向大规模的合作竞争；其中合作竞争最主要的形式之一就是建立企业战略联盟。

1. 战略联盟的含义

全球著名的战略咨询公司麦肯锡在编著的《协作性竞争：全球市场的战略联盟与收购》一书中曾指出：全球竞争市场中“完全损人利己的时代”已经结束，企业为了赢得竞争必须合作。战略联盟已成为近年来发达国家许多大公司获取利润的主要途径。战略联盟是两个或两个以上的企业为了一定的战略目的，通过一定的方式组成的网络式联合体。采取战略联盟可使相关企业集中有限的资源和能力，更好地满足顾客的需求，扩大市场占有率，开发新市场，获得持久竞争优势。

2. 战略联盟的优势与劣势

（1）战略联盟的优势。

全球化的战略联盟可使企业在全球范围内组织生产经营，兼顾低成本与差异化，向全球范围内的顾客提供更低价格和更高质量的产品或服务；产生协同效应，即企业积累的资源能够同时且无成本地被应用于企业的其他事业部门或其他公司；产生互补效应，即企业事业部门之间或企业之间对资源、特别是市场渠道资源做到充分利用；通过学习取长补短，一方面，企业通过战略联盟开展竞争——比对方更快地学习到对方的技能，另一方面，战略联盟可以使企业通过融合各自的核心能力发挥综合效应，将企业的资源和能力集中到企业最具竞争优势的领域，而在企业没有优势的领域获得战略联盟合作伙伴的支持；降低风险，当代企业的发展需要不断创新，而创新的高投入、高风险，使单个企业无法承担时，通过战略联盟可以使合作伙伴之间共担风险、共享利益；战略联盟可以改变竞争格局，使行业朝着有利于企业的方向发展。

（2）战略联盟的劣势。

如果新的战略联盟文化不协调，会导致联盟各方无法友好相处，难以充分发挥各自的优势，最终会导致联盟的解体；与竞争对手的合作会使自身核心技术或市场渠道资源外泄，如果竞争对手比自己学习得快，企业就会丧失竞争优势，在联盟中的相对地位也会下降，从而导致联盟解体，而曾经合作的伙伴就可能成为最强大的竞争对手；如果企业不具有核心竞争力就盲目加入战略联盟，或者即使拥有核心竞争力，但是在联盟过程中被合作伙伴更快地识别并掌握，那么企业都有被合作伙伴兼并或收购的风险；如果联盟缺乏共同发展的长期战略目标，会致使联盟内企业各行其是，追逐自身短期的利润增长，最终导致联盟解体；如果联盟内各个企业都具有强势的管理模式，且在文化、思维方式、业务流程等方面存在较大的差异，则会产生误解、冲突，而当这些冲突无法协调时，某些企业就会退出联盟，导致联盟分裂；如果联盟各方都是为了利用对方的能力，过分依赖于合作方来增强自己的竞争力，那么这样的联盟必然是低效率且非长久的。

3. 战略联盟的实现方式

战略联盟可以通过纵向联盟、同互补品提供者联盟、同替代品提供者联盟和同竞争者联盟四种方式。

（1）纵向联盟：即行业内价值链不同环节上不同企业之间的联盟，是纵向一体化的一种形式。企业之间可以通过品牌共享或新产品、新技术的联合开发来实现纵向战略联盟，比如供应商与经销商之间的联盟、制造商与代理商之间的联盟、经销商与客户之间的联盟等。

（2）同互补品提供者联盟：如果企业与互补品提供者的目标客户有很强的一致性，企业之间就可以通过联盟来达到双赢。比如进行互补品捆绑销售就是一个很好的实现方式。

（3）同替代品提供者联盟：该联盟可以使企业拓宽原有产品或服务的范围，更好地满足顾客的需求，为顾客提供更多选择。

（4）同竞争者联盟：实施该联盟必须以竞争者之间的共同利益为前提，或者是共同抵御潜在竞争者，或者是共同开发新市场、新产品，或者是改变行业竞争格局等。

同竞争者联盟的运作方式有股权联盟和非股权联盟两种，具体有以下几种：

第一，相互持股。即企业之间通过购买对方的股份而结为联盟。

第二，合资。即联盟各方共同出资创立新企业，并以股东的身份制定新企业的战略目标为联盟各方利益服务。

第三，平衡投资。即联盟一方以少数股权参与，以获得某项技术成果的使用权，这是许多大企业与中小型高科技企业的联盟运作方式。

第四，协作。即联盟各方相互协作，协作是一种十分灵活的联盟运作方式，可以根据联盟各方需求随时扩张或收缩联盟，联合技术开发、联合营销等都属于协作的范畴。

第五，技术互换。即联盟各方通过技术资料共享、互换资料许可证和交流其他二手资料进行的合作。在合作协议中会明确规定技术互换的内容和合作期限，结成技术授权性联盟。

第六，许可证转让。即联盟一方向另一方单方面转让无形资产，从而使转让方不必承担进入新市场的风险，获得一定的转让收入或相应的提成，受让方也可以有偿获取转让方成熟的生产技术或品牌效应，使企业在较高的平台上经营。

第七，长期供应合同。即企业选择战略性的销售、供应合作伙伴，并要求合作方的行为符合双赢的要求。

4. 战略联盟应注意的问题

（1）实施战略联盟之前必须仔细审视企业自身条件和外部环境。只有当企业具有一定的核心竞争力，并处于适合进行战略联盟的产业领域内时，企业战略联盟才可能成功。并不是所有的产业领域都适合进行战略联盟。一般来说，只有市场信息多变、竞争激烈、外部环境压力较大的行业才适合实施战略联盟。

（2）企业必须理性地评估和选择联盟合作伙伴。在评估潜在战略伙伴的时候企业应问自己以下几个问题：合作伙伴是否能达到与企业优势互补的作用？企业文化和管理模式是否具有相容性？联盟是否能够带来双赢？联盟是否能精简业务流程或组织结构，结合为协同竞争的整体？联盟各方在战略理念、战略任务、企业文化、管理模式上是否具有一致性？是否能够在遇到问题时很快达成共识？与合作伙伴之间实力是否对等，是否有被对方收购或兼并的风险？联盟是否有利于合作各方战略性地成长？

（3）做好联盟的谈判和订约工作。具体包括明确联盟的目标和宗旨，明确联盟各方的权利、义务，并制定限定性、排他性条款防范合作一方的机会主义行为，明确利益分配原则，明确合同终止条款等。

（4）必须做好联盟管理工作以防止联盟失败。具体包括联盟各方应全心投入维持联盟的长期合作关系；联盟各方应尽量了解对方的文化，以减少彼此的误解和冲突，增强联盟的一致性；联盟各方应彼此信任、彼此尊重，遇到问题以诚相待、协商解决；联盟各方应加强沟通，保持联盟内部协调。

（5）为实现战略目标和联盟的有效运作，联盟各方还应该进行联盟的全面整合。全面整合包括以下五个层次：①战略整合，即联盟各方高层管理者应相互了解各自的战略方针，使联盟各方战略目标相辅相成，而不是相互牵制；②战术整合，即联盟各方的中层管理者和技术专家对经营层面的一些具体问题进行沟通和协调，如开展特定活动或制订特定计划、交换知识与实务操作经验等；③作业整合，获得联盟合作需要的人力、财力、物力和信息；④人际整合，即通过建立新的人际关系网络，促进联盟各方人员的相互沟通，为创造新价值打好基础；⑤文化整合，即建立联盟内不同企业之间文化沟通的桥梁。

（五）时基竞争战略

时基竞争战略就是以时间为基础的竞争战略。随着经济的发展、技术的进步，全球一体化进程加快，企业的成功模式已经从“以最低的成本提高最高的价值”转变为“在最短的时间内，以最低的成本提高最高的价值”。时间成为企业获得竞争优势的基础。实践证明，那些能够在最短的时间内把握消费者需求和偏好变化的企业，往往就是行业内最成功的企业。企业在创业期虽然实力、规模较小，但是比大企业更加灵活和贴近市场，“船小好调头”，时基竞争战略是企业成功的秘密武器。

时基竞争战略的核心就是“快速反应”，即比行业内竞争对手更快地发现顾客的需求变化，从而更快地制定管理决策，迅速开发新产品，及时向顾客交付满足其多样化需求的产品和服务。

1. 时基竞争战略的优势

第一，低成本。由于生产资料和信息在企业经营过程中的快速流转，原材料和产品不会以库存形式在企业内积存，企业消耗的间接费用更低，因此实施时基战略的企业成本通常比竞争对手低；第二，多样化。实施时基竞争战略的企业能在更短的时间内进行更加有效的创新，在给定的时间内设计出更多的满足顾客需求的产品，为顾客提供更多的选择，提高顾客满意度和培育顾客忠诚度；第三，高质量。质量和速度是相辅相成的，时间是取得高质量的最好途径，实践证明新产品开发最快的企业往往也是提供高质量产品或服务的企业，因为只有高质量的作业流程才能取得对消费者需求和偏好的更快的反应速度，同时测量和分析时间周期又是发现作业流程中质量问题的最好方法。

2. 实施时基竞争战略的途径

将时间作为重要的管理目标和战略指标；以顾客需求为中心，以快速反应力贴近顾客，培育顾客对企业的依赖性；快速锁定行业内价值最大的顾客群并赢得顾客忠诚，迫使竞争对手转向价值不大的顾客；设定行业内创新的步调和节奏。

（六）产业制胜战略

产业制胜战略是指以竞争的完整过程为基础，以培育产业先见和核心能力为手段创新未来产业，从而为企业在未来市场取胜奠定坚实的基础。[①] 所谓全程竞争是指现代企业的竞争具有全程性，不仅包括市场层面的竞争，还包括产业先见之争、核心能力之争和市场地位之争三个阶段。因此，在全程竞争中，企业的竞争空间发生了变化，企业要在最终的竞争中取得胜利必须综合考虑这三个阶段。正如哈默和普拉哈拉德所指出的一样，全程竞争过程就如同婴儿的诞生过程，要经历受孕、怀胎和分娩。先天不足的婴儿，问题大多不是发生在分娩那一刻，而是在受孕、怀胎的过程中就已经出

① 胡建绩，陆雄文. 企业经营战略管理［M］. 3 版. 上海：复旦大学出版社，2004.

现了隐患。在全程竞争的过程中，如果企业将战略制定的焦点仅仅放在产品或服务的概念十分成熟、竞争范围十分明确、产业界限十分稳定的最后市场竞争的阶段，那显然是不够的。全程竞争要求企业必须了解产业的发展态势和规律，不断开创新的产业。在产业转型日益迅速的时代，企业不能仅仅满足于对竞争对手的简单模仿，不应该满足于将行业领先者作为学习和赶超的目标，而应面向未来，掌握产业的竞争，力争重新划分竞争空间。

1. 产业制胜战略的特点

在竞争目标方面，原有企业战略将市场作为战略目标，而产业制胜战略将抢占商机、提高商机占有率作为企业的战略目标；在竞争环境方面，未来的竞争不仅限于各个产品和各个事业部之间的竞争，而是涉及整个企业之间的竞争，因此，企业必须将组织内部所有的力量集合起来设法在各种机会竞争的环境中，尽量扩大企业所掌握的商机；在竞争手段方面，企业自身的资源和整合能力在发掘商机和把握商机的过程中起着关键的作用。因此，企业的核心能力是企业产业制胜的关键竞争手段。

2. 产业制胜战略的实施途径

第一，以完整的竞争过程作为战略制定的出发点。与古典战略理论和波特的竞争战略理论相比，产业制胜战略理论的基础不是现有的产业而是未来的产业。因此，产业制胜战略的第一步就是以产业先见或产业洞察力构想未来产业轮廓，然后通过培育核心能力使构想的产业变为现实；第二，产业制胜战略必须以产业创新为出发点，企业只有掌握产业的命运才能掌握企业自身的命运，而只有通过产业创新，企业才能掌握产业的命运。产业创新主要包括竞争规则创新、重划产业界限、开创全新产业等方式。产业制胜战略的核心就在于创造全新的产业。

除了上述几种竞争战略的创新形式外，随着知识经济、信息经济时代的到来，以及全球经济一体化的发展，信息战略、国际竞争战略正在成为企业参与市场竞争的重要竞争战略之一，并受到理论界越来越多的关注。

第六节　模态型战略

一、不同规模企业的战略选择

企业经营规模有大、中、小之分，实力各异，因而面临不同的战略选择。

1. 大型企业的战略选择

（1）大型企业的特点。

大型企业一般具有下列经营特点：①筹集资金能力较强。它们可以从多种渠道筹资，国有企业还有国家投入资金。②从事大中型规模经营。它们在数量上虽然少于中小型企业，但在国民经济中的地位和作用却更大，掌握着国家的经济命脉。③用巨大的销售活动来提高市场份额，开拓国际国内两个市场，甚至成为产业领先者。④人才、技术、经营管理等方面享有优势，素质较高，创新能力较强。⑤有可能实行多样化经营，提供多样化的产品和服务。这既提高了盈利能力，又分散了经营风险，增强了适应市场变化的能力。⑥可能将小型企业吸引在自己周围，发挥专业化协作的优势。⑦由于规模大、投资多、组织结构较复杂、决策较缓慢等原因，因此运作不够灵活，生产经营的转向较难，容易患上大组织病。

（2）大型企业战略选择的类型和方法。

大型企业经营特点决定了大型企业有多种经营战略可供选择。它们有的实行加强型战略经营，而更多的则实行多元化战略经营和一体化战略经营。关于这几类战略选择方法参见本章第一节。

（3）大型企业战略选择应注意的问题。

①注意处理好各战略经营单位的战略协调关系，实现企业的整体优化。大型企业在实行多元化战略和一体化战略时，需要产品和服务的多样化以及市场的多样化，这就需要分设若干经营单位，并为每个经营单位分别选择和制定战略。各经营单位有其相对独立的责任、目标和战略之后，是否都认识或重视单位之间的相互关系呢？是否都能从企业总体利益出发来增进而不是削弱相互关系呢？却是一个很大的不确定因素。因此，大型企业在进行战略选择时，应注意如何保持各经营单位战略的相互协调，并努力实现企业整体的优化。为了协调各经营单位的战略，必须要让各战略单位清醒地认识到它们之间的互补关系，主动地进行合作。如组织联合销售队伍、共同做广告、联合采购、合理利用机器设备、改进生产线、交流专门技术知识和管理经验等，并在总的经营目标上进行协调，使各战略经营单位的子目标服从企业的总目标。

②注意处理好各战略经营单位的进攻型和防御型战略之间的关系。为对抗多方的竞争者，企业需注意要协调好各经营单位的进攻型和防御型战略。企业必须有一个总体竞争计划，用以对付每个有影响的竞争者以及每个可能造成威胁的竞争者。对于那些不符合企业整体目标，并且与其他战略经营单位不能很好配合的战略经营单位，可采取防御型战略，撤销或放弃这些业务；相反，对于那些与其他战略经营单位整合度高，对提高企业的整体竞争优势压力的战略经营单位，则可采取进攻型战略。

2. 中小型企业的战略选择

（1）中小型企业的特点。

中、小型企业的经营特点同大型企业正好相反，它们资本少，筹资能力弱，经营规模小，在人才、技术、管理上缺乏优势，较难抗御风险，但因组织简单，决策较快，生产经营比较机动灵活，有着大企业不具备的独特优势。

（2）中小型企业战略选择的类型和方法。

①集中于专业化、精细化战略。中、小型企业实力较弱，很难实行多元化战略以分散风险，但可以集中力量于特定的产品和细分市场，从事专业化经营。这样，既可在狭窄的产品线和市场上扩大批量，提高质量，赢得竞争优势，站稳脚跟，还可受到大型企业的欢迎，为其提供配套产品，从而走上以小补大、以专补缺、以精取胜、以精发展的良性发展之路。

②空缺市场战略。中小型企业不能去同大型企业正面对抗，而应寻找市场上的各种空隙，凭借自己快速灵活的特点，一举进入，努力取得成功。进入空隙后，再视具

体情况，或向集中化、专业化发展，或在别人跟进时迅速撤离，另寻空隙。采用这种战略的关键同样是选准产品和目标市场，产品应当是加工工艺简单、生产周期短、所需投资少。市场应该是细分的，其他企业所忽视或大型企业不愿涉足的。

③经营特色战略。中小型企业经营范围窄，可针对当地或特定顾客群的特殊需要，使自己的产品或服务具有与众不同的特色以便吸引顾客。特色一旦建立起来，就能博得顾客的信任，赢得竞争优势，在当地同其他企业包括大型企业相竞争。

④高科技战略。在一些高新科技领域中，企业规模中小型化已成为一种趋势。由为数不多的掌握了高新科技知识的人才组成中小企业，知识密集，机制灵活，在产品开发、技术诀窍、软件技术等方面形成独特优势，这就是高新科技战略。

⑤联合竞争战略。中、小型企业实力弱，但可在平等互利基础上联合起来，取长补短，共同开发市场，求得生存和发展，联合可以是松散型的，即仅限于生产协作或专业化分工的联系，在人员、资金、技术等方面基本不合作，这种联合的竞争力不强；也可以是紧密型的，即除生产协作外，还进行资金和销售方面的联合，如相互持股、相互调剂资金余缺、组织统一的销售队伍等，以提高竞争力。究竟选择何种联合形式，应视具体情况而定。

⑥承包经营战略。中小型企业依附于大型企业，接受它们的长期稳定的订货任务，成为它们的加工承包单位。采用这种战略，对保障中小型企业的持续稳定发展有好处，但企业利润水平较低，对大型企业的依赖性强，对长远发展又不利。因此，必须确定好与大型企业的承包条件，包括质量、价格、交货期、货款支付办法等；还要考虑长远发展问题。在具备一定条件时就实行战略转移。

二、不同位势企业的战略选择

企业的竞争地位即其实力的强弱，是战略选择时应当依据的重要的因素之一。在同样的市场发展前景之下，因竞争地位不同，企业采用的战略不同。不同位势企业的战略选择，要明确企业在产业中的竞争地位（是领先者还是追随者，按地位强弱的排名顺序），选择对付竞争对手的战略——位次竞争战略。

1. 处于第一位企业的战略选择

在竞争地位上处于第一位的企业，其基本战略是：以自己为中心稳定市场，稳定竞争，采用包围战术，和第二位企业保持差距。对第二位企业的对策：采用包围战术，进行稳定竞争，掌握差别，用销售力量和财务力量保持优势。对第三位企业的对策：采用包围战术，进行稳定竞争，或与其同盟化，有效地利用第三位企业来对付第二位的企业。对第四位企业的对策：采用包围战术，阻碍它同第二位企业同盟。对第五位企业的对策：创造互补关系，相互结成集团，把其作为适应市场变化的尖兵来使用。

2. 处于第二位企业的战略选择

竞争地位上处于第二位的企业，基本战略是：在力量用尽时和第一位休战，注意市场变化，争取在新领域领先，看准时机挑战。对第一位企业的对策：在力量用尽时休战，等待环境变化，注意掌握机会，在新领域领先，以产品和技术力量为中心，打进现有领域。对第三位企业对策：保持20%以上的差距，阻碍第三位企业和第一位企业结成同盟。对第四位企业的对策：和第四位企业协调，使市场稳定，或同第四位企业结盟。对第五位企业的对策：创造互补关系，支持它的产品，相互形成市场呼应。

3. 处于第三位企业的战略选择

竞争地位处于第三位的企业，基本战略是：和第一位同盟，把第二位打败，和第五位以下组成集团，使市场不稳定，越过第二位，目标是第一位。对第一位企业的对策：采取协调路线，共存战略，作为对第二位的对策和第一位结成同盟，不能和第一位同盟时联合第二位向第一位挑战。对第二位企业的对策：同第一位结盟向第二位挑战，把第二位打败，把当前的目标集中到第二位。对第四位企业的对策：对第四位保持差距，在竞争上不搞过分的刺激。对第五位企业的对策：成为第五位以下集团的领导者，防止其向第一、第二位集中，把其作为使市场不稳定的尖兵来使用。

4. 处于第四位企业的战略选择

竞争地位处于第四位的企业，基本战略是：与第五位以下组成集团，和第一位协调，努力稳定市场。对第一位企业的对策：把第四位以下的集结起来，形成和第一位对等的集团，和第一位共同努力稳定市场，用差别的产品和第一位共存。对第二位企业的对策：用第四位以下的集体力量向第二位挑战，要避免市场不稳定。对第三位企业的对策：扯第三位的后腿，聚集第三位以下的集团，要避免竞争激化。对第五位企业的对策：成为第五位以下集团的领导者，创造弱者的集结条件。

5. 处于第五位企业的战略选择

竞争地位处于第五位的企业，基本战略是：在思想上不准备竞争，和第一位共存，稳定市场，在其他领域倾注力量。对第一位企业的对策：建立共存条件，和第一位共存，做到不被敌视，稳定市场。对第二位企业的对策：在思想上不准备竞争，稳定市场，基本上用对第一位的战略。对第三位企业的对策：用有差别的产品向第四位挑战。

上述不同位势企业竞争战略选择都是源于实例的一般概括，在企业经营实践中必须从实际出发，灵活机动地加以运用。

三、不同时态企业的战略选择

行业市场的演进具有动态的生命周期，一般分为四个阶段：初始期、成长期、成熟期、衰退期。对于行业市场不同的阶段，企业的竞争战略选择也应有所不同。

1. 行业初始期企业的战略选择

（1）行业初始期特点。

行业初始期开始于新产品首次面世时，且市场增长缓慢。主要原因包括：产品技术还很粗糙，对顾客的吸引力较低；企业多抱有试探的想法，投资是逐步增加的，生产工艺又不成熟，导致生产能力不足；分销网络不健全，顾客难以方便购买；顾客不愿意改变原有的消费行为模式；新产品价格相对较高，只有少数购买者才有能力购买等。在这一阶段，由于销售量少，分销及促销费用高，企业在这一阶段不是亏本就是利润很低。为了达到告诉潜在的消费者新的和他们所不知道的产品、引导他们试用该产品、使产品通过零售网点获得分销，企业需要为高水平的促销作出努力。

（2）行业初始期企业战略选择的类型和方法。

①市场首入者模式。计划进入一个新产品市场的企业必须精心选择市场进入的时机。有的企业倾向于首先进入（索尼公司），而有的企业倾向于跟随（松下公司）。研究表明，首入者能够获得很大的优势。首入者具有随着市场成熟而获得竞争优势和市场份额的很大可能。首入者通常是“游戏规则”的制定者。这对首入者建立竞争优势很有利。首入者还可以获得其他竞争优势。例如，首入者容易在顾客中建立品牌形象。首入者也可以通过在竞争者通过广告抵消其影响之前，使产品和服务再次差别化。最后，顾客也会认为由首入者提供的产品是最新款的，从而使首入者获得差别化优势。首入者可以设想他一开始进入各种各样的市场，但是一下子全部进入是不可能的。首入者应该分析每一个细分市场各自的组合的利润潜量，并做出科学的市场扩展战略决策。

②市场竞争模式。影响市场竞争的两个方法手段——促销与定价的组合可以形成四种竞争战术：第一种，快速撇脂战术，即以高价格和高促销水平的方式推出新产品。采用高价格是为了在每个单位销售中尽可能获得更多的毛利。同时，企业花费巨额促销费用旨在向市场上说明虽然产品定价水平是高的，但有其独特的价值。采用这一战术的假设条件是：潜在市场的大部分人还没有意识到该产品；知道它的人渴望得到该产品并有能力照价付款；公司面临着潜在的竞争，必须在竞争者出现之前建立消费者的品牌偏好。第二种，缓慢撇脂战术，即以高价格和低促销方式推出新产品。采用高价格是为了尽可能多地回收每单位销售中的毛利；而采用低水平促销是为了降低营销费用。两者结合可望从市场上获取大量利润。采用这一战术的假设条件是:市场的规模有限；大多数的消费者已知晓这种产品；购买者愿出高价；潜在竞争并不迫在眼前。第三种，快速渗透战术，既以低价格和高促销水平的方式推出新产品。这一战术期望能给企业带来最快速的市场渗透和最高的市场份额。采用这一战术的假设条件是：市场是广阔的；市场对该产品不知晓；大多数购买者对价格敏感；潜在竞争很强烈；随着生产规模的扩大和制造经验的积累，今后企业的单位制造成本会下降。第四种，缓慢渗透战术，即以低价格和低促销水平推出新产品。低价格将促进市场迅速接受该产品；同时，公司降低其促销成本以实现较多的利润。公司确信市场需求对价格弹性很高，而对促销弹性很小。采用这一战术的假设条件是：市场是广阔的；市场上该产品的知名度较高；市场对价格相当敏感；有一些潜在的竞争。

（3）行业初始期企业战略选择应注意的问题。

行业初始期，企业的战略决策主要问题有两个：一是是否作为首入者进入市场，二是如果决定进入，如何竞争。采用市场首入者模式进入也多有失败，其弱点是：新产品过于粗糙或技术不够成熟，定位不恰当或太超前于需求高峰；产品开发成本耗尽了首入者的资源；缺少与后进入的公司的竞争资源；管理不完善或不健康的骄傲自大。而跟进者的成功在于，提供低价格，技术比较成熟，不断改进产品，或使用了战胜首入者的残酷市场商战。

2. 行业成长期企业的战略选择

（1）行业成长期特点。

行业成长阶段的标志是需求迅速增长。需求增长的原因是多方面的；第一，早期的消费者起到了示范作用带动了其他人的追随消费；第二，进入成长阶段，产品在质量和性能上较之引入期已经有了很大的改进，开始成为“真正的”好产品；第三，生产技术大大提高，大规模生产已成为可能，产品成本下降，第四，由于需求的飙升，整个行业的销售额也迅速增长。同时，企业花在产品开发与促销上的费用由于被大量的销售额所分摊，使得行业利润增加。由于利润的吸引，新的竞争者开始纷纷涌入，行业的激烈竞争拉开了序幕。

（2）行业成长期企业战略选择的类型与方法。

行业成长期，企业质量选择分为利润导向型和市场份额导向型两种，前者注重高额利润的获取，后者注重市场份额的扩大。选择利润导向型战略固然可以获得可观的利润，但是从持久竞争优势的角度考虑，扩大市场份额显得更为重要。日本企业的成功经验表明：市场份额到手，利润自然来。

成长期战略实现的具体方法主要有：改进产品质量和增加新产品的特色和式样，增加新式样和侧翼产品，进入新的细分市场，进入新的分销渠道，广告目标从产品知名度的建立转移到说服消费者接受和购买产品上，在适当时候降低价格以吸引要求低价供应的购买者。

（3）行业成长期企业战略选择应注意问题。

在成长期，企业战略决策应当注意能够使企业销售增长跟上或超过市场增长的速度。跟上市场增长，意味着企业的市场份额与市场增长同步；超过市场增长，意味着企业要在市场中拿下更大的市场份额；这将为市场进入成熟期以后的企业竞争奠定扎实的基础。

3. 行业成熟期企业的战略选择

（1）行业成熟期特点。

一个产品的销售增长率在到达某一点后将放缓步伐，并进入相对的成熟阶段。这个阶段的持续时间一般长于前两个阶段，它向管理者提出了最难对付的挑战。销售增长率的减慢使得整个行业中的生产能力过剩，能力过剩又导致竞争加剧。竞争者频繁地使用降价手段去销售，增加广告以扩大交易的机会，为了找出比较好的产品式样和侧翼产品而增加研究和开发预算，这些策略都意味着企业的利润被侵蚀，有些较弱的竞争者经受不起建筑的压力开始退出。最后，该行业由一些地位牢固的竞争者所组成，他们的战略核心是维持和不断提升自己的竞争优势。

（2）行业成熟期企业战略选择的类型与方法。

①市场改进方式。企业通过提高自己产品的销售量，来扩大品牌在市场上的影响力。我们知道，销售量=品牌使用人数量×每个使用人的使用率。“扩大品牌使用人的数量”可以采用以下三种方法：转变非使用人，企业通过努力把非使用人转变为自己产品的使用人；进入新的细分市场，获得新的客户群体；争取竞争对手的顾客。提高“每个使用人的使用率”可以用以下三种方法：增加使用次数，企业可以努力使顾客更频繁地使用该产品；增加每个场合的使用量，企业可以努力使用户在每次使用时增加该产品的使用量；增加产品新的和更多种类的用途，并设法使人们相信它有更多种类的用途。

②产品改进方式。企业还应努力改进该产品的功能特性以刺激销售，这包括对质量的改进、特点的改进和式样的改进。质量改进目的是注重增加产品的耐用性、可靠性等功能特性。要想通过改进质量来刺激销售，必须做到：质量确实得到改进，努力使买方相信质量被改进的说法，并拥有足够数量的要求较高质量的用户。特点改进的目的是注重增加产品的新特点，例如尺寸、重量、材料、附件等；扩大产品多功能性、安全性和便利性。式样改进的目的是注重增加对产品的美学诉求。式样改进的优点是每家厂商可以获得一个独特的市场个性以召集忠诚的追随者。但是，式样竞争也带来一些问题：第一，难以预料是否有人和有哪些人会喜欢这种新式样；第二，式样改变通常意味着不再生产老式样，企业将冒着失去某些喜爱老式样顾客的风险。

(3) 行业成熟期企业战略选择应注意的问题。

行业成熟期企业战略选择的核心问题是企业如何进行角色定位，是努力成为行业中的前三名，还是甘心做一个拾遗补缺者？如果能成为行业中的前三名，那么企业的竞争优势很有可能持续到市场衰退期，如果做一个拾遗补缺者，采用集中战略，至少在可预见的时间里可以获得较好的利润收入。要想成为前三名，企业就要选择多种战略，要想成为拾遗补缺者，可以选择其中的一种战略。

4. 行业衰退期企业的战略选择

(1) 行业衰退期特点。

大多数的产品市场最终都会走向衰退。这种衰退也许是缓慢的，也许是迅速的。销售可能会下降到零，或者也可能在一个低水平上持续许多年。市场衰退的原因很多，其中包括技术进步、消费者需求的改变、国外竞争的加剧等，所有这些都会导致生产能力过剩、削价竞争增加和利润侵蚀。当销售和利润衰退时，大部分企业退出市场。市场上只剩下几家大公司和一些拾遗补缺者。由于退出屏障等原因，一些企业仍在犹豫是否该退出该行业。除非有强有力的保留理由，否则继续经营一种疲软的产品对企业来说代价是非常高的。

(2) 行业衰退期企业战略选择的类型与方法。

关于衰退行业企业的战略选择方式主要有五种：①增加企业的投资使自己处于有利的竞争地位；②在未解决行业的不确定因素前，企业保持原有的投资水平；③企业有选择地降低投资态势，抛弃无希望的顾客群体，同时加强对有利可图的顾客需求领域进行投资；④不顾对投资结构会产生什么后果，从企业的投资中获取利润，以便快速回收现金；⑤尽可能用有利的方式处理一些资产，迅速放弃该项业务。衰退期战略决策要注意考察行业的相对吸引力和企业在该行业中的竞争能力。如果行业仍有吸引力，而企业又有一定的竞争能力，则应该考虑有选择地收缩自己的投资。

(3) 行业衰退期企业战略选择应注意的问题。

在行业衰退期，如果企业要在收获和放弃之间做出选择，它就要采用截然不同的战略。企业如果采用收获战略，则要一方面要尽量提高销售额；另一方面又要逐渐减少成本。首先是减少研究和开发成本以及对工厂和设备的投资。企业也可降低产品质量，不必补充即将退休的销售人员，撤销某些服务项目，减少用于广告的开支。企业这些减少开支的做法，不能泄露给顾客、竞争者和员工，不能使他们知道企业正在逐渐退出这项业务。否则，如果顾客知道了这个情况，就会转向其他供应商；如果竞争者知道了这个情况，就会将此消息转告给顾客；如果企业员工知道了这个情况，就会改换门庭。因此，收获是一种违背道义的战略。但是，许多拥有成熟产品的企业都往往会使用这种战略。在实行收获战略期间，只要销售量不暴跌，便可大大增加企业的现金流量。收获战略的结果是使企业的该项业务失去价值，并最终放弃这项业务。如果企业决定采用放弃战略，就要设法加强这个业务的吸引力，而不是削弱它，以吸引买主并卖出一个好价钱。

四、几种常用选择方法

国外常用的战略选择方法有：经营组合分析法（波士顿咨询公司）、经营计划方格法（通用电气公司）、荷兰皇家壳牌石油集团政策指导矩阵、逐步推移法（格鲁克）等。

1. 经营组合分析法（波士顿咨询公司）

经营组合分析法是波士顿咨询公司首创的战略选择工具，又简称为“波士顿增长——份额矩阵”。具体的战略选择方式如图 2-10 所示。

业务增长率	相对市场份额：高	相对市场份额：低
高	明星 1. 单一经营 2. 纵向一体化 3. 相关多样化	幼童 1. 单一经营 2. 横向一体化或合并 3. 放弃 4. 清算
低	金牛 1. 抽资 2. 相关多样化 3. 不相关多样化 4. 合资经营	瘦狗 1. 紧缩 2. 多样化 3. 放弃 4. 清算

图 2-10　战略选择方式图

波士顿咨询公司创造的这种方法以其简便易行而被广泛采用，但也因此受到许多批评：市场份额不过是企业总体竞争的一个方面，业务增长率也不过是表明市场前景的一个方面，而且仅仅按高低两档来划分四个象限，这些都太简单化了；计算相对市场份额同最大的竞争对手联系，而忽视了那些市场份额在迅速增长的较小的竞争者；市场份额同盈利之间不一定有密切的联系，低市场份额也可能有高盈利；反之亦然；市场增长率最高并不一定就最好；瘦狗单位不一定就应当很快放弃。在衰退产业中，一些市场份额低的产品如果需求稳定和可以预测，则可能赚大钱；如果竞争者退出，则该产品的市场份额还会增长，甚至可能成为市场领先者，变成金牛。

2. 经营计划方格法（通用电气公司）

战略经营计划方格，又称为红灯战略，是由美国的通用电气公司在麦肯锡咨询公司的协助下，对波士顿矩阵加以改进而提出的。这种方法赞成波士顿公司的假定，同样要求为企业的每个经营单位分别选择所需采用的战略。但是它提出了新的两个因素或变量，每个因素包括若干内容：

该单位的实力即竞争地位——包括市场份额、单位（销售）增长率、产品线宽度、营销策略的有效性、生产能力和生产率、相对产品质量、研究开发优势、总体形象等项；

该单位的产业吸引力——包括产业的规模、市场增长率、竞争结构、盈利性、技术的作用、经济周期的影响、能源的影响、宏观因素的影响等项。

将上述两类因素分为高、中、低三档，绘制出一个九象限矩阵，再分别考察每个经营单位的两个因素，把他们列入矩阵中的某个象限，示意图如下：

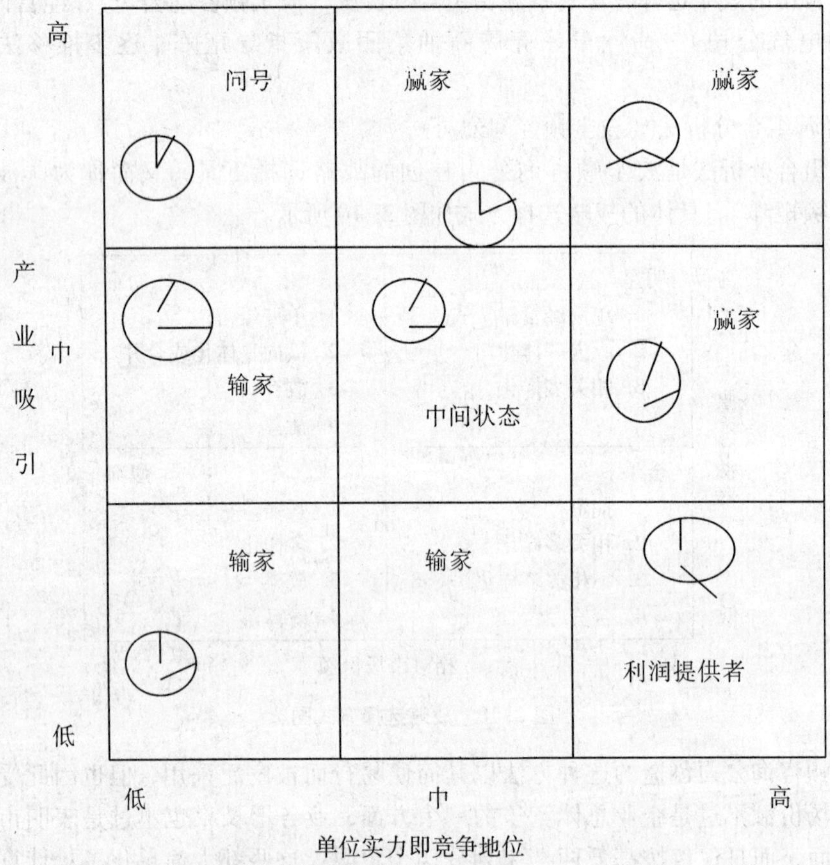

图 2-11　经营计划方格（通用电气公司）示意图

上图中的每个象限有着不同的特点，通过分析，可以为它们选择适当的战略：①方格中右上角的3个象限都称为赢家，列入它们中的单位都有很强或较强的实力和产业吸引力，类似于波士顿矩阵中的明星单位，一般可采用追加投资的扩张型战略；②方格中左下角的3个象限都称为输家，列入它们中的单位的实力和产业吸引力都很弱或较弱，类似于波士顿矩阵中的瘦狗单位，一般可采用紧缩战略或稳定型战略；③方格中右下角的象限都称为利润提供者，列入其中的单位实力很强而产业吸引力很弱，类似于波士顿矩阵中的金牛单位，宜于采用维持现状、抽走利润、支持其他单位的战略；④方格中左上角的象限称为问号，列入它们的单位的产业吸引力很强，而实力很弱，类似于波士顿矩阵中的幼童单位，应一分为二，选择其中确有发展前途的采用扩张型战略，其余只好放弃；⑤方格中处于中心地位的象限称为中间状态，列入此单位无论是产业吸引力和实力都算中等，可采用维持现状的稳定型战略。

3. 荷兰皇家壳牌石油集团政策指导矩阵

荷兰皇家壳牌石油集团制定的政策指导矩阵，采用了市场吸引力与企业竞争力两个指标体系。根据市场吸引力的大小和企业竞争力的高低来进行战略选择，其方法简单易行，如图 2-12 所示：

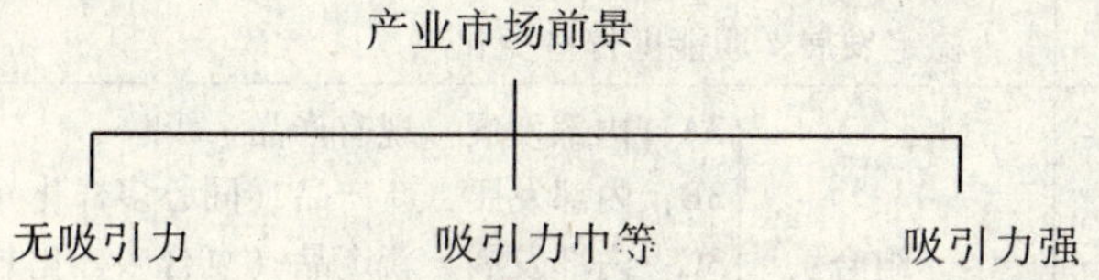

图 2-12　矩阵示意图

矩阵中列出九种战略选择方式，企业可根据自己的具体情况进行选择。

4. 逐步推移法（格鲁克）

美国乔治大学教授格鲁克提出了就企业总体来选择战略的逐步推移法，可能对业务比较简单的中小企业更为适用。他认为，战略选择并不是一个例行公事或容易决策的过程。管理者往往由于能力有限，或缺乏足够的信息，或环境变化很快，无法遵循“理性的模式”，战略管理者只能在有限的范围内选择战略，选择的余地并不很大，而只能采用逐步推移的办法来选择其战略。示意图如下：

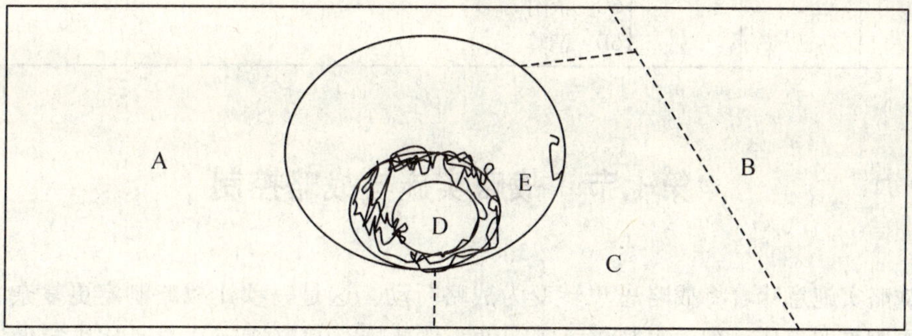

图 2-13　逐步推移法战略选择范围示意图

说明：A　风险过大区　　B　政策限制区　　C　外界条件限制区
D　过去执行的战略　　E　可供选择区

图 2-13 用一个矩形来代表所有的各种战略，其中归属于 A、B、C 三区域的战略因各种原因而无法采用，只有 D 是过去执行的战略，E 才是可供选择的战略，所以选择余地不大。

怎样选择呢？格鲁克认为企业最常采用的是稳定发展战略（即增长速度比较稳定的单一经营战略），而最不愿采用的是紧缩型战略。因此，应从稳定发展战略起步，按下述步骤进行：①首先比较现在的战略（假定是稳定发展）与在职能上作些变化的稳定战略，考察能否实现既定的战略目标；②如果不能实现目标，再将稳定发展战略与同时采用发展（即扩张型）战略相比较；③如尚感不足，就考虑单纯采用发展战略；④如仍感不足，再将发展战略与既发展又紧缩的组合战略相比较；⑤如尚感不足，就考虑单纯采用紧缩型战略。总之，从现在的战略逐步推移，在预定目标得到满足时，决策者就可做出自己的战略选择。具体选择方法如下表所示：

表 2-7　　战略选择方法表

步骤	选择	战　略
I	1 2	稳定发展：照旧不变 稳定发展：职能上作些变化
II	3	组合：稳定发展与 3A：内部发展，现有产品 3B：内部发展，新产品（同心多样化） 3C：内部发展，新产品（复合多样化） 3D：外部发展，横向一体化 3E：外部发展，同心多样化 3F：外部发展，复合多样化
III	4	发展（A—F）　同 3A—3F
IV	5	组合：发展与紧缩 5A：退却/转向 5B：放弃 5C：依附
V	6	紧缩 6A：退却/转向 6B：放弃 6C：依附 6D：清算

第七节　战略实施与战略控制

战略实施意味着将战略思想转变为战略行动。这是一项比战略制定更复杂、更耗时、更困难的工作。理由很简单：实际做一件事情（战略实施）总是比决定做这件事情（战略制定）要困难得多。

战略控制主要是指在企业战略的实施过程中，检查企业为达到目标所进行的各项活动的进展情况，评价企业战略实施后的绩效，把它与既定的战略目标与绩效标准相比较，发现战略差距，分析产生偏差的原因，纠正偏差，使企业战略的实施更好地与企业当前所处的内外环境、企业目标协调一致，使企业战略得以实现。这其实是对企业经营范围、经营模式、组织架构、激励制度、重要人事调动和长期投资所进行的具有全局性、长期性特点的控制，是战略管理的最后一个阶段。

一、战略实施

战略实施是战略管理过程的行动阶段，它要求将选定的战略加以细化，制定出实施战略所需的各项措施，并将这些措施付诸行动。具体来讲，战略实施的主要任务如下：

（1）制订战略实施计划；

（2）根据总体战略制定职能战略；

（3）建立与战略相适应的组织结构；

（4）按战略的要求配置资源，确保有限的资源投入到对战略成功至关重要的关键价值链活动中；

（5）建立对战略起支持作用的政策和运作程序；

（6）根据战略要求，对价值链活动进行优化，对业务流程进行再造；

（7）建立有利于战略实施的激励和诱导机制；

（8）建立与战略的要求相适应的沟通和协调机制；

（9）营造、培育一种有利于战略实施的工作环境和企业文化；

（10）加强对战略实施的领导，排除变革阻力。

战略实施的任务归纳到一点：就是如何确保企业内部的运作方式和多项活动与战略成功的必要条件之间保持协调一致。其中，最重要的协调是战略与组织结构和组织能力之间的协调；战略和资源之间的协调；战略和奖惩制度之间的协调；战略和内部支持系统之间的协调；战略和企业文化之间的协调。企业内部运作方式和多种活动与战略成功的必要条件协调程度越高，越有利于将整个组织和各种资源整合起来，形成竞争对手难以替代和模仿的核心能力，确保战略的顺利实施。

二、战略控制

战略控制涉及的是一个企业的战略如何有效地实现目标。战略控制通常针对企业结构、领导方式、技术、人力资源以及信息和作业控制系统。

（1）设定绩效标准。根据企业战略目标，结合企业内部人力、物力、财力及信息等具体条件，确定企业绩效标准，作为战略控制的参照系。

（2）绩效监控与偏差评估。通过一定的测量方式、手段、方法，监测企业的实际绩效，并将企业的实际绩效与标准绩效对比，进行偏差分析与评估。

（3）设计并采取纠正偏差的措施，以顺应变化着的条件，保证企业战略的圆满实施。

（4）监控外部环境的关键因素。外部环境的关键因素是企业战略赖以存在的基础，这些外部环境的关键因素的变化意味着战略前提条件的变动，必须给予充分的注意。

（5）激励战略控制的执行主体，调动其自我控制与自我评价的积极性，以保证企业战略实施切实有效。

第八节　企业战略管理理论的新发展①

一、虚拟经营战略

当今市场需求有两大特征：市场需求的个性化和需求的迅速变化。前者告诉我们，标准化的产品已经无法满足顾客的需求，从而也标志着单一品种大批量生产规模经济时代的结束。后者的含义是市场机会瞬息万变，企业要有时刻准备着的警觉，快速反应抓住稍纵即逝的机会。也就是说，未来的竞争不是大企业吞并小企业，而是反应快的企业吞并反应慢的企业。这从根本上改变了企业的游戏规则：快速与创造性比规模和市场占有率更重要。随着需求个性化的发展，人们越来越追求定制化产品而非标准化产品。现代企业的竞争方式通过灵活制造、快速翻印、独特与创新来赢得竞争优势。在组织方式上出现了无固定边界的非正式组织、层次很少的扁平化组织、成员之间能有效沟通的网络状组织、鼓励创新的半自治组织。目前最受推崇的是虚拟企业或虚拟组织。

虚拟组织是依靠信息技术通过一种网络式的联盟，实现经营目标的组织方式，其市场行为的特征是：分工、竞合、联盟、快速反应与团队学习。

虚拟经营战略是从战略管理的视角下，通过资源重组、功能组合、并行协作而形成功能突变满足动态需求的一种柔性经营模式。其基本精神在于突破企业有形界限，延伸企业功能界面，借用外部资源非产权整合的策略。企业采取虚拟经营战略一般只保留其价值链具有优势或关键的功能，也即保留其核心能力，而其他功能则依托虚拟技术和信息技术通过非产权合作的方式获得，称为企业虚拟化。

戈德曼、内格尔和普瑞斯将企业采取虚拟经营战略的原因视为“灵捷竞争的需要”；肯特（1994）从传统企业的弊端出发，探讨了企业采用虚拟化经营战略的原因；斯凯姆将虚拟企业的成因归结为采取虚拟经营战略所能获得的好处；Venkatraman 和 Henderson（1999）认为虚拟经营战略适用于各种行业的各个企业，Preiss 等（1994）和 William 等（1999）也对企业虚拟经营的理论依据有所研究，Malone（1992）、Byrne（1993）、Hodge（1996）、Applegate（1996）等先后从技术、产品和组织三个不同的角度对企业虚拟经营给出定义。虚拟经营是最大限度利用外部资源实现满足市场动态需求所需功能的新模式，其精髓是将有限的资源集中在企业的核心能力上，而将其他非企业核心能力的功能虚拟化，采取虚拟经营战略的企业，也就是理论界和实业界平时所提的虚拟企业（Virtual Enterprise）。

从竞争角度来看，虚拟经营战略是典型的竞合模式，通过合作创造客户价值，然后通过竞争实现利益的分配，追求的是竞争与合作互动系统中的企业的“共同进化”；从合作角度看，虚拟经营战略是介于市场交易和内部一体化之间的非产权合作，与市

① 宋波，徐飞，伍青生．企业战略管理理论研究的若干前沿问题［J］．上海管理科学，2011（3）．

场交易相比，虚拟经营是功能创造型合作，能够通过合作创造出全新的功能，与内部一体化和产权并购相比，虚拟经营由于不受产权约束，而能迅速获得灵活优势。一般来说，采取虚拟经营战略的企业利用虚拟技术和信息技术依靠外部资源临时聚集成为利益共同体。虚拟经营合作方的利益均衡和分配是其合作的核心内容，虚拟经营从系统的角度看，要实现各方最优功能的整合，还要考虑各方的绝对和相对收益是否达到均衡。从资源配置角度分析，虚拟经营战略强调资源利用而非资源控制，其内向配置的高附加值价值活动与外向配置的低附加值价值活动连接密切；从竞争优势角度分析，虚拟经营战略强调合作生态系统的整体优势而非个体优势，通过加强与价值链上各成员协同运作意识，共同营造具有竞争优势的价值系统。随着虚拟技术和信息技术的进一步发展，虚拟经营战略将得到更大的发展空间，虚拟经营战略“借势”的思维方式可为每一个企业所借鉴。就目前阶段来说，企业经营模式将是虚拟经营与实体经营虚实结合、共生进化、互为补充，共同为企业在动态的市场环境和全球竞争环境中，实现持续竞争优势服务。

二、动态能力理论

动态能力理论（Dynamic Capability Theory）整合了企业能力理论与动态演化理论。动态能力是指组织为使产品快速地上市、有效地掌握变化万千的商机，以及能否持续地建立、调适、重组其内外部的各项资源与职能来达到竞争优势的一种弹性能力，它诠释了企业是如何创造商业价值的。

Teece 等（1997）的《动态能力与战略管理》一文，把演化经济学的企业模型和“资源观”结合起来，提出了一个“动态能力理论”的框架。这个框架强调战略研究一直忽略的两个关键问题：首先，“动态”是指为适应不断变化的市场环境，企业必须具有不断更新自身胜任的能力；其次，“能力”是指战略管理在更新自身技能、资源以满足环境变化方面所具有关键的作用。动态能力理论认为，如果像“资源观”那样认为对稀缺资源的控制是利润的源泉，那么诸如技能的获取、知识和诀窍的管理以及学习就随之而成为根本性的战略问题。

“动态能力理论”是当代战略管理领域中一个正在发展中的理论前沿，它集中探讨企业组织能力的演进与竞争优势之间的因果关系，并把组织能力看成是企业竞争优势的根本源泉。“动态能力理论”认为企业最宝贵的资产是以组织知识为基础的能力，而如何发展、保持和增强组织能力对企业赢得竞争优势具有关键作用。“能力观”和“资源观”具有一定的异同点，两种观点都是从企业内部的因素中寻找竞争优势的源泉；而两者之间的相异之处在于，“资源观”导致竞争优势的因素包括有形资产，而“动态能力理论”将导致竞争优势的因素集中于无形的知识和能力上，因而更加强调组织性的因素，而且两种观点的理论基础也不同：“基于资源”的战略观以均衡分析为基础，而“动态能力”战略观主要以反均衡的演化经济学为基础，“动态能力理论”正是把对竞争优势源泉的探讨集中在最具组织性的知识和能力上。

动态能力理论的研究框架：Teece 等（1997）以三个关键要素——组织过程、位置和发展路径来构建其动态能力战略框架，而且特定企业的组织能力是难以被复制和被模仿的。因此，他们认为企业的竞争优势来源于嵌入在组织过程中的能力，即在企业内部运行的、由过程和位置所决定的高绩效的惯例。但组织过程的惯例及其发展机会，都明显地由企业所拥有的资源和企业演进的路径共同塑造。“动态能力理论”认为战略选择在静态时点上是有限的，企业在未来获取竞争优势的原因部分是由于企业在动态发展过程中所积累的资源和能力，因此强调管理层需要具备不断重构已经拥有的资源和能力，更重要的是管理者要把注意力集中在企业内部的过程上，以增强技能、胜任和特定资产为战略基点，通过投资决策决定企业组织能力的发展方向，推动企业的学习。“动态能力理论”目前的研究重点集中于知识、资源和能力的内生创造上。Helfat和Raubitschek（2000）在研究企业竞争优势的时候，把产品带入能力观的框架中，提出一个知识、能力和产品三者共同演化（co-evolution）的模型，进一步深化了Teece等（1997）提出的“动态能力观”；Winter（2000）则提出一个关于能力学习的概念模型，以及影响学习和能力发展的中心变量“抱负水平”（aspiration level）；Adner和Helfat（2003）综合考察了各类资源要素，认为动态能力会受到人力资源、社会资本和管理层认知三个潜在因素的影响；Adams和Lamont（2003）强调了组织学习能力对于企业动态能力，尤其是创新能力的影响；Wooten和Crane（2004）认为人力资本会对动态能力产生重要影响；而Blyle和Coff（2003）则认为社会资本是动态能力的核心。

三、战略风险管理

战略风险管理（Strategic Risk Management）首先出现于Miller和Kent（1992）的文章《国际商业中的综合风险管理架构》，其发展经历以下阶段：①试图完全控制风险的战略规划与产业竞争结构理论。该理论认为产业界限清晰，内外部变化缓慢、可预测，因此环境的变化是有规律可寻找的，风险是可以通过数字模型进行定量分析的，或通过经验等进行定性分析的，风险是可以认识并加以避免的。②以不变应万变的资源基础理论与核心能力理论。该理论认为内外部环境的变化及相关的风险是无法避免的，企业的资源与核心能力是应对各种风险的基石，加强资源基础和核心能力建设，以“不变”的核心能力来应“万变”的风险，避免企业面对各种快速的变化措手不及。③以变制变的动态能力理论。Teece（1997）等学者秉承熊彼特的创新性毁灭的思想，提出了动态能力理论。克服能力中的惯性和刚性是动态能力理论的特征，因此，动态能力理论将重点放在企业学习与有机过程产生的机制上，强调管理者需要不断重构已有的能力，当环境突变时，能够迅速地适应环境，避免巨大风险。

企业自身成长中的不确定性和经营环境的不确定性，突如其来的失败或萎缩成为时代的特征，这使得人们越来越倾向于从系统论的角度，将企业视为非线性系统和复杂系统，并应用非线性系统理论分析企业发展的规律，探讨企业演化的模式和与环境的互动关系。战略风险管理也呈现如下发展趋势的特征：①战略风险管理方式由“高层管理，基层执行”向“参与主体多元化”转变；②资源积累由“传统型积累”向抓住稳定因素的“战略型积累”转变；③组织结构由“机械组织”向“有机组织”转变。

四、知识管理战略

随着知识在社会经济中的重要性越来越突出，知识管理战略（Knowledge Mangement Strategy）已成为近年来战略理论一按就热的热点。以知识为基础的企业理论正在逐步形成和完善，知识战略管理不仅是一项重要管理活动，而且作为一种管理理念已经成为许多企业战略行为和价值观的重要准则。

21 世纪，知识成为企业最重要的战略资源，知识经济时代一个最直观、最基本的特征，就是知识作为生产要素地位的空前提高。在这个时代，信息技术和各种高技术更新速度日益加快，新发明、新创造日新月异，知识需求成为企业发展乃至社会经济生活的前提，知识生产本身成为社会经济生活的中心。创造和传播知识已经成为企业核心能力的关键要素，企业唯一的竞争优势或许是比它的竞争对手学习得更快的能力。在技术变革、企业变革、社会变革、竞争激烈的时代，成功将属于那些不断进行知识创新的企业。因为，本质上企业已成为获取、吸收、利用、共享、保持、转移和创造知识的学习性系统，成为知识的“大仓库”（Demsetz，1998）。

知识资源是企业最重要的战略资源，知识是企业竞争优势的根本。不仅是因为企业内部的知识积累是解释企业获得超额收益和竞争活力的关键，也不仅仅是企业的知识存量决定了企业配置资源和创新的能力，从而最终在企业产品及市场力量中体现出竞争优势；而且，企业作为学习性系统所拥有的知识存量与知识结构，尤其是关于如何协调不同的生产技能和有机结合多种技术流的学识和积累性知识，以及所拥有的难以被竞争对手所模仿的、包括组织资本和社会资本在内的隐性知识，已经成为企业绩效与长期竞争优势最深层的决定性因素。它决定了企业识别、发现、把握、发挥乃至创造未来机会的能力，决定了企业利用、配置、整合、优化、开发与保护资源的能力，从而决定了企业有序、协调、有质量、可持续发展的能力。

德鲁克是最早提出知识社会、知识企业和确立知识管理理论的管理学家，他在 1988 年发表于《哈佛商业评论》上的《新型组织的出现》一文是一篇关于知识管理的指南针式的开山之作。此后，德鲁克又在《后资本主义社会》和《21 世纪的管理挑战》中，进一步发展了其知识管理的新思想。知识管理战略就是组织开发必要的环境和条件来推动组织中知识的创造和传播过程，使知识以螺旋式不断延伸。国外战略管理学者 Bassi（1997），Mathotra（1998），O´Leary（1998），Safdie 和 Edward（1998），Gray（2000）对知识管理的相关概念和本质都进行了深入的研究。

在知识创造与传播过程及知识管理活动中，最重要的两个因素是人和技术。这两个因素同时构成知识管理战略的两个维度，无论强化哪个维度的作用，都是为了推动知识螺旋运动的发展。以知识管理战略的两个维度为出发点，可以将企业的知识管理策略分为三种：信息化策略、人性化策略和综合化策略。信息化策略是指单从技术一个维度管理知识的策略；人性化策略是指单从“人”一个维度管理知识的策略；现实中更多的公司是在两个维度上管理自己的知识，我们把这类公司的知识管理策略叫做综合化策略。知识管理的理论基础目前主要是从西方经济学、政治经济学、管理学三个角度分别进行阐述的。

五、战略网络理论

战略网络（Strategic Network）是指由社会的不同组织或个人为了共同的远景，通过一定的协议或契约联结，以彼此间相互信任和长期合作为基础而构成具有战略意义的、不断进化和优化的动态合作网络。战略网络及其管理“必然将成为新的管理方式与新的竞争游戏规则”，“战略网络管理是当今企业成功的关键”。因此，战略网络研究既是一个急需研究的理论问题，又是一个具有重大现实意义的问题。战略网络理论作为战略管理研究的新领域和适应网络竞争的新战略思想，已引起学术界的广泛关注，并从不同的角度展开研究。战略网络理论成为当前战略管理研究的前沿课题。

1. 战略网络理论的发展

Jarillo（1988）最先提出战略网络概念，他将企业网络的思想引入到战略管理研究之中，强调企业的网络及其关系网络在企业战略中的作用，认为战略网络是一种关系网络，获取企业生存和发展所需资源和知识的关键渠道。Nohria 等（1992）编写出版的论文集《网络与组织：结构、形式和行为》，汇集了社会网络理论、组织理论、战略理论、经济理论研究者对战略网络理论的最新研究成果。Jarillo（1993）出版了《战略网络》专著，标志着战略网络理论的形成。Richter（1999）编写出版了专著《战略网络——日本企业间合作的艺术》，以日本企业为例研究了战略网络的理论基础、形成动因及管理与进化，进一步丰富了战略网络理论。2000 年战略管理杂志出版了《战略网络》论文集，介绍了当前有关战略网络理论研究的最新研究成果，强调这一理论要整合和系统化，使之形成比较完整的理论体系，更有效地指导企业在网络竞争环境下制定和实施企业战略，标志着战略网络理论进入了系统研究阶段。

Backhans（1993）认为战略网络的价值创造来源于战略网络的实践动机：进入市场和获取资源、成本、时间和专业化优势。Corey（1997）进一步指出发起主体（triggering entity）是战略网络进化，尤其是相互依赖关系难以识别的战略网络进化的关键因素，发起主体包括单个公司、政府的代理人和外部环境因素等，发起主体为战略网络成员及新进入者分配成本和利益。Gulati 和 Gargiulo（1999）强调战略网络的演化由新的连接关系而推动，并指出一个公司构建新网络关系的能力由其在网络结构中位置提供的机会决定。Ahuja（2000）则认为战略网络不仅产生于网络组织的共享动机，还来自于相互之间的吸引力，网络的演变是由于网络组织之间利益的重新分配，并发展成一个“机会—动机”整合框架来分析战略网络的形成，任何网络的形成和演化都来自这两方面的因素。

2. 战略网络理论的未来研究方向

现代战略网络研究越来越呈现系统化、动态化、定量化的研究特征和发展趋势。战略网络理论研究目前存在的主要问题：首先，从研究内容上看，缺乏系统研究；其次，研究思维的线性化与静态化；最后，目前的研究方法还主要停留在定性研究和较浅层次的描述上。此外，对适合我国的战略网络管理方式研究不足。结合战略网络研究发展趋势及存在的问题，可以发现战略网络理论未来的研究方向：①运用系统观对战略网络理论框架进行研究；②战略网络中的组织间动态关系分析与技术方法研究；

③战略网络动态管理过程研究；④战略网络进化研究，建立战略网络动态进化模型来描述其进化过程，体现其动态性和共生性的特点。

六、“战略转折点”理论

Burgelman 和 Grove（1996）提出了“战略转折点（Strategic Inflection Point，SIP）”理论。该理论认为，环境变化的剧烈性及其所带来的不确定性，会导致企业的战略意图和采取的战略行动不一致。这种不一致常常会导致组织出现战略矛盾（Strategic Dissonance），而这种矛盾将会阻止企业的转型，是组织面临“战略转折点”的标志。因此，企业新战略意图的制定依赖于高层领导者从这种战略矛盾与冲突中获得有效的关键信息。

从战略管理发展史的角度看，该理论是20世纪90年代以前战略形成理论，包括学习派的战略形成理论，更注重对动态环境下转型式战略变革的过程与战略管理方式的分析。同时，这种转型式战略变革理论也吸收了战略形成的“文化学派”（School of Culture）的观点，并把其理论基础建立在吸收传统战略管理模式的优点而扬弃其偏于静态的缺陷的基础之上，推进了战略管理理论动态化的进程，为90年代战略管理理论的发展做出了自己的贡献。在研究方法上，该理论既吸收了已有战略管理理论的合理成分，又在大量个案研究与亲身实践的基础上进行修正、发展和完善，体现出既注重理论分析、又注重从实践中学习的研究倾向。战略转折点的管理要经过两个阶段：管理者对“战略转折点”的战略认知（Strategic Recognition）与战略变革（Strategic Change）。

“战略转折点”管理理论上的最大贡献，就是针对动态环境中的新战略意图的制定与形成过程，提出了以战略矛盾、战略转折点、战略认知为基础的基本分析框架，明确了高中层管理者在其中的作用方式和适应性学习组织在转型式战略变革中的重要性。“战略转折点”管理理论的发展，标志着动态环境下战略形成与发展理论的深化和战略管理理论动态化的新发展，也体现了企业战略管理理论研究的新趋势。

七、边缘竞争理论

Brown 和 Eisenhardt（1998）出版了《边缘竞争》（Competing on the Edge：Strategy as Structure Chaos），认为高速变化和不可预测性是未来企业经营环境的特征。因此，战略最重要的是对变革进行管理，主要体现在三个方面：一是对变革做出反应；二是对变革做出预测；三是领导变革，领导变革意味着走在变革的前面，甚至是改变竞争游戏的规则，有效地将变革管理三个层次的内容融合在一起，是战略变革的关键。

边缘竞争战略理论认为，企业应该不断变革管理来构建和调整企业的竞争优势，根据一系列不相关的竞争力来彻底地改造企业优势，力图让企业捕捉无序平衡的边缘状态，保持企业在无序和有序之间的微妙平衡。企业熟练地掌握了边缘竞争的时间边缘的平衡方法后，便可避免单纯的市场反应，并设定自己的变革节拍，迫使竞争对手跟随自己的战略方向，从而控制市场的竞争格局。

边缘竞争理论认同战略和组织结构相匹配的传统的战略理论，提出边缘竞争战略的成功实施，需要相应的组织结构的支持。同时，边缘竞争理论认为战略是公司不断调整组织结构形式，与该组织结构相适应采取半固定式的战略趋向的一种必然结果，这种组织结构的特点是在固定式结构和松散式结构之间寻求最佳的结合形式。半固定式的战略趋向是边缘竞争的战略方法与经典战略方法的最主要的区别。边缘竞争战略与其他竞争战略的比较如下表所示：

从本质上讲，边缘竞争战略解决了企业在高度变革和不确定性的市场上所面临的战略挑战，那就是不断地创新和变革公司本身，以取得连续的竞争优势。边缘竞争战略是一种不确定和不可控的战略，甚至可能是低效率的战略，但在不断变革的市场环境下它却是一种非常有效的战略。

八、非市场战略

近二十年来，企业非市场战略研究日益受到学术界的关注，自 Baron 以来，非市场战略（Non-Market Strategy）逐渐由早先的非主流研究（Hillman，1996）变为战略管理学领域的一个新兴分支。随着非市场因素对企业发展的影响变得越来越直接和具有战略性，非市场战略已经成为企业战略管理的重要内容。

1. 非市场战略产生的背景

非市场战略的形成和发展与市场缺陷有关，而主流的战略管理理论主要建立在市场体制的假设之上，基本以市场环境作为对企业环境认识的基本前提。而在现实的竞争环境中，那种基于市场环境因素的企业战略并不能有效解决各种问题，战略学者逐渐将非市场战略纳入企业战略管理的理论视野，作为企业战略体系的一部分加以研究并在此领域取得了一定的成果。

战略学者开始将非市场因素居于战略内容的主体地位加以研究，Baron 首次系统地从管理学角度把企业的非市场活动提升到战略高度，真正把非市场因素影响提升到企业非市场战略加以研究，Baron 认为，企业战略需要指导企业在市场与非市场环境中行动，一系列问题促使企业必须系统考虑非市场战略。但是，由于非市场因素本身就是一个复杂的概念，且更多涉及政治、社会、文化等，难以像市场战略研究那样运用成熟的经济学理论加以研究，因此企业非市场战略研究在研究内容与方法上正处于发展过程中。

非市场战略是在非市场环境中，通过改善整体行为以增加价值所采取的一致性行动策略。非市场战略的目的之一就是形成企业的市场环境，一般而言，非市场战略被政府控制的机会越多则越重要，被市场控制的机会越多则越不重要。非市场资产有许多形式，这些形式包括对付非市场力量，如政府、媒体、兴趣小组和活动组及公众的经验与能力。

2. 非市场战略的研究与发展

学者对非市场战略的研究方法和分析框架来自于其他学科如政治学、社会学等领域，目前占主导地位的是以案例研究为主的定性研究。Baron 在非市场战略相关概念和框架的研究中大量使用企业个案进行总结，目前非市场战略的研究主要是概念与思想的探讨。但是不少学者已经开始运用实证方法对有关思想和命题进行研究。Hillman 提出非市场战略研究需要更多的关于方法、测量和统计工具的假设。Mahon 等（2004）应用社会网络分析方法，对利益相关者的行为和问题进行了定量分析。Holburn 运用博弈论对非市场战略的决策加以研究。

Hirachman（1958）在《Strategy of Economic Development》一书中提出了非市场力量这一术语，认为所有组织都会衰落，需要用非市场力量即政治机制对它们进行矫正。Boddewyn 在综述性文献中回顾了“非市场”概念的研究发展，总结了四种非市场观并对各自的理论基础进行了探讨，即：①非市场是指一套独特的高级宏观制度；②非市场是指外在或中立于市场的非经济因素；③非市场是指渗入经济交易的内生性社会因素；④非市场是指一种弥补所有组织自然衰落的政治机制。在企业跨国经营非市场战略的相关研究上，Aggarwal 认为亚太地区企业战略的一个重要方面就是其非市场战略。Baron 在全球市场上将市场与非市场整合战略、贸易政策、全球竞争联系起来进行了研究。Clougherty 分析了市场竞争对国内企业兼并的影响，认为可以通过非市场战略来影响反垄断政策，促进兼并的实现。

非市场战略的研究对我国企业有很大的借鉴和实践意义，随着我国市场体制的改革和社会变革，企业需要建立整体的应对社会公众影响的非市场战略体系，相对于政治行为而言，面对社会公众的非市场战略需求更加紧迫和可行，可以更快提升企业的竞争力和品牌。由于我国传统文化的影响和转型经济的背景，我国企业更容易接受市场战略与非市场战略的整合，因此市场战略与非市场战略的结合应用，重视市场战略与非市场战略的整合研究显得非常重要。

九、战略生态理论

1. 企业 DNA 进化理论

企业 DNA 进化理论（Enterprise Evolution Theory）源于进化经济学（Evolutionary Economics），其发展历程可追溯至熊彼特和 Alchian 的“企业拟生物特性”研究，他们认为资本主义经济是一个以技术和组织创新为首要特征的演化的动态系统。“企业 DNA”最早由美国密西根大学商学院教授提区（Noel M. Tichy）提出，企业 DNA 也就是企业基因密码，企业 DNA 决定了企业的形态、发展乃至变异的种种特征，决定了企业规模、类型以及企业经营是否健康有序等最基本的方面。企业 DNA 概念的提出，其价值在于把企业的发展视作是一个生命体的成长。根据 Neilson（2003）等人撰写的《四基本要素决定企业 DNA》，企业 DNA 有四个基本要素。企业 DNA 四个基本要素分别为：决策权、组织架构、激励机制、信息传导。这四个基本要素通过无数种组合方法形成企业的特性，并影响企业的行为与绩效，从而影响企业的进化方向。企业 DNA 进化理论为企业高管人员提供了一个思考的框架和范式，企业的战略、创新、执行力、文化等问题，都根植于企业 DNA 的不同特征之中；同时还运用系统论阐释了企业进化的内在动力。

随着时间的推移，企业内在管理要素呈现的巨大多样性、市场环境的非均衡特性和大系统中的高度不确定性，对企业发展起重要的决定性作用。在这种背景下，企业 DNA 进化理论开始受到越来越多的关注，逐渐在学术界和实业界占据了一席之地。

Nelson 和 Winter（1982）的《经济变迁的深化理论》出版，标志着企业 DNA 进化理论的基本理论框架已开始逐步完整。Nelson 和 Winter 认为，企业的成长是通过类似生物进化的三种核心机制，即多样性、遗传性和自然选择性来完成的。Nelson 和 Winter 在企业生物相似性的基础上，构建了一个模拟生物的企业研究模型，强调“惯例”（知识遗传和继承）、“搜寻”（企业适应和惯例变异）和“市场选择”在企业演化过程中的作用。企业 DNA 进化可以解释为惯例变迁的过程，而搜寻与市场选择则是企业进化的机制。现实生活中的企业在进行战略选择时所依据的信息有限，企业战略决策更多的是一种适应性的“试错过程”。

（2）商业生态系统理论

Moore（1993）从生物生态学的角度出发，首次提出“商业生态系统”概念（Business Ecosystems）。Moore（1996）出版的《竞争的衰亡》标志着战略理论的指导思想发生了重大突破，进一步阐释了运用生态学理论解释商业运作，用系统观点反思竞争的含义，以力求“共同演化”（Co-evolution）为目标，主张跳出“把自己看作是单个的主体”的竞争思维定势，通过构建顾客、市场、产品或服务、经营过程、组织、利益相关者、社会价值和政府政策等七个维度的系统成员，以合作演化为主要机制建立成功的商业生态系统。

所谓的“商业生态系统”是指以组织和个人的相互作用为基础的经济联合体，是客户、供应商、主要生产厂家以及其他有关人员相互配合、相互完善、相互补充以生产商品和服务而组成的群体。Hawken（1994）在其著作《商业生态学：可持续发展的宣言》中，利用生态系统思想探讨了商业活动与环境问题的关系；Laszlo（1997）系统地将广义进化论的思想运用到企业管理之中；Baskin（1998）通过将自然科学与动荡复杂问题研究的成果融入现实战略管理中，来理解同样复杂的商界发展的基本动力和对企业组织设计、组织管理的意义；Daft（1998）更是重点利用种群生态学的概念论述了有关组织间冲突与协作；Law（2001）出版了《企业生理学：企业活力探源》，同时 Aaker（1998）也明确提出了基于单个企业品牌系统的“品牌群”概念；Winker（1999）系统探讨了“品牌生态环境”的概念和管理问题；企业生态系统论把由“独立自治的实体”假设下的企业战略理论转向企业生态系统的战略理论，De Bono（1996）称之为超越竞争理论，Daveni（1994）把它称为超级竞争模型；Lansiti 和 Levien（2004）进一步把商业生态系统的观点深化，并倡导以这种方式考虑竞争战略，倡导以商业生态系统“群落”应对日益动态、无限竞争的环境。

商业生态系统的竞争分析框架，由四个部分组成：从系统整体上考察和考虑竞争；从系统各成员之间的相互关系方面建立合作，以合作来应对竞争；通过开放环境吸引成员，以扩大系统的共同“做大饼”方式来避免共同“分小饼”式竞争；商业生态系统中核心企业或骨干企业必须不断关注价值理念和关键驱动因素的变化，并建立起审视机制和重组与重构商业生态系统的应对策略，以此来“进化”，不断创造新的优势，实现持续发展。

第三章　现代企业人力资源管理

第一节　企业人力资源与人力资源管理导论

管理的本质是人的管理，人力资源管理工作是企业管理的一个重要组成部分。随着市场经济的发展、企业竞争的加剧，传统人事管理已在转变为人力资源管理。这不是概念的简单变化，而是管理原则和管理机制的根本转变。

一、人力资源管理概述

（一）人力资源的概念

1. 资源

资源是人类赖以生存的物质基础。从经济学的角度来看，资源是其形成财富的来源，是指可以投入到生产中去创造财富的一切要素和生产条件。

从当代经济环境中的价值创造角度出发，可以把资源分为以下几类：

（1）自然资源。通常指用于生产活动的一切未经加工的自然物，如未经开发的土地、山川、森林、矿藏等，他们具有供人们开发利用的价值。

（2）资本资源。通常是指用于生产活动的一切已经过加工的自然物，如资金、机器、设备等，它是人们利用其生产和创造新的产品与新的价值，而不直接消费的资本。

（3）信息资源。通常是指对生产活动及其有关的一切活动的事、物描述的符号集合。

（4）人力资源。通常是指生产活动中的活的资源，也是一切资源中最重要的资源。被经济学家称为第一资源。

（5）时间资源。通常是指生产活动（或物质运动）的顺序更替和前后联系的连续性表现。按照德鲁克的观点，时间租不到、买不到、借不到，“定量供应”，毫无调节的弹性，又最容易损耗，无法储存，没有替代品。

自然资源和资本资源具有独占性，信息资源具有共享性，时间资源具有时效性。这些都是被动资源，都需要由人来认识、利用和开发。因此，只有人力资源才具有主导性或能动性，是具有特殊重要性的核心资源。

2. 人力资源

人力资源（Human Resource），是指一定范围内人口总体所具有的劳动能力的总和，是在一定范围内具有为社会创造物质和精神财富，从事体力劳动和智力劳动能力的人口的总称。这种劳动能力，作为社会生产及各种经济活动以及相关研究等活动的条件，它构成了社会经济活动的必要物质要素前提，也构成了经济活动的推动力，是一种重要的、特殊的经济活动资源。它是对一定范围的人员，通过投资开发而形成的具有一定体力、智力和技能的生产要素资源形式。

人力资源有广义和狭义之分。广义的人力资源是指劳动适龄人口再加上超过劳动年龄仍有劳动能力的那部分人口；狭义的人力资源是指具有劳动能力的劳动适龄人口。它包括了数量和质量两个指标。

从宏观角度看，人力资源是指一个国家或地区所有人口所具有的劳动能力的总和；从微观角度来看，人力资源是企业等组织雇佣的全部员工所具有的劳动能力的总和。

3. 人力资源与其相关资源的关系

人力资源是一个涵盖面很广的理论概括。它是和人口资源、劳动力资源、人才资源等相互联系又相互区别的概念。分析和区别其相互关系，有助于我们准确地理解人力资源的实质和内涵。

（1）人口资源。是一个国家或地区所拥有的人口的总量，主要表现为人口的数量，它是人力资源的自然基础。

（2）劳动力资源。是指一个国家或地区具有劳动能力，并在法定劳动年龄范围之内的人口的总数。它偏重于劳动者的数量。

（3）人才资源。是指一个国家或地区中具有较强的专业技术能力、创造能力、管理能力、研究能力的人们的总称。强调的是在价值创造中起关键或重要作用的那部分人，即优质的人力资源。它表明了一个国家或地区所拥有的人才质量。

（4）人力资源。强调的是在一个国家或地区中，具有为社会制造物质和精神财富、并能够被组织所利用的体力和脑力劳动能力的人口总称。它包含了数量和质量两个概念，能推动社会发展和人类进步。

人口资源、人力资源、劳动力资源和人才资源之间的关系（如图 3-1 所示）。

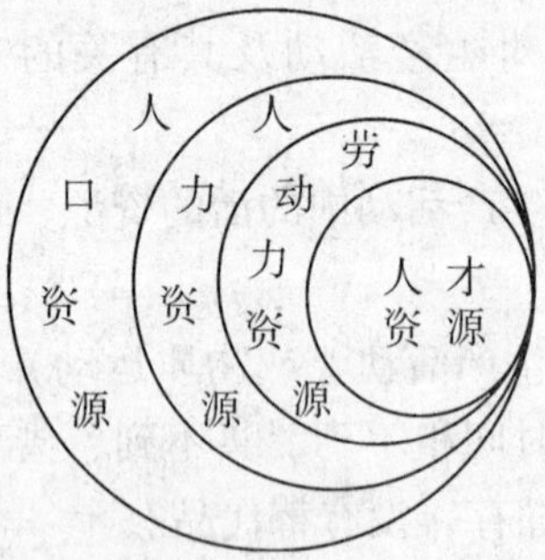

图 3-1　人口资源、人力资源、劳动力资源、人才资源的关系图

（二）人力资源的基本特征

1. 人力资源的双重性——生产性和消费性

人力资源的生产性强调其首先是物质财富的创造者，而且是有条件的创造。人力资源的消费性则强调人力资源的保持与维持需要消费一定量的物质财富，并且是无条

件的消费。

2. 人力资源的能动性

人力资源具有思想、情感和思维，具有主观能动性，能有目的地、有意识地主动利用其他资源推动社会和经济的发展。

3. 人力资源生成过程的时代性

人力资源的时代性，是指组成人力资源的人都是生活在一定的历史条件下和社会环境中的，而不同时期社会经济发展的总体水平必然决定了人力资源的整体素质与水平。

4. 人力资源开发过程的持续性

人力资源开发过程的持续性，是指人力资源是可以不断开发的资源。这种持续性说明，不仅人力资源的使用过程是开发的过程，而且培训、积累、提高、创造的过程也是开发的过程，它是一个可以“多次开发”的资源。

5. 人力资源使用过程的时效性

人力资源的时效性，是指人力资源不同于其他的物力资源，储而不用，则会荒废和退化。这是因为人从事工作的自然寿命和时间是有限的，而且人在每个时期（如青年、中年、老年等）其工作能力都会有所不同，不使用，不开发，就会失去其固有的作用与能力。

（三）人力资源与企业核心能力

企业核心能力是指企业中能为顾客创造独特价值的一系列知识、技能、技术、管理等要素的组合，是企业的整体资源。它涉及企业的技术、人才、管理、文化和凝聚力等各方面，是企业各部门和全体员工的共同行为。

在当今竞争日益激烈的市场环境中，企业的生存和发展取决于两方面：一是企业生存与发展的理念基础，即企业的使命、追求和核心价位观。使命、追求和核心价值观的树立能够激发组织内在的生命力和潜能，并且成为企业战略、组织与人力资源管理体系设计的哲学基础。二是企业生存与发展的客观基础，则企业的市场与客户。只有在赢得了客户的满意，提高了市场地位的前提下，企业才能够持续不断地从市场中获取利润、取得价值，使企业有足够的实力去实现自身的使命与追求。

人力资源是形成企业核心能力的重要源泉，人力资源作为企业价值创造的主导要素，在企业的战略与组织变革、质量管理、商机开拓、生产率提高、成本节约 等诸多方面具有重要的作用，能够为企业持续性地赢得客户、赢得市场。人力资源价值创造的机制如图 3-2 所示。

二、人力资源管理

（一）人力资源管理的含义

人力资源的管理是指各种社会组织对员工的招募、录取、培训、使用、升迁、调动、评价、合理开发，并使人力和物力经常保持最佳比例的一系列管理活动的总称。人力资源管理的主要目的在于科学、合理的配置人才，充分发挥人的作用，推动社会和组织迅速发展。

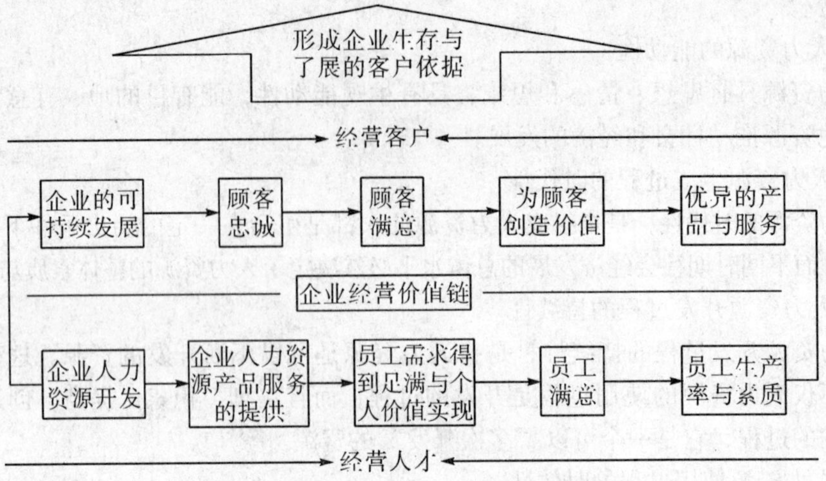

图 3-2　企业经营的价值链

(二) 战略人力资源管理的定义

战略人力资源管理是指企业为了实现企业目标所进行和采取的一系列有计划、有战略性意义的人力资源部署和管理行为，即为与企业发展战略紧密配合的人力资源管理，如图 3-3 所示。

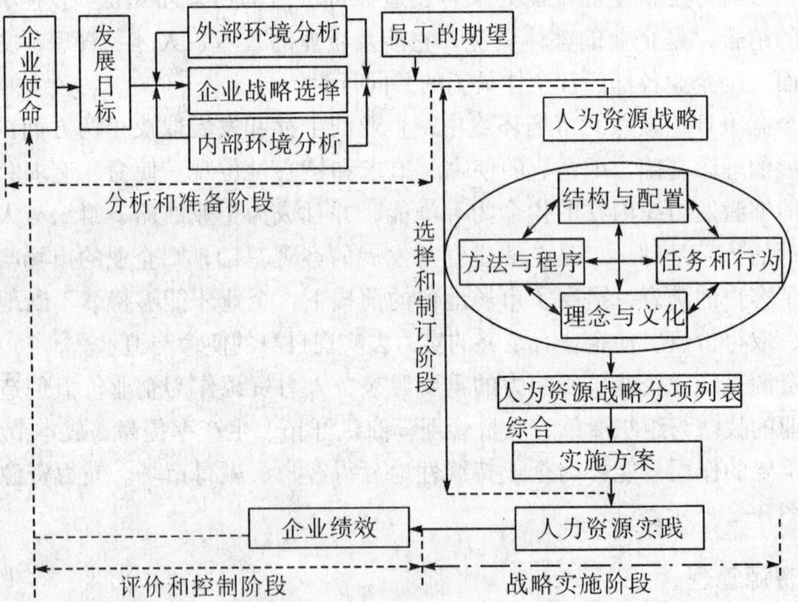

图 3-3　人力资源战略模型图

根据人力资源管理方式的不同，人力资源战略可分为家长式战略、发展式战略、任务式战略和转型式战略。家长式人力资源战略以指令式管理为主；发展式人力资源战略以指导式管理为主，以指令式管理为辅；任务式人力资源战略以指令式管理为主，以指导式管理为辅；转型式人力资源战以指令式管理和高压式管理并用。企业战略的成功与否在很大程度上取决于人力资源战略是否与其协调一致。

（三）企业人力资源管理

随着市场经济发展，企业越来越依赖具有责任心的熟练员工，把员工视为企业重要的经济资源。员工管理不再局限于简单的人工成本管理，开始从投入产出角度分析员工费用的意义，力图通过企业人力资源管理提高企业经营管理效益、改进企业人力资源状况、强化人力资源管理措施等。

企业人力资源管理主要由企业高层管理者、人力资源职能管理人员和一线主管从不同角度开展工作，三者相互联系形成企业人力资源管理体系（如图 3-4 所示）。

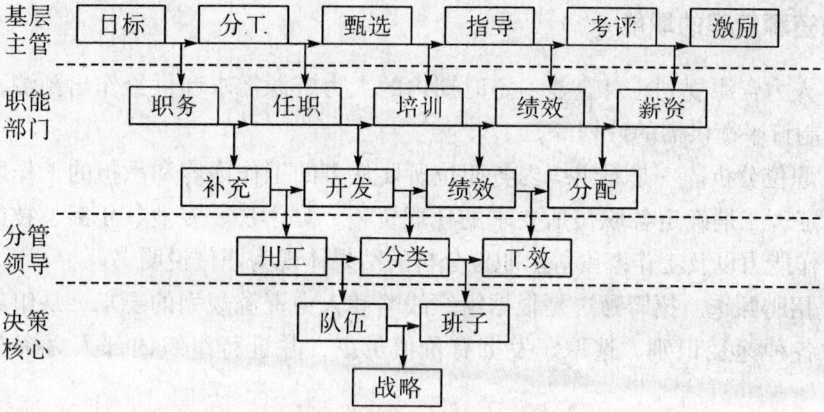

图 3-4　企业人力资源管理体系图

（四）人力资源管理与传统人事管理的区别

人力资源管理是在传统人事管理的基础上发展起来的新型的人事管理。其关注如何看待人，人被置于什么地位，是附属还是主导等问题。这是人性理念的问题，也是管理的科学问题。因此，从传统人事管理到人力资源管理的转变，是管理哲学的变迁和发展。

传统的人事管理与现代人力资源管理的具体区别如表 3-1 所示。

表 3-1　　现代人力资源管理与传统人事管理的区别

项目	人力资源管理	人事管理
观念	视员工为有价值的重要资源	视员工为成本负担
目的	满足员工自我发展的需要，保障组织的长远利益实现	保障组织短期目标的实现
模式	以人为中心	以事为中心
视野	广阔，远程性	狭窄，短期性
性质	战略，策略性	战术，业务性
深度	主动，注重开发	被动，注重管好
功能	系统，整合	单一，分散
内容	丰富	简单
地位	决策层	执行层

表3-1(续)

项目	人力资源管理	人事管理
工作方式	参与，透明	控制
与其他部门的关系	和谐，合作	对立，抵触
本部门与员工的关系	帮助，服务	管理，控制
对待员工的态度	尊重，民主	命令式的，独裁式的
角色	挑战，变化	例行，记载
部门属性	生产与效益部门	非生产、非效益部门

三、人力资源管理的职能

（1）人力资源规划。对企业一定时期内的人力资源需求和供给作出预测，根据预测的结果制订平衡供需的计划等。

（2）职位分析。一是对组织内各职位所要从事的工作内容和承担的工作职责进行清晰的界定；二是确定各职位所要求的任职资格，如学历、专业、年龄、技能、工作经验、工作能力以及工作态度等。职位分析的结果体现为职位说明书。

（3）招聘甄选。招聘甄选是根据组织战略和人力资源规划的要求，从组织内部和外部通过各种途径识别、选取、发掘有价值员工，并进行组织内部人力资源配置的过程。

（4）培训开发。培训开发是向员工传授其他更为广泛的技能，使员工的技能由单一技能转向多重技能，以适应不断变化的客户需求与组织发展的需要。

（5）绩效管理。根据目标对员工的工作结果作出评价，发现其工作中存在的问题并加以改进，包括制订绩效计划、进行绩效考核以及实施绩效沟通等活动。

（6）薪酬管理。主要确定薪酬的机制和水平，实施工作评价，制定福利和其他待遇的标准以及进行薪酬的测算和发放等。

四、人力资源管理模式：从 3P 到 4P

（一）人力资源 3P 管理模式

2001 年，中国劳动保障科学研究院的林泽炎博士在其专著《3P 模式：中国企业人力资源管理操作方案》中首次从人力资源核心技术的角度出发，提出了人力资源 3P 管理模式，即岗位分析（Position Analysis）、绩效考核（Performance Appraisal）和工资分配（Payment Distribution）。

他认为只要抓住人力资源管理的关键，在岗位职责、工作考核、工资分配等方面，充分体现现代人力资源管理“认识人性、尊重人性、以人为本”的核心和本质。3P 模式核心链是：①以岗位分析为基础工具，明确员工的岗位职责；②根据员工的岗位职责，设计出绩效考核的指标、方案和工具；③根据绩效考核结果，设计工资福利乃至奖金发放工具。所以，人力资源 3P 管理模式其实质是以岗位分析为起点，绩效考核为中心，工资分配为结果，并以此为主线来展开和落实企业的人力资源管理活动。

(二) 人力资源 4P 管理模式

随着我国经济的全球化以及现代信息网络技术和知识经济的飞速发展，企业目前所面临的内外环境发生了重大变动，一是企业竞争愈加激烈化，组织不得不在全球化竞争中配置资源和创造顾客需求；二是企业核心资源日益知识化，组织必须在无边界的人才流动中确保核心员工的忠诚和承诺。这两种发展趋势使得人力资源的价值性、独特性、难以模仿性以及组织化程度得到了进一步挖掘和拓展，人力资源越来越成为企业的“主动性”战略资产，从而客观上要求人力资源管理与企业战略融合起来，不仅要关注企业里的岗位工作，而且还要关注企业员工的能力和行为，用有形的劳动契约和无形的心理契约双重组合把员工与企业紧密地联系起来，实现人与人、人与岗位、岗位与岗位及人与企业的匹配。以不断提高员工的工作满意度和组织承诺，并进一步转化顾客忠诚度和组织价值，把企业的战略实现过程统一为员工价值、顾客价值和股东价值的实现过程。这就是人力资源管理理论内核的“一个中心、两个基本点、四大匹配”。一个中心，就是人力资源管理必须围绕企业战略这个中心，立足于企业竞争能力的提高和竞争优势的获取；两个基本点，一是以“人”为基本单元的子系统，二是以“岗位”为基本单元的子系统，两大系统相互适应相互作用，以双螺旋的形式存在，从而形成企业的两个基本点；四大匹配就是指在企业里进行人力资源管理必须围绕企业战略这个中心，立足于“人”和“岗位”这两个基本点，实现人与人、人与岗位、岗位与岗位、人与企业的匹配。

人力资源管理“一个中心，两个基本点，四大匹配”的基本理论要求必须超越操作层面上的人力资源 3P 管理模式，进行战略层面上的 4P 人力资源管理，即素质管理（Personality Management）、岗位管理（Position Management）、绩效管理（Performance Management）和薪酬管理（Payment Management）。

素质管理是指在素质测评的基础上，通过构建基于企业战略、组织结构和工作岗位的素质模型，对员工进行素质增进的过程。素质管理对于员工而言，就是不断提高员工的工作胜任力和终身就业能力，实现从“终身雇用”向“终身可以雇用”的转变；对于企业来说，就是要形成适宜的员工素质组合，从而保证建立起具有多项技能的员工队伍，满足企业战略的实现，同时，有效地控制人工成本，增强企业的竞争力。

岗位管理是以组织中的岗位为对象，科学地进行岗位设置、岗位分析、岗位描述、岗位监控和岗位评估等一系列活动的管理过程。岗位管理是通过对岗位的管理，既开发出与企业战略相匹配的组织结构、工作流程和工作岗位，又通过工作再设计以适应员工多元化和工作兴趣，提高员工的工作满意度和工作内在激励。

绩效管理是指通过建立由绩效计划与期望、绩效实施与支持、绩效考核与评估、绩效反馈与发展的管理闭环。它是一种提高组织、员工的绩效和开发团队、个体的潜能的一种具有战略意义的管理方法。通过绩效管理，增加员工的工作投入，促进员工潜能的发挥，提高员工个体绩效和团队绩效以实现企业的经济目标。

薪酬管理是强调分享成功和战略导向，将薪酬上升到企业的战略层面，通过薪酬策略和薪酬管理系统来支撑企业的竞争战略，实现把薪酬福利从视为人力成本向视为人力投资的转变。薪酬管理一方面能满足员工多层次的需要；另一方面能激发员工态度和行为，从而提升企业的竞争优势和核心能力。

第二节　人力资源管理的实践与发展

人力资源管理的起源和实践活动可以追溯到非常久远的年代，但是人力资源管理作为一种组织活动和一种科学的管理理论，则是伴随着西方发达国家工业革命和资本主义企业制度的建立而产生的，它的每一次发展都是以社会和科学技术的发展为推动力的。

一、雇用劳工管理阶段（18 世纪末至 19 世纪末）

（一）发展背景：第一次科技革命

18 世纪中叶，第一次技术革命产生的大机器的生产方式，在提高劳动专业化水平和生产力水平的同时，也对生产中劳工的管理提出了更高的要求，从而出现了专门的劳动管理人员，也就是后来的人事管理人员。

（二）发展特点：劳资关系严重对立

从这一时期开始，劳工管理被企业所接受，并作为一种管理活动阶段正式进入企业的管理体系，这是人事管理的萌芽阶段。劳工管理阶段的特点是：

（1）一切以工作或生产为中心，把人看成机器而忽视人性的存在；

（2）对人的主要管理方式是以人治和强权管理为主而缺乏合理的规章制度；

（3）工人被迫接受恶劣的工作条件、超长时间和低廉的劳动报酬。

（三）代表人物：人事管理先驱——罗伯特·欧文

罗伯特·欧文（1771—1858 年），是英国的空想社会主义者。最早提出在管理中要重视人的因素，他认为人们行为是所受待遇的反应，雇主和组织应该努力发掘人们的天资潜能，消除影响员工潜能充分发挥的障碍。

1800 年 1 月担任苏格兰新拉纳克纱厂经理，推行改革计划，如改善工人福利以及为工人创办性格形成学院（新馆），其改革实验一度获得很大成功。1824 年去美国试办共产主义新村——“新和谐”村，结果失败。

（四）发展成果：人事工作开始有专人管理

由于生产力的发展，当时需要大量的劳动力，招聘启用工人必须有专人负责，机器的采用产生了劳动分工，必须有人着手解决工厂内劳动分工与协作的问题。由于存在雇佣劳动，必须有人负责分配工作、发放工资、监督劳动等工作，于是出现了职业化的监工，人的工作开始有专人负责了。

二、传统人事管理阶段（19 世纪末至 20 世纪 70 年代）

（一）发展背景：第二次科技革命

19 世纪中叶以后，第二次技术革命的产生、发展及其应用，极大地推动了化工技术、钢铁技术、内燃机技术等其他技术的全面发展，创造了巨大的生产力，给整个人事管理带来了广泛而深远的影响。

（二）理论应用：三个发展阶段

1. 科学管理理论在人事管理中的应用

20 世纪初叶，科学管理之父泰勒（1856—1915 年）的科学管理理论对人事管理产生了重大的影响。泰勒提出了科学管理的原则：对员工采用科学管理的方法、科学挑选员工并进行岗位培训、与员工齐心合作、管理人员承担更多的责任。另外，泰勒还奠定人事管理的一些思想：最优工作方式原理、标准工作定额原理、劳动计量奖励制度、员工甄选制度。

2. 人际关系理论在人事管理中的应用

20 世纪 30 年代，哈佛商学院的梅奥（1880—1949 年）在西方电器公司霍桑工厂开展了“霍桑实验”，梅奥强调组织只有理解员工的内在需要，才能真正让员工满意并提高生产效率，其研究结果将人事管理从科学管理转向对人际关系的研究。为此，很多企业设置培训主管、强调对员工的关心和支持、增强员工和管理人员之间的沟通，人事管理人员负责设计和实施上述的各项方案，人事管理的职能被极大地丰富了。

3. 组织行为理论在人事管理中的应用

组织行为学对形成个体、群体行为的动机和原因的研究促进了员工激励理论的完善和应用，这一时期形成的激励理论都在不同程度上影响人事管理的理论和实践。这三个理论分别是马斯洛的需求层次理论、麦格雷戈的 X 和 Y 理论、赫茨伯格的激励——保健双因素理论。

根据马斯洛（1908—1970 年）的需求层次理论，人事管理应首先通过薪酬福利、工会合同等外部活动来满足员工的较低层次的需求，即生理需要和安全需要：而更高层次的需求如社交需求、尊重需求和自我实现的需求，则通过提供培训开发、职业生涯、晋升职务等内部活动来加以满足。

这一阶段已经从过去只重视对具体工作和组织的研究转向重视人的因素的研究，组织行为学提供了人力资源管理的理论依据，奠定了人力资源管理的学科基础。人事管理开始在雇员的选拔、培训、薪酬和晋升方面发挥越来越大的作用，人事管理系统开始建立并不断优化，出现了专业的劳动人事部门，但是劳动人事部门的主要工作仍是执行企业的决策。

三、现代人力资源管理阶段（20 世纪 70 年代以来）

（一）发展背景：第三次科技革命

现代科技革命带来了生产力的大变革，企业生产进一步扩大，产销扩张到全球，生产技术的复杂程度越来越高，科技发展速度加快，产品升级换代周期大大缩短。在这种情况下，创新能力成为企业生存发展的关键因素，知识、技术成为企业发展的核心，人力资源成了企业的第一资源，成了决定企业发展的第一要素。因此，如何吸引、保留优秀员工，如何通过开发人的潜能充分调动人的积极性以提高劳动生产率成了企业经营者非常关注的问题，人力资源管理由此应运而生。

(二) 代表人物之一：现代管理之父——彼得·德鲁克

现代管理之父德鲁克于1954年在其《管理的实践》一书中首次正式提出“人力资源”的概念。德鲁克认为人力资源拥有当前其他资源所没有的素质，即“协调能力、融合能力、判断力和想象力”。一场新的以人力资源开发为主调的人事革命正在到来。

(三) 代表人物之二：人力资源管理职能化先驱——怀特·巴克

社会学家怀特·巴克于1958年发表的《人力资源功能》一书。

巴克首次提出了人力资源管理职能的概念，认为人力资源管理的职能对于组织的成功来讲，与其他管理职能如会计、生产、营销等都是至关重要的。人力资源管理包括人事行政管理、劳工关系、人际关系以及行政人员的开发等各个方面。

(四) 代表人物之三：人力资本之父——舒尔茨

美国经济学家沃尔什，他在1935年出版的《人力资本观》一书中明确提出了人力资本的概念，其后明赛尔、舒尔茨、贝克尔、阿罗等人将其不断完善。

1959年舒尔茨发表了题为《人力资本——一个经济学的观点》。以人力资本为核心内容发表了演讲，又对人力资本进行了一系列的理论阐述，为这一人力资源管理流派的理论体系奠定了基础，被称为人力资本之父。

舒尔茨在《人力资本投资》一书中指出，有技术知识的人力和缺少技术知识的人力对经济发展的贡献存在差异，这种差异源于他们所受的教育、训练的不同，而这种不同又起因于社会和个人对人力资源教育、训练投资的程度。

人力资本（Human Capital，HC）是指存在于人身上的能够为其主体带来收益的知识、技能和体能等价值的总和。简言之，人的价值就是人力资本。人力资本是投资形成的，其投资内容包括医疗和保健、在职人员培训、正规学校教育、成人教育、就业岗位的迁移等。

(五) 代表人物之四：战略人力资源管理的奠基人——比尔

20世纪80年代以后，人力资源管理理论开始发展到战略人力资源管理理论阶段。战略人力资源管理的最根本特点就是，人力资源管理活动的计划和实践必须与整个组织的发展战略紧密配合。1981年戴瓦纳在《人力资源管理——一个战略观》一文中提出了战略人力资源管理的概念。1984年比尔等人在其《管理人力资本》一书中提出战略人力资源管理理论，标志着人力资源管理向战略人力资源管理的飞跃。

(六) 发展成果：出现了专业的人力资源管理部门，人力资源管理已完全替代了人事管理

1972年作为经理培训组织的美国管理协会出版了由达特尼克编写的《改革人力资

源管理》一书，在书中达特尼克强调了员工的需求、兴趣、期望与组织目标之间的一致性，以及“在组织中，人是最重要的资源”的观点。这时美国管理协会也变成了人事经理协会，开始致力于提高人事经理的作用和重要性。

1989 年 9 月 1 日，美国人事经理协会正式更名为人力资源管理协会，这标志着人力资源管理已完全替代了人事管理。

第三节　人力资源管理内容

一、人力资源规划

（一）人力资源规划的含义

人力资源规划是指企业为达成其组织目标，按照有关的人力资源政策、程序和惯例所进行的确保有适当数量的合格人才，于适当时候担任适合职务的计划活动。它主要是从人力供给与人力需求两个角度去预测未来一段时间企业所需人力数量，以期实现人力供给与需求的平衡，如图 3-5 所示。

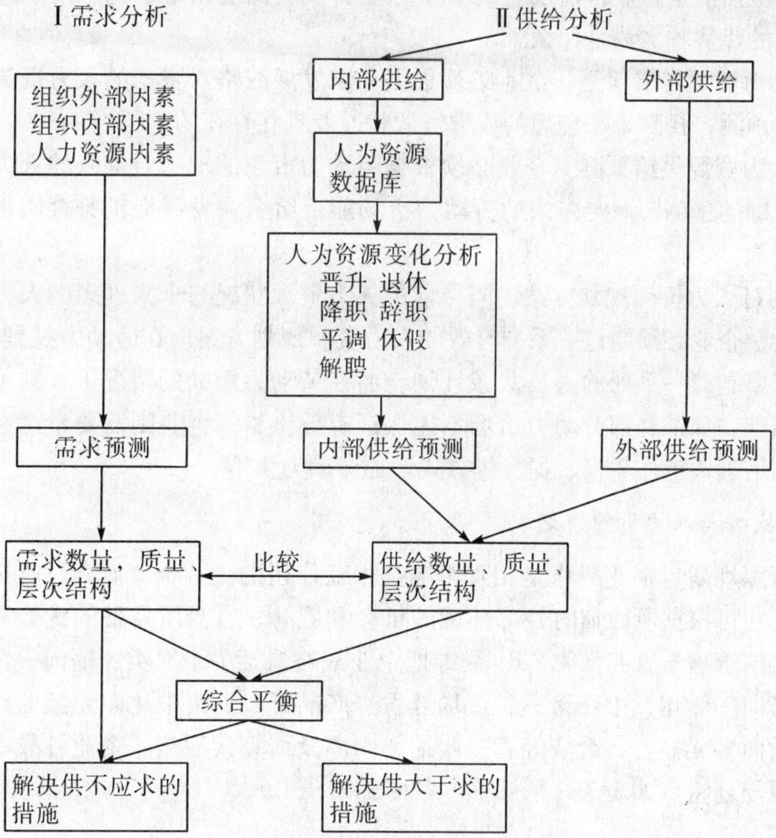

图 3-5　人力资源规划

这个定义强调以下几点：

(1) 企业人力资源规划的目标是确保企业在需要的时间和需要的岗位上得到各种需要的人才（包括数量和质量）。

(2) 企业人力资源规划的要求是配合企业发展的战略，满足企业发展战略对人力资源数量和质量的要求。

(3) 企业人力资源规划的基础是分析和预测环境的变化对劳动力市场的影响。

(4) 企业人力资源规划的内容是对企业内部人力资源的需求以及外部人力资源的供给进行分析和预测，并制定相应的人力资源政策和措施，如人员的调动和补缺、员工晋升和降职、员工招聘和录用、员工开发和培训、员工离职管理等，从而确保企业发展的不同阶段对人力资源的满足。

(5) 企业人力资源规划的宗旨是实现企业和员工的双赢。企业获得所需要的人才，员工得到施展才华的空间并与企业一同成长。

(二) 人力资源规划过程

人力资源规划主要包括下列四个方面：

(1) 现有人力资源状况的分析。企业必须对现有的人力资源状况进行一个清晰的分析，尤其应当清楚企业目前已有的员工存量、素质以及相对于竞争对手而言自身在人力资源上的优势和劣势是什么。

(2) 人力资源需求预测。企业必须根据未来发展战略对未来的人力资源需求作出一个正确的预测，找到未来理想的人力资源状况及现在存在的差距。

(3) 人力资源供给预测。企业必须根据劳动力市场的现状对未来的人力资源供给作出一个正确的预测，确定未来的劳动力市场能否给企业发展提供符合质量和数量要求的人力资源。

(4) 制订人力资源规划方案。当目前的人力资源状况与未来理想的人力资源状况存在差距时，企业必须制订一系列有效的人力资源规划方案。在劳动力过剩的情况下，企业可能需要制订一系列的人员裁减计划。而在劳动力短缺的情况下，则可能需要在外部进行招聘，如果外部劳动力市场不能保证有效供给，企业则需要考虑在内部通过调动补缺、培训、工作轮换、提升等方式增加劳动力供给。

(三) 企业战略与人力资源规划

人力资源规划与企业战略是相互影响、相互作用的。对企业而言，所选择的战略是多样的，它可根据所面临的外部环境的机会和威胁、自身所具备的优势和劣势来进行选择。美国管理学家弗雷德·R. 戴维把企业战略概括为十三类：前向一体化、后向一体化、横向一体化、市场渗透、市场开发、产品开发、集中化多元经营、混合式多元经营、横向多元经营、合资经营、收缩、剥离及清算式战略。企业各战略类型对应的人力资源规划特点如表 3-2 所示。

表 3-2 企业战略类型对应的人力资源规划特点

战略		定义	人力资源规划特点
一体化战略	前向一体化	获得分销商或零售商的所有权或对其加强控制	企业在人力资源规划上应充分利用原有的有效网络，充分发挥原有网络结点的人力资源应有的作用
	后向一体化	获得供方公司的所有权或对其加强控制	企业人力资源规划要围绕供应商企业所需要的人力资源体系展开，且保持企业现有人力资源体系的一致性，发挥整体功能
	横向一体化	获得部分的所有权或对其加强控制	企业人力资源规划要围绕更大的组织所需要的组织体系、人力资源体系来进行
加强型战略	市场渗透	通过更大的营销努力，提高现有产品或服务的市场份额	企业要采取招聘和培训更多销售人员的人力资源规划
	市场开发	将现有产品或服务打入新的地区市场	企业应制订开发和培训开辟新市场人才的人力资源规划
	产品开发	通过改造现有产品或服务，或开发新产品或服务而增加销售	企业应建立一支超强的研究与开发队伍
多元经营战略	集中化多元经营	增加新的、但与原业务相关的产品或服务	企业人力资源规划要围绕优秀的管理队伍展开
	混合式多元经营	增加新的、但与原业务不相关的产品或服务	公司要有一套致力于开发高素质管理人才的人力资源规划
	横向多元经营	为现有用户增加新的、与原业务不相关的产品或服务	保持企业现有人力资源体系的特点，实行相应人力资源规划，以保证战略的配套
防御性战略	合资经营	两家或更多的发起公司为合作目的组成独立的企业	由企业文化融合度来考虑如何进行人力资源规划
	收缩	通过减少成本与资产对企业进行管理重组，以扭转销售额和盈利的下降	企业无论实行收缩、剥离还是清算战略，都要有相应的人力资源规划与之配套。企业人力资源规划应围绕如何保留具有竞争力的队伍的问题，以保证企业将来发展的需要
	剥离	将公司或组织的一部分售出	
	清算	为实现其有形资产价值而将公司资产全部分块售出	

（四）人力资源规划内容

（1）总体规划：说明制定人力资源的目的、意义和作用，规划的期限、范围，并阐述规划的总目标、总原则、总指导思想及总的方针政策等。

（2）人力资源现状分析：对企业现有人才的基本结构和人员变动情况的描述和分析，包括人员数量、人员的学历结构和能力结构、人员的基本分布、人员的流动率和流失率、管理人员的管理能力等。

（3）人力资源供求预测：根据人力资源现状和企业发展战略的要求预测规划期内企业人力资源的需求情况；根据外部环境的分析尤其是劳动力市场的供求状况的分析预测劳动力供给的情况；确定企业人力资源的供求状况；预测规划期内企业所需的人

才。不仅有总量上的要求，还要有明确具体的岗位或职务名称、人员数量、希望到岗的时间等。

(4) 人力资源素质规划：人力资源素质规划是依据企业战略、业务模式、业务流程和组织对员工行为要求，设计各职类职种职层人员的任职资格要求，包括素质模型、行为能力及行为标准等。人力资源素质规划是企业开展选人、用人、育人和留人活动的基础与前提条件。

(5) 人员晋升和补充计划：人员晋升计划的目的是最大限度地实现入职工作的最佳匹配，实现高绩效工作系统，在中长期内使岗位职务空缺能从质量上和数量上得到合理的补充。人员补充计划即拟定人员补充政策，目的是使企业能够合理、有目标地填补组织中、长期内可能产生的职位空缺。

(6) 人员培训开发计划：确定规划期内拟培训的目标、内容、人员（数量和对象)、模式、方法及培训费用的投入等。培训计划中包括培训政策、培训需求、培训内容、培训形式、培训评估等内容。

(7) 薪酬福利计划：包括薪酬结构、工资总额、福利项目以及绩效与薪酬的对应关系等。

(8) 退休解聘计划：包括企业人员的自然更替、富余人员的处理和安置等情况的估计、措施和办法。退休解聘计划的实质是为企业建立起淘汰退出机制。

(9) 风险应对计划：当人力资源规划实施过程中遇到障碍时，如无法按照规划招聘到所需要的人员，或是内部晋升政策引进员工不满，或是富余人员安置引起较大的矛盾和冲突时，在人力资源规划中预测有可能出现的风险及应对措施，防患于未然。

二、职位分析

职位分析是各项人力资源管理工作的基础，是建立人力资源管理制度的前提。搞好职位分析不仅可为组织架构的设置、人力资源规划的制订、员工招聘、员工培训与开发、绩效管理、薪酬管理等工作提供科学的依据，保证事(职务)得其人，人(员工)尽其才，人事相宜，而且是其他各项人力资源管理工作的基本工具，是确定完成各项工作所需技能、责任和知识的系统过程。职位分析与职位说明书的相互关系，如图 3-6 所示。

(一) 职位分析的概念

职位分析是指对某特定的职位作出明确规定，并确定完成这一职位需要有什么样的行为的过程。职位分析是通过一系列系统化程序，明确某个职位的工作性质、任务、责任及执行这些职位所需要具备的技能和知识的过程。

(二) 职位说明书

根据职位分析所获得的资料，可以编制成职位说明书。职位说明书由职位描述和任职规范构成，职位描述是对职位责任与权力的要求，任职规范是对任职人员能力与素质的要求。

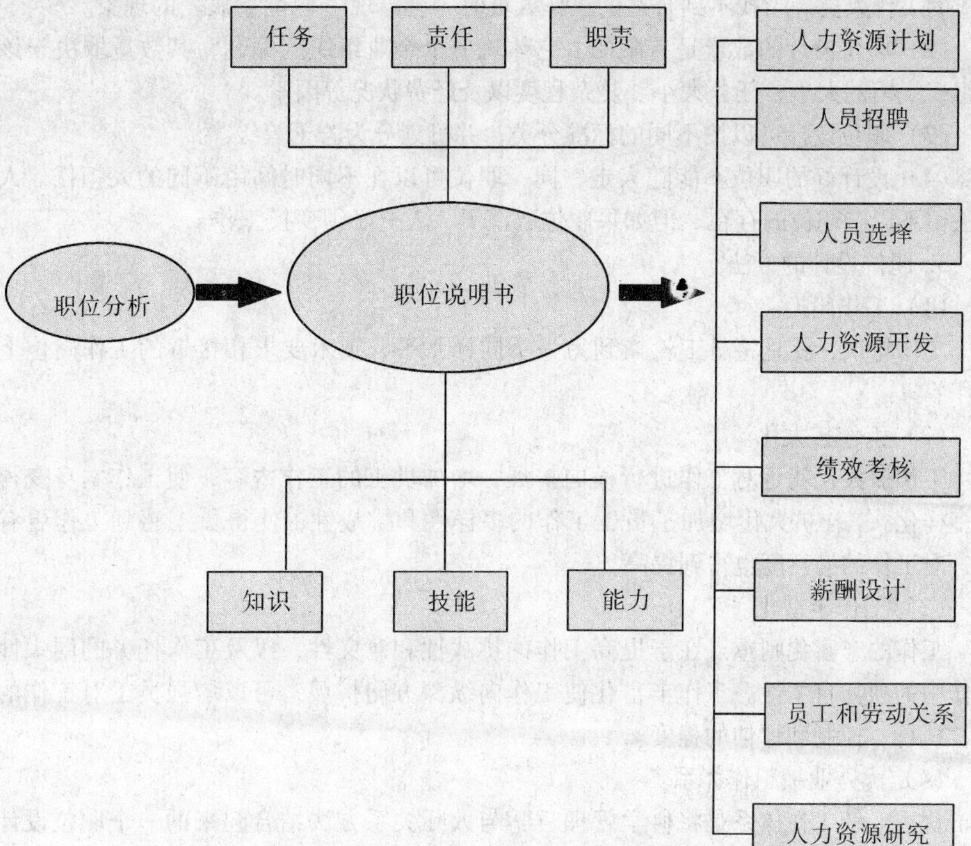

图 3-6　职位分析与职位说明书相互关系图

1. 职位描述

职位描述是对于职位工作内容与形式的制度性界定，包括：职位名称、工作概要、工作职责、工作权力和工作条件等。通过职位描述，使生产经营活动各个环节在制度化分解的基础上，再以制度形式联系起来，形成结构化的工作秩序。

2. 职位规范

职位规范是根据工作内容，拟定员工资格，列明适合从事该项工作的员工所必须具备的资格条件、个人特质与所受训练。为寻找合适的职位工作者提供依据，包括：体力、知识、技能、经验和个性等。

（三）职位设计

1. 职位设计概念

职位设计就是为了有效地达到组织目标，提高工作绩效，对工作内容、工作职责、工作关系等有关方面进行变革和设计。职位设计是否得当对激发员工的工作动机、增强员工的工作满意度以及提高生产率都有重大影响。

2. 职位设计的特点

(1) 职位设计是以“事”为中心设置的，不因人而转移。就是说先有职位，后有相应的工作人员。当找不到合适的工作人员时，会出现“职位空缺”的现象。

（2）职位设计的数量是有限的。它体现一个企业组织的编制，其数量取决于该企业组织规模的大小、任务大小、复杂程度以及经费状况等因素。

（3）职位设计可以按不同的标准分类，并可划分为若干等级。

（4）设计好的职位不能随人走，同一职位可以在不同时间由不同的人担任。人员的去留不影响职位的存在，但如果职位取消了，人员必须变换工作。

3. 职位设计的方法

（1）工作轮换。

工作轮换，就是将员工轮换到另一个同样水平、技术要求相接近的工作岗位上去工作。

（2）工作扩大化。

工作扩大化就是对工作进行横向扩展，增加员工的工作内容，使工作本身变得更加多样化。工作扩大化增加了员工工作的多样性和挑战性，使得员工感到工作更有意义，对工作的满意度也得到提高。

（3）工作丰富化。

工作的丰富化则重点在于提高工作的挑战性和意义性，以及工作任务的同一性和工作中的独立自主性。工作丰富化使工作向纵深方向扩展，可以增强员工对工作的计划、执行、控制和评估的程度。

（4）优秀业绩工作体系。

优秀业绩工作体系是将科学管理哲学与人际关系方法结合起来的一个职位设计方法。优秀业绩工作体系非常重视员工自我管理和工作小组的运用，认为工作社会学和最优技术安排相互联系、相互影响，必须有效地配合起来。职位设计方法特别适合于扁平化和网络化组织结构。

（5）辅助职位设计方法。

辅助性的职位设计方法指的是缩短工作周期和实行弹性工作制。

三、人力资源招聘甄选

人力资源招聘与甄选工作不仅关系到能否解决企业目前劳动力资源紧缺的问题，而且还可能影响到企业发展战略能否顺利实现。做好招聘和甄选工作是实现人力资源现有能力的有效利用和潜在能力的充分发掘的关键环节。

（一）员工招聘的含义

员工招聘是指寻找员工的可能来源和吸引他们到企业应征的过程。员工招聘的渠道可通过内部招聘和外部招聘来进行。一般来说，在着手招聘工作时，首先应考虑企业的内部招聘。

（二）员工甄选

1. 甄选的含义

甄选是指用人单位根据用人条件和用人标准，运用适当的方法、手段，对应征者进行审查和选择的过程。

2. 甄选的程序

甄选的程序包括接见申请人、填写申请表、初步面谈、测验、深入面谈、审查背景和资格、有关主管决定录用、体格检查及最后安置，如图 3-7 所示。

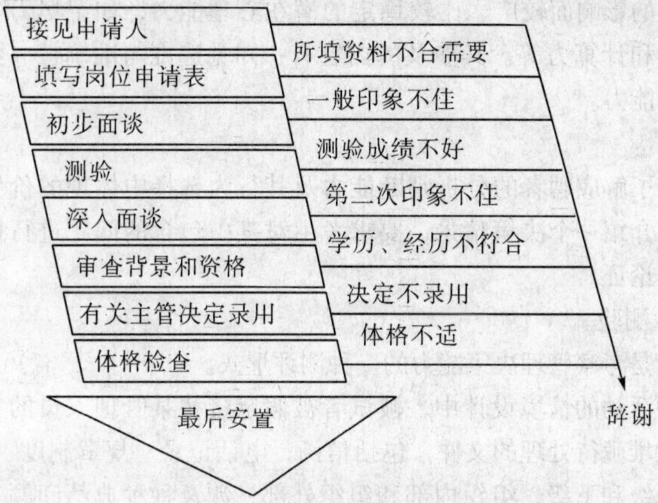

图 3-7　甄选程序

(三) 人力资源素质测评

人力资源素质测评是现代企业在人员甄选和员工任用中运用的重要方法。

1. 素质的含义

素质，是能区分在特定工作岗位和组织环境中绩效水平的个人特征。其影响因素分为外在可见因素和内在隐含因素。外在可见因素主要包括知识与技能两个层次；内在隐含因素主要包括自我知觉、态度、动机等层次。越是可以意识到的内容，越是具有较大的可调整性；越是难以意识到的内容，就越是稳定，难以改变，并对人们的行为方式产生越是深刻的影响。在实际工作中，深层特征是决定员工行为及工作表现的长久因素。素质的内涵可以用冰山模型加以概括，如图 3-8 所示。

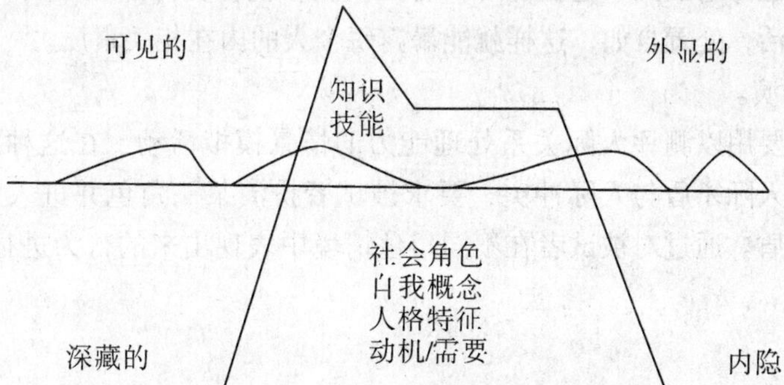

图 3-8　素质结构冰山模型图

2. 素质测评方法

（1）行政能力测验。

行政能力测验是检验人们一般能力的测评方法，主要用于测量管理职位的候选人，注重以标准化考试的方式提示与工作绩效有关的心理潜能。它所测量的是与做好以行政管理工作有关的影响面较广、比较稳定的潜在心理能力，如记忆力、理解力、表达力、资料分析力和计算力等。其涉及的内容有：知觉速度与准确性、数量关系、言语理解和资料分析能力。

（2）申论。

申论考察是了解应聘者的分析判断能力及其行为选择中体现的价值观。具体做法是：以文字材料介绍一个决策情景，要求考生对其中包含的问题进行概括分析，提出处理办法并加以论证。

（3）公文筐测验。

公文筐测验是考察管理决策能力的一种测评形式。

在这种测评活动的情境设计中，被试者被假定接替某管理人员的工作，在其办公桌上堆积着一大堆亟待处理的文件，包括信函、电话记录、规章制度、文件和备忘录。它们分别来自上级和下级、组织内部和组织外部，涉及种种典型问题和工作指示、日常琐事和重要事件。所有这些信函、记录和急件都要求被试者进行恰当的处理。处理完毕后，还要求被试者填写行为理由问卷，说明自己为什么这样处理。观察被试者的组织、计划、分析、判断、决策、分派任务的能力，以及对于工作环境的理解和敏感程度。

（4）无领导小组讨论。

无领导小组讨论是考察候选人沟通与协调能力的测评方式。

这种形式把被试者分为不同的小组，每组 4~8 人不等，不指定负责人，大家地位平等，要求就某些争议性大的问题，例如奖金分配、任务分担、下部提拔等进行讨论。最后要求形成一致意见，并以书面形式汇报。为了增加情境压力，主试人还可以每隔一定时间，给讨论小组发布一些有关议题的变化信息，迫使其不断改变方案并引起小组争议。当情境压力增加到一定程度时，有的被试者就会变得焦躁不安，甚至发脾气；而有的则沉着灵活，处置自如，这样就能暴露每个人的内在相关素质。

（5）角色扮演。

角色扮演主要用以测评人际关系处理能力的情景模拟活动。在这种活动中，设置了一系列尖锐的人际矛盾与人际冲突，要求被试者扮演某一角色并进入角色情境去处理各种问题和矛盾。通过对被试者在不同角色情境中表现出来的行为进行观察和记录，测评其素质潜能。

四、员工培训

员工培训与发展关系到企业在日趋激烈国际竞争中的成败，关系到企业顺应社会变革的能力与活力。

(一) 培训的含义

培训是从经营管理、操作技能、价值观和行为规范等方面对员工进行的教育或训练。其目的在于提高员工各方面的素质，使之适应现职工作或未来发展的需要。

(二) 员工培训的步骤

人力资源培训体系包括高质量的培训需求分析、精细的培训规划方案设计、适当的培训方法、现代化的培训手段与及时的培训效果评估和跟踪反馈等。

1. 培训需求分析

培训需求分析是在规划与设计每项培训活动之前，由培训部门、主管人员、工作人员等采用各种方法与技术，对组织及其成员的目标、知识、技能等方面进行系统的鉴别与分析，以确定是否需要培训及培训内容的一种活动或过程。包括组织层面、工作层面和人员层面的培训需求分析。

2. 拟订培训计划

培训计划包括长期计划和短期计划（实施计划）两种，涵盖培训什么、培训谁、何时培训、在哪里培训、谁来培训和怎样培训等问题。

3. 实施培训

常见的培训模式有两种：在职培训，让职工在实际任务完成过程中学习所在岗位的工作技能，其主要方式有教练法和工作轮调；非在职培训，主要是指员工脱离实际工作岗位去学习所在岗位的工作技能，其主要方式有传授知识、发展技能训练和改变态度训练等。

4. 评估培训成果

评估培训成果，检验培训质量，总结培训工作，目的在于了解培训目标是否达成，继而肯定成绩，找出差距，以改进培训工作，提高培训工作水平。

培训评估方法仍然是美国学者柯克帕特里克在 1959 年提出的培训效果评估模型。柯克帕特里克从评估的深度和难度将培训效果分为 4 个递进的层次——反应层、学习层、行为层、效果层，如表 3-3 所示。

表 3-3　　柯克帕特里克培训效果模型

评估层次	结果标准	评估重点
1	反应	学员满意度
2	学习	学习的知识、技能、态度
3	行为	工作中行为改进状态
4	效果	工作中产生的结果

五、职业管理

随着员工素质的提高，职业已不仅仅是一种谋生的手段，而是员工自我实现和自我发展的一个必经途径，良好的职业管理不仅能够保持企业的人力资源竞争优势，还可以对员工起到激励的作用。

（一）职业管理的概念

职业，是人们为了获取物质报酬而从事的连续性社会工作，具有经济性、稳定性和专业化的特点。职业可以分为内职业和外职业。内职业是对于个人而言的，意味着个人追求的一种职业道路。在内职业中，员工协调工作同个人的其他需要（比如社会交往、获得尊重等）、家庭责任以及个人休闲之间的关系以获得平衡。外职业是对于组织而言的，是指组织努力为员工在组织的工作生涯中确立的发展道路。

职业管理，是组织遵循自身发展目标的要求，协调、计划、管理组织内部员工职业生涯开发和职业抱负，达到组织既定目标的过程。它的目的是将组织目标和员工个人目标相契合，以获得二者的共同实现。

（二）职业与人的互择理论

职业管理的目的就是追求人与职业的最佳配置。美国职业指导专家约翰·霍兰德在大量实证调查的基础上，发展了职业与人的匹配理论，提出了职业与人的互择理论。

这一理论把劳动者和职业活动划分出不同类型，分析这些类型之间的对应关系，强调劳动者类型与职业类型之间的动态匹配。霍兰德认为，同样类型的劳动者与同样类型的职业互相结合，才能达到人和职业互择的良好状态。在这种状态下，劳动者找到了适宜的职业岗位，其才能与积极性得以充分发挥；职业岗位也找到了适宜的劳动者，其工作要求得到充分满足。霍兰德的人与职业互择理论，见图 3-9 所示。

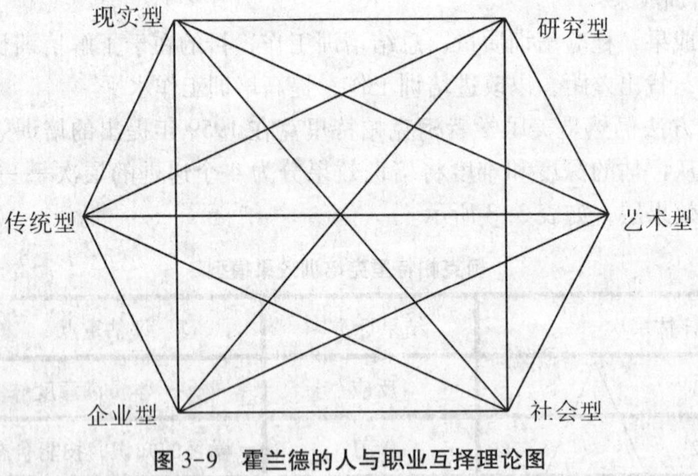

图 3-9　霍兰德的人与职业互择理论图

（1）现实型。这类人偏好需要技能、力量、协调性的活动，具有真诚、持久、稳定、顺从的个性特征，适合于从事操作、装配、农场主等工作。

（2）研究型。这类人偏好需要思考、探索和理解的活动，具有好奇心、善于分析、富于创造性、独立性强的个性特征，适合于从事科学研究和新闻记者等职业。

（3）社会型。这类人偏好能够帮助别人的活动，具有社会交际能力强、友好合作、理解力强的个性特征，适合于从事社会工作、教育、医疗等职业。

（4）传统型。这类人偏好规范、有序、清楚、明确的活动，具有顺从、实际的个性特征，适合于从事会计、出纳和档案管理类工作。

（5）企业型。这类人偏好能够获得权力和支配他人的活动，具有自信、进取、敢于冒险、精力充沛的个性特征，适合从事创业和经纪人等职业。

（6）艺术型。这类人偏好无规则可循的创造性活动，具有理想化、情绪化且想象力丰富的个性特征，适宜于从事画家、音乐家、作家类工作。

人与职业匹配，强调具有不同特质的劳动者从事与其特质相应的职业。

（三）职业生涯规划

职业生涯规划，是指组织或者个人把个人发展与组织发展相结合，对决定个人职业生涯的个人因素、组织因素和社会因素等进行分析，制订有关个人一生事业发展上的战略设想与计划安排。

个人职业生涯管理的基本步骤：

1. 自我评估

自我评估包括对自己的兴趣、特长、性格的了解，也包括对自己的学识、技能、智商、情商的测试，以及对自己思维方式、思维方法、道德水准的评价，等等。自我评估的目的，是认识自己、了解自己，从而对自己所适合的职业和职业生涯目标做出合理的抉择。

2. 职业生涯机会的评估

职业生涯机会的评估，主要是评估周边各种环境因素对自己职业生涯发展的影响。在制订个人的职业生涯规划时，要充分了解所处环境的特点、掌握职业环境的发展变化情况、明确自己在这个环境中的地位以及环境对自己提出的要求和创造的条件等。

3. 职业认知及确定职业发展目标

确定职业发展的目标前需要全面认识目标职业的各个方面，包括职业类型、职业性质、职业特点、工作内容、职业要求、工作环境、职业发展前景、行业文化等，同时注意自己性格、兴趣、特长与选定职业的比配，更重要的是考察自己所处的内外环境与职业目标是否相适应，合理、可行的职业生涯目标的确立决定了职业发展中的行为和结果，是制订职业生涯规划的关键。

4. 选择职业生涯发展路线

在职业目标确定后，向哪一路线发展，以便及时调整自己的学习、工作以及各种行动措施沿着预定的方向前进。

5. 制订职业生涯行动计划与措施

在确定了职业生涯的目标并选定职业发展的路线后，需要分解目标，制订相应的教育培训计划，选择实现目标的路径和方法。

6. 评估与回馈

影响职业生涯规划的因素很多，有的变化因素是可以预测的，而有的变化因素难以预测，需要不断地对职业生涯规划执行情况进行评估，如职业目标的评估和调整、发展路径的重新选择和实施措施与行动计划的变更。

（四）职业流动管理

个人在不同的阶段会有不同的职业需求，必然就会有职业流动的需要。合理合适的职业流动有利于调动员工的积极性和创造性，有利于企业的人力资源配置适应激烈的市场竞争，在动态变化中实现合理化和高效化，是企业获取人力资源优势的来源。

1. 晋升管理

晋升，是指企业员工由于工作业绩出色和组织工作的需要，沿着组织等级，由较低职位等级上升至较高等级。合理的晋升管理可以对员工起到良好的激励作用，有利于员工队伍的稳定，避免人才外流。另外，合理的晋升制度的执行，还可以激励员工为达到明确可行的晋升目标而不断进取，致力于提高自身能力和素质，改进工作绩效，从而促进企业效益的提高。

2. 调动管理

调动是指员工在组织中的横向移动，即在不改变薪酬和职位等级的情况下变换工作。调动可以由组织提出，也可以由员工提出。利用工作调动不仅可以通过实现员工工作的多样性来使他们受到激励，而且这种工作调动本身就是在为提升作准备。

3. 解雇管理

解雇对于员工来说，是一种非自愿的流动，会是一件非常困难的事情，并且有可能带来一些危险。

4. 退休管理

退休是建立在员工达到一定的年龄并为组织服务了一定的年限的基础上，员工可根据企业以及当地政府的一些规定来享有退休金。良好的退休计划可以使退休员工顺利地渡过从工作状态到赋闲在家的转型，对企业现有的在职员工能够起到一定的激励作用，使他们安心工作，没有后顾之忧。

六、员工绩效管理

（一）绩效的含义及影响因素

1. 绩效的含义

绩效，也称为业绩、效绩、成效等，是指员工经过考核并被认可的工作行为、表现及结果，反映的是员工从事某一种活动所产生的成绩和成果。企业通过对员工工作绩效的考核，获得反馈信息，并据此制定相应的人事决策与措施，调整和改进其效能。

2. 影响绩效的因素

绩效的优劣不是取决于单一的因素，而是由多种因素共同决定的。影响员工绩效的因素主要有能力（Ability）、激励（Motivation）、机会（Opportunity）和环境（Environment）这四个因素的影响。$P=f(A,O,M,E)$ 这个公式表明，绩效是能力、激励、机会和环境四种变量的函数。其中能力和激励为员工自身所拥有，属于主观因素，直接对绩效产生影响；而机会和环境则是客观因素，对绩效产生间接影响（如图 3-10 所示）。

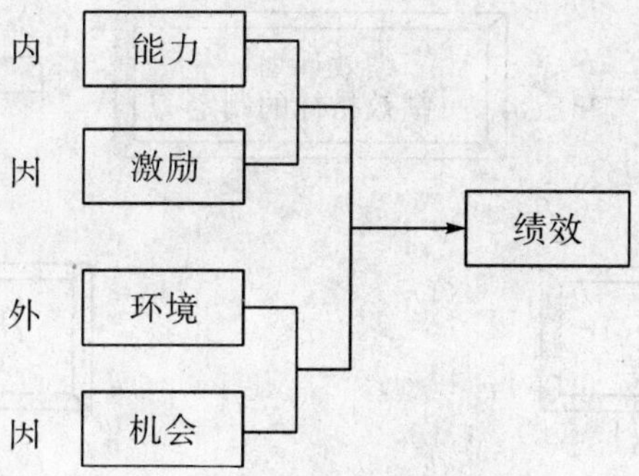

图 3-10　工作绩效模型图

（1）能力是指员工工作技巧与能力水平。与智力、教育、工作经验和生活经历等方面相关，可以通过不断学习、有针对性培训来提高。提高技能对改进工作绩效有直接意义。

（2）激励是指员工的工作积极性。激励本身又取决于职工个人的需要结构、个性、感知、学习过程与价值观等个人特点，其中需要结构影响最大。

（3）机会是指员工开展工作的可能性和空间。在企业中，通过企业提出的工作任务而形成，并以一定的组织资源加以支持。不同的任务性质和支持程度，制约着员工技能发挥作用，而且对员工有不同的激励性和挑战性，从而影响工作绩效。

（4）环境是指员工工作的客观条件，包括物质条件、制度条件、人际关系等。员工的工作动机和工作行为，只有在一定条件下才会取得成功。同样的行为能力和努力在不同的环境条件下会取得不同的工作绩效。

（二）绩效管理

1. 绩效管理的含义

绩效管理是为了更有效地实现组织目标，运用人力资源管理的知识、技术和方法与员工一起进行绩效计划、绩效实施、绩效检查、绩效调整的四个基本过程。

绩效管理的目的是为了更有效地实现组织预定的目标，其核心是提高组织绩效。对于企业来说，绩效管理是一项管理制度；对管理者个人来说，则是管理技能和管理理念。

2. 绩效管理过程

在绩效管理活动中，不同工作环节密切联系、循环进行，构成持续的管理过程，如图 3-11 所示。

绩效管理从制订绩效计划开始，其关键是设计合理的绩效目标，把原则性要求转化为可具体操作和易做比较的绩效指标。为此，需要管理者和员工共同参与、沟通确定。

在对绩效目标达成共识的基础上，进一步促进绩效计划的实施。这一阶段的关键是对于绩效工作信息的收集、分析、把握和反馈。在绩效计划的实施过程中，会遇到各种困难和障碍，其中有些障碍需要通过资源的重新配置来解决，有些需要改进工作方法。

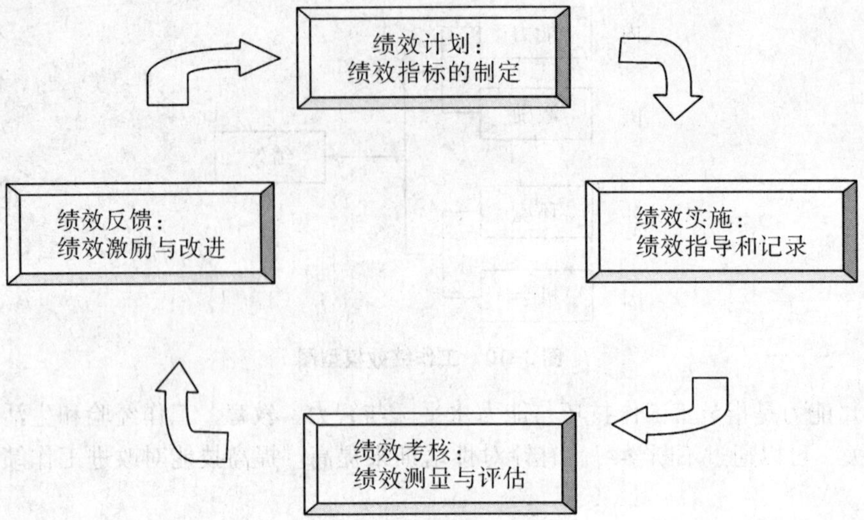

图 3-11　绩效管理过程图

绩效考核在绩效实施的基础上进行，是对于阶段性工作成效的系统分析和评价，其关键是合理运用绩效标准对工作状况进行测评。由于从不同位置观察，看到的是工作状况的不同方面；从不同角度出发，对于同样信息有不同的解读方式，因此绩效考核要围绕给定的考核标准，合理地解决谁来考核、怎么考核等一系列问题，使考评工作公平、公正、公开。

绩效考核的反馈和激励，是对工作成绩给予相应回报。这一阶段的关键在于，对工作的责权利作出客观分析和公正处理。影响工作成效的原因很多，其中有些超出工作主体的控制范围，有些在控制范围之内。进行绩效考核的目的是，促使工作主体在可控范围内尽力发挥责任心和主动性。这就需要把考评结果及其改进建议向被考评者反馈，使其了解自己工作的实际状况、所获工作回报的原因，以及存在的不足和解决办法。

企业绩效管理的基本流程及相关的操作步骤，如图 3-12 所示。

（三）绩效考核的方法

绩效考核的方法很多，针对员工个体绩效考核的、非系统的绩效考核技术主要包括：①以业绩报告为基础进行绩效考核，包括报告法（自评）和业绩评定表法（他评）；②以员工比较系统为基础进行绩效考核，比如简单排序法、配对比较法、强制分布法；③针对员工行为及个性特征进行绩效评估，比如因素评价法、图解式评估法、行为锚定等级评定量表法；④以个人绩效合约为基础进行绩效考核；⑤以特殊事件为基础进行绩效评估，比如关键事件法、不良事故评估法；⑥360 度考核法以及工作标准法（劳动定额法）、短文法、面谈评估法等。

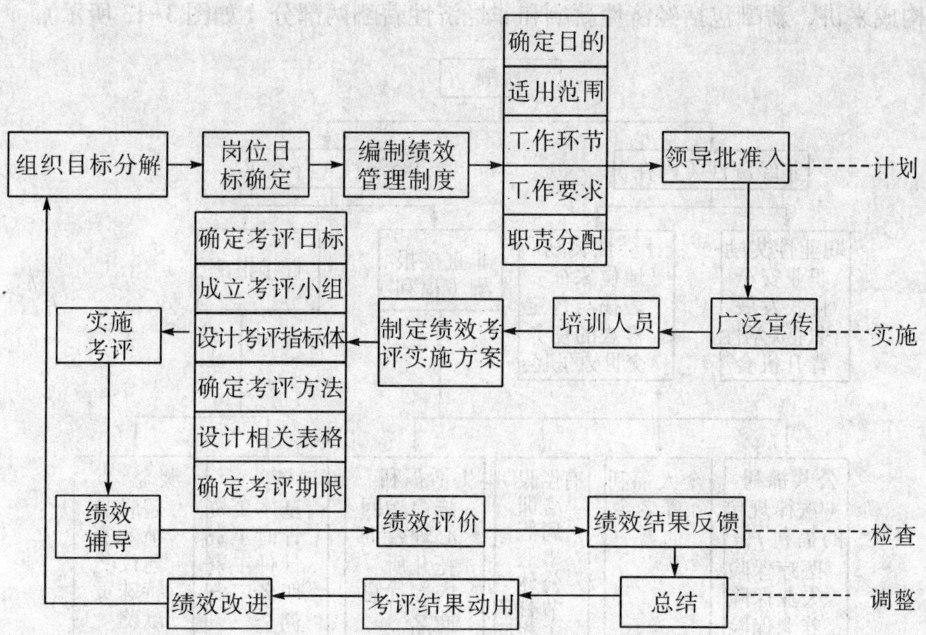

图 3-12　基于企业运作的绩效管理流程图

（四）团队绩效考核

团队是指由两个以上具备互补知识与技能的人所组成的、具有共同目标和具体的、可衡量的绩效目标的群体。团队成员为达到共同的团队目标相互负责、彼此依赖。团队由于其特有的目标依赖性、角色依赖性和成果依赖性等特征，需要来自不同专业背景、不同部门、承担不同职能任务的团队成员协力合作，共同达到绩效目标。

团队绩效评估的流程：①确定对团队层面绩效评估的指标和对个体层面绩效评估的指标；②划分团队和个体绩效所占的权重比例；③在确定的评估指标的基础上，分解绩效评估的关键要素；④考虑如何用具体的评估指标来衡量这些要素。

在实施团队绩效测评时应注意几个问题：①必须要赢得团队成员的关注与认可，团队成员需要充分理解他们的测评系统；②确保团队的战略与组织战略相一致；③确保团队绩效测评的目的是确保问题的解决，从而提高团队的工作业绩；④选取最重要的几个方向来测量；⑤在开发绩效测评系统时，应充分考虑顾客的意见；⑥测评系统应详细描述每一位团队成员的工作。

七、薪酬管理

（一）薪酬及影响因素

1. 薪酬概念

从经济学角度而言，薪酬是指劳动者依靠劳动所获得的所有劳动报酬的总和。从企业人力资源管理角度而言，薪酬是指企业以法定货币和法定形式定期或不定期对付出劳动员工的一种劳动回报，其主要包括工资、奖金、津贴、佣金、红利、福利等。

从其构成来讲，薪酬包括经济性薪酬和非经济性薪酬两部分（如图 3-13 所示）。

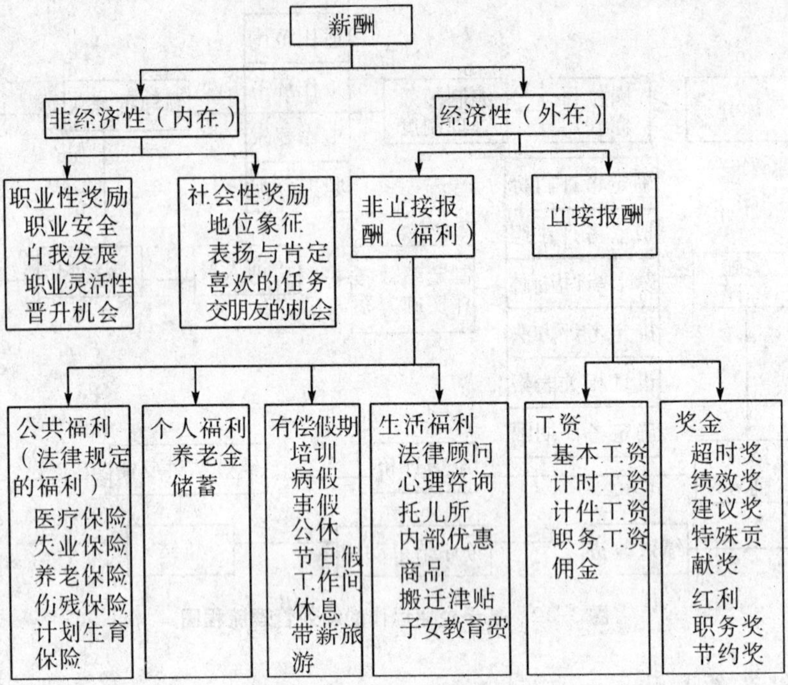

图 3-13 薪酬系统模型

2. 薪酬的构成

薪酬的核心部分包括三个板块：基本工资、奖金和福利（见表 3-3 所示）。

表 3-3 薪酬的构成

薪酬构成	功能	决定因素	变动性	特点
基本工资	保障 体现岗位价值	职位价值、能力、资历	较小	稳定性 保障性
奖金	对员工良好的业绩回报	个人、团体和组织的绩效	较大	激励性 持续性
福利	提高员工满意度 避免企业年资负债	就业、法律	较小	满意度 保障性

（1）基本工资。

基本工资是员工劳动能力的转让价格。工资是员工劳功回报的基础。工资的作用是为员工提供基本生活，具有较大的稳定性，分为固定工资和变动工资。固定工资是根据员工工作特点或工作能力支付的劳动报酬，通过基础工资、岗位工资和技能工资体现出来。变动工资是与员工表现相关的劳动报酬，随工作绩效的变化而变化，目的在于激励员工努力工作。

此外，还有津贴。津贴是对员工特殊劳动的补偿，用于支付不稳定的特殊劳动耗费，通常与特殊的工作环境或者工作方式相关。

（2）奖金。

奖金是员工的超额劳动报酬。奖金与员工业绩挂钩，通过考核加以测算，具有很强的激励作用。由于员工业绩有不同测评指标，因此奖金也有不同分发方式，从内容上分，有体现全面考核内容的综合奖、体现专门考核的专项奖，从对象上分，有针对部分人员的业务奖、针对所有员工的一般奖；从时间上分，有月度奖、季度奖、年度奖，等等。这些奖金项目相互联系和支持，构成复杂的体系，在奖金来源、发放方式、水平差异、制度落实等方面各有不同要求。

（3）福利。

企业福利有两种不同类型：一种是法定福利，即国家要求企业实施的福利，这种福利以法律为依托，能得到税收减免等国家支持；另一种是自选福利，企业有自主选择权，体现经营管理政策。

通过福利为员工提供生活保障，增强员工对于企业的归属感，是现代企业的常用办法，其出现了多种多样的福利形式，例如养老保险、失业保险、医疗补贴、带薪休假、免费午餐等。为了更好地发挥福利的作用，满足不同员工的具体要求，推出了自助福利计划，即企业为员工提供出多种福利项目组成的菜单，员工在一定金额范围内自由选择项目，组成符合自己需要的福利方案，由企业加以实施。

3. 影响员工薪酬的因素

薪酬是员工执行工作，企业依据其工作职责内容、工作绩效表现、个人条件特性，而给予的各种形式的相对奖酬。此外，薪酬易受劳动市场、生活物价水准以及政府相关法规等外在环境因素影响（如图 3-14 所示）。

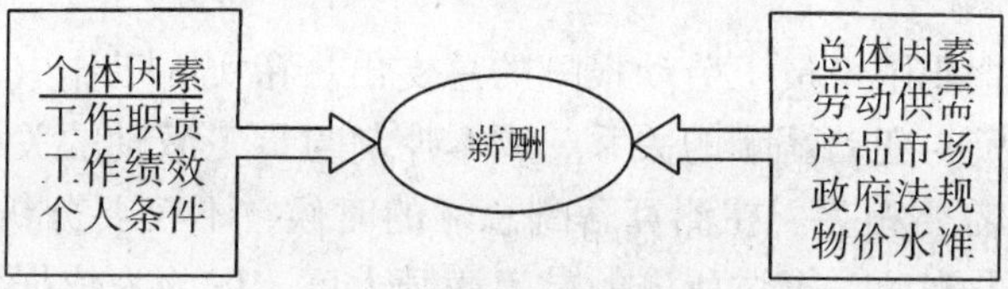

图 3-14　影响薪酬的因素

（二）薪酬制度

企业中各类人员的薪酬水平如何确定？这要依靠公司制定的薪酬制度。薪酬制度是企业日常管理活动中制度体系的重要组成部分。最常见的薪酬制度包括技术等级工资制、职务等级工资制、岗位技能工资制、结构工资制和薪点工资制。

1. 技术等级工资制

根据劳动的复杂程度、繁重程度、精确程度和工作责任大小等因素划分技术等级，按等级规定工资标准。一般由工资等级表、技术等级标准和工资标准三方面内容组成。该制度适用于技术比较复杂的工种，适用于工人。

2. 职务等级工资制

职务等级工资制的侧重点是职务的性质、责任大小、工作环境等，只对事不对人。实施职务工资制的条件是：企业经营范围与经营领域明确；职务内容相对稳定；职务本身标准化。

3. 岗位技能工资制

岗位技能工资制将各种劳动对职工的要求综合归纳为劳动责任、劳动强度、劳动条件和劳动技能这四项基本劳动要素。

岗位技能工资制主要由技能工资和岗位工资两个单元组成。技能工资的目的是体现工资向高技术岗位倾斜。技能工资按工人的技术水平、管理人员的管理水平和专业技术人员的专业技术水平划分类别。岗位工资的目的是要体现工资向苦、脏、累、险、毒、热、知识、技能、实力等一线岗位倾斜。岗位技能工资制由于既重视职务、岗位的因素，又重视个人能力的因素，真正把竞争机制、激励机制和风险机制引进工资制度中，因而在我国被广泛推广和采用。

4. 结构工资制

结构工资制也称力解工资制、组合工资制，它根据劳动的多种形式和工资的多种职能将工资分解为若干个既相互联系又相互独立的部分，如基本工资、奖励工资、工龄工资、津贴等。它最主要的问题是基础工资、工龄工资的比重过大，不能体现按劳分配的原则。

5. 薪点工资制

薪点工资制是在岗位劳动评价“四要素”（劳动责任、劳动强度、劳动条件和劳动技能）的基础上，用点数和点值来确定职工的工资，点值与公司部门效益实绩挂钩，通过量化考核确定职工实际劳动报酬的一种工资模式。

（三）薪酬管理

1. 薪酬总额管理

薪酬总额是指企业用于员工劳动报酬的总支出。在实际工作中，进行薪酬总额管理要处理好固定工资与变动薪酬的关系、成本控制与员工激励的关系。薪酬总额的确定方式与企业发展需要相关。在测算薪酬总额的时候，不仅要分析企业的经营成本，还要分析企业的效益来源，探讨所需的员工激励力度，以此为依据确定效益分享的提取比例。薪酬总额管理集中体现了企业人力资源管理的价值取向，具有很强的政策性。

2. 薪酬关系管理

薪酬关系问题，主要是不同员工之间收入水平的差异问题。不同员工由于职位、能力和业绩的不同，在薪酬收入的数量和稳定性上会有不同情况。在薪酬收入差异的影响下，企业内部出现不同类型的员工群体，对企业分配的公平性和效率性提出不同要求。

3. 薪酬结构管理

薪酬结构是指薪酬总额中不同项目内容之间的关系。进行薪酬分配需要考虑多方面因素，在不同付酬要素的影响下产生不同薪酬项目，这些项目都要纳入薪酬总额之中。不同项目在薪酬总额中所占的比例，体现不同付酬要素在企业薪酬分配中的地位，从而出现不同的分配倾向

4. 薪酬调整管理

薪酬调整是指员工薪酬分配状况的动态调整。企业的薪酬调整有两个层次：一是

由于员工情况的变化，需要对具体员工的劳动报酬进行调整，包括数量调整和结构调整；二是由于企业情况的变化需要对薪酬分配的管理方式进行调整，包括政策调整和制度调整，例如调整薪酬体制或者薪酬关系结构。

5. 薪酬发放管理

薪酬发放是指以什么样的形式向具体员工支付薪酬。员工薪酬有不同的计算周期和发放方式，要考虑薪酬发放的时间、路径、支付办法。

第四节　人力资源管理发展趋势

一、知识经济时代人力资源管理的特点

知识经济是指经济以知识和信息的生产、分配使用为基础，以创新的精神为主导、以人力资本的高价值运转为特征，以高科技产业和智力产业为支柱的新型经济。在知识经济时代，企业经济的增长从主要依赖资金资本的积累转化为主要依靠知识资本的积累，从主要依靠产品的更新转化为主要依靠知识的更新，人力资源的价值成为衡量企业核心竞争力的标志。

（一）人力人才化

人才资源是知识经济中最重要的资源，人才资源开发将成为知识经济的一大支柱。如何将现有的人力资源转变为人才资源，即人力人才化，是知识经济发展的一个基本前提条件，是未来社会经济发展的关键。

（二）人力资本化

在知识经济社会里，高新技术产业是智力密集型产业。人力资本比物力资本将起更大的作用，人力资本、社会的知识存量对一个国家的经济增长将起决定性作用。科学家研究表明，员工所掌握的知识与技术对经济增长的贡献率，在 20 世纪初为 5%~20%，20 世纪 70 年代为 70%~80%，信息高速联网后，提高到 90%。

（三）组织结构扁平化

工业时代的生产是以庞大的规模和集中管理来更好地控制市场和原料供应，以此获得较高的利润。而在知识经济时代，则是靠创新和高速的信息传递，使企业获得较高的效率。在这一背景下，传统的金字塔式组织机构已不合时宜了，管理层必须减少。为此，极大地刺激了每一个结点的创新，减少管理层级，降低管理成本。

（四）工作方式弹性化

知识经济社会，柔性的、网络化的生产组织将会成为一种主导，人们的工作方式是大量通过网络进行交换、传递。弹性的工作方式包括弹性的工作时间和弹性的工作地点等。

（五）职业教育终身化

知识经济使教育在时间方面大为扩展，把阶段性的学校教育拓展为终生教育，在职培训成为人们不断学习的普遍形式。联合国教科文组织提出，教育已拓展到一个人的一生。

（六）管理方法人性化

知识经济的发展取决于人的智能的开发、创新能力的发挥与活力的激发。实行人性化的管理，在管理中要充分考虑到人的心理需求、人的情感、人的价值观及自我实现的需求。人的层次越高，需求也就相应提高。

（七）管理手段技术化

知识经济使人力资源管理步入专业化、技术化的时代，人力资源管理者必须具备相应的专业知识才能胜任管理工作。

（八）人力资源管理部门经济化

在知识经济时代，人力资源管理部门是一个生产和利润部门。人力资源管理的中心工作是开发人的资源。要开发，就要有一个投入与产出和成本与效益的问题。

二、人力资源管理发展趋势

1978 年开始的改革开放使中国企业管理特别是对人的管理步入一个市场化的、困惑与希望的进程，1998 年开始的中国企业人力资源重组导致了最近十年中国企业人力资源的大变革、大发展、大动荡、大提升，2008 年开始的又一个十年，中国企业人力资源管理将进一步实现市场化、规范化、国际化的发展。

（一）从现场管理到非现场管理：非现场管理越来越重要

网络技术的发展，现代通讯手段的升级，天线联络、电子邮件、网络会议等的使用正成为人们日常工作联系的主要方式。同时，城市的扩大和交通的发达，企业工作场所正由统一集中向点式分布扩大，员工居住地分散，居家办公进一步普及，在家工作正成为现代劳动就业的重要发展趋势。

随着知识密集型产业的快速发展，知识型员工增加，目标导向、绩效导向、工作以项目为中心的发展趋势日益明显。

传统的劳动人事管理主要局限于员工在企业中、上班时间的行为管理，而现代人力资源管理已经开始将影响组织绩效、员工工作绩效的一切因素考虑在内，大大扩展了人力资源管理的范围。

（二）从动荡流动到稳定内敛，企业的 HR 趋向稳定和内敛

随着市场化的发展，人才流动不断加剧。劳动力的大规模迁移和人才的快速流动给企业人力资源管理带来了严峻的挑战。由于人才流动不仅大大增加企业的管理成本，影响企业的生产效率，而且可能导致客户的外流和商业机密的泄漏，使企业遭受重大损失，所以人才竞争越来越激烈；与此相伴，人员流动也更加频繁，劳动力市场呈季

节性动荡，人才市场处于一种非严格规范的状态之中。新劳动合同法的实施将使中国企业人力资源逐步实现从动荡、无序流动到稳定、内敛转变。

（三）从相对低成本到相对高成本：企业的HR成本提高

在未来相当长时间里，中国经济社会仍将主要面临就业问题。与此同时，中国也将进入工资上涨的时间通道。

随着企业人才竞争的日趋激烈，一方面需要引入人才的公司会提供更好的条件来吸引优秀人才；另一方面公司要想留住优秀员工，其留人的主要条件是薪酬。这都会促使企业投入更高的成本来进行薪酬福利的设计与执行。除了法定福利项目外，企业在公司自主福利项目上也会投入更多，相互攀比将使企业用工成本越来越高。

（四）从自给自足到分工合作：人力资源外包逐渐成为潮流

为了适应企业竞争环境的变化、组织的变化、企业工作性质及业务量的变化，组织必须保持快速、高效、专业的经营管理系统和程序，于是产生了人力资源外包。

外包是将组织人力资源活动委托给组织外部的专业机构承担，基础性管理工作向社会化的企业管理服务网络转移，如档案管理、社会保障等庞杂的事务性工作，逐渐从企业内部人力资源部门转移出去，而工作分析、组织设计、绩效考核等具有专业性的职能则交给外部管理咨询公司。

人力资源外包的实质是降低成本、提高效率，从而有效地适应外部环境，使企业人力资源和机构运行更精干、灵活、高效，实现企业可持续性竞争优势和战略目标。

（五）从手工过渡到自动化：HR信息化正在加速发展

全球经济一体化加剧了企业之间的竞争，人力资源管理必须从事务性的角色转变到战略合作伙伴角色。为了降低成本、提高效率，ERP、e-HR成为企业的必然选择。企业通过导入人力资源管理软件系统，建立综合性的、功能丰富的人力资源平台，实现了企业人力资源的优化和管理的现代化。

（六）从分割到统一：区域合作导致HR循环经济圈的形成

在全球化进程中，区域一体化正在加强，如在东亚地区，中日韩三国人力资源市场、雇佣模式、人才系统、文化理念等正面临共同的挑战、实现相近的变革、逐步走向融合。同时，东亚文化中的人本、和谐理念与美国式人力资源管理制度和技术也在逐渐融合。

建立统一、规范的人力资源市场将打破现有的各种壁垒和障碍，包括区域和行业壁垒。区域合作将导致循环经济圈的形成。如环渤海、西部、东北等区域的人力资源或人才人事合作循环机制。

（七）从国内竞争到国际竞争：劳动力大国正在过渡到人力资源强国

随着我国人口出生率的减少和人口老龄化的加剧，企业将面临HR的短缺，将从强调劳动力规模和廉价优势过渡到注重建设人力资源强国。

全球一体化使跨国公司成为主流，战略联盟、虚拟组织成为重要组织形式，人力资源管理的边界从清晰到模糊，从封闭到开放，国际人力资源管理与柔性化组织人力资源管理成为人力资源管理的新领域。

突破传统意识中的国家边界和企业边界，培养全球观念和竞争协作精神，实施有效的跨文化管理，将成为企业人力资源管理必须面对的挑战。

(八) 从泛化普用过渡到职业和专业：HR的职业化和专业化进一步加强

人力资源价值的显现和地位的提升，使人力资源管理成为热门行当，对人力资源管理者也提出了更高的要求。

现代人力资源管理的内容已突破了传统的封闭体系，不仅人们的观念需要转变，而且需要具备更多素质特征和技术手段。人力资源管理者需要有四种角色：一是人事管理专家，要求熟悉人事管理程序，了解法规政策；二是业务伙伴角色，要求熟悉组织业务，参与制订业务计划，处理问题，保证业务计划的有效执行；三是领导者角色，要求发挥影响力，协调平衡组织、部门要求与员工需求之间的关系；四是变革推动者角色，要求协调组织及其管理者有效地计划和应对变革，在人力资源及理念方案上为组织变革提供支持。

中国企业人力资源管理无论从管理机制还是管理文化上，都需要全面的系统的革新，需要更加规范的整合和提升。

第四章　现代企业文化管理

第一节　企业文化发展沿革

企业文化是在一定的社会历史环境下，企业及其成员在生产经营活动中形成的文化观念和文化形式的总和，是企业及其成员的价值准则、经营哲学、行为规范、共同信念和凝聚力的体现。① 它是企业在长期生产经营中提炼出来的，是以企业管理哲学和企业精神为核心，以企业目标、企业共同价值观、企业伦理、企业形象等为主要内容，能够激发和凝聚企业员工的归属感、工作积极性以及创造性，是企业潜在的生产力。②

一、世界企业文化的演进

有人群就会有文化，在企业历练中，在共同的生产和管理中，一些观念会渐渐地被员工普遍认同，进而转化为互动的行为规范，企业文化就这样积累形成并随着企业的发展而发展。因此，企业文化的起源可以追溯到企业的产生。

（一）企业文化思想的孕育

企业文化随着企业的产生便一直存在，早期的时候主要是以隐性状态存在的，是一种蒙昧的企业文化，无意识的存在，没有明确的企业文化概念及主动创建的意识，一直隐含在经典管理理论之中。如“经济人”假设反映在企业文化上，总体表现为“唯赢利是图，唯股东是从”，极小化的道德约束。

资本主义发展的初级阶段，整个资本主义社会鼓励个人致富，到处充斥着逐利主义，追求利润最大化。资方把工人看成“会说话的工具”，尽可能地榨取超额剩余价值，而工人仇视、怠工、捣毁机器、罢工甚至拿起武器走上街头进行反抗。随着劳资矛盾的加剧，20 世纪初，以泰勒“科学管理”的形成标志，“经济人”假设的提出，资方开始改变管理方式，以相对高的工资制激励工人，同时高度的专业化分工、标准化的劳动动作、极高的劳动强度，竭力榨取更多的利润。这时企业文化以“逐利文化”为主导。

随着企业管理实践的发展，“社会人”、“自我实现的人”、“复杂人”等假设的提出，企业管理者除了物质利益的激励外，还试图通过满足工人的精神需求来激励其工

① 易开刚. 基于企业生命周期的企业文化演化及其启示［J］. 科技进步与对策，2006（12）.

② 于一可. 企业文化理论的发展概览以及在我国的引入和实践［J］. 时代报告（学术版），2011（8）.

作积极性。这表现出企业文化意识的觉醒，开始关注人的需要。

总的来说，这一阶段企业所表现出的文化形态是一种单一的、明晰的、极为强势的逐利文化，价值观的核心是个人利己主义，唯利是图。这种企业文化特征与当时企业所处的社会环境、历史使命、人的特征息息相关，但也孕育了现代企业文化管理的种子。①

（二）企业文化管理的兴起

企业文化虽然一直到存在，但企业文化管理作为一种理论，兴起于20世纪80年代初的西方，它的诞生标志着企业管理由“以物为中心”发展到“以人为中心”的时代。作为管理哲学的企业文化管理，是管理实践的结晶，是管理科学的发展，其基点是以人为本。它强调管理以人为中心，充分尊重员工的价值，重视人的需求的多样性，运用共同的价值观、信念、和谐的人际关系和积极进取的企业精神等文化观念，来营造整体的企业人生，使管理从技术上升到艺术，从制度建设到氛围营造。

1. 起源于日本

第二次世界大战后，特别是20世纪70年代至20世纪80年代，日本经济迅速崛起，这无疑是对美国乃至整个西方经济提出了严峻挑战。在这种形势下，为了迎接日本企业的挑战，美国企业界和学术界开始研究日本企业的管理模式与美国企业的不同。经过大量的专家学者的潜心研究，发现与欧美企业强调技术、设备、规章制度、财务分析等硬性条件不同，日本企业的管理注重目标、信念、价值观和文化等软性因素。因此，这种以文化的力量推动企业和组织长期发展的独具个性化的管理方式逐渐被人们注意，进而发展了社会文化与管理的融合——企业文化管理。

2. 发展于美国

通过比较研究，美国企业界和管理界的专家们一致指出：美国的经济要超过日本，必须在企业内部进行改革，培养以企业精神为主的企业文化。

在各界人士的倡导下，企业文化管理研究在美国各企业轰轰烈烈地展开，从1981年到1982年，美国管理学界连续推出四部主要著作：威廉·大内的《Z理论——美国企业怎样迎接日本的挑战》、美国斯坦福大学教授帕斯卡尔和美国哈佛大学教授艾索斯合著的《战略家的头脑——日本企业的经营艺术》、阿伦·肯尼迪和特伦斯·迪尔合著的《企业艺术》以及托马斯·彼得斯和小罗伯特·沃特曼合著的《寻求优势——美国最成功企业的经验》。这四部著作的出版，标志着企业文化管理的兴起。

1985年，企业文化研究再掀新的热潮，其标志是四本更具影响力的出版物：莫尔·刘易斯等人的《组织文化》、基尔曼·萨克斯顿的《赢得公司文化的控制》、埃德加·沙因的《企业文化与领导》以及托马斯·彼得斯的《赢得优势——领导艺术的较量》。这些研究较前期更细化、更具体。除了原有的主题如企业文化的功能、企业高层管理者和企业文化的关系、企业文化的体现、某些具体的企业文化等仍

① 饶静安. 企业文化演进发展的回顾与思考［J］. 管理现代化，2011（2）.

在继续研究以外，还有两个突出的主题，就是企业文化的形成和企业文化的变革。①

（三）企业文化管理研究的深入发展

20 世纪 90 年代，西方企业文化继续深化发展。主要代表是德国学者曼弗雷登·马丁和加丁·波尔纳 1994 年出版的《重塑管理形象》中提出的“渐进式管理”理论。

这部书分析了过去企业管理中曾经获得成功的模式失效的原因。他们认为，在过去的企业管理中有不少法则，如逻辑思维、直线思维和理性思维等，这些法则都被认为是唯一达到理想境界的途径。此外，传统的管理理论认为一切都是可以组织的（排斥混乱和生活活力）；认为一切都是可以计划的，可以在战略上预先考虑到的（否认动态性、不可预见性、多元性、甚至创造性）；认为一切都有明确的原因和相互作用（排斥综合性、多层次性）；认为人是生产和成本要素主体（否认人是活生生的、一次性的）；认为对自然资源可以无限的利用，科技可以解决一切问题（排斥资源有限和对自然的尊重）等。事实上，企业不仅是一种营利的组织，更是一种承载社会历史与文化的组织，静态的逻辑思维方式是有局限性的。在企业管理上也应该用动态的进化的方式来考察，以图企业得以发展。由此，曼弗雷登·马丁和加比·波尔纳提出了“渐进式管理模式”，即将企业分为七个等级，每一级的企业都有独特的企业文化特征。

（四）当前企业文化管理研究

进入 21 世纪，关于企业文化与企业业绩之间的关系问题，成为当前企业文化研究的热点。这方面有代表性的是美国哈佛商学院的约翰·科特和詹姆斯·赫斯科特教授。通过研究发现，企业文化对企业业绩的确起到了重大的作用，并且在今后一段时间可能是决定企业的兴衰的关键因素。他们提出了企业文化理论的三种模型，即强力型企业文化、策略合理型企业文化和灵活适应型企业文化。

1. 强力型企业文化

具有强力文化的企业在外界看来有着明确的经营风格，这些公司在它们的信条或使命中提出成员共享的价值，且鼓励管理人员和员工遵守这些价值。强力型企业文化认为，企业文化能够有效提升企业竞争力，促使企业经营业绩显著增长。原因主要有三点：首先，企业目标一致，可使员工方向明确、步调一致；其次，能够在企业员工中营造出不同寻常的工作积极性，从而有助于经营业绩的增长；最后，提供必要的组织和管理机制，避免企业对那些常见的、窒息企业活力和改革思想的官僚们的依赖，提高企业的活力和变革能力。

强势文化理论主要关注组织内部，强调组织成员价值观的一致性和组织的稳定性，忽视了企业外部环境的影响。在变化剧烈的竞争环境中，既有的强势文化容易阻碍和压制变革的意识和努力，使得在强势企业文化中发起变革、转变经营策略十分艰难，并且往往为时已晚。约翰·科特和詹姆斯·赫斯克特的研究表明：企业文化强度与企业长期经营业绩之间的确存在一种正相关关系，但这种关系十分脆弱。

① 马小林. 企业文化的由来与在我国的发展［J］. 安徽工业大学学报，2005（7）.

2. 策略合理型企业文化

策略合理型企业文化认为，不存在抽象的好的企业文化内涵，也不存在任何放之四海而皆准的、适应所有企业“克敌制胜”的企业文化。只有当企业文化“适应”于企业环境和战略（行业客观条件、细分市场、经营战略等）时，这种文化才是好的有效的文化。企业文化适应性越强，企业经营业绩就越大。

该理论虽没有准确说明其关键的“适应性强”的观点，但它提出的有关适应协调的观点极有见地，特别是在阐释企业中短期经营业绩增长中的差异尤为有益，弥补了强力型企业文化理论存在的主要失误。

3. 灵活适应型企业文化

灵活适应型文化理论更加关注企业文化与外部环境的关系，认为只有那些能够使企业适应市场经营变化并在这一过程中领先于其他企业的企业文化，才是有效的企业文化。该理论要求企业文化必须与外部环境相匹配，并根据外部环境的变化适时进行变革。灵活适应型企业文化特别注重适应企业环境、提倡变革、勇于冒险、坦诚交流、管理人员注重领导艺术。只有随时以满足公司的股东、顾客以及企业员工三者的需求为宗旨，提倡公司经营策略的转变，才能成为适应度高的企业文化①。

二、我国企业文化的演进

按现代意义的“企业文化”来说，我国企业文化的历史是很短的，人们往往忽视其发展历程，看不到它的根，因此也就往往不可能真正看清它的发展远景和巨大的潜能。事实上，我国企业文化带着深深的民族传统文化的烙印，经历了世界上其他国家所没有的长久和艰难的发展过程。总体上看，基本上可以分为五个阶段。

（一）企业文化的萌芽期

鸦片战争后，列强入侵中国，充分暴露了中国封建小农经济生产方式的原始落后，为了“富国强兵”，清朝政府开始洋务运动，虽然洋务运动开办企业，但其代表了一种腐朽的官僚资本，再加上买办性，完全排斥了自由工商业的发展。因此，洋务运动一开始就决定了我国近代工业发展的艰难。

与这一阶段原始弱小的企业状况相应，企业文化也处于一种原始的萌芽阶段。毫无疑问这阶段，占统治地位的官僚资本企业是腐朽的官僚文化。当时的民族工商业，为了资本的原始积累，虽然采用剥削手段，在管理上也带有浓重的封建色彩，但终究建立了一些不够成熟的规章制度、营销方式和商业竞争策略。同时，由于民族工商业受到官僚资本和国外资本的多重挤压，为求得市场生存空间，他们把握的最好的武器就是广大民众——消费者的爱国热情。如1930年席卷全国的抵制日货运动；1925年创办民生轮船公司的卢作孚，公开提出“服务社会、便利人群、开发产业、富强国家”的企业宗旨。这是我国正式提出企业精神的第一家企业。“实业救国”成为这一阶段多

① 李敏. 西方企业文化理论述评［J］. 辽宁行政学院学报，2012（11）.

数民族资本家的口号，而这一口号鲜明地代表了我国企业文化萌芽期的精神。①

（二）企业文化的初创期

我国的近代企业，经过几百年的发展，到20世纪50年代至70年代，迎来了我国企业发展史上一个重要阶段，我国基本上形成了自己的工业体系，同时在所有制形式上也形成了单一的国家或集体所有制形式。

我国企业在这一阶段除生产产品、规模大小有所不同外，从接受生产指令到机构设置、规章制度、管理方式可谓基本一致，企业体制的一致性导致了企业文化和管理方式的一致性。如20世纪60年代，全国企业遵照政府制定的“工业七十条”执行，而当大庆人发扬艰苦奋斗精神拿下油田之后，“精神万能论”就成为了当时企业的主宰精神。这种以政府指令的企业文化建设严重束缚了我国企业的“个性”特征。这阶段的企业文化可谓“政府文化”在企业的延伸。

（三）企业文化的发展期

20世纪80年代初，随着我国改革开放的深入发展和现代企业制度的建立，企业文化作为一种管理模式被引入我国的企业管理中。一时间，许多企业都相继开展了企业文化建设，有些企业模仿外资企业管理和企业文化的一些形式，如热衷于搞文艺活动、喊口号、统一服装、统一标志，有些企业还直接请广告公司做CI设计等。

在这一阶段，最具代表性的便是家电行业的领头羊——海尔集团。首先，海尔借鉴日本的全面质量管理，实现了管理从无序到体系化；其次，海尔制定“日事日毕、日清日高”的OEC管理模式，实现了管理体系的延伸；最后，海尔实行流程再造。正是基于持续创新海尔文化的支撑，才保持了海尔的高速发展，造就了海尔这一世界品牌。

总的来说，这一阶段，是我国经济体制改革的探索期，也是我国企业文化的发展期。在大量引进和学习世界先进企业文化理论和先进企业管理经验的基础上，结合我国发展的具体情况消化吸收并加以创新。

（四）企业文化的普及期

1997年，中国共产党第十五次全国代表大会重新明确了建设有中国特色社会主义文化，以及其后江泽民同志关于“三个代表”重要思想的提出，为企业文化的大力发展提供了动力。

20世纪90年代中后期，我国出现了张瑞敏、柳传志等一大批优秀的企业家和企业文化。他们总结了前人的经验教训，消化掌握了国际先进的管理经验，并在企业的发展过程中加以贯彻和发展，不断改革和创新，逐步形成了自己的企业文化。

张瑞敏曾说过：“企业发展的灵魂是企业文化，而企业文化最核心的内容是价值观。”创新是海尔文化的核心，海尔用创新的企业文化培育人才，把人才的竞争力转化为产品的竞争力，进而转化为企业的竞争力。

以柳传志为核心的联想集团在创立之初制定“振兴民族工业，走向世界”的宏伟

---

① 蒋萍. 论我国企业文化百年来艰难发展历程［J］. 江南大学学报，2005（4）.

目标，继承“修身、齐家、治国、平天下”的优秀传统，艰苦奋斗，把中国传统文化的精华有效地运用到处理个人、企业和国家三者的关系之上，实现了个人利益、企业利益和国家利益的有机紧密联系，使联想集团取得了今日的辉煌。

(五) 企业文化深入发展期

进入21世纪，随着经济全球化的发展，我国企业越来越多地直接参与同国外企业的竞争与合作中。同时随着我国社会主义市场经济的进一步完善，企业自主经营的力度空前加大，对我国企业文化研究与建设提出了更新的课题和更高的要求。

第二节 企业文化研究前沿

对企业文化的关注与研究，伴随着管理理论的出现，已有100多年的历史，而真正出现“丛林”现象还是在20世纪80年代以后。20世纪80年代以来，无论是理论界还是企业界，都兴起了研究企业文化的热潮。20世纪80年代以前，研究主要探讨了企业文化的概念、特征、功能和主要内容等问题，可以说，这一时期主要侧重于研究企业文化理论本身。近年来，国内外对企业文化理论的研究有了进一步的深入发展，出现了许多影响面大、具有前瞻性的研究。主要归纳为以下三个流派：

一、定性化研究流派

20世纪80年代初以美国麻省理工学院的沙因教授为代表的“定性化研究流派”主要关注于对企业文化的概念和深层结构进行系统的探讨。20世纪90年代以来，定性化研究流派更加关注于对企业文化基础理论的衍生研究，其研究方向主要包括三个方面：①企业文化作为部分变量与其他管理要素的关系以及整合模型构建研究；②与新的管理思想融合的研究；③企业文化自身的深化研究。

(一) 企业文化作为部分变量与其他管理要素关系以及整合模型构建的研究

企业文化基础理论研究从20世纪90年代开始从部分逐渐走向整合，开始把企业文化与其他管理要素联系起来。学者们也逐渐放弃早期的企业文化研究所采用的定性方法，把企业文化作为一个变量或功能单位与企业管理中的其他要素进行整合研究，如企业文化作为一个变量与“人力资源管理”、“战略管理”、“职业生涯管理”、“创新”、“员工态度”、“市场营销”的整合，并构建了很多相关模型。企业文化基础理论衍生研究也因此而呈现百花齐放的态势。但是，这种把企业文化默认为一个变量和功能单位的定量研究尽管繁荣了企业文化研究，但却违背了早期企业文化理论研究者们的初衷，企业文化独立于定量研究的特殊地位也因此而逐渐丧失，关于深度和方法论的争论也逐渐被搁置起来。

(二) 企业文化基础理论的衍生研究还融入了一些新的管理思想

彼得·圣吉（1990）在《第五项修炼》一书中提出了著名的学习型组织理论，认为学习型组织必须具备自我超越、改善心智模式、建立共同愿景、开展团队学习、系统思考等五项核心能力（或进行这五方面的修炼），并且把其中的“系统思考”放在了最重要的位置，因为它是整合其他各项修炼于一体的关键。其实，圣吉是提出了一种学习型企业文化，他的理论也真的逐渐演变为一种学习型组织的企业文化理论。德国学者 Martin 和 Paulne（1994）在《重塑管理形象》一书中提出了渐进式管理理论，并且认为企业不仅是一种营利组织，而且还应该是一种社会和文化单位。静态的逻辑思维方式有其局限性，在企业管理中应该运用动态演化的观点来考虑问题，这样才能谋求企业发展。他们提出的渐进式管理模式把企业分为七个等级，不同等级的企业都有其独特的企业文化特征，从低到高依次为“保证生存，渡过难关”、“家长制”、“技术统治与刚性管理”、“创造与革新”、“热情与信任”、“想象力强，有远见卓识”、“全球意识”。这一思想事实上是从企业文化的角度把企业的管理分为七个等级，他们所强调的动态性、不可预见性、综合性、层次性、多元性、创造性等组织特征实际上与企业文化有着密切的关系。

（三）企业文化自身的深化研究

关于企业文化自身的深化研究在20世纪90年代以后得以继续进行，人们试图从不同的角度来丰富对企业文化系统要素的研究，针对企业文化的动态性、多样性、复杂性进行深化研究。Hatch（1993）基于过程观研究了企业文化的动态性。过程观本身又基于沙因的组织文化要素论研究企业文化的基本假设、价值观等诸多内在要素和人工饰物之间的动态互动关系，并提出了一个更复杂的企业文化动态过程模型。Cox（1994）基于分裂观考察了组织文化多样性的问题。在分裂观看来组织文化既不是整体一致的，也不是由不同子文化构成的，而是四分五裂的；组织使命是多样的，组织文化是模糊的，组织文化是矛盾甚至是冲突的。

二、定量化研究流派

以密西根大学工商管理学院奎恩教授为代表的“定量化研究流派”认为企业文化可以通过一定的特征和不同的维度进行研究，并提出组织文化模型测量、评估和诊断的学说，后被学术界称为“现象学流派”。

（一）企业文化测量、诊断研究

20世纪90年代以后，企业文化研究开始从定性转向定量。国外如 Rayamond F. Zammuto 和 Jack. Y. Krakower 运用了聚类分析法对企业文化进行了测量；Roger Harrison 和 HerbStroke 在 1992 年通过实证研究得出大部分组织共有的四种文化，经变化后可适用于不同企业，这种诊断可用于企业发展、团队建设、提高产量等。Pierre DuBi-os 和 Associates Inc 在 1997 年出版了一套用于组织文化测量和优化的量表；Kim S. Cameraon 和 Robert E. Quinn 在 1998 年出版的《诊断和改变企业文化：基于竞争价值理论模型》，为诊断企业文化提供了较好的理论框架以及有效的测量工具。我国台湾地区学者郑伯壎（1990）以台湾地区企业为样本研究构建了组织文化价值观量表（Values in Organizational Culture Scale），提出了九个带有东方文化色彩的文化维度。忻榕和徐淑英

(2004) 通过研究归纳出中国国有企业的十个文化维度（创新、结果导向、员工发展、和谐、实用主义、顾客导向、奖酬导向、贡献、未来导向和领导行为），同时通过与国外研究比较发现：中国国有企业组织文化有顾客导向、奖酬导向、贡献、未来导向、领导行为五个特殊维度，而西方组织文化中的“进取心”和“关注细节”并没有出现在中国国有企业的文化维度中。随着国内、外组织文化定量测量研究的不断深入，组织文化测度量表层出不穷，出现了“组织文化测度量表丛林”现象。

(二) 企业文化评估研究

企业文化评估是企业测评研究的重点，按照评估目的以及应用范围的不同，一般可分为三个研究方向：

1. 企业文化类型评估

企业文化类型评估中，最为著名的是 Quinn 和 Cameron 通过实证研究提出的企业文化评估量表（OCAI），其主要判断依据有六个：主导特征、领导风格、员工管理、组织凝聚、战略重点和成功准则；此外类似的有 Rob. Goffee 和 Gareth. Jone 的双 S 立体模型，主要是基于组织中的社交性特点而建立的。这两个测评表评估的方式差不多一样，主要区别是维度以及类型采用的划分方法不一样。

2. 企业文化风险评估

许多学者从不同维度考察了企业文化风险评估的指标体系。陈传明等通过对个体、组织以及企业文化实践三个层面的研究来评估企业文化的刚性，从而防范在战略实行中文化上的风险；Chatman 构建了组织价值观量表（OCP），其评估维度包括七个方面，即革新性、稳定性、尊重员工、结果导向、注重细节、进取性和团队导向；郑伯埙认为其维度包括：科学求真、顾客取向、卓越创新、甘苦与共、团队精神、正直诚信、表现绩效、社会责任和敦亲睦邻九个维度；Hofstede 建立了多维度组织文化模型(MMOC)，其主要维度包括价值观和惯例。

3. 企业文化效果评估

目前，对于企业文化效果评估的研究还处于定性分析阶段，少数学者进行了定量研究。中国企业文化测评中心(CC-MC) 通过对 Quinn 和 Cameron 等人研究的梳理和分析，在此基础上建立了企业文化的测评体系，即和君创业咨询有限公司建立了以 GREP 竞争力为核心的企业文化评估体系，系统包括四个维度和 17 个评价要素。然而，相关的评估研究在指标选取和实用性方面仍存在不少缺陷，评估后改进的方向和步骤也有所欠缺。

三、实证流派

进入 20 世纪 90 年代，随着企业文化的普及，企业组织逐步意识到规范的企业文化对企业组织发展的重要意义，并开始考虑以企业文化为基础来塑造企业形象。这一时期，企业文化在 20 世纪 80 年代理论探讨的基础上，由理论研究向应用研究和量化研究方面迅猛发展，并出现了五个研究方向。

（一）企业文化对企业兼并的影响研究

企业常常把兼并作为扩张的一项重要战略。但是，企业兼并不仅仅是两个企业在人员、资金、物资设备和市场份额等方面的简单合并，同时也存在两种企业文化的结合问题，而这已成为决定企业兼并能否成功的一个重要因素。一般来说，在两个具有不同文化的企业合并时，冲突是不可避免的。因此，这就要求它们能够正确认识相互之间的文化差异，并在某种程度上达成共识。每个企业的文化都需要进行一定程度的调整和变革，以适应合并后的企业。这种妥协和调整的过程称为文化摄入。以下是目前企业兼并时通常采用的文化摄入方法的研究：

1. 整合

整合是指两个企业合并时，相互平等地交流各自的文化和管理经验，而不强迫另一企业改变文化的情况。这样，在两个企业合并以后，双方的文化都保留下来。整合方法适用于两个企业具有较多共同点的企业兼并，这样它们在文化交流上就更加顺利。进而言之，如果一个兼并中企业本身拥有多种不同的亚文化，则它就只能采用整合方法。一个企业如果在日常工作中容许和鼓励个人、小团体和下属部门追求和信奉自己的文化，可称之为多元文化组织；相反，那种经常强调要与共同目标和方法保持一致的企业则叫单一文化组织，单一文化的企业难以实行文化整合方法。文化整合的成功还有赖于被兼并企业成员的期望，假如被兼并企业拥有一种吸引其成员的强有力的文化或者这种文化对兼并者也有一定的吸引力，则被兼并企业总是乐意采用整合的方法。如果这两种因素都存在的话，那么整合就是最好的方法。

2. 同化

同化，这是指一个企业完全控制另一个企业，但这种控制不是强加的，而是为被兼并企业的成员所欢迎的，当他们觉得本企业的文化无助于自己的成功时。在两家企业相似时，同化是一种非常合适的方法。兼并者往往拥有一元文化，被兼并的企业也愿意抛弃其原有脆弱的文化，因为它发现兼并者的文化对它具有很强的吸引力。

3. 隔离

隔离是两个企业在极有限地交流文化和管理经验的前提下保持隔离或独立。从社会学的角度来看，这种隔离保持了文化上的自立，并减少了与另一社会群体成员发生公开冲突的机会。这会缓和对立和紧张状态。对兼并者而言隔离的关键是它允许被兼并的企业拥有高度的独立性，只在重大问题上进行必要的干预。例如美国的希尔森公司在和捷运公司合并时，双方同意合并后希尔森公司仍保持高度的独立性。

4. 异化

异化，这是一种极具破坏性的方式，许多企业常常采用此方法。这种方法是指由于受到来自另一企业文化的强大压力，使某企业的文化被迫瓦解、消亡。异化往往伴随着大量的混乱、冲突、愤怒和紧张情绪。被兼并的企业不仅面临着资金的流失，而且也面临着文化的瓦解和消亡。这种企业兼并往往发生在不同行业间或兼并者常常遇到被兼并企业的强烈抵抗。

（二）企业文化与企业组织结构的关系研究

企业文化对企业组织结构的形成和发展产生着直接影响。企业文化通过共同的价值观念、行为规范以及其他不成文的标准，使企业组织结构的各个子系统和要素之间有机地联系和协调起来，从而增强组织结构的弹性和适应性。在缺乏强有力文化的组织结构中，部门之间、个人之间由于没有共同的目标和价值观，难以进行有效的沟通。例如，由于不同部门的人在价值观、经历等方面有所不同，对信息的知觉也就不同。这就必然影响到信息跨部门的有效沟通，使部门之间和个人之间难以协调，降低组织结构的运行效能。在文化影响力强的企业中，基于共同的价值观念和行为规范而产生群体意识，一方面能促进有效沟通，为部门之间的协调创造条件；另一方面它发挥着黏合剂的作用，阻止不同部门与个人对组织产生离心倾向，促进各个子系统的团结并朝共同的方向努力。

（三）企业文化与市场战略的关系研究

如何正确处理企业文化与市场战略的关系，这是企业普遍遇到的一个问题。企业文化既可能是实施新的市场战略的强大推动力，也可能成为它们的障碍。国外一些管理学者在分析许多企业实施新的市场战略失败的原因时发现，市场战略与企业文化不相适应是失败的主要原因之一。因为，新的市场战略可能会与原有价值观发生冲突，与现有的行为准则不相符，从而受到一些管理人员的抵制。

英国管理学者皮尔西·奈杰尔和皮蒂·肯尼思提出了克服文化障碍的三种方法：

第一是“强制性”方法，即立即更换管理人员或削弱最保守的领导人对新的市场战略的影响力，从而使新的市场战略得以贯彻实施。这种方法费用省、见效快、并有咄咄逼人的气势，但也存在以权压人、难服众人心等问题，并有可能破坏企业文化氛围，使人失去安全感。

第二是“隐蔽式”方法，就是把新的市场战略贯彻过程分成几个阶段，表面上假装采纳关于原有关市场战略的意见。例如，一个分公司欲拒绝执行总部制定的市场战略，则在表面上表现得积极执行，并通报全公司，但实际上是一步一步地推行自己新的市场战略。

第三是“既成事实”方法，在企业上层领导对是否实行新的市场战略动摇不定时，管理人员就采取冒险的步骤，即在实现了部分方案的事实面前安排投资，造成既成事实。这样，上层领导为了把可能造成的损失减少到最低限度，被迫同意继续实施新战略的其他步骤。

（四）企业文化与企业核心竞争力的关系研究

随着企业文化研究的深入，人们越来越关注企业文化与企业效益及企业发展的影响，进而更加关注相互作用机制研究。关于企业文化与企业核心竞争力关系的研究，学界观点比较统一，大多数学者认为企业文化与核心竞争力有着紧密的联系。

主要观点有：

（1）认为企业文化对核心竞争力的形成和增加有重大影响，企业文化是核心竞争力形成的基础，也是核心竞争力的内核和主要组成部分，优良的企业文化可以增强企业核心竞争力。

（2）认为企业文化是企业核心竞争力的组成部分，核心竞争力不是指企业局部的优势或强项，而是企业长期磨合协调形成的整体实力，并且企业文化具有核心竞争力的独特性、延展性等特点，从而为企业提供发展的原动力。

（3）认为企业文化本身就是核心竞争力。企业的核心竞争力主要不是来自于企业外部，而是取决于企业文化，企业之争的实质是文化之争，企业文化竞争力是企业市场地位和持续发展的最终决定力量，如何塑造企业文化以及如何提升企业核心竞争力是其研究的重点。

（五）企业文化绩效效应研究

20 世纪 90 年代以来，西方学者开始重视如何把企业文化应用于企业管理实践的问题，企业文化与企业绩效之间的关系便成了企业文化研究的一个新热点。最早关于企业文化与企业绩效相关的观点在“四重奏说”中就已经出现，如迪尔和肯尼迪等学者认为文化的强度与企业取得成功有着密切的关系。20 世纪 90 年代，很多学者运用实证方法证明了企业文化与经营绩效之间更为复杂的关系。例如，Kotter 和 Heskitt（1992）在《企业文化与经营绩效》中，对 1987—1991 年间美国 22 个行业 72 家公司的企业文化和经营绩效之间的关系进行了深入的研究，结果发现企业文化对企业绩效确有重要的作用，并且预测在未来很长时期内企业文化可能是决定企业兴衰的关键因素。他们俩还提出了强力型、策略合理型、灵活适应型三种不同的企业文化，并且认为企业文化的强力程度并非与经营绩效成正比，既强力又能主动适应外部环境的企业文化最有利于经营绩效的提升。这项研究对于企业文化与绩效关系研究具有开创性意义。从此，企业文化与绩效关系的研究蓬勃发展，并且取得了丰硕的成果。

国内学者则主要通过阐述企业文化的功能和作用来构建两者的关系。倪震、吴志霞（2006）从企业文化对利益相关者的影响角度论述了企业文化与企业绩效之间的关系；张旭、武春友（2006）应用 Denison 的组织文化量表，得出组织文化强度和公司绩效之间存在显著的正相关关系的结果；卢美月、张文贤（2006）以中国大陆和台湾两地区的企业为调研对象，发现支持型、创新型、效率型和官僚型文化类型与企业的财务和非财务绩效均显著正相关，企业文化和企业绩效整体之间存在显著正相关；俞文等通过探索性因子分析，初步确定了持续学习组织文化的 10 个维度结构。但总体而言，国内学术界对企业文化和企业绩效的研究还停留在初级阶段，系统化的研究有待加强。

对企业文化研究方法流派的划分，国内有学者在本书论述的定性化研究流派、定量化研究流派和实证流派的基础上，还阐述了以中国人民大学教授石伟为代表的“学院派”，主要从文化人类学的视角去探讨企业文化；以美国加州大学管理学博士忻榕为代表的“领导力派”，采用开放式问卷和典型组讨论的方法探讨中国国有企业文化的结构，提出了中国背景下领导风格的特征模型；以中共中央书记处研究室理论组副组长贾春峰为代表的“文化力派”，在学术界最早提出了加强市场经济中“文化力”的研究；以爱尔兰欧洲大学海外部工商管理博士陈春花为代表的“解构派”，主要关注于中国企业组织与文化创新领域的研究；以美国佛州诺瓦大学公共决策博士余世维为代表的“集纳派”，主张企业文化并不是大公司的专利，越是规模小、人数少的公司，企业文化越好塑造。

在这些学派之外还有大量的观点鲜明，自成一体的学者也在从事着有益的和值得尊重的研究，读者在本书讨论的基础上可以拓展更宽的信息渠道，进而推动企业文化研究和实践水平的更大提高。

第三节　现代企业文化管理的发展与研究趋势

企业之间的竞争，逐渐转到品牌的竞争、服务和营销理念的竞争，也就是从硬件至软件的转变，这种转变的背后，实质上是企业文化关键内容——企业核心理念的转变，说到底，企业的竞争将更多的是文化的竞争。时至今日，企业文化对企业发展的重要作用越来越突显。基于此，学者们积极研究企业文化，企业家高度关注文化建设将成为客观必然。根据当前全球经济特点以及企业面对的内外环境状况，企业文化管理与研究将出现以下趋势：

一、现代企业文化管理发展趋势

1. 企业文化要适应“结盟取胜、双赢模式”新战略发展的要求

“协作竞争、结盟取胜、双赢模式”是美国著名的麦肯锡咨询公司提出的21世纪企业发展的新战略。这是一种适应新经济需要的网络型的战略，其特点是优势企业抱成一团，目的是为了把竞争对手挤垮，或者使对手实力受创。虽然其责权关系是宽约束，但从本质上讲，它是企业界组织制度和经营机制的一种创新。

自20世纪80年代以来，这种战略从形式到内容，都发生了巨大变化，结盟、兼并、接管的事例层出不穷。近三年，世界上有3.2万家公司进行联盟。这是经济发展及经济全球化的必然结果。这给企业文化发展提出了新的要求，即企业重组后企业文化怎样融合的问题。因为在企业联合、兼并的过程中，不能只从经济和财力方面考虑问题，更重要的是要注重文化方面的差异。一般来说，各个企业都有各自的文化特征、创业历史、发展目标、经营理念、所处环境、队伍素质等，且各有不同，所形成的企业文化也必然各具特色、互有差异。如果没有企业文化的融合，就会出现“貌合神离，形连心不连”现象。所以，只有做到取长补短、扬优避劣、达成共识，形成“结盟取胜、双赢模式”型的企业文化，企业才更具生命力、凝聚力和竞争力。

要做到这一点，必须注意以下两个方面：第一，要遵循从实际出发的原则，根据联合兼并企业的不同情况区别对待；第二，双方都应注意克服排斥对方的自大心理，加强相互的了解与交流，吸纳对方文化的精华，发展成为经过融合后更为优秀的企业文化。

2. 注意学习氛围的培养

20 世纪末最成功的企业是学习型组织，它不仅仅被视为业绩最佳、竞争力最强、生命力最强、最具活力，更重要的是使人们在学习的过程中，逐渐在心灵上潜移默化、升华生命的意义。随着知识经济的到来，企业组织形式向扁平式的灵活方向发展，随着其管理的核心为发挥人的主观能动性，实现从线性思维到系统思维和创造性思维的转变，对个人及企业的知识水平提出了更高的要求。彼得·圣吉在《第五项修炼》中强调“系统思维和创造性思维根源于知识及知识的灵活运用和潜能及智慧的开发”。可见，学习对组织的持续发展至关重要，新经济环境下最成功的企业仍然会是学习型组织，学习型组织在企业文化建设中将进一步受到关注。

但是要注意学习过程中的个人和团体的搭配问题，搭配的状况不同就会对企业产生不同的结果。个人及团体都不断学习及搭配良好，会对企业产生一股强大的发展动力，从而推动企业的迅猛发展；个人及团体都不断学习但是搭配不好，“个性”太强，形成多元的“个性”文化，反而不利于企业的发展。

3. 与生态文化有机的结合

生态文化是一种新型的管理理论，它包括生态环境、生态伦理和生态道德，是人对解决人与自然关系问题的思想观点和心理的总和。生态文化属于生态科学，主要研究人与自然的关系，体现的是生态精神。而企业文化则属于管理科学，主要研究人与人的关系，体现的是人文精神，但是本质上二者都属于一种发展观，运用系统观点和系统思维方法，从整体出发进行研究；都强调科学精神，即实事求是，努力认真地探索；从狭义角度来看，都是观念形态文化、心理文化，而且都以文化为引导手段，以持续发展为目标。

从现实情况看，现代企业文化的建设与发展的诸多方面，需要以生态文化来与之相结合。其理由有三：

一是大部分企业在企业文化建设过程中，重视了人的价值，却忽视了对周边环境的影响，为环境的恶化及末端治理付出了沉重的代价。

二是现代消费群更加青睐于绿色产品，企业也想通过“绿色浪潮”提高产品的生态含量。

三是企业要实现可持续发展，“生态化”是其必由之路，生态文化融入企业文化后不仅可扩大企业文化的外延，而且有利于企业树立良好形象。

4. 将更注重树立良好的企业形象

企业形象直接与企业的兴衰、优劣相联系，企业的知名度与美誉度有机结合构成了企业在公众中的形象。良好的知名度与美誉度，是企业一笔巨大的无形资产，如果声誉卓著，企业就能招揽到更多的优秀人才和顾客，能吸引到更多的投资，能得到周围邻里的支持和帮助。

经济全球化使得竞争更为激烈，企业要脱颖而出，形象战略尤为重要，它是企业在市场经济中运作的实力、地位的体现。在 21 世纪的今天，企业竞争除了人才与科技的竞争以外，还有比较重要的一点就是，谁最先发现消费空挡，并以良好的形象占据消费者的心，谁就能占据市场，不断扩大经营效益。

5. 更注重企业精神

企业是有“人格”和“个性”的，企业价值观是企业的精神灵魂，是组织观念的人格化体现。价值观是企业文化的核心，企业要努力培育“生死与共”的价值观，使企业全体员工增强主人翁意识，能与企业同呼吸、同成长、同发展、共生死，做到企业精神与企业价值观的人格化，实现“人企合一”。所以，企业在未来的发展中，要想做强做大，立于不败之地，面对竞争激烈的环境，注重企业精神培育，以此为中心形成强大凝聚力，将是企业文化管理的重点。

海尔的文化管理是中国企业文化建设的典范。海尔集团极具远见，公司对职工的工作给予不断鼓励，使他们对工作经常保持新鲜度，责任感无形中得到加强。

6. 企业文化将从商业氛围升华出来，更重视人

商业化管理的本质特征是以物为中心，以全面追求利润最大化为目标，忽视人的因素，在管理上着迷于铁的纪律、绝对服从和至高无上的权威。这里，劳资之间变成了纯粹的雇佣与被雇佣关系。著名学者杨振宁说：“21世纪企业的竞争是人才与科技的竞争，是中国超越发达国家的主战场”。

企业文化绝对不是片面的发掘职工体力，更重要的是发掘职工的智力资源，更注重于人的因素。况且，企业文化理论的本质特征是倡导以人为中心的人本管理哲学，反对“见物不见人”的理性管理思想，主张将培育进步的企业文化和发挥人的主体作用作为企业管理的主导环节。所以，企业不能再受商业化的束缚，在企业文化建设中，要把精力投向人，加强对“人”的关注与投入。

二、现代企业文化管理研究趋势

1. 注重企业人性化研究

早期企业管理者甚少考虑到“人本”，由于技术的不够发达，早期的资本家在利益的驱使下，为了资本的原始积累，着眼点几乎全部放在如何最大限度地榨干工人的人力来提高劳动生产率，资本家根本没有考虑到要把提高效率与关注人的价值统一起来。用今天的尺度衡量，早期资本主义是野蛮的，是不人道的，他们几乎不关心工人作为人的尊严和需要，只看利益的多寡。但是伴随生产力的发展，管理思想也必须要顺应生产力的发展，必须注意调动人的积极性，强调人的价值和尊严，企业要把促进人的发展作为目标，必须从对物的关注转向对人的关注。

伴随着西方人本主义思潮的演变历程，我们不能否认，这一思潮在历史上起过重要的积极作用，对当今企业文化“以人为本”的管理思想也有着极大的借鉴意义，影响着当代企业发展。直至今天，由人本主义思潮不断发展演变的以人为本的思想已经成为一种全球化的科学发展模式，已经作为一种工作原则与管理模式被世人普遍接受。中国企业家张瑞敏曾撰文指出：现代化是人的现代化，现代化的主体是人，现代化的目的也是为了人，人的意识和价值有着特殊地位，这也是海尔“把人当做主体，把人当做目的，一切以人为中心”的哲学思想形成的基础。中国企业如何紧随世界先进思想的脚步迈向企业文化现代性的新阶段，这是值得我们探讨和深思的地方。

2. 理论研究与应用研究相结合，定性研究与定量研究共同发展

从国外企业文化现象的发现到企业文化研究发展路径来看，他们走的是一条理论研究与应用研究相结合，以及定性研究与定量研究相结合的道路。20 世纪 80 年代中期，在对企业文化的概念和结构进行探讨之后，便立即转入对企业文化产生作用的内在机制以及企业文化与企业领导、组织气氛、人力资源、企业环境、企业策略等企业管理过程的关系的研究，进而对企业文化与企业经营业绩的关系进行量化的追踪研究。定量化研究是在企业文化理论研究的基础上，提出用于企业文化测量、诊断和评估的模型，研发出一系列量表，对企业文化进行可操作性、定量化的深入研究。

根据对国外企业文化研究的了解和对国内企业文化建设现状的分析，21 世纪中国企业文化的研究应该坚持理论研究与应用研究相结合、定性研究与定量研究相结合的原则，主要侧重于以下三个方面：

其一，在中国文化背景下，探讨中国企业文化的基础理论，研究企业文化与中国传统文化和现代社会文化的关系，企业文化与企业管理、企业环境、企业发展和企业创新的关系等。

其二，加强企业文化的应用研究，关于企业文化的测量、诊断、评估和咨询的实证研究。

其三，加强企业文化的追踪研究，企业文化的塑造不是一次性完成的作品，它要随着企业的发展和变化做出及时的调整和改变，才能对企业的长期发展产生深远的影响。所以，对企业文化进行追踪研究是必然的发展趋势。

3. 注重企业文化的传播研究

从传播的角度研究企业文化乃是企业文化研究的新视角。

克里斯廷·巴克莱认为“文化在两个方面起着非常重要的作用。从内部来讲，文化决定公司职员的工作环境，影响他们承担公司职责的业绩。从外部来看，文化影响公司的对手、厂商以及顾客对于公司的看法，决定他们对公司的期望、关系以及对此所作的反应。”文化的形成是多方面的，企业文化发挥着内外两方面的作用。在分析企业文化的外部作用时，人们所看到的企业文化已不是企业内部文化的原版呈现，这种外部文化带有极强的企业精神、价值观，但又由于它与厂商、顾客的不断交往而受到外来文化（顾客、竞争对手）的强烈冲击，溶入了新的文化和价值观念。在这样一种情况下所形成的文化，已不是“企业原创”的企业文化了。

然而，在现代市场经济的发展中，企业文化的构建是企业利益相关者（消费者、股东等）共同的结果，同时企业内部文化的发展推动了企业文化的外部化，越来越多的企业把企业文化的传播作为企业市场营销的重要部分来加以考虑和运用。由此，我们也可以看出，传统的企业文化研究暴露出了它的不足，就是以企业为核心而把市场经济的主体——消费者排斥在企业文化的外面，企业文化缺乏双向的沟通。离开了消费者，企业也就失去了目标；离开了消费者，企业文化同样可能迷失方向。

4. 注重企业文化与企业效益和企业发展的应用研究

企业文化的发展越来越得到大家的关注，其建立核心竞争力的作用也不断得到了印证，国内外优秀企业的发展都给了我们建设良好企业文化的榜样模范，企业文化代

表了企业的生命力，代表着企业集体的灵魂，企业文化不仅影响企业的管理方法和策略，也影响企业的思维方式，影响企业战略形成的全过程。企业文化既是一种观念形态的价值观，又是一种管理思想，其对企业健康发展起到了有效的积极推动作用。未来，我们将更关注企业文化给企业效益与发展产生的影响做出研究。

第四节　企业文化建设

企业文化建设是指企业文化相关的理念的形成、塑造、传播等过程，是一项系统工程，是现代企业发展必不可少的竞争法宝。一个没有企业文化的企业是没有前途的企业，一个没有信念的企业是没有希望的企业。从这个意义上说，企业文化建设既是企业在市场经济条件下生存发展的内在需要，又是实现管理现代化的重要方面。为此，应从建立现代企业发展的实际出发，树立科学发展观，讲究经营之道，培养企业精神，塑造企业形象，优化企业内外环境，全力打造具有自身特制的现代企业文化，为企业快速发展提供动力和保证。

一、企业文化建设内容

好的企业文化不是从天而降的，也不会自发形成。它要求企业领导者要有强烈的企业文化建设意识。建设良好的企业文化，应该从三个方面着眼：

（一）企业精神文化建设

企业精神文化是企业文化的核心和主体，是一个企业的灵魂。它通过企业目标、企业哲学、企业道德、企业风气、团体士气等具体体现出来。从某个具体企业而言，它体现在企业的发展理想、经营宗旨、经营理念、企业使命等企业口号和企业树立的英雄、楷模上。如：厂训、具有企业特色的名言等均是企业精神的集中体现与凝聚。通过精神文化建设，为企业发展带来巨大的内聚力和推动力。

（二）企业物质文化建设

企业物质文化是企业文化在物质层次上的体现，它是企业文化建设的基础和物质载体。它通过企业的内部物质环境具体表现出来，包括厂容厂貌、建筑风格、设备特色、人文景观、生活环境、美化绿化、产品样式和包装、厂服、厂标、纪念物等看得见、摸得着的东西。建设优秀的物质文化，可以激发员工积极向上、奋发进取的精神，能够给企业带来生机与活力，增强企业的吸引力，扩大企业的知名度。

（三）企业制度文化建设

企业制度文化是指企业的各项管理规章制度和企业员工的行为规范。制度包括一般制度（各组织所共有的制度，如厂长负责制、岗位责任制、职代会制、按劳取酬的分配制度等）和特殊制度（本组织特有的制度）两个方面。规范包括技术规范、行为规范、道德规范等，如《奖惩条例》、《车间管理条例》、《职工守则》等。此外，组织内部的一些特殊典礼、仪式、风俗等也属于制度文化范畴。企业制度文化作为规范文化和行为文化，它可以约束组织成员的行为，维持组织活动的正常秩序，是企业进行科学管理的基础。

二、实际操作

建设企业文化，实际上就是要重新审视企业所遵循的价值观体系，根据长远发展战略重新建立起一套可以共享传承，可以促进并保持企业正常运作以及长远发展的价值理念、思维方式和行为准则。

(一) 企业理念

要想切实建立企业价值观体系，首先要从实际出发。从企业自身所处的地位、环境、行业发展前景以及其经营状况着手，通过大量调研与分析，结合企业家本身对企业发展的考量，确立企业普遍认同体现企业自身个性特征的，可以促进并保持企业正常运作以及长足发展的价值体系。

比如摩托罗拉价值体系中的经营策略，最令人欣赏的就是它在几十年的历史中的一致性："以技术产品领先为基础立于不败之地"。在其几十年的过程中，追求领先地位的表现总结为三个明显且相关的模式：

(1) 不断开拓新产品、新市场；

(2) 不断加强、扩大和更新现有的产品生产线，发展现有市场；

(3) 不断努力改进产品品质，缩短产品周期时间。

这三种模式确保摩托罗拉在环境和时间不断变化的半个世纪保持了其在通讯领域的领先地位。

(二) 行为文化

制定了新的企业理念，并不是把它形式化，停留在口号、标语层次，需要贯彻它并对员工的理想追求进行引导。怎么样引导？可以从以下几个方面进行操作：

(1) 规章制度。企业理念能够落实，最重要的应该表现在企业的规章制度中，使员工的行为能够体现出企业理念的要求。如员工行为规范、公共关系规范、服务行为规范、危机管理规范、人际关系规范等。

(2) 工作与决策。企业理念必须反映到企业的日常工作和决策中，企业领导应该以身作则，成为员工效仿的榜样。

(3) 典礼、仪式。必不可少的各类典礼和仪式可以有效推广企业理念，丰富生动地贯彻到各个方面，如企业各类会议、展览、庆典等。

(4) 典范、英雄。为了实施和贯彻企业理念，需要有各个部门及员工学习的榜样，树立典范或优秀人物可以让所有的员工感受到切实的影响。

(5) 传播途径、教育培训。要有效的传播企业理念，共享价值体系，也为了让员工切实参与到企业文化中，就需要建立畅通而多样化的企业文化途径。如内部网络、报刊、论坛、宣传阵地，并利用这些途径经常性地对员工进行教育和培训。

行为文化的建设应着眼于长期性、具有可操作性，这样才可以有效地落实下去，久而久之，才能个性鲜明地体现企业理念。

（三）视觉形象

进入21世纪，塑造新的视觉形象系统的公司越来越多。在中国，更换形象识别系统的企业也层出不穷。究其原因，有的是由于企业拆分而更换，如中国网通、中国电信；有的则是由于企业战略或经营方向发生变化，为适应新的企业战略而更新，如联想、福田等。

当前的中国企业，很多品牌有着较高的品质和服务水平，但企业形象，特别是标志，却与自身的地位、企业战略风格不匹配，没有视觉冲击。所以，建立一套科学的国际化企业形象识别系统已经是当前中国企业的当务之急。

心理学研究表明，一个人在接受外界信息时，视觉接受的信息占全部信息量的83%，11%的信息来自听觉。所以在企业文化的建设和传播过程中，视觉形象是企业文化、理念的重要载体，需高度重视。

在企业形象设计中，最为重要的是企业标志、标准字、标准色和吉祥物。只要确定了这四种元素，其他的应用设计就会水到渠成。

基本元素设计应遵循以下几个原则：

（1）要能担当公司理念，精神的象征；

（2）可以长久使用，与公司远景相适应；

（3）是否易于识别，具有艺术的美感；

（4）是否与其他行业具有良好差别性；

（5）放大、缩小、黑白阴阳变化时是否会改变感觉。

设计时，首先要考虑行业属性，融入经营特性和目标，体现企业精神；其次要参考大量国内外设计行业设计趋势，作为设计参考；最后，要进行视觉喜好度调查，以客观数据为依据。

例：

以有形载体诠释海尔文化

海尔集团大厦外方内圆的结构，演绎着“高度的规范化和高度的自由创造相结合”的理念；四根红柱标志科、工、贸、金四大集团支柱产业；广场前鱼鸟同乐，为人们营造了一个温馨和睦的美好家园；五龙钟塔建在八卦乾泉除寓意海尔人“生生不息，追求卓越”的精神和“顺天应时、兼有人和”的哲理之外，更让人目视灯塔产生时不我待的紧迫感、危机感，唤起奋斗不止的雄心。海尔是海，海尔大厦前高高的石碑上“海尔兄弟”相拥而立；海尔是海，“地中海是过去的海，大西洋是现在的海，太平洋是未来的海”。海尔人把海尔工业园幻化成蔚蓝色的海洋。在一片蔚蓝色的建筑里，南海路、东海路、黄海路、渤海路与太平洋大道交相辉映。在海尔，处处使人感到海的气息、海的胸怀、海的伟大。最能体现海尔文化的建筑在海尔大学。在这座江南园林式的建筑里，移步换景，皆有寓意。进入大门，“谦园”石刻应门而立，这句引自《易经》的古训，提醒海尔人要作谦谦君子，厚德载物；题名“日新轩”的牌坊，昭示着“苟日新、日日新、又日新”的海尔之魂，告诉人们要每日三省乎己，知明无过，日事日毕，日清日高，不断超越自我，战胜满足感，争做创新的SBU（Strategic Business Unit，称为战略业务单元）。走在弯弯曲曲的长廊，透过形态各异的花窗，外面的景象变化无常，让人想起“市场唯一不变的法则是永远在变”的海尔理念；穿过“慎终如始，则无败事”的镂金坊，则见诠释“源头论”的“源头活水”；几丛茂竹也被赋予了文化的意象，即高风亮节、节节向上、团队精神；《兰亭集序》里“引以为流水曲觞”的吃酒游戏，在这里担负起诠释“市场链”的义务。总之，在文化的海洋里，一花一草，一砖一瓦都可能被赋予深刻的文化内涵。身为海尔人，便在处处文化载体中耳濡目染、潜移默化地化育着，升华着。①

三、企业文化建设的基本原则②

自20世纪80年代初开始，关于企业文化的理论研究和实践活动在我国逐步开展起来，至今已经形成较为完整的企业文化理论体系，创造出相当丰富的企业文化实践经验，同时，在理论和实践方面也还存在着一些误区、缺陷和教训。为了进一步推进关于企业文化的理论研究，总结企业文化实践活动的经验和教训，不断提高企业文化建设的水平，研究探讨企业文化建设的基本原则就是十分必要和迫切的。

1. 系统性原则

企业文化是企业在长期的经营管理活动中积淀和内生的，本身就是经营管理的一种理念、风格和传统，因而不能将企业文化视为脱离企业经营管理活动的所谓“纯文化”活动。企业文化与企业经营管理活动是融为一体的，决不能成为“两张皮”。企业文化渗透和体现于企业经营管理的各个环节中。企业是一个复杂的系统。从经营管理的职能来说，各个职能部门都是其中不同的环节和子系统，在这些职能不同的子系统中既有同一企业共同的文化因素，也必然存在着各有特色的文化因素。

这样，企业文化建设除了要遵循其本身内在结构的系统性以外，还必须遵循企业经营管理职能的系统性要求。董事会和各级领导部门应侧重于决策文化的建设；市场营销部门则要着重于营销文化建设；人力资源部门应注重用人文化建设；生产部门则要重视质量管理文化的建设；技术部门就要突出创新文化的建设。当然，不同职能部门的企业文化建设也具有许多共性，这也是不容忽视的。缺乏从职能部门角度贯彻实施企业文化建设的系统性原则，企业文化建设势必支离破碎，甚至发生矛盾冲突，难以发挥其应有的作用。企业文化不仅渗透和体现于企业经营管理的各个环节之中，而且贯穿于企业生存发展的始终。

一般来说，企业生存发展的每一过程都呈现为成长期、高峰期、衰退期、低谷期。这四个时期循环往复，不断延伸。企业文化在这四个时期具有不同的内涵和特征。为此，企业文化建设必须要有系统的思维。当企业处在成长期、高峰期的时候，要尽可能地构建延长企业成长期和高峰期的文化理念；同时，也要以清醒的忧患意识，为可能到来的衰退期做好思想文化准备。当企业处在衰退期、低谷期的时候，则要尽可能

① 荆建林，李忠义. 海尔企业文化建设方略［J］. 石油化工管理学院学报，2003（9）.

② 李健. 论企业文化建设的基本规则［J］. 云南名族大学学报，2005（5）.

地构建平稳应对的文化理念；同时还要以积极的进取意识，为将要到来的新的成长期做好思想准备。

总之，不论是从企业文化自身内涵的结构、从企业职能文化建设的横截面，还是从企业生存发展的纵向历程来看，企业文化建设都应是一个系统的实践过程，必须要有系统性原则作为指导。

2. 战略性原则

所谓战略是把握事物全局和长远发展的方略与策略。它涉及事物的长远利益，着眼于未来和事物发展的方向，具有长期的指导性；它还涉及事物的整体利益，着眼于整体结构和事物发展的全局，具有高度的全局性；它还具有切实的可行性，从事物发展的实际出发，根据事物的变化规律来指导事物的发展。企业能否制定正确的战略目标和战略路径，取决于许多因素，其中非常重要的一个因素就是战略制定者的文化理念和价值取向。可见，为企业提供文化理念和价值取向的企业文化建设与企业制定发展战略密切相关，在一定意义上决定着企业战略的成败。

企业文化建设必须要有战略性思维，紧扣企业的发展战略，并能引导企业实现长远的、全局的目标和境界。企业文化是企业制定和实施发展战略的。企业文化作为一种战略性资源，其综合价值是不言而喻的，另外企业文化建设本身也是涉及企业长远和全局发展的战略性实践活动。

3. 动力性原则

推动企业文化建设的动力是由企业家和全体员工形成的一种合力，就如同一个平行四边形，企业家和全体员工是其边长，由他们所形成的对角线就是这种合力。这种“合力论”既强调企业家在企业文化建设中不可或缺的重要作用，也不忽视全体员工在企业文化建设中不可替代的重要价值。企业家在企业文化建设中的动力作用是多方面的。

首先，企业家应当成为企业精神文化理念的创立者，成为全体员工的思想导师，从而带领全体员工为实现企业目标而共同奋斗。事实上，也只有掌握企业发展全局的企业家才能承担起这个职责。如果企业家不能完成这个职责，这个企业必定成为一盘散沙，缺乏凝聚力和竞争力。

其次，企业家还应当成为员工的行为楷模，迪尔和肯尼迪在《公司文化》一书指出，企业的英雄人物是企业价值观的重要载体，在这些英雄人物身上集中反映着企业价值观。事实上，在一个企业中第一英雄人物应当是企业家。如果企业家都不能带头身体力行，实践企业价值观，难道能要求一个普通员工去起这种作用吗？

再次，企业家还应成为企业文化建设战略规划的总设计师。既然企业文化建设是一个战略性的系统实践活动，那么，制订企业文化建设战略规划的重任自然就要落在企业家的肩上。当前，一些企业家对企业文化建设缺乏战略意识，对此不做战略规划，这是这些企业的文化建设不能持久有效进行的重要原因。

最后，企业家也要成为企业文化建设的指挥员。企业文化建设涉及企业发展的全局和未来趋势。因此，企业家必须走上企业文化建设指挥员的岗位，从各个方面、各个环节给予指导和协助。

4. 创造性原则

创造性原则是企业文化建设又一条重要原则。这条原则的根本依据在于企业文化本身的内生性和个性。作为企业文化核心的企业价值观取决于企业的内在要素和内在结构，并在企业长期的经营管理活动中形成和发展起来。企业的内在要素和内在结构不同，企业价值观就会有显著的差异。正像世界上没有相同的两片树叶和两朵玫瑰花一样，世界上也绝没有两个企业的企业文化一模一样，企业文化都具有企业自身的个性特征。

这样，企业在建构自己的企业文化体系时就必须依据自己的内在要素、内在结构和经营管理活动的内在要求进行创造，而不能照搬照抄别的企业的企业文化体系。世界上卓越企业的企业文化都是企业家和全体员工在长期的经营管理活动中所独创的、不可复制的。正是在这个意义上，企业文化可以视为企业独特的核心竞争力。

总之，企业文化建设的这些原则互相联系、互相贯通，共同为确立企业文化建设的体系、目标、动力和方法提供重要的指导，从而推动企业文化建设沿着正确的方向前进。

四、企业文化建设流程

在企业文化建设的方法上，有两种倾向：一种是自然主义倾向，认为企业文化、企业理念是企业长期生产经营活动中自然形成的，企业没办法、也不应该进行人为的设计；另一种是主观主义倾向，认为企业文化、企业理念就是人为的设计。前者导致企业文化建设中的“无作为”现象，一切凭其自然发展，缺乏明确的理念指导；后者导致企业文化建设中的“突击”现象。这两种方法有一个共同的结果：员工心理上，企业文化、理念都是空白。正确的方法，应该是两者的有机结合。

严格来说，企业文化的建设过程就是企业生产经营活动全过程。也就是说，企业文化建设不能独立于生产经营活动之外独立进行。任何突击式的企业文化建设都可能使企业文化独立于生产经营活动之外，效果自然不会好。但是，企业文化、企业理念需要有目的的设计和引导，更需要有目的的宣传和培训。通过人为的主动提炼、设计和引导，能够使自然形成的文化理念明晰化，使员工对企业文化、理念的理解深刻化，认同彻底化。因此，正确处理文化、理念的自然沉淀和人为设计的关系，是企业文化建设方法中的关键问题。同时，在企业文化建设的操作上，应该注意三个基本要求：企业文化建设的方法应该是具体的、可操作的，企业文化建设的效果应该是可以衡量的，企业文化建设的参加者应该是全员的。在以上理论基础上，我们提出下面“企业文化建设流程”。

（一）企业文化诊断

成功的企业精神或口号，应该使员工产生积极的、具体的联想，正是这种联想，具有强大的激励作用。

以海尔为例，一说起“质量零缺陷”，员工就会想到“砸冰箱事件”；一说起“快速反应，马上行动”，员工就会想到“大地瓜洗衣机从获得信息算起，三天设计出图纸，15天产品上市”；一说起“真诚到永远”，就想到“营销员因送货车故障，自己背着洗衣机走了三个小时给客户送货”的事；一说起“客户永远是对的”，就会想到，海尔把按照德国模式设计的电冰箱说明书按照中国消费者的水平进行修改的事件——正是这些感人的事件和具体的形象，使海尔的文化理念没有停留在墙上、纸上，而是进驻到每一位员工的心里。这是海尔文化管理成功的核心。

诊断的方法和原理是：把企业中层以上干部集中起来，把企业的理念逐句念出来，请大家把听到理念后所想到的能代表这种理念的人物、事件说出来或写出来。如果大部分人都能联想到代表人物或事件，且事件相对集中，就说明企业的文化得到了大家的认同。但是，如果大部分人不能说出或写出代表性的人物或事件，就说明企业文化和企业理念没有得到员工的认同，就更谈不上对员工行为的指导作用①。

(二) 企业文化的提炼与设计

企业文化首先要从历史中提炼。在企业十几年、甚至几十年的发展中，一定会沉淀一些支撑员工思想的理念和精神。这些理念和精神，包含在企业创业和发展的过程之中，隐藏在一些关键事件之中。把隐藏在这些事件中的精神和理念提炼出来，并进行加工整理，就会发现真正支撑企业发展的深层次精神和理念，这就是企业的精神和理念。

第一步：首先，让企业找多位从创业到发展全过程都参加的人，让他们每一个人讲几个故事：在这几十年的创业历程中，你认为对企业发展的最重要的一件事是什么？你最难忘的一件事是什么？你最受感动的一件事是什么？由专人把每个人讲的故事进行记录。

第二步：把重复率最高的故事整理出来，进行初步加工，形成完整的故事。

第三步：找多位刚来企业一年左右的员工，最好是大中专学生，把整理好的故事讲给他们听。然后，向他们提问：这个故事你听说过没有？你听了之后，你最深的感受是什么？哪个情节最感动、最难忘？这个故事体现了一种什么精神？用什么词来表达你的感受？把他们的回答记录下来。

第四步：集中有关专家和企业领导，对记录的内容进行研究、加工，从中提炼出使用率最高的代表故事精神的词。这些词经过加工，就是企业精神或企业理念。

第五步：按照提炼出来的反映精神或理念的核心词，重新改编故事，在尊重历史的前提下，进行再创作，写出集中反映核心词的企业自己的故事②。

当然，企业文化建设还要从未来出发进行设计。对行业进行分析，对竞争对手进行分析，对自己的发展目标进行定位。找到现状与目标的差距。进一步回答：要想缩短差距，实现目标，企业必须具备什么精神？应该用什么理念指导自己？按照这种要求，设计出面向未来的文化理念。把从历史中提炼的文化理念和从未来出发设计的理念结合，进行加工整理，就形成企业的核心理念和理念体系。

① 沈萍，王爱兰. 关于企业文化建设的思考 [J]. 企业导报，2010 (6).
② 陈超. 立足实际的企业文化建设流程分析 [J]. 经济与管理，2003 (8).

（三）企业文化的强化与培训

首先，对全体员工进行企业文化培训。培训的方式首先是培训讲故事者。可以是企业领导、故事的当事人，也可以是宣传者或者专家，但是，不管是谁，必须按照事先的策划讲，要把故事中想表达的理念讲深刻、讲生动，使每一个员工都记住、理解并主动向新员工讲解这些理念和故事。这样，故事流传起来了，企业文化、理念、精神就活了。

其次，树立和培养典型人物。在提炼和设计出企业文化并进行宣传培训之后，有一部分人能够直接认同并接受下来，并用理念做指导，做出具体的行动，这就是企业的骨干。这时，企业把这部分骨干树立为典型，充分利用其示范效应，使理念形象化，从而使更多的人理解并认同理念。

最后，以企业文化理念与价值观为导向，制定管理制度。通过制度强化，使员工发生符合企业理念与价值观的行为，在执行制度的过程中，企业理念与价值观不断得到内化，最终变成员工自己的理念与价值观。

第五章 现代企业社会责任管理

第一节 企业社会责任管理概述

一、企业社会责任管理的概念

1. 企业社会责任的定义与内涵

企业社会责任起源于美国，形成于20世纪初，美国学者对于企业社会责任概念的界定做了很多有益的探讨。美国学者对企业社会责任定义的讨论由早期侧重于道德伦理的层次到之后侧重于法律层次。

早在1924年，美国学者Oliver Sheldon首次提出“企业社会责任”的概念，他把企业社会责任与企业经营者满足企业内外各种人类需要的责任联系起来，并认为企业社会责任含有道德因素在内。这种崭新的哲学思想，主张企业经营战略对社区提供的服务有利于增进社区利益，社区利益作为一项衡量尺度，远远高于企业的盈利。1953年，“企业社会责任之父”Howard R. Bowen在其《商人的社会责任》一书中将企业社会责任定义为：商人应当以自愿对社会负责任的态度来经营企业，按照社会所期望的价值观和目标制度决策、采取行动。1971年6月，美国经济发展委员会在《商事企业的社会责任》报告中详细阐述了“同心责任圈理论”：同心内圈包括提供产品与就业、促进经济增长等基本责任；中圈包括所感知到的社会价值观和优先次序变化而履行的，如友善对待员工、回应顾客期望等经济功能；外圈包括参与改善环境、促进社会进步等新近出现但尚不确定的无形责任。在此基础上，他们把企业社会责任行为分为两个类别：其一是自愿性的行为，这类行为由企业主动实施并发挥其主导作用；其二是非自愿性行为，这类行为由政府借助激励机制的引导，或者通过法律的强行规定而予以落实。1979年，美国佐治亚大学教授Archie B. Carroll将企业社会责任概括为“在特定的时期里，经济组织所受到的来自经济、法律、伦理和自愿执行四个类别的社会期望”，并在1991年对金字塔模型（见图5-1）进行了修改，把自愿执行责任改为慈善责任，即完整的企业社会责任是企业经济责任、法律责任、伦理责任和慈善责任之和。经济责任是企业必须负有生产、盈利和满足消费者需求的责任，是企业履行社会责任的根本保证；法律责任是企业遵守包含基本伦理道德的法典规定，在法律要求下履行经济使命，是履行社会责任的前提条件；伦理责任是虽未上升为法律但企业应履行的任务，包含着广泛的企业行为规范和准则，体现了对消费者、雇员和当地地区心目中的正义价值观的全面关注，也反映了尊重和保护股东权利的道德精神；慈善责任是由法律和伦理所要求的，企业可自行决定参与的义务，体现了社会要求企业成为优秀企业公民之愿望。以 Carroll 为代表的学者们试图建立一种企业对包括股东在内的所有利益相关者负责的企业社会责任理论，将企业经济责任定位为企业社会责任的构成部分，是近年来在企业社会责任问题上的一种综合性的新观念，被广泛接受。

欧洲在 2001 年发布的绿皮书对企业社会责任做出了定义：一个根本的方案，即在自愿的基础上，将社会和环境的意义融入到企业的日常经营和与利益相关方互动的关系中。其中，利益相关方是指员工以及所有那些与受企业业务活动影响的群众或个人，是这些群众或个人的总称。

我国的一些学者将企业的社会责任定义为“企业为所处社会的全面和长远利益而必须关心、全力履行的责任和义务，表现为企业对社会的适应和发展的参与”，并将企业社会责任分为两个层次：①企业的基本责任，主要指经济责任和法律责任；②企业的社会责任，即企业在履行基本经济责任、实现生产经营目标的过程中，应对政府、社区、消费者等履行的除基本责任之外的一切与整个社会生活的质量有关的责任。

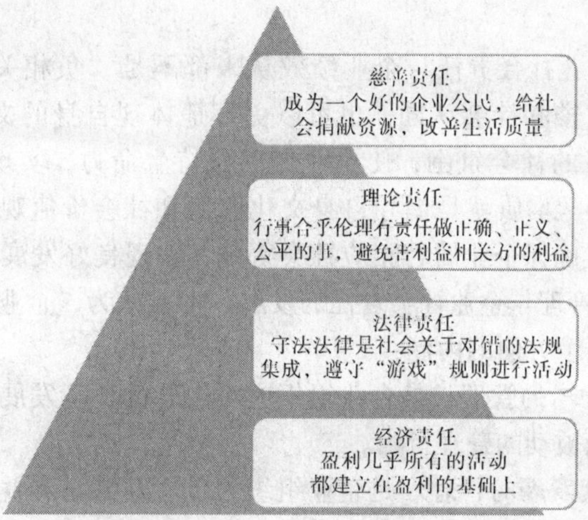

图 5-1 Carroll 的“社会责任金字塔”模型

根据企业社会责任的产生和发展背景以及在各国企业社会责任的不同内涵，匡海波（2010）认为，企业社会责任是指，在持续发展与和谐共存的前提下，企业对于自身以及社会构成体之间的应尽责任，以及社会对其构成体“企业”的社会关系行为规制的总和，包括资源性行为和强制性行为。

从责任构成来讲，企业社会责任的内涵包括主体、客体以及责任关系。企业社会责任的主体是企业；客体是利益相关者；责任关系式责任主体和责任客体之间的一种双向的互动关系，本书的重点是阐述企业对社会的责任关系，即企业对自身的责任和对利益相关者的责任。广义的企业社会责任是企业责任的所有内涵，包括企业的经济责任、法律责任、道德责任和慈善责任；而狭义的企业社会责任不同于经济责任和法律责任，而是企业自愿的道德责任和慈善责任。

2. 企业社会责任管理

著名管理学家彼得·德鲁克曾经指出，管理的三大任务是：实现组织的特定目的和使命；使工作富有成效，员工具有使命感；处理对社会的影响与承担社会责任。他从企业管理的角度提出有关社会责任管理的精辟见解，指出企业机构对社会责任的管理是企业机构对其所产生的社会冲击的管理。

我国学者卢岚和刘开明在《中国企业社会责任标准实施指南》一书中，认为企业社会责任管理是企业组织通过对生产经营管理及参与社会公益活动两方面对社会整体施加影响力的活动过程，并指出企业社会责任管理对企业的社会影响力、企业的长远发展都具有深远的影响，对企业跨国界、跨文化管理研究具有前沿性的指导意义。另外，陈炜等认为，企业责任管理是通过对企业资源的系统规划和整合使用，以规范的组织、制度和流程，切实保障企业在经济、社会与环境三方面优秀责任行为的有效落实。为实现我国企业责任的规范化管理，必须建立包括策略制定、执行控制、绩效考核、沟通传播在内的完整的企业责任管理闭环体系。企业还应成立专门的企业责任活动职能部门，按照企业高层确定的策略，组织制订年度责任工作计划并强化企业责任履行的全过程管理。

管理学认为，企业社会责任与企业绩效从来都不是“负相关”。企业承担社会责任，不仅可以获得声誉和社会认同，也可以更好地体现自身的文化取向和价值观念，为企业发展营造更好的社会氛围，使企业得以保持生命力，实现可持续发展。所以，企业社会责任的管理学本质就是倡导自身文化取向和社会价值观念的统一。企业社会责任管理体系是指“确保企业履行相应社会责任，实现良好发展的相关制度安排与组织建设”。纵观企业管理与企业社会责任的发展，本文认为，企业社会责任管理概念的基本思想应当包括两个方面的内涵：

（1）应对社会冲击的管理。是企业组织应对内外部环境发展所产生的社会冲击的管理变革，被认为是被动的管理行为。

（2）实现可持续发展的管理。是企业组织为了不断满足利益相关者的期望，实现可持续发展的目标，将履行企业社会责任提升到战略发展思想的管理创新，是积极的管理行为。

二、企业社会责任的特点

理解企业社会责任的特点对于从本质上认识现代企业社会责任管理有十分重要的作用。

1. 自愿性

企业履行社会责任不仅局限于遵守法律，也包括遵守社会公约和道德层面。社会责任虽然是自愿的，但绝不是随意的，可有可无的。总之，企业社会责任的自愿性说明其不是一种短期的活动而是长期的投资。

2. 互动性

识别利益相关者并与他们保持互动的关系是企业社会责任的基本实践。承认企业社会责任也包括承认一个组织的利益相关者。企业社会责任的一个基本原则就是一个组织应当尊重和考虑会受组织决策和活动影响的利益相关者的利益。

3. 动态性

企业社会责任的动态性体现在两个方面：①企业社会责任所涉及的利益相关者的知识、参与和网络，随着社会的发展而变化，需要企业采取不同的措施融入社会当中；②企业随着自身能力的发展和社会参与的广度和深度的增加，会经历由低至高、由自发到有意识、由松散到系统化的动态成熟过程。

4. 多样性

企业社会责任的多样性取决于企业所处的环境，企业文化和利益相关者的需求，各个不同企业的社会责任战略会有显著的不同。社会责任的多样性有利于产生保护社会利益的创新性方法。

从管理角度来说，企业社会责任是一个负责任的并为经济、社会和可持续发展作出贡献的管理方案；社会责任是包括法律法规，但不局限于法律法规的自愿性价值行为；社会责任是考虑利益相关者和社会的期望，企业将可持续战略融入企业战略、管理和日常经营以及与利益相关者互动的关系中。

5. 综合性

企业社会责任是企业为经济、环境和社会可持续自愿性地实现高度的道德标准做出的一个战略定位。企业社会责任不仅不是一个额外的任务，而且是一个必须融入整个企业与所有部门相关的综合性任务；企业社会责任与企业核心业务相结合是履行社会责任和实现可持续发展的基本出发点，也是社会责任可信度的根本标志。

三、企业社会责任管理的动因

企业对社会责任进行管理的动因主要来自于两个方面，即来自于社会及利益相关者的压力和来自于企业持续发展及提高竞争力的需求。

1. 来自于社会及利益相关者的压力

利益相关者决策带来的市场压力、舆论压力、合作压力以及社会责任运动形成的新的契约规则，不断冲击着企业利益至上的价值观念，尤其是“企业公民”运动对企业的影响，导致企业不得不考虑改善与社会利益相关者的关系，由此成就了企业社会责任管理的实践。例如，从投资者角度来看，股东通过购买具有社会责任感的公司股票等方式影响企业的社会责任管理决策，投资与企业社会责任活动已经成为产品差异化和塑造剩余的重要组成部分；从消费者角度来看，消费者越来越关心他们所购买的商品的生产是否符合基本的人权标准和环保标准；从竞争者角度来看，企业社会责任活动有助于其推广产品和塑造企业形象，在竞争中良好发展。

政府在企业从事社会责任方面给予的压力是最主要的方面。从国际经验来看，许多国家制定了大量的与企业社会责任有关的协议来规范企业，使其认识到自己的发展战略对经济、社会以及环境产生的影响及应当承担的责任。而当前在我国，企业同样面临政府的相关法律法规和政策的约束，只有积极地投身于社会责任中才能更好地明确自身的责任，从而使自身获取更多的认可和发展机会。

2. 来自于企业可持续发展及提高竞争力的需求

一个有战略思想的企业，有其自身发展的价值追求，有超越经济价值的社会价值需求。这种自我实现的价值认知，将社会基本价值与企业商业实践、运作和战略相整合，成为具有企业特征的价值理念，进而形成可持续发展的企业思想。可持续发展的内涵有两个最基本的方面，即发展与持续性。发展是基础，持续性是方向。发展有两个内涵：经济增长是发展的基础，发展是以社会整体利益增长和社会全面进步为最终目标。同样，持续性也有两个内涵：自然资源的存量和环境的承载能力是有限的，这种物质上和经济上的稀缺性相结合，共同构成经济社会发展的限制条件；企业尊重了限制条件的现实意义和社会整体利益，就能获得尽可能多的持续发展。

持续性的竞争优势和可持续的发展是企业在长期中的发展战略，而随着众多企业在社会地位的上升，其在社会发展进步中的作用也不可忽视，因此其所采取的发展战略同样会受到整个社会发展大环境的制约，需要遵循社会发展的趋势和客观需要，通过适时、有效地承担社会责任来实现其可持续发展的目标，建立持续性竞争优势。

因此，社会问题是推动企业发展的基本因素，对此视而不见或者消极应对必然会影响企业的生存和盈利前景。企业需要创造那些既能推动企业增长又能帮助解决当今大多数社会和环境问题的可持续发展的战略思想。

四、企业社会责任管理的意义

现如今，企业社会责任已经成为社会广泛关注和重视的问题。如同企业核心业务管理一样，开展和实践社会责任同样也会对企业、利益相关者和社会产生巨大的影响。从短期看，企业承担社会责任不会给企业带来直接的、快速的收益，但是作为企业战略的一部分，企业承担的社会责任有利于其长期的收益，有助于提升其人力资源的质量和存量，以及提高企业的声誉和知名度等。

1. 企业社会责任意味着系统的管理

企业社会责任活动必须系统化地规划、监控和实施。企业和社会的相互依存关系是相当重要的，故社会责任必须反映在企业长期战略中。企业社会责任项目的规划和执行必须配合企业的战略。企业在社会各个方面的参与固然重要，而且在社会责任价值被得到认可和尊重之前，企业应当首先有意识以高度负责的行为完成它的核心任务。因此，一个企业的社会责任管理意味着该企业管理的系统化和完善性。

2. 企业社会责任是企业差异化竞争的因素

在当今世界复杂的情况下，建立企业社会责任的优势势在必行。当企业的社会参与同核心业务相结合同时为企业和社会创造价值时，其必然的结果是企业获得竞争优势。通过系统化的社会责任管理，可以使企业活动由被动的危机公关转为面向将来，在整个价值链可能产生创新和建立充满前景的新的业务领域。企业可以提供应对社会变化所产生问题的答案，与竞争者形成差异化的区别，由此可能获得独特的市场地位。精神振奋的员工、忠诚的客户、受鼓舞的合作、创新的产品和高度的企业形象等都是一个系统化企业社会责任管理可能带来的优势。在这个金融危机依然存在、经济低迷和全球化日益深入的时代，这种优势具有不可估量的价值。

3. 企业社会责任是企业战略的主题

为了保证业务活动的合法性，当今许多企业都努力在价值创造和资源利用之间寻求平衡。在此过程中，企业也更多地考虑利益相关者的评价和判断。企业社会责任管理将会有抽象的公共福祉转变为具体的企业日常工作，并且融入每个企业的业务计划和基本价值创造过程。这不仅需要考虑企业与利益相关者的平衡关系，而且需要考虑价值创造和价值破坏之间的平衡。

因此，企业社会责任和可持续性就成为了一个企业战略的主题，且战略定位需要确保在整个企业的长期融合而不被视为短期的迎合。

4. 企业社会责任的经济效益

当企业管理考虑到生态和社会时，与此相联系的经济上的优势也就显而易见了。一个企业，当它以可持续的方式经营，以保护环境、节约资源、公平对待员工的形势承担社会责任，并且注意在其整个价值链上对生态和对社会负责地生产时，它也在持续地改善企业形象，并随之加强他与客户的关系。

一个企业履行社会责任的结果是可以获得各利益相关者广泛的稳定的信任，并以此建立可持续的商业模式的基础。而加强的信任反过来又会创造一个和谐的环境，是企业能够进行创新式的工作和增长。

第二节 企业社会责任理论研究

一、企业社会责任理论基础——利益相关者理论

利益相关者理论（Stakeholder Theory）是20世纪60年代左右在西方国家逐步发展起来的，并在20世纪80年代以后其影响迅速扩大，从而影响英美等国的公司治理模式的选择，促进了企业管理方式的转变，使得企业社会责任的研究找到了赖以发展的基石。

1. 利益相关者的界定

公司的生存和发展离不开利益相关者的支持，不同类型的利益相关者对公司管理决策的影响以及受公司活动影响的程度是不同的。

Ansoff于1965年指出，制定理想的企业目标，必须综合平衡考虑企业的诸多利益相关者之间相互冲突的索取权，包括管理人员、工人、股东、供应商和客户。在此基础上，Freeman在1984年定义利益相关者是指那些能影响企业目标的实现或被企业目标的实现所影响的个人或群体。他强调利益相关者和企业的影响是双向的。但对于利益相关者的定义不利于实证研究和实际操作，缺乏说服力。

Clarkson认为企业的目标是为所有利益相关者创造财富和价值，并提出了两种有代表性的分类方法：①根据相关群体在公司经营活动中承担风险方式的差异，将利益相关者分为自愿利益相关者（Voluntary Stakeholders）和非自愿利益相关者（Involuntary Stakeholders）。前者是指向企业投入了专用性人力资本或非人力资本从而承担企业某种形式风险的个人或群体；后者是指由于企业行为而被动承担了风险的个人或群体。

②根据相关者群体与公司联系的紧密性，将利益相关者分为主要利益相关者(Primary Stakeholders)和次要利益相关者(Secondary Stakeholders)。前者包括股东、投资者、雇员、顾客、供应商和提供基础设施和市场的政府和社会。公司的生存和发展取决于为每一个相关利益者群体创造财富、价值和满意的管理能力，公司与主要相关利益者群体有高度的相互依赖性。后者是那些影响公司或被公司影响的个体或团体，他们不参与同公司的交易，并对公司的生存不起根本的影响。公司的生存虽不依赖于次要相关利益者，但处理不善也会对公司造成破坏，比如媒体和众多的特定利益集团。

美国学者 Mitchell 综合了多种利益相关者定义，提出作为利益相关者必须具备三个条件：①合法性，即某一群体是否被法律和道义上赋有对于企业拥有的索取权；②权力性，即某一群体是否拥有影响企业决策的地位、能力和相应的手段；③紧急性，即某一群体的要求能否立即引起企业管理层的关注。他认为要成为一个公司的利益相关者，至少要符合以上一个特征。同时，他把公司的利益相关者细分为以下三类：①确定型利益相关者（Definitive Stakeholders），他们同时拥有对公司问题的合法性、权力性和紧迫性。典型的确定型利益相关者包括股东、雇员和顾客。②预期型利益相关者(Expectant Stakeholders)，他们与公司保持较密切的联系，拥有上述三项属性中的两项。③潜在的利益相关者（Latent Stakeholders)，是指只拥有合法性、权力性和紧迫性三项特性中一项的群体。这一界定的提出大大改善了利益相关者界定的可操作性，极大地推动了利益相关者理论的推广应用，对利益相关者的权重进行细分具有十分重要的意义。Mitchell 利益相关者分类，见图 5-2 所示。

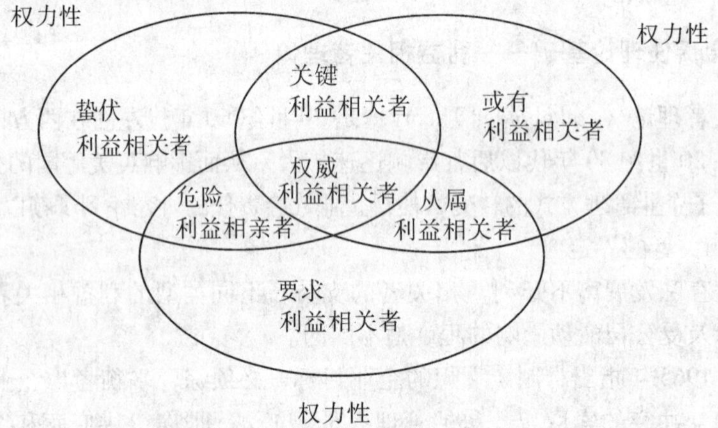

图 5-2　Mitchell 利益相关者分类

Wheeler 在 1998 年将社会性维度引入到利益相关者的界定中。他认为，有些利益相关者是有社会性的，即他们与企业的关系直接通过人的参与而形成；有些利益相关者却不具有社会性，即他们并不是通过“实际存在的具体人”和企业发生联系的，如自然环境、人类后代等。结合 Clarkson 的观点，Wheeler 将所有的利益相关者分为以下四种：①主要的社会性利益相关者，他们与企业有直接的关系，并且有人的参加，如顾客、投资者、雇员、当地社区等；②次要的社会性利益相关者，他们通过社会性活动与企业形成间接关系，如居民团体、相关企业等；③主要的非社会性利益相关者，他们对企业有直接的影响，但不与具体的人发生联系，如自然环境、人类后代等；④次要的非社会性利益相关者，他们对企业有间接地影响，也不包括与人的联系，如非人物种等。

2. 利益相关者管理

不同的利益相关者对企业竞争能力和企业绩效的影响和作用机制是不同的。学者们通过大量的富有针对性的案例研究，揭示了利益相关者管理作为企业社会责任理论的重要部分，对企业绩效的作用机制。

（1）雇员管理。现代企业竞争优势的取得主要是通过提高生产率和增加边际收入实现的。人力资源状况对企业获得竞争优势具有决定性的作用。高效的雇员管理对提高企业人力资源素质和改善企业绩效具有显著影响。具体措施包括：提供安全舒适的工作环境以提高员工满意度；通过建立有效激励机制提高雇员工作积极性；减少雇员的过度流动；赋予雇员更多的责任以激发其工作热情等。

（2）供应商关系管理。企业与供应商之间的竞争性市场交易关系正在转变为相互信任的长期合作关系。长期与一个供应商保持稳定合作关系的企业比那些同时拥有很多同类供应商的企业具有更高的绩效水平。例如，企业的供应商、客户往往共同参与企业产品的开发。

（3）客户关系管理。Frooman 考察了市场对企业从事不负责任或违法活动的反应后发现，市场对公司不负责任或违法的行为反应十分敏感，公司的市场价值显著下降；相反，提高顾客满意度可以促进企业绩效的提高。例如，设计开发能更好地满足客户需要的新产品，提供更加优质的服务，在短期内会增加财务成本，但当客户认识到企业产品或服务的改进时，企业的产品销售量和未来收入将增加，同时对客户的关系投资成本下降。

（4）环境管理。企业对环境保护的投资能够提高企业绩效。首先，主动参与环境事务能够降低企业被动的遵守和适应现行与未来的环境规则的成本；其次，企业必须尽量降低原料消耗，寻找更加安全可靠和廉价的替代品，开发和使用更为先进的生产技术，从而降低企业的运营成本，提高效率；再次，使企业设计和制造出更具差异性、吸引力和亲和力的产品，从而获得和维持竞争优势；最后，重视环境保护可以改善企业形象，提高客户和雇员对企业的忠诚度，降低了企业为建立和维系与未来利益相关者之间良好关系的成本。

（5）社区关系管理。政府和企业所在社区为企业提供的基础设施对企业竞争力具有重要影响。基础设施的数量和质量决定于企业的纳税状况和企业对环境的保护（损害）。Waddook 和 Boyle 发现企业主动的调整与所在社区的关系可以为企业拓宽战略选择空间。对企业的高层管理人员和负责社区关系的人员的一项调查结果显示，许多高层管理人员认为与社区建立良好的关系能为企业带来税收减免、降低调整成本、提高劳动力素质等好处，并能够增强企业的竞争优势。

3. 利益相关者与企业社会责任

社会责任管理乃是企业履行与利益相关者长期隐形契约的内在要求，必须认真处理好与利益相关者的关系，实行对利益相关者讲伦理道德和社会责任的经营管理活动。

虽然企业社会责任与利益相关者理论之间有很多相通之处，它们都在研究企业与股东及股东之外的个人和群体之间的关系，但二者并不是完全等同的概念，它们各自研究和关心的是属于不同层面的问题。企业社会责任是从整个社会出发考虑企业行为对社会的影响，关心的是企业与社会之间的关系；而利益相关者理论则更多是从企业的角度来考察企业与其利益相关者之间的关系问题。

（1）利益相关者理论为"企业社会责任"提供了一种理论框架。

Carroll（1991）指出应该将利益相关者理论应用于企业社会责任的研究中，借用它可以为企业社会责任"指明方向"，针对每一个主要的相关利益群体就可以界定企业社会责任的内容。Clarkson（1995）也曾指出，利益相关者理论可以为企业社会责任研究提供"一种理论框架"，在这个理论框架里，企业社会责任被明确界定在"企业与利益相关者之间的关系"上。在现阶段我们对企业社会责任理论研究还有待深化的情况下，完全可以采用利益相关者理论来帮助我们界定企业承担社会责任的范围。利益相关者理论为企业承担社会责任义务对象和义务内容的界定提供了一个理论的起点。

（2）利益相关者理论为衡量企业承担社会责任状况提供了可操作方法。

KLD 指数法就是由企业社会责任研究与利益相关者理论相结合所产生的一种衡量企业实施社会责任绩效的较好方法。KLD 指数法由 KLD 公司的分析师们用八个与企业社会责任相关的变量去评价企业与其利益相关者之间的关系，这些变量分别是产品安全、社区关系、环境保护、妇女及少数民族问题、员工关系、核能、军事消减和南非问题等。KLD 指数被认为是衡量企业社会绩效较好的方法，主要因为它有以下几个优点：第一，它反映了社会投资者的关注焦点，在一定程度上增加评价的公正性和客观性；第二，它涵盖了诸多行业里的企业，允许研究者跨越时间纬度对企业社会责任进行连续评价，可以较好的评估企业社会绩效的变化。作为以利益相关者理论为基础的用来衡量企业实施社会责任方法的 KLD 指数，被利益相关者理论的权威 Wood 和 Jones 认为是"研究设计最好同时也最容易理解"的方法。

二、企业社会责任管理的研究现状

1. 企业承担社会责任

随着所有权和经营权的分离，在缺乏信息对称和有效监督的情况下，企业管理者的权力迅速膨胀；同时，企业活动引发的社会问题日益突出，引起公众的广泛关注和忧虑。自企业社会责任这一概念提出之日起，对于企业到底是否应该承担社会责任，在学术界和企业界一直存在着很大的争议。

（1）反对企业承担社会责任的观点。

诺贝尔经济学奖得主 Friedman（1962）从多个角度论证了企业不应该承担社会责任：一是只有自然人才有责任，企业是假想人，并无责任可言。二是经营者让企业履行社会责任是非法处置股东资产的行为，违背了作为代理人应尽可能多地为股东赚钱的义务。三是企业是股东、雇员、管理者、消费者、原材料供应者、当地社区等多方当事人合作的结果，各类利益相关者都与企业发生合同关系。各类利益相关者都依照合同通过不同方式从企业获得收益，扣除这些支出后的剩余，应视为股东所有的利润。

这种建立在自愿基础上的合同安排不仅是正当的，而且可以最大化经济自由，并为政治上的自由创造条件。如果让企业承担社会责任，必将打破这种建立在经济自由之上的和谐秩序，并最终引起社会的混乱。四是企业负担社会责任的做法意味着企业管理者以某种非着眼于企业最大利益的方式行事，会在实践中产生严重弊端。五是企业管理者并非解决社会问题的能手，企业承担社会责任非但不能妥善地解决社会矛盾，企业管理者本身也将遭到股东、消费者和员工的抛弃。

Hayek 是一位倡导自由秩序的诺贝尔经济学奖获得者。Hayek（1969）认为，企业社会责任是有悖于自由的，因为企业参与社会活动的日渐广泛必导致政府干预的不断强化，企业履行社会责任的结果将是不得不按照政府的权威行事从而损害自由。他在《致命的自负》中，认为任何对利润最大化目标的偏离都将危及公司的生存，并使董事获得无休止追求社会目标的难以控制的权力。

Posner 认为，企业的唯一目标是利润最大化，企业承担社会责任有很多危害：一是试图以最低成本为市场生产产品而又想改良社会的经理最终可能一事无成；二是企业社会责任的成本会在很大程度上以提高产品价格的形式由消费者来承担，这不仅损害消费者利益，而且企业最终也会被逐出市场；三是公司承担社会责任会降低股东自己履行社会责任的能力，相反企业利润最大化可以增加股东财富，股东可以用这些财富来承担社会责任。

反对企业承担社会责任的观点主要有以下几点：第一，企业的唯一责任是在遵守游戏规则的前提下实现股东利益最大化，至于社会问题应交由政府和立法解决；第二，企业的存在并不是为了解决社会问题，企业管理者没有解决社会问题的专长，由他们解决社会问题可能发生偏差；第三，企业管理者履行社会责任，可能会淡化对企业主要目标的重视；第四，企业在经济、环境影响和技术方面已经有了很大权力，不应再给它们运用其他权力的机会；第五，鼓励企业承担社会责任，可能给企业带来不利影响，因为企业承担社会责任会增加产品成本，从而降低在国际市场上的竞争力；第六，企业社会责任基本上是一个道德概念，很难把握其内涵并加以落实。

（2）支持企业承担社会责任的观点。

20 世纪 60 年代以来，倡导和支持企业承担社会责任的观点逐渐增多。被誉为“社会良心的维护者和社会问题的解决者”的美国管理学家安德鲁斯认为，“利润最大化是公司的第二位目标，而不是第一位目标，公司的第一位目标是保证自身的生存。”决定公司生存的除了股东还有其他利益相关者。

经过美国弗吉尼亚大学弗里曼等学者的努力，利益相关者理念发展成为对企业管理学界和企业伦理学界有深远影响的利益相关者理论（Stakeholder Theory），为企业及其管理者对企业所有利益相关者负责提供了深层次的理论证明，为企业社会责任奠定了理论根基。英国学者舍克博士（1996）针对英国社会责任理念相对匮乏于美国的事实，明确提出按照信托原则和博爱原则构建企业社会责任体系。美国布鲁金斯研究所的布莱尔女士（1995）对传统企业理论中只注重实物资产，只强调股东利益的倾向提出了尖锐批评，认为企业不应仅仅视为是由属于股东投资所组成的实物资产集合，而是调整和协调向企业投入企业专用资产的所有当事人之间相互关系的制度安排，企业管理者的任务在于使企业创造的总价值最大化，而不仅仅是股东投资回报最大化，企业管理人员必须全面考虑企业的决策和行为对企业所有利益相关者的影响。

企业既然是一个社会组织，除外部环境的各种规范（法律、会计及租税制度）之外，其内部环境自成一个“社会运作系统”，不仅是经济交换关系，还涉及社会互动机制，包括成员彼此信任合作、认同、价值观与责任感。一个成功的企业，必定是建立起有效的社会沟通与协调模式的组织。同时一个企业若真正关切组织的永续发展及经营效能，就不能不注意社会责任伦理的价值。而社会责任的伦理，应表现在员工、消费者、小区公益团体、环境保护等议题上。

归纳赞成企业承担社会责任的观点主要有以下几个方面：第一，企业为了自己的长期利益应向社会负责，因为社会出现的许多问题与企业自身的事务有一定联系，企业应该对解决这些问题发挥自己的作用；第二，现代社会对企业职能的理解，已经由单纯经济使命向兼顾社会使命转变，企业应调整自身角色，承担社会责任，否则可能危及自身的合法性；第三，企业承担社会责任，可以避开将来可能出现的政府干预和管制，政府干预会给企业造成更大的成本压力；第四，企业拥有解决许多社会问题的管理才能、专长和资本，有些问题最终还是由企业解决，因此应给企业解决这些问题的机会；第五，公司有道德上的义务承担社会责任，社会公众普遍支持企业对社会负责任。

2. 企业社会责任管理的影响因素

总体上，当前我国企业对其所承担的社会责任的管理主要集中在社会责任相关的信息披露、报告、企业社会责任绩效的评估及其基础上的改进等方面。公司的社会责任信息披露受到公司内、外部治理因素的影响。

（1）内部治理结构。

在国外，Trotman 和 Bradley（1981）以澳洲证券交易所600强公司为对象，采用声誉打分法和非参数统计技术论证了公司的系统风险、规模和对长期决策的重视程度与其社会责任信息披露成正相关关系。Teoh 和 Thong（1984）研究发现国有控股、公司规模与信息披露质量显著正相关。Foster（1986）指出在有关公司披露政策差异的研究中显著性最一致的变量就是公司规模。Cowen 等（1987）采用内容分析法进行研究，得出结论：行业属性、公司规模、是否存在社会责任委员会与社会责任信息披露呈正相关，而盈利能力与信息披露不相关。Roberts（1992）研究得出企业社会责任信息披露与高关注度行业、公司年龄、当年债务股权比、前年其他经济指标、是否为慈善基金创办人、公共事业员工参与数、政治活动委员会捐赠金额等因素正相关，与市场风险负相关。Caral 的研究发现诸如社区、政府、员工、消费者等相关的利益集团是企业社会责任信息的主要使用者，而这些利益相关者普遍认为企业所披露的社会责任信息欠缺。Preston 等提出的“提供资金假说”认为好的财务业绩使企业有更多的资源投入到企业社会责任活动中去，因此也有可能披露企业社会责任信息。

在国内，沈洪涛（2007）通过对公司社会责任信息披露和公司特征之间关系进行实证探索得出：公司规模和盈利能力与社会责任信息披露意愿正相关；且公司的披露环境对信息披露具有显著影响。马连福和赵颖（2007）研究发现，公司绩效、行业属性及规模是影响我国上市公司社会责任信息披露的重要因素，而独立董事比例及董事长与总经理是否二职合一，两个公司治理结构变量均未表现出对社会责任信息披露的显著影响。李诗田（2010）在合法性压力的角度指出第一大股东持股比例、国有比例与社会责任信息披露水平呈显著地 U 型关系。孟晓俊等（2010）以信息不对称视角发现，基于较低的资本成本约束，企业社会责任信息披露动机、水平和质量也会受到影响，同时，企业社会责任信息披露与资本成本之间存在互动关系。李玉萍，贾慧和孟宪芳（2009）通过指数法和实际走访分析出企业规模对信息披露有正向影响，同时化工制造业等重污染的行业披露的社会责任信息多于其他行业。同样，何丽梅（2009）实证证明了规模大、社会责任绩效突出、社会责任缺失或存在消极影响以及由中央监管的企业披露的信息较多；不同的是，企业的行业属性对社会责任信息披露无显著影响，且盈利能力越好的企业，信息披露水平越低。张正勇（2011）研究发现公司治理结构对信息质量具有显著影响；代理成本、第一大股东持股比例、少数股东联合比例、管理者持股比例以及国有产权性质与信息质量呈正相关，财务杠杆、流通股比例与信息质量呈显著负相关，董事会人数与信息质量存在 U 型关系；公司治理方面，持股结构、股东权益和董事会以及管理层治理正面影响着信息质量。

（2）外部治理结构。

在国外，Tilt（1994）认为作为企业社会责任信息的主要使用者，消费者组织、环保组织、社区服务组织等这些外部压力集团认为企业披露的信息量远远不足。Neu 等（1998）研究发现政府部门和财务利益相关者对信息披露具有较高的关注，环保主义者和其他社区利益相关者对其关注较少。Cormier，Gordon 和 Magnan（2003）通过实证研究发现，公司环保信息的披露主要是针对环保权力诉求更强的利益相关者，以此来获取和维持公司的合法性。Joyce Smith 等（2005）以 1998—1999 年同行业的美国公司与挪威、丹麦公司年度报告为研究样本，发现国家间的文化差异和制度区别使得企业的社会责任信息披露也存在差异。Zhaoguo Zhang 等（2012）以 84 家中国化工和钢铁上市公司为研究对象，表明媒体监督这一制度因素对企业节能减排产生积极影响。

在国内，方俊雄、向晓曦（2004）通过分析影响上市公司信息披露水平的各种因素，发现外部监管显著地改善了我国上市公司的信息披露的质量，改善幅度受公司所处地区环境的影响，尤其是在非发达地区更为显著。崔秀梅（2009）研究得出，媒体曝光度与社会责任报告的发布正相关，而环境敏感度和顾客距离与社会责任报告不相关性。毛洪涛和张正勇（2009）产品市场竞争程度与消费者接触的远近度以及法律监管环境对信息质量具有显著影响。蒋德启（2010）指出外部利益相关者通过对企业施加压力促进企业社会责任信息的披露，如买方市场竞争、政府相关法规制度、投资者责任投资、媒体关注监督等行为。另外，张正勇（2011）还指出产品市场竞争程度、与消费者接触的远近度以及法律监管环境对信息质量具有显著影响。陶文杰和金占明（2012）通过实证分析，证明了媒体关注度在财务绩效和社会责任信息披露的交互关系中存在中介效应。钟宏武（2007）指出，媒体作为独立的第三方信息发布机构和监督者，通过曝光公司的社会责任消极行为、宣扬公司的积极行为和认真履行，提高利益相关者的关注度和监督权益，推动企业社会责任的发展。

3. 企业社会责任管理与企业价值

国外有关企业社会责任与企业价值的研究大多集中在企业社会责任活动与企业的财务绩效之间的相关性上，例如，企业社会责任与资产净利率、企业社会责任与净资产收益率、企业社会责任与销售回报率之间的相关性问题。企业社会责任与企业财务绩效之间的关系是复杂的，而且无论从理论上还是方法上看，其研究过程都很复杂。但是，理清它们之间的关系，对企业管理者、股东，甚至直接或间接地对企业的所有利益相关者来说，其价值都是无法衡量的。

Criffin 和 Mahon 认为，最早提出关于企业社会责任与经营绩效的关系问题的是 Bragdon 等。Bragdon 和 Marlin 指出一个企业若增加社会责任的决策范畴，企业将付出比没有承担社会责任的企业更多的成本，因此，企业承担社会责任将对于企业的经营绩效产生不利的影响。随后，Bowman 和 Haire；Heinze，Sturdivant 和 Ginter 以股东权回报率、利润率、每股收益三个财务指标衡量企业绩效，研究结果证明企业社会责任与企业绩效正相关。

与此同时，一些实证研究主要集中测试了股市的收益和企业社会责任的关系，但是其研究结果却不一致。Vance 以 Milton Moskowitz 社会责任等级衡量企业社会责任并以股价的变动率衡量财务行为，研究显示，高 CSR 等级企业的股票价格在股票市场上的表现却不令人满意，即两者负相关；而 Folger 和 Nurt 以股价变动率衡量财务行为，研究发现企业社会责任对财务绩效之间没有明显的相关关系。Cochran 和 Wood 对企业社会责任的测量采用了一个特别声望指数和 Moskowitz 表，研究了 1970—1974 年的包含 29 个行业 39 家公司和 1975—1979 年的包括 28 个行业 36 家公司的绩效，他们采用营业利润与资产的比率、营业利润与销售额的比率和超额价值等财务收益率来衡量样本公司的绩效，后又引入资产周转率和资产寿命。该项研究结果表明，及时控制了资产寿命等因素的影响，公司社会责任和公司绩效之间的联系仍然是存在的。Preston 和 O'Bannon（1997）比较了美国 67 户大企业 1982—1992 年的社会绩效与财务绩效。他们用财富企业社会名誉调查代表社会绩效，用总资产利润、净资产利润和投资利润作为财务绩效的代表，也发现了二者之间存在着积极的关系。Criffin 和 Mahon 以总资产、净资产收益率、总资产收益率、企业年龄、五年平均销售报酬率作为指标衡量企业的财务行为，从《财富》杂志年度企业形象调查、KLD 指数、TRI 指数以及企业慈善活动等多方面来衡量企业社会责任，实证研究得出二者之间呈现正相关的关系。Waddock 和 Graves 以总资产、ROE、负债比率、总销售、ROA 衡量财务行为，以 KLD 指数衡量社会责任，也得以二者正相关的结论。

调查发现，企业社会绩效和财务绩效有着积极关系的还有 Wu、Moore、Ruf、Simpson 和 Kohers。另外一些研究则发现，企业的社会绩效与财务绩效之间存在负向的关系或者没关系。McWilliams 和 Siegel 用企业 1991—1996 年价值的平均值评价财务绩效，发现财务绩效和企业社会绩效、产业、研发投资二者之间并无联系。Ingram，Freeman 和 Jaggy 研究发现，企业社会绩效与财务绩效呈负相关，他们认为，企业承担社会责任需要付出相应的成本，社会责任成本使企业在与不承担或者少承担社会责任企业的竞争中出于不利的财务状况中。

我国有关企业社会责任的研究起步相对较晚，对于企业社会责任与企业价值的相关性问题，近几年才开始有研究者对此产生兴趣。学者李正以上海证券交易所521家上市公司为样本，通过建立公司社会责任指数进行了实证研究，表明在当期来看，承担社会责任越多的企业其价值越低，但从长期来看，承担社会责任并不会降低企业的价值，甚至对企业价值产生正面的影响。国内已有一些机构或研究组织正在进行企业社会责任评价指标体系的研究，如由李维安教授带领的课题组研究开发出一套“中国公司治理指数（简称南开治理指数，CCGINK）”，其中有涉及企业社会责任的评价指标，CCGINK通过定量分析与定性分析，以指数形式对有效样本的上市公司治理状况做出了系统、客观的评价，具有借鉴意义。

总的来说，国外有关企业社会责任与财务绩效的关系研究，并没有统一的观点。而我国学者对公司社会责任的研究尚处于兴起阶段，没有形成比较完善的思想体系，在理论基础、研究方法和研究深度上都与国际先进水平存在一定的差距。

4. 企业社会责任与公司治理

如何落实企业社会责任是长久以来公司治理的焦点和难点。围绕这一问题，国内外学者进行了大量研究，取得了一些研究成果。公司治理是实现企业财富创造，满足企业各利益相关者利益的制度安排。具体来说，公司治理是在法律、法规和惯例的框架下，以简约的方式，规范和治理以股东为主体的利益相关者之间关系、实现财富创造最大化的制度安排。公司治理的核心和本质是以关系合同的形式，协调以投资者利益为核心，以经营者利益、职工利益和债权人利益为支柱，以其他利益相关者利益为支撑，形成利益体系错综复杂关系的制度安排，在此基础上实现企业财富创造的长期最大化。

刘连煜（2001）在《公司治理与社会责任》一书中认为，企业社会责任基本上是一个道德性的抽象概念，只能落实到企业或公司的治理环节中。他从公司治理的制度与机制着手，探讨如何监控公司使其具体而有效地履行其社会责任，特别深入探讨了公司内部治理设计与公司社会责任的实现问题，以及在公司内部监控组织中是否应由各种利益相关者代表参与，以促使或监督公司更负责任。他还深入分析了经营者的裁量权与公司社会责任的关系，论述了股东提案制度对落实公司社会责任的重要性。他认为，公司内部治理模式的设计必须以股东财产权为中心加以架构，在此基础上，以政府法规奖励负责任的公司行为，严惩不负责任的公司行为，引导公司更负责任，而不是采取在公司董事会或监察人会中引进外部公益人士的做法。他主张企业应承担社会责任，但不赞成目前即刻采取相关利益者参与公司治理的做法。

与刘连煜的观点不同，卢代富（2002）在《企业社会责任的经济学与法学分析》一书中认为，要落实企业的社会责任，一方面，要改革传统的以股东为本位的公司内部治理结构，在公司中做出有利于各方利益相关者参与公司治理的制度安排，也就是说，让利益相关者参与公司治理；另一方面，要营造与企业社会责任相适应的公司运作外部市场环境，从而使市场既充分释放其作为资源配置基本手段的功用，又尽可能地为企业社会责任提供适宜的生成空间，以此达成市场与企业社会责任在最大化其各自作用基础上的和谐与均衡。但他对到底如何让利益相关者参与公司治理，缺乏进一步的分析。

祖良荣（2004）从公司治理、公司社会责任和重组的角度分析了欧洲公司治理的不同体制下公司治理与企业重组之间的关系。他将欧洲各国的公司治理体制分为两种模式：内部人和外部人模式，并表明采用内部人治理模式的公司在重组过程中由于职工参与程度高，其社会责任程度较高，如德国和法国等；而采用外部人治理模式的公司，由于公司市场控制程度高、职工参与程度低，因此社会责任程度较低，如英国和爱尔兰。仇书勇（2003）则分析了产品市场、经理人市场、劳动力市场、资本市场、控制权市场对企业履行社会责任的治理作用，提出了如何通过外部治理加强企业社会责任的思路和建议。

三、实务分析

案例一

拜耳：完善企业社会责任管理系统，提升企业价值

1. 公司简介

拜耳公司是一家总部位于德国的全球性跨国公司，拥有140多年的历史，其核心业务为医药保健、作物营养以及高科技材料。拜耳公司早在1882年就开始了与中国的贸易往来。本着“拜耳方案，应中国之需”的承诺，目前拜耳大中华区已成为拜耳公司在亚洲最大的单一市场，拥有23家企业、6 500名员工。2007年，拜耳公司在大中华区的销售额为18亿欧元。其本地化产品日渐成为其所有销售产品的重要部分。

2. 需要解决的问题

拜耳作为一家具有悠久历史的公司，早在100多年前，当诸如环境保护、生态等词汇还没有引起社会的极大关注时，拜耳公司便率先成立了废水处理委员会，注重工厂中的环保需要解决的问题。公司一贯秉承可持续发展理念，一切活动均以经济、生态与社会承诺并重。如何在研发、生产以及整个运营过程中，乃至所有的对外行动中贯彻三项承诺，以创造可持续的公司价值呢？

3. 解决方案

创新是企业持续制胜的关键。正如“拜耳——创新科技使生活充满活力”的使命所体现的，拜耳公司通过持续优化产品组合，将活动集中于三大富有潜力、效率和独立性的子集团——拜耳医药保健、拜耳作物科学、拜耳材料科技，将不断创新的公司技术和商业专知作为公司增进全人类福祉、展现社会承诺，并持续积极促进可持续环保发展的具体行动。

4. 策略与管理

拜耳公司开发出整套特殊管理结构与策略，不断拓展公司的可持续管理，主要表现在业务活动的主要组合变更、快速经济发展与进一步国际化发展上，通过清晰的战略观点与详细的可持续计划，拜耳公司旨在迅速做好准备，应对当前与未来的挑战，以目标为导向开展业务运营。面向未来的产品组合展现了创新与可持续性之间的和谐关系。拜耳公司对现有的产品进行重新评价，开发出独具特色的产品评价体系，针对产品特性进行全面有效的评估，所涉及的检查范围包括经济、健康、环境、生命周期、

技术和公共价值。该项系统性的分析为战略决策的制定提供了依据，同时也可促进产品的改进与完善，从而有利于实行最先进的产品管理体制。在拜耳公司，环境保护不仅仅是高层管理者关心的事，更是每一位员工在日常工作中必须遵守的原则，这一点已在责任关怀原则以及健康和安全原则中明确阐明。拜耳公司开发了综合的 HSE（健康、安全和环境）管理系统，它将国际标准与拜耳公司政策原则相结合，促进沟通，保证透明度。HSE 系统将每一个目标通过事实和数字来反映，涵盖了集团所有与员工及工厂周边居民的安全保健以及与排放有关的工厂。

5. 履行社会责任的"六步"、"六法"

对于拜耳公司来说，企业社会责任不仅仅是善意之举，而且还是必做之事。拜耳公司实施社会责任的六个步骤：①管理层需要首先确定他们认可的企业社会责任的定义；②确认公司应该向谁负责，谁是利益相关者，公司和谁有责任关系、关联关系或从属；③确认公司应该负什么样的责任、公司行事的哲学是什么、公司希望参与什么样的议题；④确定目标、任务和时间表；⑤确定关键表现的衡量标准；⑥进行衡量并按程序报告。

拜耳公司开创性地总结了实现企业社会责任的六种方法。①事件推广：通过资金、公司现有资源等各种赞助方式支持或推动某一公益事件，如赞助特奥、残疾人运动会；②事业关联营销：利用自有产品销售推动某一公益事件，即按该产品销售的一定比例用于支持某一公益事件，如每销售一件产品，销售额中的1%用于捐赠给红十字会；③企业社会营销：通过支持某项活动来改变公众的行为，促进公众健康、安全或环保等，如组织艾滋病宣传活动；④爱心奉献：向慈善机构或社会的直接捐赠；⑤志愿者：公司股利员工、供应商、股东等作为志愿者提供技能等服务，如公司为智障儿童授课；⑥履行社会责任的商业实践：通过投资某项业务，用以改善社区建设、环境保护等公益事业，如公共健康媒体研究室。

6. 致力优化生活

拜耳公司在全球约 150 个国家开展业务，亦在全球赞助了约 300 个不同计划，不仅提供了公司经济及科技关键技术方面的知识，员工更是善尽职责，投入大量心力。行胜于言，拜耳公司在中国从环境保护、公共健康、社区关怀、教育和扶贫等方面全方位地践行社会责任承诺，拜耳将社会责任活动与公司的核心业务、核心价值结合在一起，使企业社会责任行动不仅有益于社会，而且服务于公司目标的实现。例如，作为农作物以及健康领域提供专业产品和解决方案的公司，拜耳与广大农户、农村、农作物和养殖物亲密接触，这使拜耳非常清楚农村的状况和了解他们的需要。公司通过中国扶贫基金会等组织建立了小额贷款项目并借助于拜耳作物科学和拜耳医药保健（包括拜耳动物保健）的核心能力开展了农业、养殖和健康知识培训，以协助偏远地区、贫困地区的社区发展，以进一步支持中国农村的建设。

7. 成效

一切活动均以经济、生态与社会承诺并重，使得拜耳公司在其三大核心业务——医药保健、作物营养以及高科技材料领域均有良好的市场表现，并在 100 多年的发展历史中保持了良好的业绩增长。2006 年，拜耳大中华区的销售额为 14. 9 亿欧元。2007

年实现了20%的增长，达18亿欧元。同时，在企业社会责任领域关注环保、教育、扶贫、弱势群体等的一系列有目标和有成效的项目，也使得公司在社会上树立了负责任的品牌形象。

——资料来源：《2008金蜜蜂责任竞争力案例集》

案例二

加多宝："要捐就捐1个亿，要喝就喝加多宝"

1. 公司简介

加多宝集团是一家以香港为基地的大型专业饮料生产及销售企业。目前，加多宝旗下产品包括红色罐装、瓶装、盒装"加多宝"和"昆仑山天然雪山矿泉水"。加多宝（中国）饮料有限公司勇于创新，为整个凉茶行业注入新生命。集团于1996年推出了红色罐装凉茶，并引进新的营销概念，加上不断技术改良，产品为广大消费者所接受。2005年，加多宝集团生产经营的红色罐装凉茶被广东省文化遗产认定委员会，因"其历史悠久，具有充足的普遍价值"而评为广东省食品文化遗产。

2. 赈灾捐款

据公开资料显示，在2008年的汶川地震中，加多宝的1亿元捐赠曾引发了巨大的社会反响，并被定义为中国慈善元年的先行者。该笔善款被用于灾后重建，包括受灾群众的安置住房、物资，以及灾区的基础设施建设和对100名学子及1 000名孤儿的捐助。与此同时，加多宝集团还提供了多个就业岗位，帮助安置受灾群众再就业。

两年后的2010年青海玉树地震，加多宝集团再次捐出了过亿的善款，达到1.1亿元，捐款除了用于支援灾区灾后重建外，还用于西宁至玉树的沿途和玉树地震灾区建立吸氧站，免费为伤病员、孩子、医生、紧急救援人员、货运司机、媒体记者等人员提供吸氧服务，为一线救援工作提供支持和保障。

2013年4月20日，雅安地震发生后，在汶川地震曾捐款1亿元、玉树地震捐款1.1亿元的加多宝集团，于4月26日宣布再捐1亿元给雅安地震灾区，成为4.20雅安地震中捐赠数额最高的企业，1亿元的数字甚至逼近由茅台、五粮液等21个单位组成的酒业捐款总和。在突如其来的地震发生后，加多宝集团立即通过当地销售公司人员实时关注灾情状况，并第一时间便紧急调集1 000箱加多宝凉茶与1 000箱昆仑山矿泉水奔赴灾区，24日又调集2 000箱加多宝凉茶，缓解了灾区用水的燃眉之急。加多宝集团于26日在中国扶贫基金会主办的"有你救有力量—四川芦山地震救援行动"新闻发布会宣布再捐1亿元给雅安地区，用于赈灾和灾后重建工作。国务院扶贫办副主任郑文凯、中国扶贫基金会会长段应碧、四川省人民政府副秘书长兼驻京办主任陈贵华等领导人作为代表接受了企业捐赠。

3. 慈善事业

除了众所周知的高额赈灾捐款外，加多宝多年来一直致力于公益慈善事业，早在从1998年开始，加多宝便开始了教育公益，包括援建洞头希望小学和支助贫困学校修缮设施，受益学校超过25所；组建"加多宝扶贫基金"，关注城市边缘的打工子弟与留守儿童；同时发起品牌行动以公益助学，迄今爱心善款已支出逾千万……而持续至今的"加多宝—学子情"活动，正不断洒下"公益财富"观的种子，鼓励更多人参与公益活动，传递爱心。

除此之外，加多宝也持续向公众传递自己先进的公益理念。2006 年，首次开启公益岗位的活动，“受助、自助、助人”的公益理念逐渐形成。2010 年，帮助 1 450 名大学生走向全国 29 个省的公益岗位，并集合 2001—2010 年的所有受助学子及社会爱心人士，组建“爱心大家庭”。成功实现了加多宝“企业公益”向“社会公益”的转型。

4. 成效

正如中国扶贫基金会秘书长刘文奎所评价的：企业的慈善信仰不是一次两次的豪捐，而是只要有需要的地方，都会出现并提供力所能及的援助，这就是深植加多宝血液中的社会责任基因。

此次加多宝慷慨解囊 1 亿元，体现了民族企业对抗震救灾高度关注的社会责任感，让公众看到一种希望，即民族企业责任感的苏醒。社会公益产生的口碑效应立即在网络上蔓延，许多网友第一时间搜索加多宝相关信息，结果是消息传出 10 分钟后，加多宝网站随即被刷爆。“要捐就捐 1 亿元，要喝就喝加多宝”、“中国人，只喝加多宝”等言论迅速得到众多网友追捧。作为此次灾后重建的亿元捐款合作方，中国扶贫基金会秘书长刘文奎对加多宝此次再捐 1 亿元给予了高度的肯定，并表示，不管哪个地方遭遇灾难，总能看到加多宝活跃的身影。企业的慈善信仰不是一次两次的豪捐，而是只要有需要的地方，都会出现并提供力所能及的援助，这就是深植加多宝的社会责任基因，也是值得整个公益界和企业借鉴和学习的。同时，凭借多次慈善捐赠，加多宝的销售业绩高速增长，获得“销售冠军”等商业头衔。

第三节 企业社会责任研究前景

一、政治关联与企业社会责任

近年来，官员“下海”、高管从政、政府产业、政企合作等名词屡屡见诸报端，政府与企业之间的联系越来越受到人们的重视，各国学者将这种关系作为影响企业乃至国民经济活动的重要因素之一加以研究。在我国转轨经济中，政府依然掌握着很多与企业生存与发展相关的重要资源，如税收优惠、市场准入等，政治关联是企业与政府进行沟通的重要途径。政府依然掌握着分配关系到公司生存和持续发展的资源的权力，从而使得与政府建立联系是公司所必须掌握的重要资源（Fan et al.，2007）。同时，许多上市公司开始以公益性捐赠、创办基金会、环境保护及参加各种类型的公益活动等多种方式和途径来回馈社会，履行其应尽的社会责任。通过政治关联，企业可能会影响到政府的决策，同时，企业也需要为此付出代价。因此，探讨政治关联与企业社会责任之间的内在关系和本质属性，是公司治理理论的完善和发展所不可或缺的重要内容，是政府监管部门极其关注的重要问题。

目前对高管政治关联研究相对较多，处于理论碰撞及发展逐步成熟时期。Faccio et al.（2006），Faccio 和 Parsley（2007）及 Faccio（2007）研究表明政治关联对公司价值有正面的作用，特别是在腐败水平很高的国家，具有政治关联的公司能够从与政府的关系中获得好处。一方面，资源依赖理论认为当利益相关者所掌握的关键资源对于公司而言价值越大，公司就越需要采取措施来降低获得和失去关键资源的风险（Pfeffer and Salancik，1978）。潘越等（2009）指出在中国，公司高管当前或曾经担任政府官员的行政级别越高，其政治影响力越大，就越有可能获得更多的利益。另一方面，从代理成本理论角度来看，政治关联作为一种关系型资产，不仅能够给公司带来利益，也是高管重要的社会资本（Kim，Cannella Jr.，2008），并能给高管带来私人收益（Fan，Wong，Zhang，2007）。对于高管而言，政治关联的价值越大，那么高管采取政治策略来维护关系资产的投入也就会越大（Godfrey，2005），例如拉关系（张建军、张志学，2005）和推动公司参与慈善活动（Godfrey，Merrill，Hansen，2009）作为提升公司形象和产生广告效应的媒介（Werbel，Carter，2002）等。总体来看，政治关联对公司获取资源（Bian，1997；张敏等，2010）、投资效益（Goldman et al.，2006；Faccio，2004；余明桂，潘红波，2008）、公司业绩（Uetal，2008；Faccio，2006；吴文锋，2008）等方面均有影响。

由此我们认为，政治关联对企业社会责任的履行和信息披露具有显著的影响。Mossin（1968）研究表明，公司参与慈善活动的水平与政治关联作为关系资产的价值间存在正相关关系。高管人员的职业经验影响了他们对环境的感知和从事不道德行为的意愿（Daboub et al.，1995）。Su 和 He（2010）研究表明，中国的民营企业为了维护产权和培养政治关联会参与更多的慈善活动。Ma 和 Parish（2006）慈善捐款可以给公众和政府带来利益，是高管赢得和保持在政府部门席位的极佳途径。贾明和张喆（2010）发现，为了建立和维护政治关联，企业会从事更多的慈善行为。李四海（2010）研究发现，政治关系会对企业捐赠行为产生显著影响，政治关联企业参与捐赠的可能性更大，捐赠的水平更高。杜兴强、郭剑花和雷宇（2010）研究发现，民营上市公司的代表委员与政治联系对捐赠金额存在显著的正向关系，而政府官员类政治关联对其捐赠金额无显著影响。企业之所以会主动承担社会责任，是为了与政府、投资者、债权人、员工、消费者等利益相关者保持良好关系，吸引到更好的员工，增加员工的积极性和道德感，进而获得良好的社会声誉，增加企业有价值的无形资产（资源和能力）（Toms，2002；Hasseldine et al.，2005；Branco and Rodrigues，2006）。

基于我国特殊国情，政治关联始终是实物界和学术界关注的焦点。在高管具有政治关联的公司中，维护与政府间关系和高管获取私人收益的需要都推动公司对社会责任的履行和披露，有助于完善公司治理理论，维护公司与利益相关者关系，推动公司与社会的可持续发展。

二、制度环境与企业社会责任

改革开放以来，我国的经济发展取得了巨大的成就。但由于粗放式的经济增长方式、企业的短期行为以及过于追求利润的单一目标导向，也引发了一系列的社会责任问题，诸如食品安全、环境污染、安全生产等问题成为近年来媒体和社会公众关注的焦点。而最新的调查结果显示，中国企业的社会责任发展指数整体水平低下，2/3 的企业没有推动社会责任管理，超过八成的 A 股上市企业发布的社会责任报告不及格（中国社会科学院 2011 年企业社会责任蓝皮书）。此外，很多在母国社会责任履行方面表现良好的跨国公司在中国也出现了社会责任弱化的现象，即跨国公司在社会责任履行方面出现了双重标准的问题。因此，探寻转轨经济背景下制度环境对我国企业社会责任履行的影响，并提出相应的应对策略，就成为迫切而重要的现实课题。

周中胜等（2012）研究表明，在政府对经济干预程度越低、法律环境越完善以及要素市场越发达的地区，企业的社会责任履行状况越好。由此可以看出，要促进与改善我国企业的社会责任履行，就必须完善相关的制度环境，为企业社会责任的履行提供外部的约束机制与内部的动力机制。

首先，政府对经济的干预程度会影响到企业社会责任的履行。经济学家赫尔曼和施克曼等（2002）对 25 个转轨国家的 3000 家企业的调查结果显示，企业向政府官员的行贿支出量与政府干预的减少具有直接相关性。李四海（2010）研究发现，相对于政府干预程度低的地区，在市场化进程低、法治水平落后、政府干预程度高的地区，政治关联企业的捐赠水平更高。王成方等（2013）指出，在政府干预程度高的地区，政治关联的非国有控股公司较国有控股公司的社会责任信息披露的概率更高，而在政府干预程度低的地区，政治关联对社会责任信息披露的影响均不显著。

其次，法律环境的不完善与不平衡会影响到企业社会责任。Hess（2007）强调监管、立法、执法在提高社会责任信息治理方面可以发挥更重要的作用。沈洪涛和冯杰（2012）发现，各地法律制度环境的不同，当地政府会直接或通过舆论来影响企业环境信息披露的水平也不同。魏志华和李常青（2009）研究指出，法律环境较好地区的上市公司信息披露质量较高，并进一步发现法律环境的改善有助于推动家族上市公司提高信息披露质量。

最后，市场化进程是企业通过社会责任的履行来获取组织的竞争优势的前提条件。Zhaoguo Zhang 等（2012）研究发现市场环境对企业节能减排的实施没有显著的影响。樊纲等（2007）认为，由于资源、地理和政策等方面的不同，我国不同地区的市场化程度和政府干预程度存在差异，市场化程度低的地区，政府干预程度高；相反，市场化程度高的地区，政府干预程度低。在一个要素市场发达的环境中，企业主要通过市场来获取各种要素资源，而由于信息的不对称性和环境的不确定性，买方处于信息的劣势地位。企业通过社会责任的履行可以传递差异化的“信号策略”，以此来树立良好的公司形象，并通过社会责任的持续投入，使利益相关者树立一种信念，从而拥有组织的声誉。而组织声誉的获取可以增加企业的销售收入、提升组织的战略主动性、招募和留住更多的优秀人才、增强消费者的信任、减少政府对企业的不必要的规制、减少法律纠纷，从而赢得组织的声誉效应，获取组织的持续竞争优势。

在我国目前转轨经济环境下，制度环境对与企业行为的影响至关重要。制度环境对我国企业社会责任的影响可以通过政府对企业的干预程度、法律环境的完善程度，以及要素市场的发育程度等多方面进行研究分析。了解制度环境对企业行为的影响，是公司治理研究的基础。

三、媒体关注与企业社会责任

近些年来，媒体曝光的企业社会责任事件频频发生，如多美滋事件、三星字库门事件、包钢集团污染事件等，使得媒体监督和企业社会责任不仅成为了学术界关注的热点，也成了政府、企业乃至全社会关注的焦点之一。加强媒体监督和促进企业积极履行社会责任这两大研究主题的凸显，使得越来越多的学者开始将媒体监督、企业社会责任和公司治理综合在一起研究。作为企业社会责任履行情况的载体，信息披露具有传播理念、量化责任、监督制衡等关键作用。企业社会责任的价值越高，社会公众的关注度越高，社会责任信息的披露就越为重要。另一方面，媒体对上市公司无视商业道德行为及时的曝光，促使社会公众对企业社会责任信息作出积极响应，进而迫使企业，尤其是承载社会和媒体高度关注的企业勇于承担社会责任。因此，如何挖掘媒体报道、企业社会责任之间的内在关系和本质属性，既是亟须解决的学术性问题，又是政府监管部门、公司和公众极其关注的现实性问题。

媒体监督被认为是新兴市场上有效的替代司法对投资者保护不足的一项重要制度安排（Dyck et al.，2008）。Miller（2006）认为媒体在报道公司的会计舞弊事件时，会重点关注规模比较大、分析师关注多、信息获取比较容易的公司，同时舞弊金额较大、参与人数较多的事件也容易受到媒体的关注。李培功和沈艺峰（2010）以2004年《董事会》杂志评选的50家最差的上市公司董事会为样本，认为媒体监督在我国是有效的，在政府监管部门的介入下，能够较好的保护投资者利益。叶勇等（2013）以被处罚的违规公司为研究对象，发现有媒体关注的企业的代理成本较低，且严重违规的企业因为媒体关注而较多地减少了其自身的代理成本。由此可以看出，媒体报道对公司治理有积极的影响。综合目前国内外已有的实证研究，我们发现媒体监督主要通过以下三种机制来影响公司治理：第一，声誉机制，通过影响公司行为主体的声誉而改变他们的行为（Dyck，Zingales，Volchkova，2008）；第二，市场机制，股价波动引起管理者对市场压力的感知，并作出积极反应（于忠泊等，2012）；第三，行政机构介入机制（李培功和沈艺峰，2010），提高行政机构对企业调查的可能性。在我国资本市场上可能上述三种机制同时在发挥作用，也可能是两个机制或者单一某个机制在发挥作用，以此来提高上市公司社会责任信息披露水平。

进一步，媒体报道对企业社会责任的履行和披露的影响也被国内外学者广泛关注。Brown和Deegan（1998）研究了媒体报道对环境信息披露的影响，发现媒体对行业的负面报道数量越多，业内企业披露的正面的环境信息就越多。Zyglidopoulos et al.（2012）把社会责任分为了消极的社会责任和积极的社会责任，并分别探讨了媒体关注对这两类社会责任履行的影响。Kathleen et al.（2012）研究表明媒体关于环境方面的报道影响企业自愿披露环境信息的质量，且媒体负面报道有更强的影响力。徐莉萍等（2011）通过汶川地震捐款的实证研究，发现来自舆论的可能压力明显地提高了上市公司的捐赠可能性，即媒体关注与上市公司捐赠之间存在着显著的正相关关系。徐莉萍和辛宇（2011）在研究媒体治理对中小投资者的保护时发现，高媒体关注度和良好的治理环境能够保证社会责任的信息环境和信息质量。沈洪涛和冯杰（2012）借助新闻学的议程设置概念，指出媒体有关企业环境表现的报道能显著促进企业环境信息披露水平。

在中国“新兴加转轨”经济体中，研究重点逐步由内部治理机制逐渐向外部治理机制转移。媒体报道作为一种有效的外部治理机制，其报道通过行政介入机制、声誉机制和市场机制单独或共同影响公司及其管理者，进而促进企业社会责任的履行和披露。此研究方向有助于保护利益相关者，完善公司治理机制，进一步实现和谐社会的目标。

总之，企业社会责任是目前政府、学术界与企业界共同关注的重要课题，是关系到企业和社会可持续和谐发展的关键要素，我们可以从内部治理结构（公司特征等）、外部治理结构（媒体、法律等）以及企业社会责任的经济后果等多方面对企业社会责任进行研究，在公司治理的研究领域具有很好的研究前景。

第六章 现代企业知识管理

第一节 现代企业中的知识与知识管理

一、知识的界定和分类

（一）知识的定义

关于知识的概念，不同的时代有不尽相同的解释，不同的书籍有不同的表述。通常人们都把知识解释为“所知道的东西”。《辞海》对知识的定义是这样表述的：“知识是人们在社会实践中积累起来的经验。从本质上说，知识属于认识的范畴。”《辞海》的这种表述基本上代表了以往传统的知识理论，在内涵与外延的理解上，都把知识局限于认识的范畴，而且限定在经验的范畴。随着社会的发展，人类的进步，人们对于知识的理解也在不断深化，知识理论也在不断更新。到20世纪末期，现代知识理论认为知识早已不再局限于经验和认识的范畴，而已经成为一个更加广泛的实践范畴、经济范畴和社会范畴。

“知识”与“信息”、“科学”、“技术”等概念有着密切的联系，有很多相同的地方，但又不完全相同。知识是人类历史上一切认识的结晶，它是人们通过学习和实践所得到的对世界认识的总和。信息是知识的重要组成部分，但它的范围比知识要小得多。信息只是知识的一部分，是知识中实现编码化的那一部分。科学也是知识，也是知识的一个重要组成部分，它是人类认识世界自然现象和社会现象，探索自然和社会客观运动规律的知识体系。技术则是人类在认识自然和社会、改造自然和社会的生产和实践过程中积累起来的经验和技能的知识体系，它也是知识的重要组成部分。在一定意义上，可以说“信息”、“科技”、“技术”都属于知识的范畴，知识则是包括“信息”、“科学”、“技术”在内的人类对世界认识的总和①。

对于知识的定义，从广义上来说，知识是人类社会实践活动的经验总结；同时，知识也是人类社会包括人工环境、人工智能所创造的一切经验形态、智慧形态的总和，并且都外化为信息。因此，知识世界就是经验和信息，知识是人类社会经验和信息的符号系统。从狭义上来说，知识是人类社会实践创造活动的产物，是一切思想体系、理论体系、工具体系的总和。可以说，知识是现实世界的数字符号系统，是思想、理

① 胡忠贵. 知识经济内涵与定义的探讨［J］. 生产力研究，2004（2）.

论、工具、逻辑的数字符号系统。

在过去，知识曾被看做是难以直接利用和交换的，但随着数码化的趋势，如同其他生产资料一样，知识是可以被利用的，被加以分析和交换的。知识可以被存储、更新的。而新的知识则会不断取代旧的知识，旧知识则会因过时、不适用而被逐步淘汰。电子网络建立了大量的公共和私人信息源，包括数字化的参考目录、书籍、科学杂志、图像、磁带、光盘以及电子邮件等，通过各种通信设备连接起来的这些信息源标志着一个正在形成的、广泛的数字图书馆。知识所表现的形态与有形的物质生产是不同的。此外，知识一般是“非竞争性”产品，它难以完全被据为己有，它可以被许多人共享，而并不损害每个人拥有的知识数量和质量，但知识的获取是要付出代价的。知识分布在个人和企业间是不均匀和不对称的，缺少知识的人或企业要向拥有知识的个人或企业购买。

（二）知识的特征

1. 知识具有价值

培根说过：知识就是力量。这句话从侧面反映了知识具有价值，而正是这种价值特征使得知识难以管理。由于知识比数据和信息更接近行动，所以知识更具有价值，知识的这种价值应根据它所导致的决策或行动来评价，例如，好的知识可以提高生产率。我们可以利用自己所掌握的知识在战略、竞争者、客户、分销渠道以及产品的生命周期和服务方面做出更为明智的决策。

2. 知识从经验中来

知识是我们随着时间推移从经验中得来的，包括课程、书籍、他人以及非正式的学习。经验是指我们做过的事和过去的经历。经验在商业中有广泛的应用，比如一个有经验的销售人员可以识别出销售量的下降是季节性的波动还是其他原因，由此可以采取什么样的对策。人们在经验的基础上可以预期未来将发生什么，并且知道是什么在这中间起作用以及该如何应对等。经验的积累必须要通过事后的总结，这种总结包括原来的预期、实际发生的情况、预期与实际的差异、造成两者差异的原因以及我们从中学到什么等。

3. 知识具有复杂性

知识来源于经验，这本身就说明知识具有复杂性以及它处理复杂事物的能力。知识并不是一种只能包容少数特定问题的僵硬的结构，它能够用复杂的方式处理复杂的问题。虽然我们一直认为简单就是美，处理复杂问题时总是试图找到最简单的答案，并且对不确定性因素总是假设他们不存在，但知道得越多，就能做出更好的决策。如果知道的知识很少，掌握的信息不够充分，问题看起来似乎是清晰、明确的，但是这种清晰明确是通过忽略重要因素来获得的，因而很有可能感觉上正确，实际却得出错误的结论。

有位智者曾说过，一个人知道的越多，就越发现自己的无知。这就好像在一张很大的白纸上画圆，画的圆越大就越能发现圆外空白的地方越大。

4. 知识通过经验规则和直觉起作用

知识是通过经验规则起作用的。所谓的经验规则就是经过不断地尝试和失败，从长期的实践和观察中总结得到的具有弹性的行为指南。当新出现的问题类似于以前曾解决的问题时，经验规则是有经验的人走的捷径，它是对于复杂情况的有效指南。但并不是所有经验都可以很容易地总结出规则。有时人的行为完全出于一种内在的反应，而这种内在的反应速度非常快，以至于我们可能没有意识到它的存在，有时便依靠直觉得到了一个答案。直觉也称为“浓缩了的经验”，它是一种“专门技术”。这种“专门技术”并不是天生的，它需要我们在出生以后去学习和掌握。而人们要掌握一门“专门技术”，通常需要经历五个层次：“生手”、“新手”、“强手”、“熟手”和“专家”①。

（1）“生手”阶段，人们学习与该事物有关的特别技能和规则，已对该事物做出反应。比如驾驶员学习操作换挡、他们将被告知在何种速度下换挡、和其他车辆保持多少距离、保持多少特定的速度等。

（2）在经过一段时间的实践以后，“生手”达到了“新手”阶段。驾驶员新手就开始注意许多不能被定义的实际因素，比如他们在换挡时开始听引擎的声音，以及他们还能分辨出一个走神的驾驶员的行为、一个醉酒的驾驶员的行为等。

（3）在“强手”阶段，司机再也不按照规则行事，他们随着自己的意愿驾驶，他们离开前面车辆的距离比你允许的更近、更大胆地进入交通流。

（4）“新手”和“强手”及“熟手”之间的一个关键差别，就在于实践程度，到“熟手”阶段就可以依靠直觉行事。驾车“老手”知道如何快速地完成一系列复杂的动作而不必像初学者那样进行思考。一个老手还可以预见马路上即将发生的情况。

（5）所谓“专家”，其技术水平是最高的。专家们懂得他们所做的事情，对这些事情有着成熟而实际的理解。当他们进入某种实际环境之中时，他们不是片面的看问题，而是通过自觉的工作去解决问题。专家们及技术已经成为他们自己身体的一部分，无需更多的留意。

（三）知识的分类

经济合作与发展组织（OECD）在 1996 年发表的《以知识为基础的经济》报告中系统地提出了知识的四个 W 的概念：①知道是什么（know-what）；②知道为什么（know-why）；③知道怎么做（know-how）；④知道是谁（know-who）。

这种对知识的重新分类，引起人们的普遍关注。有的学者认为这种分类“显然不当”，有的学者给这种分类以补充。例如，吴季松教授在《21 世纪社会的新趋势——知识经济》一书中提出六个“W”和一个“Q”，增添了“知道什么时间（know-when）、“知道什么地点”（know-where）以及“知道是多少”（know-quantity），还有的学者从经济学的角度评说这种分类，认为它是恰如其分的，是有创见的。我们赞同最后一种观点。

学术界对经合组织提出的四类知识的理解，不尽一致，尤其对最后一类知识的认识有一些差异。“知道是谁”的知识究竟指什么含义？有的学者解释说：“它涉及知道

① 邱均平. 知识管理学［M］. 北京：科学技术文献出版社，2006.

谁和谁知道如何做某事的知识。”另一些学者认为第四类知识指关于“人力资源”的知识，或“谁具有某种知识的知识”。

袁正光教授对知识经济里的知识作了比较详细的阐述。他认为经合组织提出的知识概念比我们传统的知识概念大，包括四个方面：

（1）知道是什么的知识（know-what）：指关于事实方面的知识。如纽约有多少人口？中国有多大面积？

（2）知道为什么的知识（know-why）：指原理和规律方面的知识。如牛顿三大定律、市场机制、供求规律等。

（3）知道怎么做的知识（know-how）：指操作的能力，包括技术、技能、技巧和诀窍等。

（4）知道是谁的知识（know-who）：包括了特定关系的形成，以便可能接触有关专家并有效地利用他们的知识，也就是关于管理的知识和能力①。

我们认为，经合组织对知识的重新分类，反映了当代知识体系的结构性变化，有利于对知识、情报及其活动进行经济分析，便于经济领域中知识、情报的管理。因此，上述四种类型知识的划分是适宜的、符合实际的，而且具有可操作性，增添“时间”、“地点”和“数量”等知识类型没有必要。

当然对知识的分类还有其他的不同方法，如表 6-1 所示。

对知识的分类有很多种方法，其中最权威的是表 6-1 中的第一种，即 OECD（国际经济合作与发展组织）知识分类法。最典型和使用频率最高的是表 6-1 中的第三种，被广泛应用于企业知识管理、组织学习以及知识创新等理论的研究中；很多学者在探讨知识分类问题时，往往以这种分类方法为基础，但它对于企业进行知识分析则显得粗糙。表 6-1 中的前五种分类方法是对知识的一般分类，只有第六种分类法是从企业的角度来分类的②。

表 6-1 知识的典型分类方法

序号	分类方法	知识类型	说明
1	国际经济合作与发展组织（OECD）对知识的分类	1. 知道是什么的知识（know-what） 2. 知道为什么的知识（know-why） 3. 知道怎么做的知识（know-how） 4. 知道是谁的知识（know-who）	与第三种分类有密切的关联，其中 1、2 为显性知识，3、4 为隐性知识
2	詹姆斯·奎恩的分类	1. 认知知识（know-what） 2. 高级技能（know-how） 3. 系统理解（know-why） 4. 自我激励的创造力（know-who）	这种分类与第一种划分基本相同，不同之处在于对第四类知识的认识
3	根据知识的外在化程度的分类	1. 显性知识 2. 隐性知识	

① 刘植惠. 知识经济中知识的界定和分类及其对情报科学的影响［J］. 情报学报，2000（4）.

② 韩经纶. 知识管理［M］. 天津：南开大学出版社，2006.

表6-1(续)

序号	分类方法	知识类型	说明
4	布鲁金的分类	1. 默认知识 2. 暗含知识 3. 明确的知识	与第三种的区别在于把隐性知识细分为默认知识和暗含知识
5	傅家骥、施培公的分类	1. 信息化知识 2. 非信息化知识	信息化知识类似于显性知识；非信息化知识类似于隐性知识
6	基于企业的知识分类，从知识的存在形式来划分	1. 描述在文献上的知识 2. 物化于机器、设备上的知识 3. 员工头脑中的知识	1属于显性知识；2、3属于隐性知识

二、知识管理的定义与过程

（一）知识管理

知识管理的定义是，在组织中建构一个量化与质化的知识系统，让组织中的资讯与知识，透过获得、创造、分享、整合、记录、存取、更新、创新等过程，不断地回馈到知识系统内，形成永不间断的累积个人与组织的知识成为组织智慧的循环，在企业组织中成为管理与应用的智慧资本。这有助于企业做出正确的决策，以此对应市场的变化①。

（二）知识管理的基本过程

有关知识管理过程的研究散见于知识管理的有关文献中，有人将知识管理的基本职能划分为外化、内化、中介和认知四个方面。其中，外化是以外部贮藏库的形式捕获知识，并根据分类框架或标准进行知识组织；内化则是从知识贮藏库里提取并过滤出与知识需求者相关的知识；中介是将知识寻求者和最佳知识源相匹配，促进知识特别是隐性知识的共享；认知是经由前三个功能交换得出的知识的运用，是知识管理的终极目标。在某种意义上，上述职能可以看做是对知识管理过程的描述，但外化、内化等概念略显含糊，而且其内涵也有相互重叠之处。从上述观点中我们可以将知识管理划分为如下四个基本过程：知识的汲取、知识的提取、知识的关联和知识的应用（大致但不完全对应于知识管理的外化、内化、中介和认知）。其中，知识的汲取过程实质是知识的获取和储存，知识的提取和关联过程实质是知识的配置，最后一个过程则是知识的应用。

1. 知识的汲取

知识的汲取过程标志着知识开始真正进入管理者的视野。知识可能产生和存在于公司的外部，也可能在公司的内部开发产生。但许多公司并不能够有意识地对这些知识进行应用。在组织机构中只是存在着知识并没有多大意义，只有当知识可以被找到并为之所用，知识才成为公司的宝贵财富。知识的汲取过程包括知识的搜索、过滤与

① 杨栋．浅谈现代企业中的知识管理［J］．河西学院院报，2010.

集成，即从组织的外部知识源与内部知识源中捕获对企业现在和未来发展有用的各种知识，根据分类框架或标准组织为知识文件并储藏到三种基本的公司知识库中，然后对储藏的知识进行分类，识别出各信息源之间的相似之处，并可采用聚类等方法找出公司知识系统中各知识间隐含的联系。知识汲取过程是知识进入管理的首要的和最基本的过程，其作用是使知识寻求者能够通过下文所述的提取、关联过程得到所需知识。

2. 知识的提取

汲取过程类似于蜜蜂采集花粉，其从组织外部所捕获的知识以及从组织内部发掘出来的知识，常常以编码的形式保存在企业内部的知识库中。知识的提取过程则类似于蜂蜜的酿造，是从企业现存的知识库中通过分类、检索、匹配、过滤等方法来发现与知识寻求者的需求相关的知识。通过对所提取知识的重新布局或显示，知识可以更有效地呈现给需求者并节约知识使用者的时间和提高使用知识的效率。例如，一家国际工程承包公司的项目管理者可以快速搜索提取与日标国家相关的工程项目运作知识和经验，从而有效地进行工程竞标或制订项目进度规划。

3. 知识的关联

提取过程通常适合于清晰明确的知识的传送，但企业所拥有的知识可能是隐含性的，无法直接编码存储于知识库中，因此单靠提取过程并不能够实现全面的知识应用，还必须要借助于知识的关联过程。隐含知识本身无法进行编码，但其来源知识却可以通过编码表示出来，因此知识的关联过程实质是另一种形式的“提取”，其特点在于主要通过追溯知识创造个体的经历和兴趣等信息（这在某种程度上表现为显性知识）来实现对知识源的发掘，并将知识寻求者和最佳知识源——在相关领域中有经验的人匹配联系在一起，最终实现知识应用。例如，制药公司的研究人员可能无法从公司现有的信息库中找到有关某种药品的偶发性副作用的原因的有关知识，但他却可以通过知识关联过程得到相关领域资深研究人员的名单以及关于他们在该领域经验的丰富描述信息。这样，有关研究人员就可以汇集起来进行深入沟通研究并分享彼此的知识与经验。

4. 知识的应用

知识的应用过程是将经由前三个过程交互作用所得到的知识与工作结合起来，从而解决问题和提高效率。知识应用是知识管理的终极目标，但知识并非能够自动得到应用。知识的应用通常分为两种情况：一是知识需求者认识到问题之后有意识地寻求和应用知识，这实际上通过知识的提取和关联过程即可实现；二是管理者认识到某种知识可以在多个部门或环节得到推广应用从而大幅度提高生产率，但相关的部门并没有认识到或了解到这一点，这时，知识的应用过程就必须通过管理层有意识的知识推广来实现。现有的知识管理技术很少能实现知识应用过程的自动化，通常都是采用专家系统或人工智能技术来辅助决策。要实现知识自动应用，除了在企业内部加强专家系统、人工智能系统和信息系统的建设外，还可以在现有的 IT 系统中增加“知识自动投递”模块，根据知识的特点和知识需求者的具体特征进行定向的自动投递，并且辅以直接指导和定期培训等手段来促进知识的应用①。

第二节　知识管理理论的发展

一、知识管理理论的起源与发展简史

“知识管理”一词最早是在1986年由卡尔·维格在联合国国际劳工组织提出的，因此知识管理作为一项活动早已存在。而用知识管理这样的词来形容企业知识活动过程，还是在20世纪60年代初由美国管理学教授彼得·德鲁克博士首先提出了知识工作者和知识管理的概念后才出现的，他指出我们正在进入知识社会，在这个社会中最基本的经济资源不再是资本、自然资源和劳动力，而应该是知识，在这个社会中知识工作者将发挥主要作用。20世纪80年代以后，彼得·德鲁克继续发表了大量相关论文，对知识管理做出了开拓性的工作，提出“未来的典型企业以知识为基础，由各种各样的专家组成，这些专家根据来自同事、客户和上级的大量信息，自主决策和自我管理”。在20世纪90年代中后期，美国波士顿大学信息系统管理学教授托马斯·H. 达文波特在知识管理的工程实践和知识管理系统方面作出了开创性的工作，提出了知识管理的两阶段论和知识管理模型，是指导知识管理实践的主要理论。与此同时，日本管理学教授野中郁次郎博士针对西方的管理人员和组织理论家片面强调技术管理而忽视隐含知识的观点提出了一些质疑，并系统地论述了关于隐含知识和外显知识之间的区别，为我们提供了一种利用知识创新的有效途径。进入到21世纪，瑞典企业家与企业分析家卡尔-爱立克·斯威比博士将对知识管理的理论研究引向了与实践活动紧密结合并相互比照的道路，他从企业管理的具体实践中得出，要进一步强调隐含知识的重要作用，并指出了个人知识的不可替代性。另外，在上述大师和其他学者们不同理论与观点交相辉映的影响和指引下，基于知识的企业理论和知识联盟也已成为近年来备受关注的热点领域。

在知识管理的发展过程中，不仅有许多学者的潜心研究为其发展提供了良好的理论基础，还有一些企业的不断实践从而推动其快速发展。1980年美国数字设备公司（Digital Equipment Corporation，简称DEC）就采用了大型知识库支持其结构化工程和销售活动。随后，理特管理顾问有限公司（Arthur D. Little）应用人工智能技术为其商业和政府客户开发了基于知识的系统（KBS），USAA用KBS将专家的知识传递给使用者。因此在1997年，知识管理国际联盟就在美国成立，并拥有IBM、惠普、施乐等46个大公司和机构的代表200多成员。1999年，美国有80%的企业已经或正在实施知识管理计划，2000年被确认为知识管理年②。

早期的知识管理主要是由信息技术的发展造成的。因此，组织与学者们的理论和

① 刘东. 知识管理的基本过程与知识的分类管理模式［J］. 南京政治学院学报，2002.

② 张秀梅. 知识管理与图书馆.［2006-12-11］. http：//211.81.31.9/news/20040325/2.ppt 1650K 2004-3-25.

实践活动主要是探讨信息技术在知识管理中的应用，以信息技术为主对企业现有的知识进行管理。且随着知识管理的实践与研究的深入，单纯的信息技术已经不能满足知识管理的需要。因为这时知识已经被视为创造竞争优势的源泉，组织关心的已经不是如何对现有的知识进行管理，而是越来越关注于知识的创新和如何运用现有的知识创造竞争优势。组织和学者们提出了多种知识管理框架，归纳起来，知识管理不仅包含着诸如知识的分类，知识创造、产生与开发，知识识别与获取，知识共享、传播与扩散，知识编码与存储，知识整合、应用与评价等一系列的知识管理的任务，更重要的是要关注如组织文化、参与者、知识技术、组织学习、组织战略与知识管理战略等知识管理的影响因素①。

我国的知识管理始于1998年。1999年，中国《IT经理世界》进行第一次知识管理调查。知识管理在中国的应用基本上是始于2000年，其中软件公司和咨询公司的介入起了非常大的作用。从2003年开始，我国已经举办了3次知识管理高峰会议，讨论知识管理的理论和实践问题，产生了很大影响。2005年，《IT经理世界》、《计算机世界》、《首席财务官》、计算机世界网等媒体与国内知识管理领域的领头羊深圳蓝凌公司在北京共同推出了“2005中国知识管理调查报告”。这表明中国的知识管理正在全面展开。

二、知识管理发展阶段的划分

（一）两阶段划分法

IBM知识管理咨询公司负责人马克·麦克尔罗伊在他的《第二代知识管理》一文中明确提出知识管理分为两个阶段：第一是以技术为中心的知识管理阶段；第二是更加侧重以人力资源为中心的阶段。第一代知识管理理论主要包括：经典战略管理理论、竞争战略理论、核心竞争理论和信息管理理论，内容主要是围绕如何收集处理信息以构建核心竞争力，保持战略竞争优势。所以第一代知识管理主要是以信息管理为中心，对知识的管理也基本上局限于显性知识，知识管理的方法和技术也基本上沿用信息管理的。第二代知识管理又出现了四大理论：人力资本理论、生命周期理论、嵌套知识管理理论和复杂性理论，其中最重要的是人力资本理论。这种划分体现了知识管理的内在发展规律，也反映了知识管理的内容构成，是一种比较科学的划分方法②。

国内外学者对知识管理概念的认识分为两个阶段：定义描述阶段和分类总结阶段。第一阶段，国内外有关专家和学者从技术的角度、控制论的角度和战略的高度给知识管理下了上百种定义。例如，“Software Magazine”将知识管理定义为：“对数据间关系的理解”；知识管理专家Y. Mathotra认为知识管理实质是“信息技术处理数据与信息的能力以及人们创造和创新的能力有机结合的组织过程”；信息学专家乌家培教授认为“知识管理是信息管理的延伸，是信息管理发展的新阶段，是将信息转换为知识，并用知识提高特定组织的应变能力和创新能力”。第二阶段，针对纷乱复杂、各种各样的定

① 和金生，熊德勇. 知识管理应当研究什么［J］. 科学学研究，2004（1）：70-75.
② 储节旺，周绍森，谢阳群. 知识管理概论［M］. 北京：清华大学出版社，北京交通大学出版社，2006.

义，国内外学者又试图将其总结与归类。从这点我们不难看出其中的共性及反映的问题。首先，复杂多样的定义说明人们对知识管理的认识仍未统一；其次，知识管理的定义呈现多样化，说明知识作为一种重要的生产要素在经济发展中的作用日益增长；再次，知识管理是科学和技术的结合；最后，知识管理在国内外呈现不同的特点①。

(二) 三阶段划分法

国内学者将知识管理划分为三个阶段：①办公自动化阶段，主要是对文档进行自动化管理。有了 IT 发展，才有了知识管理的发展。②将知识管理和流程结合，其特征是人员+流程+文档。③定位的改变，知识管理是战略投资，是价值生成；从管理内容到管理观念（行动）；目标从管理成本到提升获利能力；过程管理的变革提升 KM 价值，关键业务的管理促进 KM 行动。知识管理的研究范围也进一步拓展。

国外一些学者对知识管理研究进行了划分，也分为三个阶段：20 世纪七八十年代的以个体知识为核心的时期、20 世纪 90 年代到 2000 年的以群体知识为核心的时期和目前的第三代知识管理时期。第三代知识管理是：发展评估框架和方法的标准、测量知识、智力资产和其他资产的体系，包括双循环学习；分析知识系统的投资和成本；用现代技术转移显性知识；将知识管理应用到社会生活中②。

(三) 四阶段划分法

迈克尔·厄尔认为知识管理的演变经历了四个时期：①20 世纪 90 年代初战略管理：认为知识是"创新的源泉"和"竞争力的必备条件"。②第二个时期，一些旧的 IT 理念和某些培训计划被包装成"知识管理"活动，无论就理论或实践而言都不成系统。③20 世纪 90 年代末，知识管理进入第三个时期，即技术主导时期。企业内联网、门户网站和搜索引擎等主宰着有关知识共享的思维。④现在人们认识到：一方面在产品创新、流程改进、战略决策以及客户关系等方面，知识确实能够成为竞争优势的来源③；另一方面，人们也承认企业内部的知识尚未得到妥善管理。

(四) 对中国知识管理阶段划分

中国知识管理的研究最开始是从两个方向去研究的：一是偏技术角度，从人工智能、专家系统这个角度研究知识管理；二是偏内容角度，更多的是从组织行为学的角度、管理思想的角度、知识资源的角度来进行研究。发展阶段先后经历了 20 世纪 90 年代末期的理念导入阶段、2000—2003 年的技术导入阶段，目前正处于大规模的内容开发阶段，并即将进入全面的整体应用阶段。

三、知识管理理论四大主要流派

至今为止，国内有专家对国外学者们的知识管理研究做了前期探索性的归纳，认

① 朱晓峰. 知识管理研究综述 [J]. 情报理论与实践，2003 (5)：406-408.

② 储节旺. 国内外知识管理理论发展与流派研究 [J]. 图书情报工作，2007，51 (4)：80-83.

③ 厄尔. 首席知识官的使命：让自己失业. [2006-12-26]. http://finance.sina.com.cn/leadership/jygl/20050311/12461423109.shtml.

为目前对知识管理的定义五花八门，但其理论流派大致可分为三大学派，即技术学派、行为学派和综合学派。在当今社会提倡创新发展的多元化时代，应当尝试性地将上述较为笼统的综合学派按照社会功能的不同区分进而明确地细分为两个学派，即经济学派和战略学派。知识管理理论流派大致就可分为技术学派、行为学派、经济学派和战略学派四大学派。

(一) 行为学派

一般而言，行为学派的知识管理（包括理论研究和实践活动两个方面）主要侧重关注发挥人的能动性，关注对人类个体的技能或行为的评估、改变或是改进过程，热衷于对个体能力的学习、管理和组织方面进行研究，认为知识等于过程，是一个对不断改变着的技能的一系列复杂的、动态的安排。该学派主要代表人物瑞典卡尔·斯威比博士则把知识定义成一种行动的能力，即强调知识是动态的，甚至明确提出“知识不能被管理”，“不利用信息技术也可以实施成功的知识管理”等。

与此同时，该学派的另一个主要代表人物日本管理学教授野中郁次郎博士则强调了隐含知识的重要性。他系统地论述了关于隐含知识和外显知识之间的区别，为我们提供了一种利用知识创新的有效途径，“知识创新并不是简单地处理客观信息，而是发掘员工头脑中潜在的想法、直觉和灵感，并综合起来加以运用”，野中郁次郎还针对西方的管理人员和组织理论家提出了一些质疑，并提出了知识创新的共享环境即“场”的概念。这些都是非常典型的关注发挥人的能动性的真实思想写照。这方面例子不胜枚举，其主要例子还包括古代中国传统意义上的师徒相授方法等。可以说，由该学派的思路拓展，揭示了知识秘密，指明了知识方法。

(二) 技术学派

技术学派的知识管理主要侧重关注借助技术的效率，关注信息管理系统、人工智能、重组和群件等的设计和构建，认为知识是一种企业资源，是一种物质对象，并可以在信息系统中被标识和处理，即可以被管理和控制。上述观点主要在美国由信息技术发展而来。其中，托马斯·H. 达文波特认为知识是结构性经验、价值观念、关系信息以及专家见识的流动组合。知识为评估和吸纳新的经验和信息提供了一种框架。知识产生于并运用于知者的大脑里。但在组织机构里，知识往往不仅仅存在于文件或数据库中，也根植于组织机构的日常工作、程序、惯例及规范中，可以通过计算机和网络进行编码、存储和传播。“数据—信息—知识”的递进概念，使得知识管理与信息管理紧密相关，信息技术在其中起到很大的作用。其典型做法曾一度盛行于美国的泰勒主义的知识管理方法和实践活动（以信息技术为主的知识管理项目）。诚然，在当今社会中，有关行业尤其是高技术企业若果真离开了信息技术的帮助，其工作效率无疑会大打折扣。

该学派主要代表人物是美国波士顿大学信息系统管理学教授托马斯·H. 达文波特，基于他所提出的再造的学术思想，他在知识管理的工程实践和知识管理系统方面作出了开创性的工作，他所提出的知识管理两阶段论和知识管理模型，是指导知识管理实践的主要理论。另外，托马斯·H. 达文波特的再造思想，就是要利用信息技术来摧毁旧式官僚体制和流于书面形式的管理体制。可以说，由该学派的思路拓展，冲击了知识垄断，减少了知识障碍。

（三）经济学派

经济学派的知识管理主要侧重关注求得经济的效益，即如何更好地取得优势利益。经济学派在美国主要由技术学派的部分学者，从侧重关注技术层面开始转向侧重关注资源经济而演化来，并最终有别于技术学派发展着，其重要特点是结合了行为学派的部分观点，如隐含知识的观点和隐含知识可以部分地向外显知识转化的观点。

该学派认为，知识管理其实只是观察商业世界的一种方式。它帮助认识谁和什么是公司真正的资源。正如企业的设备、机器、资金和人力资源，企业的知识资产也同样需要管理以取得最大的投资回报。基于知识的企业理论，经济学派作为其中的一个分支流派，近年来受到越来越多的关注。哈佛大学的学者们认为，当前的企业管理已经进入第六个阶段，即全球化和知识化的阶段。在这个阶段，持续成长成为管理的目标，知识管理成为管理的主题。无论是在软件、网络这样的智力密集型行业，还是在钢铁、石油这样的资本密集型行业，知识的创造、传播、共享和利用，都是企业保持持续竞争优势的关键，许多著名的大公司都已经设立了 CKO 的职位。基于知识的企业理论认为，知识的传递和转化能够为企业创造出卓越的价值，是企业持续竞争优势的来源。该学派主要代表人物仍是达文波特，他在 1998 年曾指出：“知识管理真正的显著方面分为两个重要类别：知识的创造和知识的利用。”

该学派另一个主要代表人物是托马斯 · A. 斯图尔特，他在自己所写的《“软”资产》一书中提出：在企业所拥有的所有资产中，最重要的是“软”资产，例如技能、能力、专业经验、文化、忠诚等，这些都是知识资产（智力资本），它们决定着企业是否能够获得成功。可以说，由该学派的思路拓展，营造了知识经济，认清了知识财富。

（四）战略学派

博格、顿肯和佛里德曼的研究表明：20 世纪 80 年代初期，50%的联盟企业在合作过程中是为了获取对方知识，因此把这类为了转移和学习知识的联盟称为“知识联盟”。另外，我国学者也从战略研究的角度出发归纳提出了 10 种知识战略：

（1）个人之间的知识转移；

（2）个人向外部结构的知识转移；

（3）从外部结构到个人的知识转移；

（4）从个人能力到内部结构的知识转移；

（5）从内部结构到个人能力的知识转移；

（6）外部环境之间的知识转移；

（7）从外部结构到内部结构的知识转移；

（8）从内部到外部的知识转移；

（9）内部结构之间的知识转移；

（10）使价值创造最大化。

台湾学者陈建志对上述知识管理研究的学派进行了归纳，如表 6-2 所示①。

表 6-2 知识管理研究流派及其观点

学派	分支学派	关注焦点	实现目标	IT 主要贡献	管理哲学
技术学派	系统学派	技术	知识库	知识库系统	编码
	地图学派	地图	知识目录	目录	联系
	工程学派或流程学派	流程	知识流	共享知识库	能力
经济学派	商业学派	收入	知识资产	智力资产注册和处理系统	商业化
行为学派	组织学派	网络	知识池	群件、内部网	合作
	空间学派	空间	知识交换	获取和表现工具	密切联系
	策略学派	思想库	知识能力	折中（各种科技、系统工具的混合）	意识

由于知识管理本身是战略管理其中的一项具体内容，因此从战略管理的认识论基础上来重新审视知识管理，而不是单纯地仅从技术、行为或者经济的角度来考量，并结合应用当代跨科学研究的最新成果。灵活利用各种立体思维、交叉科学和技术融合的方法，必将为知识管理更深入的理论研究和有效指导具体的实践活动开辟新天地，拓展新方向。

第三节 知识管理战略

对知识管理战略的研究最早可以追溯到 Poanyi（1966），他将知识分为“显性知识”（Ex plicit）和“隐性知识”（Tacit）。之后大量的学者对知识管理战略进行了研究，Bierly 和 Chakrbarti（1996）根据组织学习的知识来源，把知识管理战略分为内部学习（Internal Learning）、外部学习（External Learning）。知识的来源有可能在企业内部，也有可能来自企业的外部（Zack 1999）。当组织员工在组织内部创造并传递新的知识时，称为“内部学习”。而当组织通过向外部获取或模仿，从而使知识传递进入组织内部时，称为“外部学习”（Bierly，Chakrbarti 1996）。Zack（1999）根据企业对知识的使用情况把知识管理战略分为知识创造（Exploration）和知识利用（Exploitation）。当企业处于一个知识密集程度很高的行业中，并且竞争对手拥有更多的知识时，企业必须加强知识管理的水平才能赶上竞争对手。为了适应行业中知识的迅速变化，企业必须创造更多的知识，即为“知识创造”。当企业所具有的知识资源和能力明显地超过了竞争对手时，企业可以利用行业内或者跨行业的知识，即“知识利用”。Hansen 等

① 陈建志. 组织知识管理文献初探.［2006-12-11］. http://joung. im. ntu. edu. tw/teaching/seminar/PhD_forum2004f/11-26/KM%20Introduction%20for%20NTU%20PHD%20seminar. ppt. 2004-11-2.

(1999) 学者通过对国际上大型的咨询公司研究发现，一些咨询公司倾向于把知识仔细地编码并储存到数据库中，使公司任何员工都能容易地获取和使用。这种知识管理战略被命名为“编码化”（Codification）战略（Hansenet1al 1999）。编码化战略的实质是强调对显性知识的规范化管理。同时，Hansen 等的研究还发现，还有一部分咨询公司认为知识和人不可分割，鼓励员工通过相互交流来分享知识，在这些公司里，电脑更多用来交流知识，而非储存知识。这种知识管理战略即为“个人化”（Personalization）战略（Hansen et1al 1999）。与编码化战略相对，个人化战略的实质是强调对隐性知识的管理。要依赖于电脑技术（Haesli，Boxall 2005），对企业现有的知识进行存储（Hansenet1al 1999；Tippenset1al 2003），并随时供需要知识的员工访问提取，以便于员工正确地理解信息，有助于显性知识的传递和转移（Tippenset1al 2003）①。

一、知识管理战略的概述

知识管理战略是知识管理的主要部分。战略管理的一个基本命题是通过资源的最优配置来创造竞争优势。如果把战略决策作为战略管理过程的产出，那么它一定有特定的投入。由于对战略管理过程中不同的投入要素的重要性认识不同，形成了两大战略观点：资源观和市场观。资源观认为企业的成功主要取决于企业独特的稀缺资源，而市场规则认为企业的成功主要取决于企业是否能够在一个有吸引力的行业中占据有力的竞争位置。战略的资源观和市场观都是知识管理战略研究的基础，但相对而言，知识管理战略研究从资源观中得到了更多的理论支持，知识作为企业最重要、最有价值的战略资源和资产已经成为学术界和企业界的共识。

（一）知识管理战略的定义

企业的知识管理战略是指企业根据总体发展战略，为实现知识管理的目标而采取的一系列行动和计划。其前提是将知识作为企业的核心资源，从战略上加以审视，把企业生产经营活动和管理工作的重心放在管理企业的知识资源、生产知识型产品或提供富有知识含量的服务上，以创造价值并增强核心竞争力，获取持续竞争优势。就知识管理战略的内涵而言，目前知识管理研究者还未达成共识。譬如，赞克认为，知识战略是一种平衡知识资源和知识处理能力的方法，其目的是以一种超越竞争对手的方式为企业的顾客创造或开发产品；科恩和莱温塔尔认为，知识管理战略在资源观的框架内可以视为一种全面的变化过程和组织变革形式，它通过新知识的创造、传播和应用实现组织创新；西莱和迪克里克认为，知识管理战略是一种特别行动计划，包括在某一特定时期将知识管理根植于组织中的活动；许晓明和龙炼认为，知识管理战略就是通过获取、传递和使用知识为企业创造效益的决策；等等。从表面看，上述学者对知识管理战略的理解的差别很大，深入研究，他们的观点还是存在很多共性。

一般意义上的知识管理战略是指在知识经济条件下，以企业内外部的知识作为最重要的资源进行管理的一系列战略、策略和管理方法的集成，其目的是提高组织的知

① 杜维，司有和，温平川. IT 能力、知识管理战略与绩效：环境的影响［J］. 科研理，2010（1）：9-25.

识创新能力，形成并保持企业的核心竞争力，最终实现企业的价值。知识管理战略是应用战略管理理论研究知识管理问题的产物，是组织知识管理实践与组织总体战略接轨的结果。结合战略管理研究成果，知识管理战略是为了塑造组织的核心竞争力和提升组织的竞争优势而选择和实施的一系列整合的知识的管理规划和行动。在此，塑造核心竞争力和提升竞争优势是知识管理战略要实现的目标，知识管理规划与行动是实现知识管理战略目标的手段。

（二）知识管理战略的目标

知识管理是指通过对企业知识资源的充分开发和有效利用，以提高企业创新能力，从而提高企业价值创造能力的管理活动。企业引入知识管理战略的最终目标是增强企业在知识经济时代的核心竞争力和持续竞争优势，以支持其总体发展战略目标的实现。但作为一项以企业知识资源为对象的管理实践，企业的知识管理战略也有其特定的具体目标。这些具体目标主要包括①：

（1）建立一个企业创造和开发、交流和共享、整合和内化知识的战略决策，在企业各方面力量的配合下实施知识管理战略，并对这一战略进行经常性评价。

（2）了解和熟悉本企业的生存与发展环境及企业自身的发展特点与要求，尤其是企业内部的知识要求。

（3）建立知识网络和营造促进知识学习、知识积累、知识共享的环境，进行知识交流与共享责任的宣传，培养员工知识交流与共享的意识，并激励员工的知识创新与应用。

（4）监督和保证知识内容的质量、深度、风格与企业的发展战略一致，并与企业的业务要求相适应。

（5）促进知识的评估、利用和交流共享，保证企业知识的生产以及知识资源的积累和扩大，充分融入产品或服务及其生产过程和管理过程之中。

（6）提高员工整体素质，实施员工满意度战略，体现人力资本，促进员工的数据信息处理能力、创新能力、工作技巧和合作能力。

（7）创造适宜的条件与环境，充分开发和有效利用企业的知识资源，进行以创新为目的的知识生产，积累和扩大企业的知识资源，提高企业的生存竞争能力，适应知识经济的产品智能化。

（8）检测和评估知识资产的价值并有效实现知识价值的科学转化，利用知识改善企业的日常经营过程和在企业生产过程中推进知识的充分利用。

（9）组织知识管理活动。

当然，上述目标是针对一般企业的知识管理战略而言的，对于特定的行业和企业，对于特定的知识管理活动和项目，其知识管理战略的具体目标可能还会包含很多其他方面的内容。

---

① 霍国庆，等. 企业知识管理战略［M］. 北京：中国人民大学出版社，2007.

（四）知识管理战略的过程

将知识作为企业经营的特殊资源、核心竞争力的基础和竞争优势的根本来源，用知识的观点重新观察和解释企业的结构和行为，就形成了企业的知识管理战略思想。企业战略管理既是思想又是行动。企业在了解了知识管理对于创造和保持竞争优势的战略意义及实施知识管理战略的目标之后，关键的问题就是如何引入知识管理战略。对很多企业来说，知识管理战略的引入并非一朝一夕之事，往往还可能会引起企业内部的巨大变化。企业引入知识管理战略的过程一般包括以下几个关键环节①：

1. 确定包含知识因素的企业总体发展战略

确定企业的总体战略发展和职能，是企业战略管理的核心内容。知识管理战略需要与企业的总体发展战略和职能协调一致；否则，皮之不存，毛将焉附？脱离了企业的总体发展战略，知识管理战略就会丧失支持知识创造、共享、应用和再创造、再利用的关键性促进力量，进而会丧失其生存和发展的基础。因此，知识管理战略是企业的总体发展战略的重要组成部分。安永公司提出了一种知识管理战略与企业总体战略间的关系图，如图 6-1 所示：

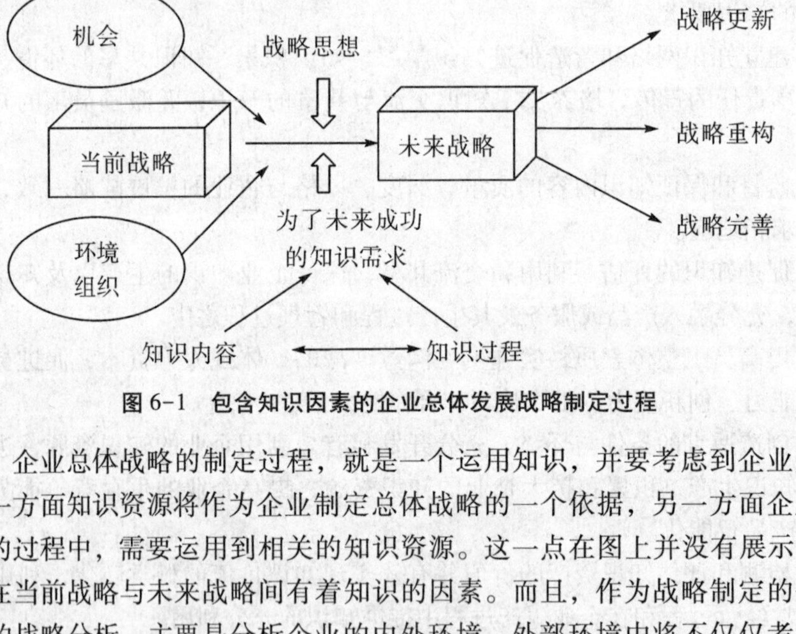

图 6-1 包含知识因素的企业总体发展战略制定过程

第一，企业总体战略的制定过程，就是一个运用知识，并要考虑到企业知识资源的过程。一方面知识资源将作为企业制定总体战略的一个依据，另一方面企业在制定总体战略的过程中，需要运用到相关的知识资源。这一点在图上并没有展示出来，它只是说明在当前战略与未来战略间有着知识的因素。而且，作为战略制定的一个重要组成部分的战略分析，主要是分析企业的内外环境，外部环境中将不仅仅考虑到企业所面临的机会，也必须分析其所面临的威胁与挑战。另外，环境与组织是应该分开来表示的，而且机会是环境中的。

第二，在当前战略与未来战略中，知识管理扮演着重要的角色。一方面它将对现行战略的效果进行审视；另一方面它将为未来战略的制定提供方法，同时它也是战略实施中所需要运用的资源。这些内容都未在图中有效地显示出来。

① 汪克强，古继宝. 企业知识管理［M］. 合肥：中国科学技术大学出版社，2005.

2. 确定企业的知识管理战略

完整的知识管理起始于战略而非知识。在企业总体发展战略的框架下，确定企业的知识管理战略，是企业实施知识管理的前提和关键环节。该环节既决定了企业的知识管理战略能否有力地促进并服务于企业总体发展战略的实现，又从根本上决定了知识管理战略能否得到有效的实施。其核心是企业根据外部环境、内部条件和自身的总体发展战略，发现并捕捉知识管理的机会，提出、评价、选择和确定企业实施知识管理活动的总体规划和战略方案的过程。它必须包括企业的知识获取、共享与利用目标、活动计划及措施、资源分配及效益，以及相关人员的责任及其测评体系等，至少必须明确以下几个方面的内容：

（1）为什么要进行知识管理？

（2）知识管理的目标与愿景是什么？

（3）如何推动知识管理？

（4）谁来推动知识管理？

该环节的一项重要工作是知识管理导入前的自我认知。企业通常可采用问卷调查、访谈咨询、外部标杆对比等方式，确定自己的知识状况、知识能力和知识管理的需求与应用。很多企业意识不到这项工作的重要性，以致影响了知识管理的效果。通过对家企业的个知识管理项目的研究发现，从知识库、知识通道、知识环境、知识资产四个方面，可以确定企业知识管理的需求和应用。

因此，在这一环节中，企业要基于知识对外部环境和内部资源进行分析，从而明确自身在知识方面的竞争优势和劣势，发现企业所面临的机会与威胁。在此基础上，还要利用分析法选择知识管理战略的类型，并界定企业知识管理的职能。关于这一过程所涉及的企业知识管理的环境、企业的知识资源、知识管理战略的类型和职能，我们将在随后的三章中分别深入讨论。

3. 实施知识管理战略

确定了企业的知识管理战略以后，管理层和执行层就要开始在企业内部组织实施这一战略。知识管理战略的实施，是企业知识管理活动的主体。其过程不仅涵盖了企业的知识构建、共享、创新、整合、应用与运营、评估与审计等知识管理运行体系的各个环节，而且还必须同时有赖于企业在组织结构、文化和技术平台等支撑体系的各个方面做出适当建构与调整。这两个方面实际上就构成了企业知识管理战略实施的整体活动。本书的第二部分和第三部分正是分别围绕着这两个大的范畴来研究和探讨企业知识管理活动中的诸多问题，所以，这两部分实际上就是重点研究和讨论企业知识管理战略的实施问题。值得强调的是，企业在实施知识管理战略时，应从企业的实际状况和需要出发，有重点和有选择性地逐步进行。在此过程中，要注意以下问题①：

（1）知识管理战略涉及企业的各个方面，仅仅依靠某一方面是不能解决根本问题的。

（2）知识管理最核心的要素仍然是人，而不是知识，更不是技术基础设施。

---

① 安妮·布鲁金. 企业记忆 知识管理战略［M］. 赵晓江，译. 沈阳：辽宁教育出版社，1999.

（3）实施知识管理战略的过程中肯定会遇到或多或少的阻力，最大的阻力可能是不喜欢或不愿意适应新环境的管理者或员工，此时战略实施者要对他们进行教育和培训，全体员工的共识是知识管理战略成功实施的基础。

（4）不能完全从利润角度衡量实施知识管理战略的价值，知识管理很大的价值是无形的，或者在短期内是无法简单地以利润形式反映出来的。

由此可见，知识管理战略的实施不仅涵盖了企业知识管理系统运行的全过程，而且涉及企业组织结构、文化和技术基础设施等知识管理的各个支撑要素。

4. 知识管理战略的评估与改进

对知识管理战略进行分析和评估，是企业在知识管理战略实施前、实施过程中与实施后都必不可少的重要环节。通过分析和评估，企业及时发现知识管理的薄弱环节、出现的偏差及存在的主要问题，以便改进，使之更好地帮助企业适应社会和市场变化的需要，为企业创造可持续的竞争优势。另外，知识管理战略的实施不是一个静态的概念，企业面临的外部和内部环境是不断发生变化的，任何一种知识管理战略对于企业发展的不同阶段并不一定是最优的，这就要求企业树立持续改进的思想，不断地问自己两个问题，即“我们做得如何?”和“我们做得对吗?”前者能够让企业不断改进知识管理战略的实施，后者赋予企业知识管理战略学习未来的内涵。

知识是企业获得竞争优势的源泉。当原有的市场开始衰落、新技术突飞猛进、竞争对手成倍增长、产品生命周期大大缩短的时候，只有那些持续创造新知识和新技术，并迅速开发出新的产品和服务的企业才能成功。知识创新战略是指企业通过知识管理，在知识获取、处理、共享的基础上，不断开展创新活动，追求知识创新和技术创新，并将新知识和新技术及时应用到企业的经营管理活动中，推动企业核心竞争力的不断增强，使企业获得持续竞争优势。

二、知识创新战略

（一）知识创新战略概述

实施知识创新战略的核心任务是持续创新，目标是建立知识创新型企业。知识创新是随着知识经济的兴起出现的新概念。艾米顿（D. M. Amidon. 1993）将知识创新定义为：“通过创造、演进、交流和应用，将新的思想转化为可销售的产品和服务，以取得企业经营成功、国家经济振兴和社会全面繁荣”。在我国，中国科学院院长路雨祥院士等认为知识创新的目的是追求新发现、探索新规律、创立新学说、创造新方法和积累新知识。

知识创新的战略研究目前尚处于起步阶段。1997 年，艾米顿在其专著《面向知识经济的创新战略——认识的觉醒》中阐述了知识创新战略。我国也有部分学者认为，在知识经济时代，企业战略管理的范式正在发生变化，知识创新应该是企业战略的主要组成部分，还有人提出了企业战略的知识维度结构：在实施知识创新战略方面，有观点认为企业知识管理的策略分为显性化策略、隐性化策略和综合化策略。

对于企业而言，知识创新是技术创新的基础，是企业知识管理活动的重要环节。

由于知识创新在企业中的重要地位，知识创新战略也因此成为企业战略体系中的重要组成部分。尽管如此，知识创新战略的研究还停留在起步、发展阶段，鲜有文献从战略的高度来探讨知识创新的目标及其实现形式①。

（二）知识创新战略的知识转化过程模型

知识是怎样进行转化的是知识转化模型研究的核心内容，在知识创新活动模型的基础上进一步探究知识创新的本质内涵，这些模型大多集中在不同知识形态的转化与使用上。知识经济时代是创新的时代，持续不断的知识创新是企业持续发展的原动力。从知识形态的角度讲，知识创新都是显性知识与隐性知识的转化过程。显性知识是指正式和规范的、客观有形的、可以清晰地表述、完整地向他人传递的知识。隐性知识是复杂的、隐含的、高度个体化、难以形式化或沟通的、难以与他人共享的主观知识。关于知识的创新模式，最著名的模式是野中郁次郎提出的 SECI 模型。野中郁次郎基于对显性知识和隐性知识及其相互作用和促进的深入认识，尤其是显性知识、隐性知识在知识的转化、运用和创新中的相互联系，提出了 SECI 模型。在该模型中，知识创新分为四种模式（见图 6-2），即社会化、外化、整合化和内化。

- 社会化（Socialization）是隐性知识转化为新的隐性知识的创新模式。
- 外化（Externalization）是隐性知识转化为显性知识的创新模式。
- 整合化（Combination）是把显性知识转化为更加复杂的、系统化的显性知识的知识创新模式。
- 内化（Internalization）是把显性知识转化为隐性知识的创新模式，是显性知识在整个企业内部得到共享，并被员工吸收而转化为个人隐性知识的过程。

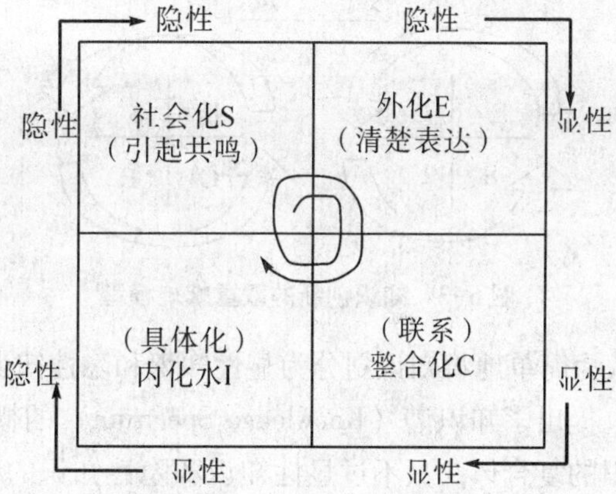

图 6-2 SECI 过程模型

在企业中，显性知识只是整个企业知识的冰山一角，大量的知识是以隐性知识的形式存在的，企业的创新能力很大程度上依赖于隐性知识的创新，因此如何实现知识的社会化、外化对于一个企业来说是非常重要的。采用人文战略能够创造有利于隐性

① 王能元，霍国庆，谭大鹏，等. 企业知识创新的战略目标及模式分析［J］. 图书情报工作，2005（2）：17-22.

知识传播和共享的环境，从而促进知识社会化。例如，变革企业组织结构，使金字塔式组织结构向扁平化转变；建设能够使企业员工进行交流的设施与环境，每个员工可以自由地约任何人进行谈心，交流思想；建设学习型企业文化，在企业内倡导个人学习和组织学习等都是有效的人文管理战略；再通过隐喻、类推、丰富的语言想象、故事、可视化工具、模型、图标等技术和手段实现知识的外化。同时，在知识社会化和外化的过程中也不能忽视系统战略的作用。例如，充分利用视频会议、组件（组件指的是当人们距离很远的时候帮助人们一起共同工作的程序）、企业内部网的聊天系统、虚拟现实技术等来促进隐性知识交流、共享和传播。

知识创新的 SECI 转化模型提出后，其理论得到了国际学术界的广泛接受和承认，许多学者对其进行了进一步的研究和阐述。Scharme 通过对知识创新的最终源泉和驱动力的研究认为，隐性知识可以细分为两种类型：物化的隐性知识和自我超越的知识。野中郁次郎和竹内结子在显性知识和隐性知识相互转化的四种模式基础上，把原有的 SECI 概念分解成两个部分，即 SECI1 显性知识和物化的隐性知识的相互转化和 SECI2 显性知识和自我超越的知识的相互转化，SECI1 过程是显性知识和物化的隐性知识的相互转化：物化的隐性知识到物化的隐性知识；物化的隐性知到显性知识；显性知识到显性知识；显性知识到物化的隐性知识。SECI2 过程是显性知识和自我超越的知识的相互转化：自我超越的知识到自我超越的知识；自我超越的知识到显性知识；显性知识到显性知识；显性知识到自我超越的知识。知识在三种类型的知识之间相互转换成为知识创新的源泉。这样，知识创新在野中郁次郎和竹内结子的知识螺旋的基础上提出了知识创新的双重螺旋模型（如图 6-3 所示）。

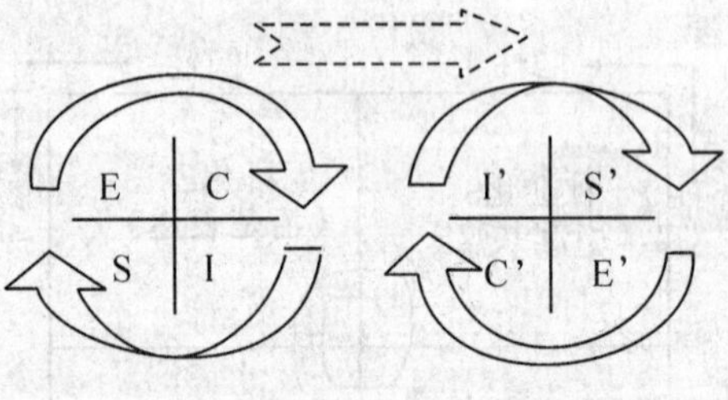

图 6-3 知识创新的双重螺旋模型

Hall 和 Andriani 认为简单地将知识划分为显性知识和隐性知识是不合适的，为此他们借鉴了光谱的概念，提出了知识谱（Knowledge Spectrum）的概念，认为企业知识都是显性知识和隐性知识的复合体，只不过显性知识和隐性知识的构成百分比不同而已，知识创新过程是不断从隐性知识的极端即纯隐性知识到显性知识的极端纯显性知识的不断发展和进化过程，因此存在着无数的复杂的转化过程。在对知识的类型及转换机制的研究中，Knowledge Research Instuite 提出了知识创新的演化过程模型，从知识的进化角度来研究知识创新的过程（见图 6-4），主要内容包括知识的类型、按低层次到高层次的表现形式及知识的进化路径和轨迹。认为知识创新是知识的不断演化过程，提出了一个知识演化的模型，在模型中将知识按其演化的进程划分为五个部分，知识的层次分别为个体的隐性知识、愿景和范式知识、系统化和方法论的知识、制定决策的知识、自动化的程序知识。知识的创新正是经历了一个过程，在个人的隐性知识开始到企业的程序化知识之间不断地进化。

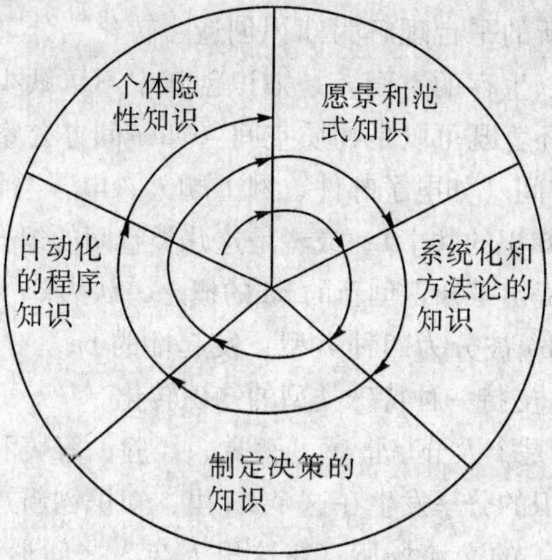

图 6-4 知识演化图

Von Krogh 和 Grand（2001）提出的知识转化模型中认为，新创建的知识与公司现存的规范标准之间存在一个内在的固有的矛盾，一方面，为了易于被理解接受，以及为了获得更多的支持，新知识必须与原有知识基础和价值标准相联系；另一方面，新知识具有与生俱来的新颖性，因而将对企业现有的规范标准提出挑战，使合理的知识创新能够得到发展。因此，新知识的不断创建必然使得公司接受新知识，标准、范例必须不断地进行更新和发展（如图 6-5 所示）。合理性的标准范例包括显性的知识标准、企业的知识战略计划、价值观和标准三个方面。范例通过拒绝或接受新知识指导着知识创新的方向和目标，同时受到新知识的冲击，两者相互在矛盾中进行知识的转化与发展。

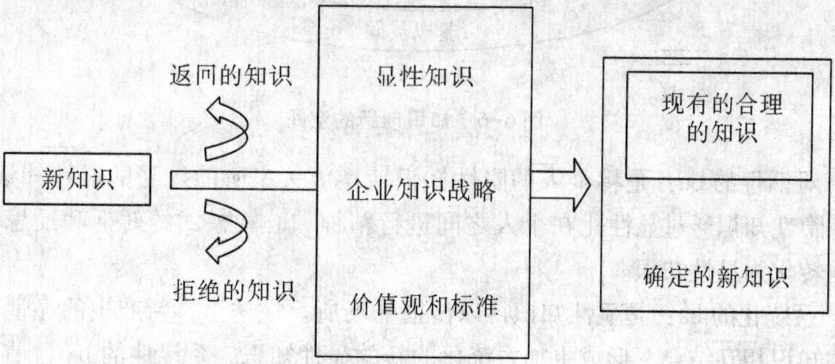

图 6-5 知识创新的合理性证明过程

总结以上这些模型后我们发现，它们的共同点是对知识创新的研究都是从过程的角度来进行的，本质上认为知识创新是一个知识的转化过程。知识的转化包括个体之间的隐性知识转化、个体与群体之间的流动转化、个体知识向企业层次的知识转化、群体之间的流动转化、群体与企业层次之间的流动转化以及企业内部与企业外部之间的流动转化等方面，这些部分是知识创新过程的有机组成部分，知识创新过程从个体开始，经群体和企业，最终向企业外部流动。

(三) 知识创新的空间模型

我们可以将知识创新的平台理解为知识创造、转化、分享和使用的一个企业工作环境，是知识创新其赖以生存的空间，是知识创新中不可缺少的场所，是新知识赖以产生的平台。这个背景环境既可以是物质空间（如一间办公室、商业场所或运动场所等），也可以是虚拟的空间（如电子邮件、网上聊天、电子会议等），还可以是精神空间（理想、经验和观点知识的共享），或者是这几类空间的组合（如图 6-6 所示）。

野中郁次郎等首先提出了知识创新的 ba 的概念，认为 ba 是知识创新过程中不可缺少的场所，知识创造的 ba 被分为四种类型：发起性的 ba，对话性的 ba，系统化的 ba 和实验的 ba。每一种 ba 支持一种特殊类型的知识转化。

(1) 发起性的 ba：是个人分享情感、感觉、经验、审美和想象的场所，知识螺旋的第一阶段，即隐性知识的分享发生在这个 ba 里，知识创新过程从这里开始。发起性 ba 是一种精神和心智模式的交流场所，在这里人与人之间形成了信任、友情、关爱，同时他们之间通过对未来的憧憬进行交流，个人的想象力在此得到了充分的释放，新知识的萌芽从这里开始。

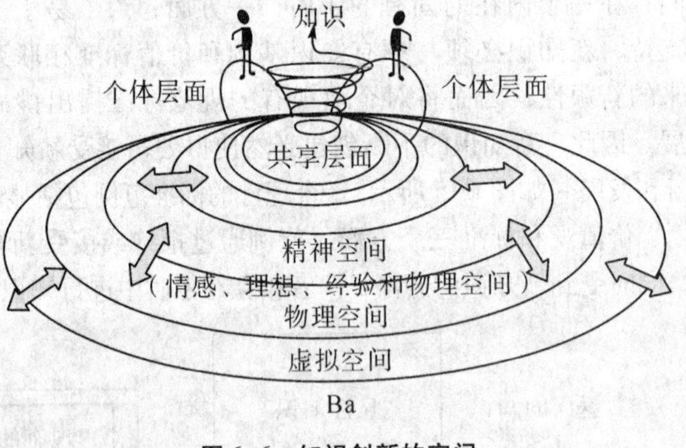

图 6-6 知识创新的空间

(2) 对话性的 ba：是将个人的隐性知识转换成大家所能接受的显性知识的场所。在这里，隐性知识通过显性化在个人之间进行精神和心智模式的对话和反思，隐性知识不断地转化为显性知识。

(3) 系统化的 ba：是显性知识得以传播的场所。在这里，新产生的显性知识与已有的显性知识相互结合，形成更加系统化的新的显性知识。系统性的 ba 目前需要信息技术的强有力支持。

(4) 实验的 ba：是使显性知识转换为隐性知识的场所。主要是通过实际的操作和行动来实现的，是一种“干中学”的过程。

Scharmer（2001）更注重于对隐性知识的获取，认为为了更好地捕捉隐性知识，使该种知识得到考虑和实现，企业只有创建平行的领导和学习结构，增加聆听和述说的逻辑场，才能更有效地接近潜在的自我超越的知识，这就需要一个逻辑场的特殊质量，该种知识才能得到考虑和实现。知识创新的场所包括四个逻辑场，分别为融洽的对话、生成的对话、反映的对话和粗暴的对话，每一个逻辑场都为隐性知识创新和转化过程提供了精神空间。

日本学者野村（2002）针对知识创新的工作环境，结合企业实践的角度提出了360°的ba的设计模型（见图6-7），认为ba的设计必须充分考虑三个方面：一是知识创新战略。ba应当依据企业的知识创新战略来进行设计，因为企业竞争优势的源泉来自于知识的创新。此外，知识战略和知识需求的目标对于参与者必须是清晰明确的。二是参与者的工作方式。ba的设计应当按照参与者的工作方式进行设计。由于每个知识工人都无意识地用他们自己的方式去创造新知识，因此创建多种类型的ba对于促进知识工人之间的内部交流和沟通是非常必要的。三是综合多种因素。ba的设计不仅仅只是去建立特殊的部分，比如IT系统或者物理场所，而应当将公司的计划、结构的改革和人力资源参与综合考虑进行设计，野村从IT观点、工作空间观点、人和组织观点与过程观点四种角度对其进行了总结。

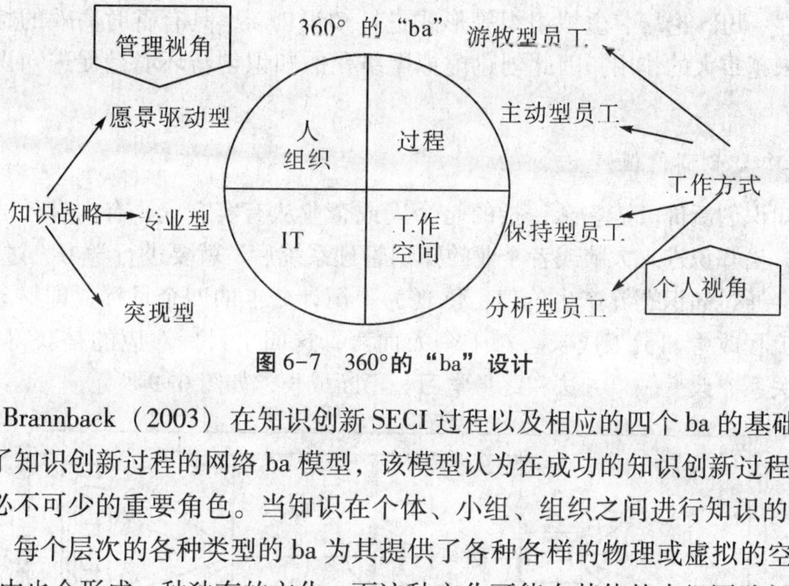

图6-7 360°的"ba"设计

Malin Brannback（2003）在知识创新SECI过程以及相应的四个ba的基础上，经过改进提出了知识创新过程的网络ba模型，该模型认为在成功的知识创新过程中，ba扮演了一个必不可少的重要角色。当知识在个体、小组、组织之间进行知识的SE-CI转换过程中，每个层次的各种类型的ba为其提供了各种各样的物理或虚拟的空间，各种各样的ba中也会形成一种独有的文化，而这种文化可能在其他的小组团队间难以被接受，这就会给参与各种ba的成员和小组间的知识共享与创新造成障碍。因此，ba之间联结必须引起重视，建立网络ba，从而在各类ba之间建立通道，这种通道从某种意义上来说也可以说是一种ba，用来促进个体、小组之间的合作和共享，将会对知识创新的成功提供重要的支持。如图6-8所示，其中A表示个体间的ba，B代表小组间的ba，C代表企业间的ba。

另外，Mireille Merx-Chermin和Wim J. Nijhof在2005年提出了一个知识创新影响的框架模型，对知识创新的影响进行了研究，认为创新知识的预期价值、领导、组织氛围、组织结构、战略导向等因素对知识创新有重要的影响，并就组织应创设怎样的环境进行了分析。信息技术的发展对知识创新产生着重要的影响，为此Sharman Lichtenstein和Craig M. Parker（2006）提出了电子网络环境下的知识创新模型，通过网络

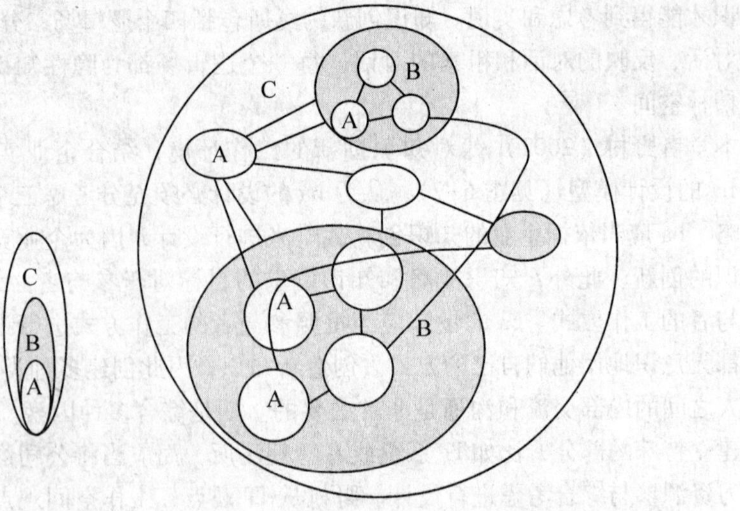

图 6-8　网络 ba 模型

的电子邮件、BBS 论坛、虚拟组织等形式进行知识创新，具有省时高效的特点，并且将发挥越来越重大的作用，因此创建虚拟网络化的知识创新环境是促进知识创新的有效途径①。

（四）建立知识创新价值链

所谓知识创新价值链观念，指的是个人或企业从有实有虚、有内有外的各种管道获取知识，当知识进入大脑或者企业的知识管理系统后，就要进行学习、过滤和筛选，然后企业会通过知识螺旋产生价值，体现为平衡计分卡的四个目标，即财务获利、顾客满意、流程改善和员工成长。对于个人而言，这四个目标对应的是获得稳定薪水、建立人际关系、改变做事方法和终身学习、不断成长，如图 6-9 所示。

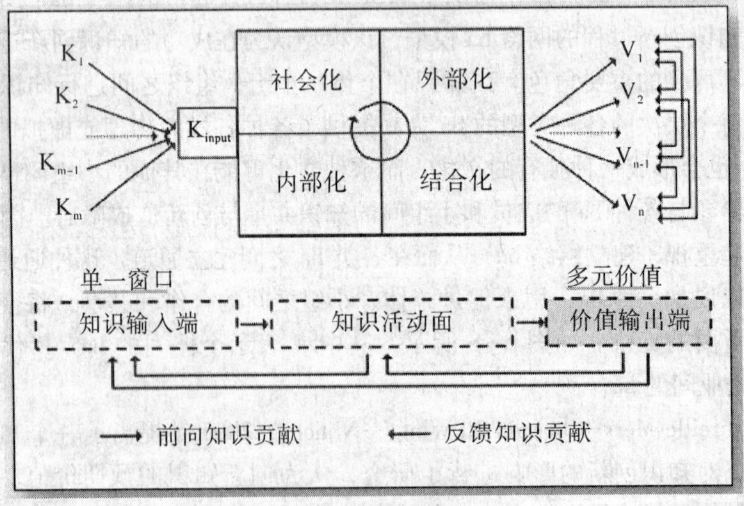

图 6-9　知识价值链

① 陈晔武. 国外知识创新模型研究综述［J］. 情报杂志，2007（12）：74-77.

同时，由图6-9还可看到，知识从输入、知识活动（增值）到知识价值输出的过程中，主要是靠知识的分享与传播，因此每一阶段的增值都可以是双向的增值演进，即知识增值不仅可以向前贡献给下阶段的输出，亦可回馈增值回到前阶段的知识来源。

三、知识转移战略

企业转移知识的能力是企业存在的重要理由，企业有效地进行知识转移对提高竞争优势至关重要。知识转移战略能否成功实现在于知识能否有效转移，而知识能否有效转移，首先取决于知识的性质、知识转移的障碍。知识越是以隐性的方式存在，越是复杂，专业化程度越深，转移的难度就越大，转移的成本就越高。由于知识会给个人带来竞争优势，人们并不会心甘情愿地将知识转移出去，因而在知识转移的过程中会有各种障碍，既有人为障碍，也有自然障碍。人为障碍包括制度因素、文化因素、观念因素、组织因素、管理因素和社会因素；自然障碍涉及语言、地域和国界等。此外，知识转移能否成功与接受方的吸收能力也密切相关。接受方的知识深度和广度决定了其吸收新知识的能力。只有在双方知识水平匹配的情况下，知识才能有效转移。知识转移在推动企业发展的同时，也同样存在着风险。由于人员流失所造成的知识转移有可能会削弱知识创造者的竞争力，从这个意义上讲，知识转移是一把双刃剑。

如何看待知识转移的价值，取决于企业是采用积极进取战略还是消极防守战略。采用积极进取战略的企业通过强化知识的复杂度、隐性化、整合度和深度来削弱局部知识流失所带来的损失，并使整个知识体系处于动态发展的状态。采用消极防守战略的企业，以固守已有的商业秘密和核心知识为主，通过阻断知识联系、化整为零等方法来防止知识外流所带来的损失。在实践中，采用哪种知识转移策略取决于企业在得与失之间的平衡。外部环境对知识产权的保护也直接影响企业的策略选择。

（一）知识转移战略的定义

知识转移理论最早是由美国技术和创新管理学家缇丝于1977年提出的，他认为，通过技术的国际转移能够帮助企业积累有价值的知识并促进技术扩散，从而缩小地区间的技术差距，此后知识转移迅速引起学者的关注。知识转移是组织内或组织间跨越边界的知识共享，即知识以不同的方式在不同的组织或个体之间的转移或传播，此处用转移而不是扩散这个词，是强调知识转移不仅是知识的扩散，而是跨组织或个体边界的有目的、有计划的共享。科加和赞德认为，企业转移知识的能力是企业存在的重要理由。知识转移的目的是吸收新知识和有效利用新知识，通过知识转移，将那些使组织获益的知识加速应用，从而使组织获得竞争优势。企业有效地进行知识转移，对企业提高竞争优势至关重要。众多实证表明能有效地在组织内部实现知识转移的组织比那些不能有效转移知识的组织更具生产力和生命力①。

另外，其他学者从不同的角度对知识转移进行了一些延展。如Inkpen等在分析网

① 唐炎华，石金涛．国外知识转移研究综述［J］．情报科学，2006（1）：153-160.

络里社会资本对组织间知识转移时，采用 Argote 等的定义，认为知识转移是一个网络成员受到其他成员经验影响的过程；Bou-Liusar 等在分析战略性知识资产的转移时，认为知识转移是指公司内的单元间（内部转移）或不同公司间（外部转移）的知识交换；Easterby-Smith 等将知识转移定义为一个组织学习其他组织经验的事情；Wijk 等认为，组织的知识转移是一个过程，其中组织的行为者（团队、单元或组织）交换和接受其他组织的经验和知识，并受它们的影响，它需要对不同的知识进行整合。

从以上的定义可以知道，知识转移是知识从来源方到接收方之间转移的一个过程，其目的是有利于知识在公司内或合作公司间的流动，以提高公司竞争优势和能力，并迅速开发出新技术和新产品的企业才能成功①。

（二）知识转移战略的构建

构建企业的知识管理战略，即如何从全局、最大化企业价值的角度对企业内外知识进行管理。对于企业内外知识的管理，最重要的是控制企业内外的知识流，从而进行知识转移，同时对转移路径上存在的问题、困难进行管理，实现顺畅的知识共享，并将这些知识在组织层面上沉淀下来，实现知识的创新和增值。要先界定知识转移过程中的三个区域：个人（个人所具有的知识）、企业内部（企业所具有的知识）和企业外部（供应商、顾客等所具有的知识）。我们发现在这三个区域中的九种知识转移都可以为企业创造价值，每一种转移战略都能增加企业的独特知识，进而增强企业的能力，如图 6-10 所示。

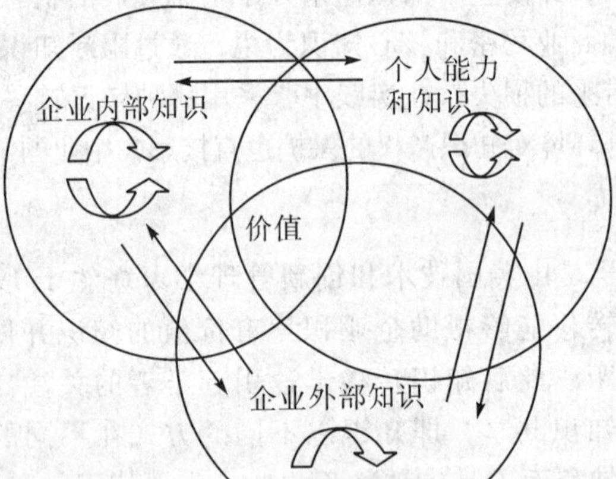

图 6-10　企业知识转移

1. 个人之间的知识转移

个人之间的知识转移涉及如何使组织中雇员之间的沟通达到最好，其中的战略问题是如何提高组织中人们的知识转移能力。最关键的问题也许就是组织中的信任，即人们在多大程度上愿意分享他们所知道的东西，结果在于企业如何开展信任度的建立、促进团队活动、工作轮换、师徒安排等。

① 林枫，徐金发. 国外知识转移研究述评 [J]. 重庆大学学报：社会科学版，2010（5）：47-54.

2. 个人向企业外部的知识转移

从个人向企业外部的知识转移涉及组织员工如何把他们的知识向外界转移，其中的战略问题是：组织员工如何提高顾客、供应商和其他利益相关者的能力。解决这个问题常用的方法是培养员工在以下几个方面的能力：帮助顾客学习产品知识、与顾客角色互换、召开产品研讨会、为顾客提供教育机会等，例如麦肯锡的咨询顾问都被鼓励出版他们的研究著作和方法论，以建立公司的声誉。

3. 从企业外部到个人的知识转移

员工可以从顾客、供应商和社团的反馈中学到很多想法、新的经验和新的技术知识。从企业外部到个人的知识转移涉及组织员工如何从企业外部中学习的问题。组织常常有捕获这些知识的系统，但是它们是离散的、不标准的，因此不能系统地影响战略的制定，其中的战略问题是：组织的顾客、供应商和其他利益相关者如何提高雇员的能力。方法就是创造和维持双方之间良好的个人关系。

4. 从个人能力到企业内部的知识转移

20 世纪 90 年代，人们花费了巨额投资想把个人所拥有的能力（通常是隐性的知识）转化到数据知识库中，当时的想法是知识库中的信息可以为整个组织所共享，数据库软件的制造商也取得了巨大的商业成功，管理者甚至相信这种方法就等同于知识管理，其中的战略问题是：如何提高个人能力向系统、工具和模板的转化？方法是使工具、模板、流程和系统更利于知识的共享。这方面的例子很多，如医疗诊断的人工智能系统、内部网、文档处理系统、数据库等。

5. 从企业内部到个人能力的知识转移

一旦个人能力被系统捕获了，那么它需要提供给其他个人以提高行动的能力，否则这个投资就浪费了，其中的战略问题是：如何通过使用系统、工具和模板来提高个人能力。常用的方法包括：提高系统的人机接口、基于行为的学习过程、模拟和交互式的 E-learning 环境。

6. 外部环境之间的知识转移

顾客相互之间对组织服务的评价是什么？知识的观点通过关注顾客能力如何在企业外部中的利益相关者之间传递，给传统的顾客满意度调查增加了更丰富的内涵，其中的战略问题是：如何促成顾客、供应商和其他利益相关者之间的对话，以提高他们的能力。常用的策略有：合作和联盟、提升组织的形象、提高产品质量、进行产品研讨会等。

7. 从企业外部到企业内部的知识转移

从外部到内部的知识转移涉及组织能够从外部世界得到什么知识，以及学习如何转化成行动，其中的战略问题是：如何使来自顾客、供应商和其他利益相关者的能力有利于组织系统、工具和流程、产品的改进。常用的策略有：设置呼叫中心来处理顾客投诉、创建联盟来产生新产品的思想、研发联盟等。

8. 从内部到外部的知识转移

其中的战略问题是：组织的系统、工具和流程、产品如何提高顾客、供应商和其他利益相关者的能力。方法是：使组织的系统、工具和流程更有效地服务于顾客、外部网、产品跟踪、电子商务等。

9. 企业内部之间的知识转移

企业内部的知识是组织知识的支柱，其中的战略问题是：组织的系统、工具和流程、产品如何更有效地整合？方法是打造整合的 IT 系统、改进办公室规划等，例如普华永道的内部网整合了企业内部数以千计的数据库，而以前这些数据库都是相互独立的。

大部分企业中都存在上述九种知识转移，它们常常包含在一个连贯的战略中，但是企业中还存在很多与之相抵触的现象，比如：许多企业还存在历史遗留下来的系统或者公司文化阻止这种价值创造过程。从个人的观点来看，知识分享也许意味着损失，如工作机会的丧失、外部性和失去重视，如果组织的气氛是高度竞争性的，那么投资在一个复杂的 IT 系统进行知识共享就是毫无意义的，共享的只会是垃圾；鼓励个人竞争的报酬系统会极大地阻碍知识共享的努力；缺乏标准或者分类不清也会减少文档处理系统的价值；禁止商业秘密共享的红头文件也会使与顾客共享知识的计划达不到预期的效果。

（三）知识转移模型

1. Shannon-Weaver 信息传递模型

Shannon-Weaver 信息传递模型于 1949 年由克劳德·艾尔伍德·香农和沃伦·韦弗在合著的《信息传播的数学原理》一书中提出。该模型描述了信息经由信道传递到信宿的全过程（见图 6-11）。

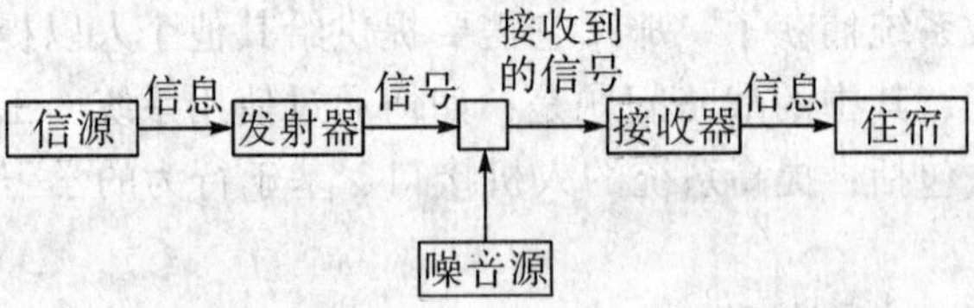

图 6-11 Shannon-Weaver 信息传递模型

这是一个简单的单向线性模型：信息沿着不可逆的唯一方向，经过唯一路径，在信源和信宿的共同作用下实现水平移动；该模型的一个突出特点是噪音，概念的引入，以此强调信息在转移过程中要受到各种偏离转移目的的干扰，因为从模型中可以看出，噪音同信息一样也可以通过信道经接收器到达信宿。因此高质量的信息传递应尽量降低噪音带来的负面影响。Shannon-Weaver 信息传递模型可看作是最早、最朴素的知识转移模型。

2. Szulanski 的知识转移过程模型

有学者在评论中提出，大部分知识都是惰性的，知识转移不仅仅是一个简单的信号发射接受行为，更是一个重建过程（Attewel，1992）。于是诸多学者试图对其进行改进。兰斯基将知识从原单位到接受单位的转移过程分为四个阶段：初始阶段（Initiation）指原单位识别可以满足对方要求的知识；实施阶段（Implementation）指建立适合知识转移的渠道，同时原单位对拟转移的知识进行调整以适应接受单位的需要；

调整阶段（Ramp-up）指接受单位对知识进行调整，以适应新的情境；整合阶段（Integration）则指接受单位对知识进行制度化，使其成为自身知识的一部分。不仅如此，每一阶段之间都有明确的里程碑式，如图 6-12 所示。

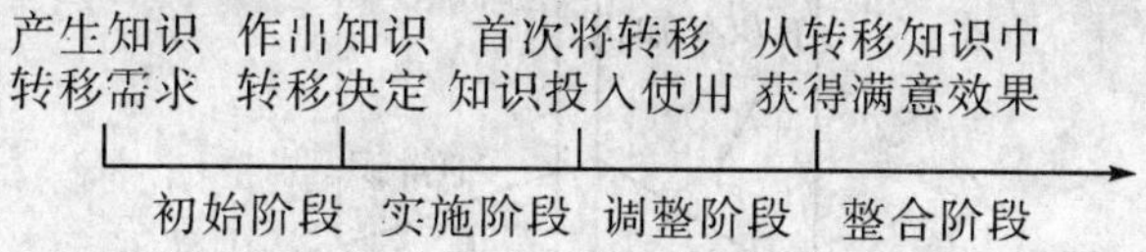

图 6-12　知识转移过程模型

首先，知识的转移同其他任何物品的转移一样，是基于需求动机而导致的行为结果，这是知识转移的原动力；其次，知识的转移是一个过程而非瞬间动作，知识转移是双方共同努力的结果。发送方要针对接受方特点对知识进行处理，接受方并非在被动接受，却发挥主观能动性将知识制度化；知识转移过程的终结，以知识在接受方得以内化为标志。最后，兰斯基还以此模型为基础分析了各阶段存在的困难，并把这些困难作为知识黏滞（Sticky）的原因，这为知识转移有效性的诊断提供了依据。从创新的角度来看，该模型的最大亮点是以持续过程论取代了前人的瞬间动作论。

3. Boisot 的 I—空间模型

在知识的主体层次上，由于将知识理论集中关注在最大化企业知识的产生、存储和应用过程，坚持认为企业是把知识转变成利润的一种机制（Boisot，2005），因此模型所谈论的知识转化与转移始终都限制在企业组织内。Max Boisot 通过构建自己的信息空间，对知识属性和层次做了更为复杂的处理。一方面，他将知识的属性从可编码性、可抽象性和可扩散性三方面进行衡量。其中，编码程度反映知识在多大程度上可以被赋予形式；抽象程度则是简化法的一种形式，它是用少来表示多。编码赋予现象以形式，抽象赋予现象以结构。两者共同发挥作用，降低把潜在可用知识转化为知识资产的成本，使知识的可扩散性增强。可编码、可抽象和可扩散即构成空间的三个维度。在 Boisot 的 I 空间里，知识都由未编码、未抽象（具体）和未扩散趋于编码化、抽象化并扩散开来，在没有信息摩擦的情况下，A 点处的知识将自动转移到 A’ 点处，如图 6-13 所示。另一方面，知识在 I 空间中由于属性变化而呈现出不同的形式，并沿着图 6-14 所示的个人知识—专有知识—课本知识—常识到个人知识，这一循环路径转移。

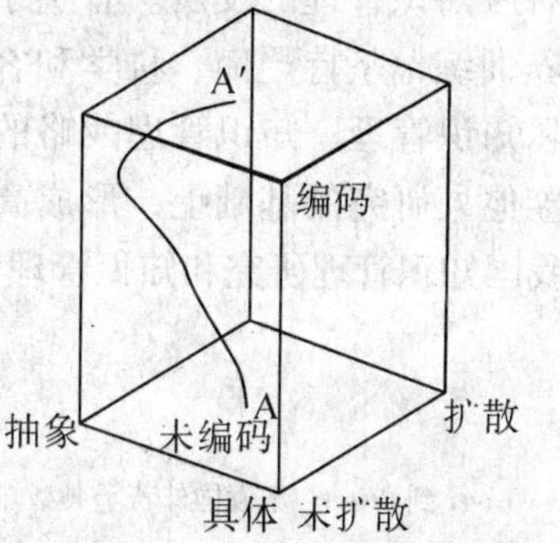

图 6-13　I—空间的扩散曲线

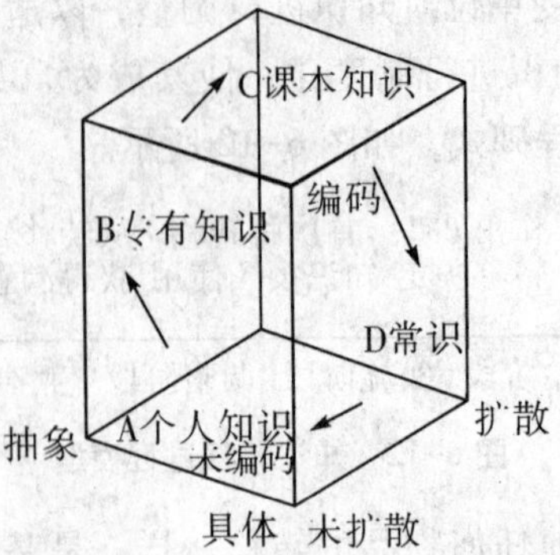

图 6-14 I—空间中知识的移动

综上所述，知识转移模型之间的关系不仅仅是线性的，在知识转移的内在机理、知识转移阻隔或知识转移情境等方面，模型之间更有交叉重叠之处①。

综合国内外企业知识管理战略的研究，可以看出，国外知识管理战略研究主要有两种途径：一是试图从企业战略管理理论中导出知识管理战略理论；二是从企业知识管理实践特别是知识管理战略案例分析中归纳出知识管理战略理论。而国内知识管理战略研究则大多是在借鉴国外知识管理战略研究的基础上进行的，主要是对国外已有理论进行补充、完善和本土化。但无论国外还是国内的知识管理战略研究，都缺乏重大的原创性研究成果，致使知识管理战略研究迄今仍停留在描述研究阶段。

从知识管理战略研究的走向来看，如何支持企业的总体战略、如何引导和促进企业的知识创新实践、如何培养企知识管理队伍并提升企业所有人员的知识管理能力、如何培育企业的知识管理文化、如何实现企业智力资产的增值和如何创建学习型组织等仍将是知识管理战略研究的未来热点。从表面上看，近年来国内知识管理研究队伍不断壮大，专门的知识管理研究机构越来越多，知识管理会议此起彼伏，研究论文和著作大量涌现，其异常繁荣颇令人鼓舞但深入分析可知。在知识管理“瓶”中装的多是某些陈旧学科知识的“旧酒”，知识管理理论与知识管理实践的脱节进一步加剧，很多知识管理理论都是在象牙塔中“制造”出来的，很多人甚至包括知识管理学者都很难给出令人信服的知识管理定义，知识管理战略研究则颇有拾人牙慧的嫌疑。更令人担忧的是，这些“李鬼”式的知识管理理论可能会误导企业，挫伤企业应用知识管理理论的积极性，从而妨碍或滞后知识管理的发展。有鉴于此，国内知识管理学者首先应该加强学术道德和学术素养训练，坚持严谨、科学和客观的研究方法，不断提升研究能力和研究水平，瞄准国际知识管理、知识管理战略的研究前沿和我国企业的知识管理实践需求，在继承和借鉴他人研究的基础上，形成高水平的原创性的知识管理和知识管理战略研究成果，把我国知识管理研究和知识管理实践不断推向新的高度②。

---

① 李红玲，廖建桥. 从 Shannon-Weaver 到 Boisot：解读国外若干典型知识转移模型［J］. 科技管理研究，2008（4）：243-249.

② 蒋日富，霍国庆，谭大鹏，等. 企业知识管理战略研究综述［J］. 图书情报工作，2005（2）：8-12.

第四节　知识管理绩效评价

一、知识管理绩效评价的定义

（一）知识管理绩效评价的提出

知识确实对组织的核心竞争力有突出的贡献作用，因此许多学者和管理者对这点已经达成共识：绩效评价是知识管理的必要环节，是需要研究解决的重要问题之一。但是，目前对组织知识管理绩效评价的研究并不多，其原因有以下几点：

（1）知识管理是一项复杂的系统工程，相关学科包括管理科学、信息技术、行为科学、认知科学和心理学等。

（2）知识管理绩效涉及组织的发展战略、组织结构、组织文化、制度安排、激励机制、合作竞争方式等多方面的调整，不可能在短期内形成完整的理论框架。

（3）有些知识与非知识难以分辨，给绩效评价带来很大困难。知识的隐含性和复杂性意味着知识管理活动开展的成效是难以评价的，所以建立一个完善、有效、可靠的绩效评价系统是促进知识管理战略进一步发展的有效途径。

（二）知识管理绩效评价的基础

1. 知识生产和积累

知识生产是指对现有知识进行收集、分类和存储的过程。这些知识主要来源于外部知识联盟和竞争对手的知识，组织内部积累的知识：一是零散在组织内的各种资料和文档等显形知识；二是从专家、有经验的员工、数据库、数据仓库等挖掘出来的知识。潘罗斯认为，各个组织的知识和能力积累都是独特的，就是在把知识进行内部化和整合的过程中，正规知识被转化为非正式的和非公开的知识，即新知识的积累是通过把关联的和正式的知识以最佳的解决某一问题的方式转化为程序化的富有针对性的意会的知识过程。组织知识生产和积累的独特性决定了不同组织活动具有不同的效率，因为知识生产和积累的过程，是形成组织知识集合的过程，在特定的环境下拥有从事工作的最佳工作方式形成的知识结合，对工作绩效的提高作用是显然的。任何一个有竞争优势的组织都具有一些有价值的独特的内部知识，这些知识可以为组织带来竞争优势。这些知识是组织所具有的主要资源，内部的知识差异对外的表现结果是效益的差异，也是那些拥有优势资源的组织能够获取超出平均水平收益的原因。

2. 知识共享和扩散

知识共享和知识扩散是指通过知识交流而扩散到整个组织的过程。知识一个重要的特点就是能够通过人们之间的交流，实现知识的共享和扩散。如果组织生产和积累的知识，不能得到有效的交流实现在组织内部的扩散和共享，那么积累的知识就毫无意义，组织也将失去活力。判断组织知识管理的绩效，不是仅仅看该组织知识库中存储了多少知识，更重要的还要看知识在组织内部利用和共享的情况。知识管理的重要目标就是实现知识在组织内部有效的共享和扩散，不断地激活组织知识。一般来说，组织可以通过以下几种交流方式来共享知识：

（1）人与人直接交流；

（2）通过传播媒介间接交流；

（3）利用知识库进行学习。

为了实现有效的知识共享和扩散，最大程度地激活知识，组织需要建立优秀的知识型组织文化、建立高效的内外部知识网络整合组织内各方面的知识、建成学习型组织，最终促进知识共享活动普遍发生。

3. 知识应用

知识应用是指利用知识生产、知识共享过程中得到的知识去解决某一问题的过程。知识应用是激活知识的重要方式，是知识管理产生绩效的重要基础。主要表现在：一是通过利用已有的知识，解决新问题，在工作中形成新的知识；二是将生产和积累的知识运用到实践，能够得到不同的体现，常常能带来员工自身知识的拓展和储备。知识应用是知识创新的前提。

4. 知识创新

知识创新是知识管理的最高境界，在组织知识管理的过程，不但要共享、使用现有的知识，还要在解决新问题的过程中创造出新知识，帮助组织实现整体知识的拓展和知识质量的提高。知识创新过程从某种意义上说是一个知识转化与生成的过程，是人们在共享、应用知识的过程中，将从外部获得的和内部获得的知识、经验、事例和情节转化为形式化的知识，有时为了创新需要，还要借助自己拥有的知识与经验，从而产生新的知识。由此，可见知识创新并不是一个单独的环节，是知识生产、共享和应用三个过程共同作用的结果。

（三）知识管理绩效评价的内涵

为知识管理绩效评价是指组织实施知识管理战略后，知识管理给组织带来的直接的经济绩效、员工的发展动力、流程多大程度的改造提升和给顾客带来的价值，针对这些方面制定可量化或可具体评测的衡量指标，参照原来的或领先者的基准，通过纵向或者横向比较分析的手段得到结果。

知识管理绩效评价的意义在于，组织可以通过绩效评价引导管理者和员工，使个人努力目标和组织目标趋向一致，达到行动与目标一致化；绩效评价有利于管理者监控知识管理的成效，帮助组织引导员工进行知识交流、共享，促进知识扩散、加速知识应用、从而产生更大的价值；绩效评价也有利于提高企业业绩，是企业战略管理过程中非常重要的一环，它不仅评价过去所做的如何，而且可以告诉管理者哪些是应该改进的，哪些是应该保持的，更为重要的是它能够暗示管理者今后的努力方向。

（四）知识管理绩效评价指标的建立

知识管理是组织的管理者通过知识获取、知识共享、知识应用和知识创新，对组织内部和组织外部知识的发掘和利用，以提高组织创造价值能力的过程。有效的知识管理对组织获得和保持竞争优势来说是极其重要的。组织知识管理的绩效如何，最终需要一个体系来进行测量，组织的人力资本、技术资本、市场资本及知识系统成为知识管理绩效评价常用的基本指标。

在国外，美国 Teleos 和 KNOW Network 两家机构通过举办全球知识管理领域最权威的 MARK（most ad-mired knowledge enterprise）国际性评比活动，在 1998 建立了一套较为盛行的知识管理评价指标体系，包括：整体知识计划的质量、高层对知识管理的支持度、对技术革新的贡献度、促进知识资产最大化的措施、知识共享活动的效果、持续学习的文化渗透度、创造顾客价值的忠诚度、对股东权益报酬的贡献度。美国著名学者 D. L. 柯克帕特里克教授创建一个颇具影响力的评价模式，该模式由四个等级的评价指标构成：等级一是反应，用来衡量那些参与知识管理方案的人如何反应；等级二是学习，用来衡量那些参与知识学习方案的人在何种程度上改变了自己的信念和增长了知识；等级三是行为，用以衡量在何种程度上因参与了学习方案而使行为改变了工作；等级四是结果，用来衡量个人的行为变化对业务的影响。一种有效的知识管理评估模型应该具有系统化的指标体系、规范化的评估过程以及良好的反馈机制，四等级评价模式从项目进行的过程和产生的结果两方面来进行，是一种比较适合用以进行知识管理绩效评价的指标方案。

在国内，颜光华教授等从知识管理的目标出发，将知识管理过程分为三个依次出现的阶段，每个阶段设立相应的指标体系。近期目标是知识共享，中期目标是竞争优势，远期目标是价值创造。有的学者认为，评价组织知识管理应从知识管理的过程、组织的知识结构、实施知识管理的经济上的收益以及效率的提高等四个方面建构指标体系。有的学者认为从知识管理重视度、组织结构和文化的适宜度、知识管理基础设施建设水平、人力资源管理知识化水平、知识检测评估和利用水平、外部关系知识化水平来构建知识管理绩效评价指标体系。有的学者从市场营销能力、信息管理水平、学习型组织成熟度、知识存量水平四个维度来构建指标体系。有的学者从组织知识存量的角度，从核心能力、组织结构、团队内隐、员工内隐四个方面构建指标体系。上述指标体系的构建思路、指标维度、指标规模及其评价如表 6-3 所示①。

表 6-3　国内学者提出的有代表性的组织知识管理绩效评价指标体系

序号	指标维度（框架）	数目	设计思路及其评价
1	短期目标指标 中期目标指标 长期目标指标	33 个	充分考虑了评价的时间因素。但在知识管理过程中，知识共享、竞争优势和价值创造是同时发生并交叉进行的，在价值创造时也进行知识共享。该指标体系的可操作性不强
2	知识管理的过程 组织的知识结构 经济上的收益（财务绩效） 各种效益	27 个	侧重于对组织知识管理的过程以及给组织带来的结果和影响的分析。缺乏对组织竞争优势、组织学习和组织核心竞争力的测评。这些方面非常重要，因而该指标体系有失全面

① 盛明科. 组织知识管理绩效评价指标体系设计研究［J］. 图书情报知识，2007（5）.

表6-3(续)

序号	指标维度（框架）	数目	设计思路及其评价
3	知识管理重视度、组织结构和文化的适宜度、知识管理基础设施建设水平、人力资源管理知识化水平、知识检测评估和利用水平、外部关系知识化水平	27个	从知识管理过程到管理结果，从内部员工到外部顾客，从基础设施到软件状况，指标体系比较全面，平衡性非常强
4	市场营销能力 信息管理水平 学习型组织成熟度 知识存量水平	18个	评价以顾客关系、组织信息化、员工学习为主，其中知识存量水平中有信息化指标，信息管理水平也是对信息的评价，因此指标间独立性不强，对知识管理活动过程的评价不足
5	核心能力 组织结构 团队内隐 员工内隐	16个	从组织知识存量层次结构的基础上提出指标体系。组织知识管理的目标是增加组织的知识存量，其决定了组织的相对竞争势态，以此为切入点具有合理性

二、知识管理绩效评价的方法

（一）平衡计分卡的概述

1992年，哈佛商学院教授罗伯特·S. 卡普兰和复兴全球战略集团的总裁大卫·P. 诺顿在《哈佛商业评论》上发表文章《平衡计分卡——绩效衡量与驱动的新方法》，提出了平衡计分卡（Balanced Scorecard，简称BSC）的思想：将涉及企业表面现象和深层实质、短期成果和长远发展、内部状况和外部环境的各种因素划分为几个主要的方面，并针对各个方面的目标，设计出相应的评价指标，以便系统、全面地反映企业的整体运营情况，为企业的战略管理服务。图6-15描述了平衡计分卡的基本框架。

平衡计分卡的核心思想就是通过财务、客户、内部流程及学习与发展四个方面的指标之间的相互驱动的因果关系展现组织的战略轨迹，实现绩效考核—绩效改进以及战略实施—战略修正的战略目标过程。它把绩效考核的地位上升到组织的战略层面，使之成为组织战略的实施工具。

（1）财务角度。企业经营的直接结果是使股东获得财务回报，有了良好的财务状况，企业才能更好地发展。平衡计分卡将财务目标作为所有目标的焦点。

（2）客户角度。顾客关心时间、质量、性能、服务和成本等，从顾客的角度给企业设定目标，就能够保证企业的工作有成效。向顾客提供产品和服务，满足顾客的需求，企业才得以生存。

（3）内部流程。为了满足顾客不断变化的需求，企业必须在运作流程中开发出符合要求的新产品。只有把这方面做好了，企业的运作才有价值，才能够得到顾客的回报。

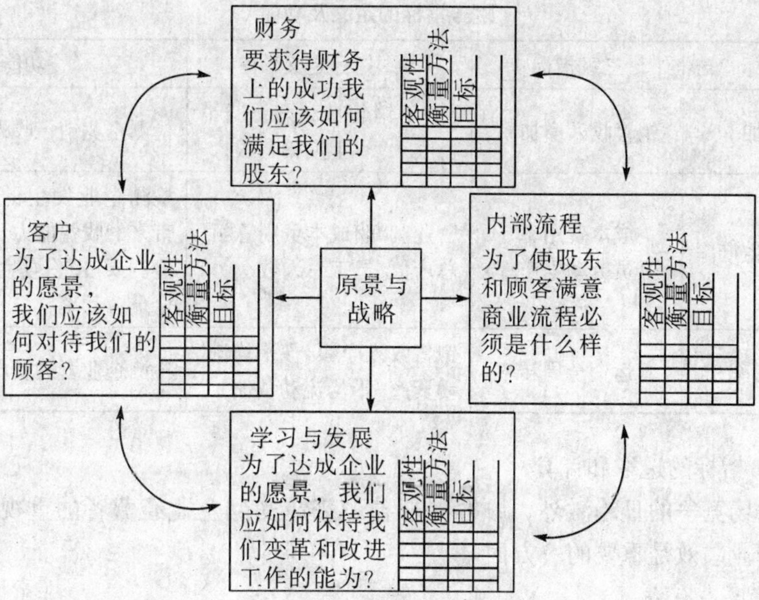

图 6-15　平衡计分卡模型

（4）学习与发展。企业必须不断地学习和创新，以应对不断变化的环境，并自觉推动企业的发展。平衡计分卡实施的目的和特点之一就是避免短期行为，强调未来投资的重要性，同时并不局限于传统的设备改造升级，更注重员工和业务流程的投资。

（二）以平衡计分卡为核心的企业绩效评价体系的构建

1. 财务指标的选取和计算

财务指标从各种会计数据资料计算中得来，这些财务指标具体规定了希望企业采取的特定行为，然后进行绩效评价，考察企业是否实际执行了这些行为，以及企业采取这些行为为企业带来了什么样的收益。因此这一指标的评价往往和获利能力联系在一起。

（1）收入增加指标。

企业收入增加指标是评价企业财务绩效的一个比较重要的指标，它主要反映企业在经营活动中本期收入较上期的增长幅度。

（2）成本控制和生产率指标。

企业成本控制和生产率也是评价企业财务绩效的一个非常重要的指标。

（3）资本利用率。

资本利用率对企业的财务绩效评价有重要的意义。要提高企业的资本利用率就是要在减少资本运用的同时生产出相同数量的产品或者是运用相同的资本生产出更多的产品。各财务指标的定义及功能如表 6-4 所示。

表 6-4 财务指标的定义及功能

二级指标	三级指标	指标定义	功能
收入增加	销售收入增加率	（本期销售收入-上期销售收入）/上期销售收入	检测企业销售收入增加情况
成本控制和生产率	成本费用率 全员劳动生产率	营业利润/成本费用总额 总产值/员工总人数	检测企业发生的成本费用所带来的收益能力。 检测员工平均生产值，确定全员劳动率
资本利用率	营运资金周转率	销售收入净额/（平均流动资产-平均流动负债）	检测企业营运资本的运用效率

2. 客户指标的选取和计算

随着市场竞争的日趋激烈，顾客的权益越来越受到企业经营者的重视。从客户角度来评价企业绩效是重要的一方面。

（1）市场占有率。

市场占有率反映了企业产品在市场上的竞争能力，从横向的角度可以看出企业产品在整个市场所处的地位，从而可以得出企业在行业竞争中是否处于领先地位。它表明企业在市场营销中某种商品所占份额的大小，反映企业对市场的控制程度和客户对企业的依赖程度。

（2）客户满意度。

客户满意度是反映客户满意战略是否成功的重要指标，只有客户满意度不断提高，才能使市场占有率不断扩大。客户满意度的衡量可以从新客户获得率、旧客户保持率等指标来反映。

（3）客户获利率。

客户获利率是反映企业为客户提供产品和劳务后所取得的净利润水平。企业的客户有新旧，对能够获利的旧客户企业应该保持，对新客户的获利能力要有所区分，对于将来有可能获利的客户应该争取，而对于那些不可能获利的客户就应该放弃。客户获利率可用整体客户获利率来反映。各个客户指标的定义及功能如表 6-5 所示。

表 6-5 客户指标的定义及功能

二级指标	三级指标	指标定义	功能
市场占有率	市场占有率	产品销售收入/产品市场总份额	检测一定周期内的市场占有情况
客户满意度	新客户获得率 旧客户维持率	本期新增客户量/期初客户量 （企业期末客户量-企业本期新增客户）/企业期初客户量	检测企业产品吸引新客户的情况；检测企业产品维持客户的业务关系情况
客户获利	营运资金周转率	所有客户的净利润/企业投入的所有服务成本	检测企业客户的整体获利能力

3. 内部流程指标的选取和计算

从内部流程的角度，企业要解决的问题是如何实现内部的竞争优势、如何适应外部环境，主要包括创新、经营、售后服务等流程。

（1）创新。

在创新过程中，企业应探寻客户的潜在和现实的需求，然后创造产品和服务来满足这一需求。这一指标评价反映的是企业的创新能力，可设置研究开发费用率、研究开发成功率等具体指标。

（2）经营。

经营过程是从接受客户订单到产品服务产生并交付客户的整个过程。在这一经营过程中，绩效评价折射出的是企业产品成本、质量、时间等方面的供销情况。

（3）售后服务。

售后服务是企业内部经营过程最后的绩效评价指标，良好的销售服务和售后服务是保持企业竞争优势的又一大评价标准。售后服务包括企业基本的核心服务（产品三包服务）、产品技术提供、服务场所的环境（如销售产品的环境）等。这类指标包括解决售后产品维修率、解决客户售后投诉率等。具体的内部流程指标设置如表 6-6 所示。

表 6-6　　内部流程指标的定义及功能

二级指标	三级指标	指标定义	功能
创新	研究开发费用率 研究开发成功率	研究开发费用/销售收入 研究开发成功项目数/企业研究开发总项目数	检测企业研究开发投入的执行情况；检测企业研究开发效率
经营　成本 质量 时间	设备折旧率 一次检验成功率 货款回笼率	设备折旧费用/设备资产 一次检验成功的产品数/检验的产品总数 一定周期内回笼的销售货款总额/销售收入总额	检测设备资产消耗占设备资产原价的比率；检测生产质量情况；检测一定周期内货款的回笼情况
售后服务	解决售后产品维修率 解决客户售后投诉率	一定周期内售后产品维修成功数/该周期内要求维修的产品数 一定周期内解决的售后客户投诉数/售后客户总投诉数	检测企售后维修情况；检测企售后服务态度

4. 学习与发展角度的选取和计算

现代企业的发展潜力不仅是信息、资源、技术的大比拼，更是人才的大比拼。因此要对企业的管理者、员工进行新技术、新知识的培训学习，建立有效的信息系统，使企业及时获取有用的信息。可从员工态度、信息系统能力、激励机制三方面来评价企业的学习与发展能力。具体指标如表 6-7 所示①。

① 岳金燕，金水英. 基于平衡计分卡的企业绩效评价体系的构建［J］. 黑龙江对外经贸，2011（9）.

表 6-7　学习与发展指标的定义及功能

二级指标	三级指标	指标定义	功能
员工态度	员工满意度 员工保持率	满意员工/企业全体员工 当前企业员工人数/历史企业员工人数	检测员工对企业待遇、环境等多方面的态度；检测企业员工流动情况
信息系统能力	信息系统反应时间 信息有用程度	企业收到一个有用信息所需的天数 期望所需信息/当前可取的信息	检测企业对信息的敏感度；检测企业信息的有用程度
激励机制	工资增加率 销售收入与工资比例	（本期员工平均工资-上期员工平均工资）/上期员工平均工资 当期全部销售收入与当期全部工资成本的比值	检测周期内员工工资增加情况；检测万元工资的投入产出效率

（三）平衡计分卡法的衡量方法

平衡记分卡的四个方面，可以比较全面的评价组织实施知识管理的绩效如何。接下来关键的工作就是，确定各个方面评价和相应的衡量方法。

1. 财务角度

平衡记分卡仍然保留传统绩效评价中的财务方面，因为财务计量是对过去绩效的总结和评价，反映企业的经营成果和财务状况。企业高层管理者选择什么样的绩效指标，往往反映他们的一些设想，认为那些指标可以最有效地带来收入增加，提高生产力及资产利用率等，这里考虑一些可能常用到的（见图 6-16）。

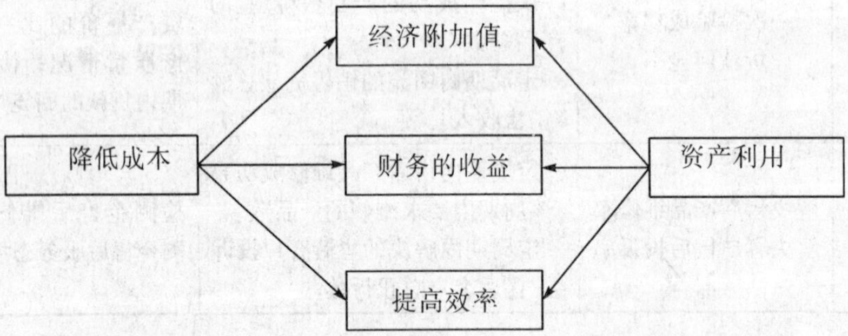

经济附加值	经济附加值是税后利润与资本费用的差值
资产利用率	投资与销售额的比率/投入与回报的比率
提高效率	单位产出
降低成本	单位收入
收益	收入的增长

图 6-16　财务方面——核心衡量手段

经济附加值还可以用投资报酬率来代替。但是经济附加值可以克服投资报酬率的缺点，不过由于投资报酬率简单明了，容易为企业管理者掌握，所以人们经常会使用投资报酬率。用经济附加值，因为其反映资本所增加的经济价值或者收益，全面衡量企业的生产经营的真正赢利或创造价值，考虑了资本成本或资本费用。

2. 顾客角度

平衡记分卡的顾客指标，有的可以直接进行计算，有的需要通过其他方法间接计算（见图 6-17）。

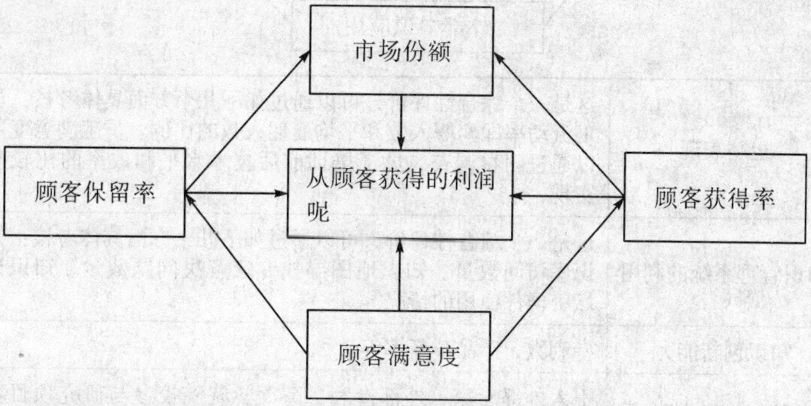

市场份额	可以用顾客数量、销售数量和销售额来计算
顾客获得率	获得顾客的数量计算
顾客满意度	一个综合指标，可以通过产品交付时间、质量、价格计算。也可以通过调查表的形式考察顾客满意度
顾客保留率	用顾客保留或维持同顾客关系与顾客流失比例计算
利润	扣除支付某一顾客所需的独特开支外，评估一个顾客的净利润

图 6-17　顾客角度——核心衡量手段

企业在不同的发展时期、不同经济环境下，目标顾客可能会作相应调整。一旦企业确定了服务的特定市场，顾客方面的衡量指标就比较容易确定。企业使用的衡量指标一般有五个：市场份额、顾客留住率、顾客获得率、顾客满意度、从顾客处获得的利润。这五项衡量方法看起来对各个组织可能是一概而论的。但是为了获得最大效果，这些衡量方法应当根据经营单位期望从其身上获得最多的增长和利润的顾客群体而加以具体区别。

3. 学习与成长

为了实现财务目标、满足顾客需求，只利用现有的技术和能力是不够的，需要不断的改善。同时，财务、顾客和内部流程评价发现现有能力和实现目标之间的差距，要靠学习与成长来弥补。虽然这个方面比较抽象，但是可以通过员工的表现、知识管理系统的利用情况、知识创新能力、引用外部知识来评价。学习与成长方面的评价方面和评价手段（见图 6-18）。

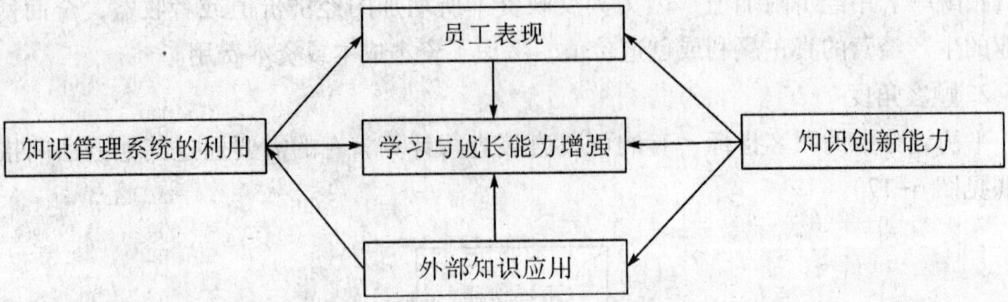

运功表现	这是一个综合性评价，可以通过如下几个方面具体考核：员工流动率即离职人数和平均雇佣人数的比例。员工满意度可以通过问卷调查、员工培训前后技术水平和效率的比较来实现
知识管理系统的利用	这是一个综合性评价，可以通过如下几个方面具体考核：知识库访问数量、知识地图寻找专家解决问题数量、知识论坛、群件使用的情况等
知识创新能力	专利数、产品革新率等
外部知识应用	引入外部专家、外部专利、高等学院院校参与研究项目数量等
学习与成长能力增强	及时准确应付外界突发事件的数量，处理的结果如何

图 6-18　学习与成长——核心衡量手段

第七章　现代企业质量管理

第一节　质量管理概述

质量，是经济发展的战略问题，质量水平的高低，反映了一个企业、一个地区乃至一个国家和民族的素质。人类社会自从有了生产活动，特别是以交换为目的的商品生产活动，便产生了质量的活动。围绕质量形成全过程的所有管理活动，都可称为质量管理活动。人类通过劳动增加社会物质财富，不仅表现在数量上，更重要的是表现在质量上。质量是构成社会财富的关键内容。

在我国，制造企业长期受产品质量不稳定、效益低下的困扰，这种严重局面急待改变。据国内权威部门实测表明，不合格品（包括返修品、次品和废品）损失约占工业总产值的15%~20%，每年因工序的质量问题所造成的直接经济损失高达上千亿元人民币，给用户和社会带来的间接损失则无法估量。质量问题已成为经济发展中的一个战略问题，成为影响国民经济和对外贸易发展的重要障碍，也是制约我国打造自主品牌、参与国际竞争的重要因素。质量管理是兴国之道，治国之策。国务院对此给予了高度的重视，特制定了《质量振兴纲要》（1996—2010年），以提高全民的质量意识和质量工作水平。因此，保证和提高产品质量，研究先进的质量控制技术，对提高我国制造业的市场竞争能力具有特殊的重要意义。

由此可见，对现代制造工业来说，质量控制比过去具有更加重要的意义，预示着“质量新时代”已经到来。

一、现代质量的概念

1. 质量概念的演变

质量的概念最初仅用于产品，以后逐渐扩展到服务、过程、体系和组织，以及以上几项的组合。具有代表性的质量概念主要有：“符合性质量”、“适用性质量”和“广义质量”。

（1）符合性质量的概念。

符合性质量以“符合”现行标准的程度作为衡量依据，即质量是指达到产品设计者所期望的功能，也就是产品质量好坏的评价标准是能否实现预期的功能要求。“符合标准”就是合格的，“符合”的程度反映了产品质量的一致性。这是长期以来人们对质量的定义，认为产品只要符合标准，就满足了顾客需求。但是，“规格”和“标准”

有先进和落后之分，过去认为是先进的，现在可能是落后的。落后的标准即使百分之百的符合，也不能认为是质量好的产品。同时，“规格”和“标准”不可能将顾客的各种需求和期望都规定出来，特别是隐含的需求与期望。因此，这种质量观念必须更新。

（2）适用性质量的概念。

适用性质量以适合顾客需要的程度作为衡量的依据。从使用角度定义产品质量，认为产品的质量就是产品“适用性”、“产品在使用时能成功地满足顾客需要的程度”。“适用性”的质量概念，要求人们从“使用要求”和“满足程度”两个方面去理解质量的实质。

质量从“符合性”发展到“适用性”，使人们对质量的需求逐渐演变成把顾客的需求放在首位。但顾客对他们所消费的产品和服务有不同的需求和期望，这意味着企业或组织需要决定他们想要服务于哪类顾客，是否能在合理的前提下每一件事都满足顾客的需要和期望。

（3）广义质量的概念。

国际标准化组织总结质量的不同概念加以归纳提炼，并逐渐形成人们公认的名词术语，即质量是一组固有特性满足要求的程度。这一定义的含义是十分广泛的，既反映了要符合标准的要求，也反映了要满足顾客的需要，综合了符合性和适用性的含义。

在体现现代企业竞争力的五要素 F、T、Q、C、S 中，与质量直接有关的要素有两个：产品质量（Quality）要好、服务质量（Service）要优。与质量间接有关的是产品价格或成本（Cost），一般说来，质量愈高，则成本也愈高；质量愈差，则成本也愈低。适用的功能（Function）和产品品种是产品质量好坏的一种体现方式。交货期（Time to Market）是服务质量的体现形式。也就是说，体现企业竞争力的五个要素均与质量有关。

国家标准对质量的定义为：质量是产品或服务满足明确或隐含需要能力的特征和特性的总和。可见，质量是针对一个产品或一项服务而言的。目前更流行、更通俗的定义是从用户的角度去定义质量：质量是用户对一个产品（包括相关的服务）满足程度的度量。

事实上，一个产品的质量只有在使用过程中才能体现出来，所以，对质量唯一有发言权的是用户，只要用户满意，则说明产品质量高；用户不满意，再好的产品也不能说明其质量高，或者说这种高质量是无任何意义的，因为没有市场的产品是谈不到质量的。

因此，今天所谓的质量就是指在产品性能，可信性、安全性、适应性、经济性、时间性等全方位地满足顾客需求。可见，随着工业技术的发展和生产力的提高，质量定义的外延不断拓展，质量观念不断完善。从质量所涉及的范围来看，它已从狭义质量（即产品质量）走向了广义质量，它不仅包含了最终的产品质量，也包括产品形成和实现过程的质量；不仅指静态质量，也包括由时间决定的动态质量；不仅需要满足顾客的需要，还要满足社会的需要。

2. 质量特性及其分类

质量特性是指产品、过程或体系与要求有关的固有特性，是质量控制的对象。

质量概念的关键是“满足要求”，这些“要求”必须转化为有指标的特性，作为评价、检验和考核的依据。由于顾客的需求是多种多样的，所以反映产品质量的特性也是多种多样的。它包括性能、适用性、可信性（可用性、可靠性、维修性）、安全性、环境、经济性和美学性。质量特性有的是能够定量的，有的是不能定量而只能定性的。实际工作中，在测量时，通常把不定量的特性转换成可以定量的代用质量特性。

产品质量有内在特性（如结构、性能、精度、化学成分等）、外在特性（如外观、形状、色泽，气味、包装等）、经济特性（如成本、价格、使用费用、维修时间和费用等）和商业特性（如交货期、保修期等），还有其他方面的特性（如安全、环境、美观等）。质量的适用性就是建立在质量特性基础之上的。根据对顾客满意的影响程度不同，应对质量特性进行分类管理。常用的质量特性分类方法是将质量特性划分为关键、重要和次要三类：

（1）关键质量特性，是指若不满足规定的特性值要求，会直接影响产品安全性或导致产品整机功能丧失的质量特性。

（2）重要质量特性，是指若不满足规定的特性值要求特性，将造成产品部分功能丧失的质量特性。

（3）次要质量特性，是指若不满足规定的特性值要求，暂不影响产品功能，但可能会引起产品功能的逐渐丧失。

二、质量管理的基本概念

1. 质量管理

根据 ISO8402-1994 给出的定义，质量管理（Quality Management）是指“确定质量方针、目标和职责，并通过质量体系中的质量策划、质量控制、质量保证和质量改进来使其实现的所有管理职能的全部活动”。这个定义指出了质量管理是一个组织管理职能的重要组成部分，必须由一个组织的最高管理者来推动，质量管理是各级管理者的职责，并且和组织内的全体成员都有关系，他们的工作都直接或间接地影响着产品或服务的质量。因此，质量管理的涉及面很广：从横向来说，包括战略计划、资源分配和其他系统活动，如质量计划、质量保证、质量控制等活动；从纵向来说，质量管理包括质量方针、质量目标以及质量体系。

2. 质量保证

所谓质量保证（Quality Assurance），是指“为使人们确信某实体能满足质量要求，在质量体系内所开展的并按需要进行证实的有计划和有系统的全部活动”（国际标准 ISO8402-1994）。

质量保证的基本思想是强调对用户负责，其核心问题在于使人们确信某一组织有能力满足规定的质量要求，给用户、第三方（政府主管部门、质量监督部门、消费者协会等）和本企业最高管理者提供信任感。为了有把握地使用户、第三方和本企业最高管理者相信具有质量保证能力，使他们树立足够信心，企业必须提供充分必要的证据和记录，证明有足够能力满足他们对质量的要求。为了使质量保证系统行之有效，还必须时常接受评价，例如，用户、第三方和企业最高管理者组织实施的质量审核、质量监督、质量认证和质量评价（评审）等。

质量保证是一种有计划、有组织的系统活动，是实现质量管理所必需的工作保证。通过有计划地开展质量保证活动，应当形成一个有效的质量保证体系（质量保证模式）。

质量保证还分为内部质量保证和外部质量保证。内部质量保证是质量管理职能的一个组成部分，这是为了使企业各层管理者确信本企业具备满足质量要求的能力所进行的活动。外部质量保证是为了使用户和第三者确信供方具备满足质量要求的能力所进行的活动。

3. 质量控制

所谓质量控制（Quality Control），是指“为满足质量要求所采取的作业要求技术和活动”（国际标准 ISO8402-1994）。

定义中所表述的“作业技术和活动”是贯穿于质量形成全过程的各个环节，目的是为了保持质量形成全过程或其某一环节受控。因此，“作业技术和活动”的主要内容是确定控制计划与标准、实施控制计划与标准，并在实施过程中进行连续监视和验证、纠正不符合计划于程序现象、排除质量形成过程中的不良因素与偏离规范现象，恢复其正常状态。

在实际运用质量控制概念时，应该明确控制对象。对具体的质量控制活动，应冠以限定词，如工序质量控制、外协件质量控制、公司范围质量控制等。

4. 质量体系

为了实现质量方针、目标，提高质量管理的有效性，应建立与健全质量体系（Quality System）。质量体系是指“为实施质量管理的组织机构、职责、程序、过程和资源”（国际标准 ISO8402-1994）。

质量体系应是质量管理的组织保证。因此，质量体系定义中所表述的“组织机构、职责”，是指影响产品质量的组织体制，是组织机构、职责、程序等的管理能力和资源能力（包括人力资源与物质资源，即体系的硬件如人才资源与技能、设计研究设备、生产工艺设备、检验与试验设备以及计量器具等）的综合体。一般包括领导职责与质量管理职能、质量机构的设置、各机构的质量职能与职责以及它们之间的纵向与横向关系、质量工作网络与质量信息传递与反馈等。

质量体系是由若干要素构成的。根据 ISO9000 系列标准，质量体系一般可以包括下列要素：市场调研、设计和规范、采购、工艺准备生产过程控制产品验证、测量和试验设备的控制、不合格控制、纠正措施搬运和生产后的职能、质量文件和记录、人员、产品安全与责任、质量管理方法的应用等。

质量体系有两种形式：一种是用于内部管理的质量体系，一般以管理标准、工作标准、规章制度、规程等予以体现；另一种是用于外部证明的质量保证体系。前者要求比后者宽。为完成某项活动所规定的方法，即规定某项活动的目的、范围、做法、时间进度、执行人员、控制方法与记录等。

质量体系作为一个有机体，还应拥有必要的体系文件，包括质量手册、程序性文件（包括管理性程序文件、技术性程序文件）、质量计划及质量记录等。

通过以上关于质量管理、质量保证、质量控制、质量体系等概念的分别阐述，我们可以说，质量管理包括了质量保证、质量控制、质量体系。其中质量保证、质量控制是质量管理的具体实施方式与手段；质量体系是质量管理的组织、程序与资源的规范化、系统化。

5. 质量职能

质量管理在很大程度上是对质量职能（Quality Function）的管理。

所谓质量职能是指质量形成全过程所必须发挥的质量管理功能及其相应的质量活动。从产品质量形成的规律来看，直接影响产品质量的主要质量职能包括市场研究、开发设计、生产技术准备、采购供应、生产制造、质量检验、产品销售、用户服务等。

一般来说，质量职能不同于质量职责。质量职能是针对质量形成全过程的需要提出的质量活动属性与功能，具有科学性；而质量职责是为了实现质量职能，对部门、岗位与个人提出的具体的质量工作任务并赋予责、权、利，具有规定性与法定性。因此可以说，质量职能是制定质量职责的依据，质量职责是落实质量职能的方式或手段。

质量职能不能等同于职能部门。一项质量职能可能由几个部门去担当实现，一个职能质量管理在很大程度上是对质量职能的管理。

总之，质量管理是一门学问，从根本上说，这是一门如何发现质量问题、定义质量问题、寻找问题原因和制订整改方案的方法论。质量管理还是一种思想，他实际对企业的宗旨，即企业是干什么的、应该是干什么的这一基本使命的一种深刻的理解和不断升华的认识。质量管理更是一种实践，一种从企业最高领导到每位员工主动参与的永无止境的改进活动。

三、质量管理的演变

质量管理是指确定质量方针、目标和职责，并通过质量体系中的质量策划、质量控制、质量保证和质量改进来使其实现的所有管理职能的全部活动。在20世纪，质量管理的发展，大致经历了质量检验、统计质量管理和全面质量管理三个阶段。

1. 质量检验阶段

质量检验阶段大致从20世纪初到20世纪30年代末，其特点是以事后检验为主体，通过检验来发现和剔除不合格品，把检验作为质量保证的主要手段。当时，人们对质量管理的理解还只限于质量的检验。质量检验所使用的手段是各种检测设备和仪表，方式是严格把关，进行百分之百的检验。在这个阶段中，美国出现了以泰罗为代表的“科学管理运动”。“科学管理”提出了在人员中进行科学分工的要求，并将计划职能与执行职能分开，中间再加一个检验环节，以便监督、检查对计划、设计、产品标准等项目的贯彻执行。也就是说，计划设计、生产操作、检查监督各有专人负责，从而产生了一支专职检查队伍，构成了一个专职的检查部门，这样，质量检验机构就被独立出来了。起初，人们非常强调工长在保证质量方面的作用，将质量管理的责任由操作者转移到工长，故被人称为“工长的质量管理”。后来，这一职能又由工长转移到专职检验人员，由专职检验部门实施质量检验，称为“检验员的质量管理”。

质量检验是在成品中挑出废品，以保证出厂产品质量。但这种强调检验人员的质量监督职责的事后检验把关，无法在生产过程中起到预防、控制的作用，不能预防不合格品的发生，且百分之百的检验，增加了检验费用。在大批量生产的情况下，或自动化程度较高的集成环境中，其弊端尤其明显。

2. 统计质量管理阶段

统计质量管理阶段，大致从第二次世界大战开始到20世纪50年代末，休哈特将数理统计方法引入质量管理，发明了控制图、抽样检验表等，使质量控制成为一门独立的学科，使质量管理由单纯依靠质量检验事后把关，发展到工序质量控制，强调质量的预防性控制与事后检验相结合，从而使制造企业减少了不合格品的产生，降低了生产费用。然而，影响产品质量的因素是多种多样的，制造仅是产品形成的一个中间环节，产品设计才是产品质量形成的首要环节。准确地说，质量首先是设计出来的，然后才是制造和检验出来的，很多设计的缺陷是不可能在制造中克服，并且由于现代制造生产模式转向了多品种、小批量生产，统计质量控制面临着更多的挑战，从而促进了全面质量管理思想的形成。

3. 全面质量管理阶段

1961年，美国通用电气公司质量经理费根堡姆首先提出了全面质量管理（Total Quality Management，TQM）的概念，主张企业内的全体人员和所有职能部门都参加对产品形成过程的广义质量实行管理，将质量管理的范围扩展到产品设计、制造、装配和使用等全过程，把现代科学管理、科学技术和统计方法密切结合起来，建立一套完善的工作体系和方法，以保证最经济地生产出满足用户要求的优质产品。

20世纪80年代后，国际标准化组织（ISO）在全面质量管理的基础上，运用标准化原理对质量管理活动进行了研究，并于1987年颁布了ISO9000质量管理和质量保证体系标准，引起了世界各国政府和企业界的高度重视，使质量管理的理论与实践又有了新的发展。它不仅强调企业自身对质量进行全面管理，同时要求企业外部的需方或第三方也对企业的产品进行管理和监督，即把质量管理从企业自身扩大到整个社会，将质量管理由企业内部的事务变为全社会的事务。

可见，休哈特将质量控制从事后把关提前到制造阶段，费根堡姆将质量控制扩展到产品生命周期的全过程。总之，质量管理思想的进步经历了一个从被动走向主动、从片面走向全面、从治标走向治本的发展过程。

四、质量控制系统

质量控制是质量管理的一部分，致力于满足质量要求。质量控制是产品生命周期的一项重要内容，它对提高产品的市场竞争力，降低产品的生命周期成本有极其重要的意义。

作为质量管理的一部分，质量控制适用于对组织任何质量的控制，不仅仅限于生产领域，还适用于产品的设计、生产原料的采购、服务的提供、市场营销、人力资源的配置，涉及组织内几乎所有的活动。质量控制的目的是保证质量，满足要求。为此，要解决要求（标准）是什么、如何实现（过程）、需要对哪些进行控制等问题。

质量控制是一个设定标准（根据质量要求）、测量结果，判定是否达到了预期要求，对质量问题采取措施进行补救并防止再度发生的过程，但质量控制不是检验。在生产前对生产过程进行评审和评价的过程也是质量控制的一个组成部分。总之，质量控制是一个确保生产出来的产品满足要求的过程。例如，为了控制生产过程，对某一工序的质量，可以通过作业指导书规定生产该工序使用的设备、工艺装备、加工方法、检验方法等，对特殊过程或关键工序还可以采取控制图法监视其质量的波动情况。

质量控制是一个复杂的系统，应该从管理、技术、人员和政策法规四个方面来实现质量控制。从管理方面控制质量称为质量管理学，主要技术是全面质量管理 TQM。从技术方面控制质量称为技术质量学，它包括在线质量控制和离线质量控制两个部分。质量控制体系结构如图 7-1 所示。

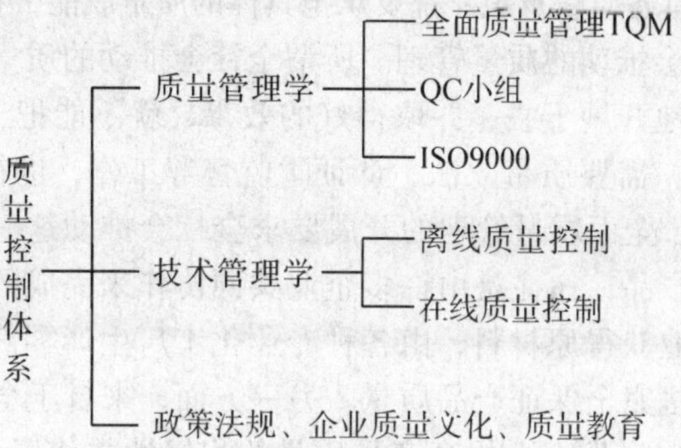

图 7-1 质量控制体系图

第二节 现代企业质量管理理论及方法

一、全面质量管理

（一）全面质量管理的概念、特点及基本观点

1. 全面质量管理的概念

目前对全面质量管理的理解，是指在全社会的推动下，企业的所有组织、所有部门和全体人员都以产品质量为核心，把专业技术、管理技术和数理统计结合起来，建立起一套科学、严密、高效的质量保证体系，控制生产全过程影响质量的因素，以优质的工作、最经济的办法，提供满足用户需要的产品（服务）的全部活动。简言之就是在全社会推动下的、企业全体人员参加的、用全面质量去保证生产全过程的质量的活动，而核心就在“全面”二字上。

2. 全面质量管理的特点

全面质量管理的特点就在“全面”上，所谓“全面”，有以下四方面的含义：

（1）TQC 是全面质量的管理。所谓全面质量就是指产品质量、过程质量和工作质量。全面质量管理不同于以前质量管理的一个特征，就是其工作对象是全面质量，而不仅仅局限于产品质量。全面质量管理认为应从抓好产品质量的保证入手，用优质的工作质量来保证产品质量，这样能有效地改善影响产品质量的因素，达到事半功倍的效果。

（2）TQC 是全过程质量的管理。所谓全过程，是相对制造过程而言的，就是要求把质量管理活动贯穿于产品质量产生、形成和实现的全过程，全面落实预防为主的方针。逐步形成一个包括市场调研，开发设计直至销售服务全过程所有环节的质量保证体系，把不合格消灭在质量形成过程之中，做到防患于未然。

（3）TQC 是全员参加的质量管理。产品质量的优劣，取决于企业全体人员的工作质量水平，提高产品质量必须依靠企业全体人员的努力。企业中任何人的工作都会在一定范围和一定程度上影响产品的质量。显然，过去那种依靠少数人进行质量管理的方法是很不得力的。因此，全面质量管理要求不论是哪个部门的人员，也不论是厂长还是普通职工，都要具备质量意识，都要承担具体的质量职能，积极关心产品质量。

（4）TQC 是全社会推动的质量管理。所谓全社会推动的质量管理，指的是要使全面质量管理深入持久地开展下去，并取得好的效果，就不能把工作局限于企业内部，而需要全社会的重视，需要质量立法、认证、监督等工作，进行宏观上的控制引导，即需要全社会的推动。全面质量管理的开展要求全社会推动这一点之所以必要，一方面是因为一个完整的产品，往往是由许多企业共同协作来完成的，例如，机器产品的制造企业要从其他企业获得原材料，由各种专业化工厂生产零部件等。因此，仅靠企业内部的质量管理无法完全保证产品质量。另一方面，来自于全社会的宏观质量活动所创造的社会环境可以激发企业提高产品质量的积极性并认识到它的必要性。例如，通过优质优价等质量政策的制定和贯彻，以及实行质量认证、质量立法、质量监督等活动以取缔低劣产品的生产，使企业认识到，生产优质产品无论是对社会还是对企业都有利，而质量不过关则使企业无法生存发展，从而认真对待产品质量和质量管理问题，便全面质量管理得以深入持久地开展下去。

3. 全面质量管理的主要工作内容

全面质量管理是生产经营活动全过程的质量管理，要将影响产品质量的一切因素都控制起来，其中主要抓好以下几个环节的工作：

（1）市场调查。市场调查过程中要了解用户对产品质量的要求，以及对本企业产品质量的反映，为下一步工作指出方向。

（2）产品设计。产品设计是产品质量形成的起点，是影响产品质量的重要环节，设计阶段要制定产品的生产技术标准。为使产品质量水平确定得先进合理，可利用经济分析方法。这就是根据质量与成本及质量与售价之间的关系来确定最佳质量水平。

（3）采购。原材料、协作件、外购标准件的质量对产品质量的影响是很显然的，因此，要从供应单位的产品质量、价格和遵守合同的能力等方面来选择供应厂家。

（4）制造。制造过程是产品实体形成过程，制造过程的质量管理主要通过控制影响产品质量各种因素，即操作者的技术熟练水平、设备、原材料、操作方法、检测手段和生产环境来保证产品质量。

（5）检验。制造过程中同时存在着检验过程。检验在生产过程中起到把关、预防和预报的作用。把关就是及时挑出不合格品，防止其流入下道工序或出厂；预防是防止不合格品的产生，预报是产品质量状况反馈到有关部门，作为质量决策的依据。为了更好地起到把关和预防等作用，要同时考虑减少检验费用，缩短检验时间，要正确选择检验方式和方法。

(6) 销售。销售是产品质量实现的重要环节。销售过程中要实事求是地向用户介绍产品的性能、用途、优点等，防止不合实际地夸大产品的质量，影响企业的信誉。

(7) 服务。抓好对用户的服务工作，如提供技术培训、编制好产品说明书、开展咨询活动、解决用户的疑难问题、及时处理出现的质量事故。为用户服务的质量影响着产品的使用质量。

(二) 实施全面质量管理的四个阶段

全面质量管理的实施，一般分为四个阶段：

第一个阶段称为计划阶段，又叫 P 阶段（Plan）。这个阶段的主要内容是通过市场调查、用户访问和国家计划指标等，摸清用户对产品质量的要求，确定质量政策、质量目标和质量计划等。

第二个阶段为执行阶段，又称 D 阶段（Do）。这个阶段是实施 P 阶段所规定的内容，如根据质量标准进行产品设计，试制、试验，其中包括计划执行前的人员培训。

第三个阶段为检查阶段，又称 C 阶段（Cheek）。这个阶段主要是在计划执行过程中或执行之后，检查执行情况，是否符合计划的预期结果。

第四个阶段为处理阶段，又称 A 阶段（Action）。主要是根据检查结果，采取相应措施。

二、质量管理体系的标准化

(一) 质量认证和国际标准化组织 ISO

要贯彻全面质量管理的思想，就必须有一套行之有效的组织管理机构和全面严格的规章制度。ISO9000 国际质量认证标准为实现全面质量管理提供了十分有效的手段。

国际标准化组织 ISO（International Organization for Standardization）成立于 1947 年，是由 131 个国家标准化机构参加的国际组织。其宗旨是：在全世界范围内促进标准化工作的发展，扩大各国在技术、经济各方面的交流与合作。它的主要活动是制定 ISO 标准，协调世界范围内的标准化工作。1978 年，我国成为 ISO 的正式成员。

(二) ISO9000 系列标准的制定与修订

1. ISO9000 系列标准的制定和简介

1979 年 ISO 按专业性质设立了“质量保证技术委员会（ISO/TC176）”负责制定有关质量保证技术和应用的国际标准。

第一版的 ISO9000 系列标准共分为五个组成部分：

(1) ISO9000：质量体系 ISO9000——是该系列标准的选用指南，并为 ISO9001、ISO9002 、ISO9003、ISO9004 的使用建立了准则。

（2）ISO9001：质量体系——设计、开发、生产、安装和服务的质量保证模式。其包括了企业全部活动的总标准。

（3）ISO9002：质量体系——生产、安装、和服务的质量保证模式。当需要证实供方生产合格产品的过程控制能力时，应选择和使用此种模式的标准。

（4）ISO9003：质量体系——最终检验和试验的质量表征模式。当仅要求供方保证最终检验和试验符合规定要求时，应选择此种模式的标准。

（5）ISO9004：质量管理和质量体系要素指南——它是企业建立和实施全面有效的内部管理的质量体系文件。它的基本原则对于所有企业都是适用的。包括了两方面的内容：一是引言，阐述了质量管理和质量体系的目标和任务；二是正文，阐述了质量管理和质量体系的及其要素的要求。

2. 2000 版 ISO9000 系列标准的构成与特点

ISO/TC176 主持的 ISO9000 族标准改版修订工作严格遵循国际标准制定的有关程序和步骤，经过建议阶段、编写阶段、委员会阶段、申报阶段、批准阶段和颁布阶段共五个阶段的大量细致工作，才确定并发布了 ISO9000：2000 族标准。

新版标准对 1994 年版 ISO9000 族标准的总体结构进行了全面调整，将 1994 版标准的 27 项标准文件进行了重新安排，并以四种方式进行处理：

（1）并入新的标准；

（2）以技术报告或技术规范的形式发布；

（3）以小册子的形式出版发布；

（4）转入其他技术委员会。

ISO9000：2000 族标准在其整体结构上较 1994 年版发生了较大的变化，标准的数量在合并、调整的基础上也大幅度减少。从整体结构上看，ISO9000：2000 族标准及其文件由四个部分组成：

第一部分为核心标准。

ISO9000：2000 族核心标准有四项：

（1）ISO9000：2000《质量管理体系——基础和术语》；

（2）ISO9001：2000《质量管理体系——要求》；

（3）ISO9004：2000《质量管理体系——业绩改进指南》；

（4）ISO19011《质量和环境管理体系审核指南》。

第二部分为其他标准。

如 ISO10005 质量计划（取代 ISO10005：1995）、ISO10006 项目质量管理指南（取代 ISO10006：1997）、ISO10007 技术状态（取代 ISO10007：1995）和 ISO10012：2001 测量控制系统（取代 ISO10012-1 和 ISO10012-2）等。

第三部分为技术文件（包括技术报告、技术规范等）。

在标准数量减少后，其他相关标准予以撤销或合并，如 ISO9000-2、ISO9004-2、ISO9004-3、ISO9005；或转入其他技术委员会，如 ISO9000-3、ISO9000-4；或在下一阶段修订时以技术报告的形式发布，如 ISO10006、ISO10007、ISO10013、ISO100015（ISO100014 和 ISO100017 现已发布为技术报告）等。

第四部分为小册子。

在标准的数量减少后，其他相关内容将以小册子的形式出版发行，如质量管理原理——选择和使用指南、小型企业应用指南等。

ISO9000：2000 族标准以朱兰、戴明、费根鲍姆等质量管理大师的质量理念和经营管理思想为自身注入了新的内涵。针对 1994 年版标准的不足，在充分考虑用户需求的前提下，新版标准总结了质量管理的实践经验，吸收了管理学科发展的新观点、新思想，从整体上看较 1994 年版标准有了较大的提高，归纳起来有以下明显的特点：

（1）面向所有组织，通用性更强；

（2）结构简化，更有利于使用；

（3）采用过程方法模式，可操作性强；

（4）减少了程序文件数量要求；

（5）强调顾客满意是质量管理体系的动力，尤其重视顾客满意信息的测量；

（6）突出持续改进，并要求加以证实；

（8）质量管理体系与环境管理体系相互兼容。

3. ISO9000 对全面质量管理的诠释

要贯彻全面质量管理的思想，就必须有一套行之有效的组织管理机构和全面严格的规章制度。ISO9000 国际质量认证标准为实现全面质量管理提供了十分有效的手段。ISO9000 系列质量标准是 ISO 于 1987 年颁布的，其最终目的是引导质量管理和质量保证的国际化，使供方能够以最低造价确保长期、稳定地生产出质量好的产品，使需方建立起对供方的信任。

ISO9000 标准的实施要求企业建立一套全面的、完整的、详尽的、严格的有关质量管理和质量保障的规章制度和质量保障文件。这些规章制度和文件要求企业从组织机构、人员管理和培训、产品生命周期质量控制活动都必须适应质量管理的需要。

ISO9000 由 6 个标准组成：

（1）ISO8402：质量——术语；

（2）ISO9000：质量管理和质量保证标准——选择和使用指南；

（3）ISO9001：质量体系——设计，开发、生产、安装和服务的质量保证模式；

（4）ISO9002：质量体系——生产、安装和服务的质量保证模式；

（5）ISO9003：质量体系——最终检验和试验的质量保证模式；

（6）ISO9004：质量管理和质量体系要素——指南。

ISO9000 系列标准相互关系如图 7-2 所示。

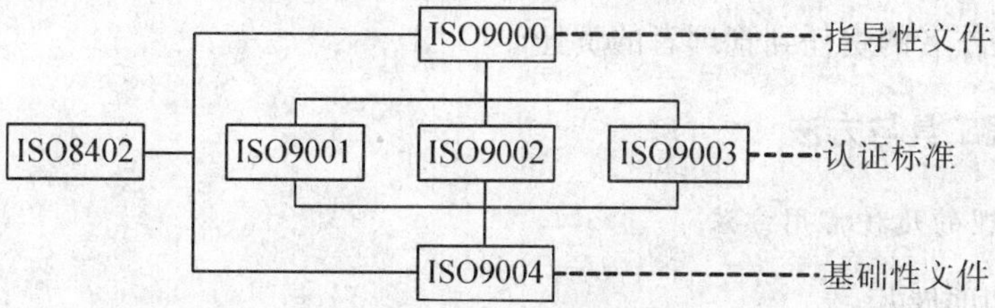

图 7-2　ISO9000 系列标准相互关系

所谓ISO9000认证（质量体系认证），是对ISO9001~1S09003中的任意一个进行认证，最完整的是ISO9001（20项），其次是ISO9002（19项），再其次是ISO9003（16项）。这三种质量保证模式在内容上是逐次包容的，如图7-3所示。

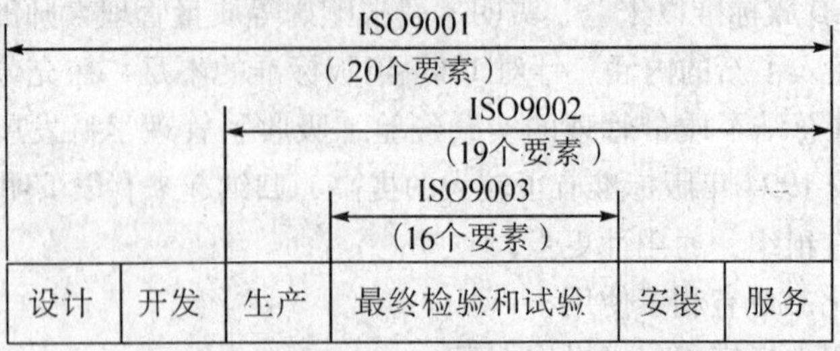

图7-3　一种质量保证模式标准的关系

ISO9000系列标准包含了质量管理和质量控制中的几个新概念：

（1）从产品质量到大质量。

产品不仅仅指硬件，也包括服务、经营、软件；产品可以是有形的，也可以是无形的（信息、概念）；产品可以是有意识形成的，也可以是无意中形成的（污染或有害效果）。过程除生产过程外，还包括服务、经营等其他过程。“顾客”已超出一般“顾客”的范畴，顾客可以是最终消费者、使用者、受益人或需方，它包括企业活动能影响到的所有人，无论是企业内部的，还是企业外部的。

（2）从单纯追求产品的技术指标到追求产品的高使用价值。

顾客购买产品时，不仅要关心产品出厂时的质量状况，更要关心产品在以后使用中的质量状况，就是要追求性能，可靠性、维修性、安全性、适用性、经济性、环保性等具有综合意义的高使用价值。

（3）从“高质量”到适宜质量。

产品质量水平应以“满足”需要为尺度，并非愈高愈好。不必要的冗余质量必然会影响进度，增加费用。正确的质量概念是：以满足需要为前提，以求功能、费用、进度三者相权衡的适宜质量。

（4）从注重实物质量到追求质量保证能力。

实物质量只能说明所购买实物本身，并不能反映供货方的质量保证能力，甚至不能反映同一批次其他产品的质量，更不能反映与之配套的产品的质量。

（5）从对顾客负责到对社会负责。

社会需要考虑的因素有工作场所的健康和安全、环境保护（包括能源和自然资源）。

（6）从由顾客承担质量风险到由企业承担质量风险。

（7）从操作者的责任到管理者的责任。

三、质量管理工具与方法

（一）质量管理的几种常用方法

1. 质量功能展开

质量功能展开（QFD）是在产品服务设计阶段一种非常有效的方法，是一种旨在提高顾客满意度的“顾客驱动”式的质量管理方法。这种方法实现了技术和人员的集成，是一种系统的设计与决策方法。按照质量功能展开的技术路线，可以识别、获得和度量顾客需求，并将顾客需求转化为与之相对应的产品服务开发和制造各阶段的工程要求。

2. 顾客满意度测评

顾客满意度测评就是针对“顾客对其要求已被满足的程度的感受”进行评测。实施步骤如下：

（1）由组织自己或委托咨询、调查机构进行顾客满意度调查，收集顾客满意度的大量信息。

（2）对调查结果进行预处理，分析调查的可信度。

（3）对顾客满意度进行对比分析（与历史数据比，与竞争对手比），找出差距，发现改进的机会。

（4）通过分析确定不能满足顾客要求的关键所在，反馈给有关部门，实施改进。

（5）确认并巩固改进成果，不断提高顾客满意度水平。

根据调查数据对比分析顾客满意度是顾客满意度测评的重点和难点，定量方法有回归统计分析技术和结构方程模型。

利用多元回归分析技术，可以计算出满意度驱动要素对满意度的影响大小，即分析满意度驱动要素每提升一分，满意度在现有基础上可以提升多少分。

但满意度驱动要素不多，而且这些要素之间的关联性不强时，这种方法不失为一种简单有效的方法。

结构方程模型是一种因果关系模型，通过要素间的因果关系及准因果关系来表达现实生活中的相互关系，是国际上流行的顾客满意度分析评价定量模型。

目前，占主导地位的美国用户满意度指数模型（ACSI，1994 年）和欧洲用户满意度指数模型（ECSI，2000 年）都是采用结构方程模型构建关系，通过偏最小二乘法（PLS 算法）进行计算分析。由于这些指数模型较为复杂，一般借助专业软件进行处理。

3. QC 小组

QC 小组是来自不同岗位的员工围绕组织的经营战略、方针目标和现场存在的问题，以改进质量、降低消耗，提高经济效益为目的组织起来，运用质量管理的理论和方法开展活动的小组，是组织群众性质量管理活动的一种有效组织形式。

根据所要解决质量问题涉及的范围可划分为班组 QC 小组、部门 QC 小组和大型专题 QC 小组。根据所要解决质量问题的类型可划分为“现场型”、“服务型”、“攻关型”、“管理型”和“创新型”QC 小组。

一般地，QC 小组的主要工作步骤或内容有：

（1）采用质量管理工具及时发展质量问题或质量改进机会。

（2）采用“头脑风暴法”，并充分听取来自 QC 小组外部的意见，寻求改进方法。

（3）以表单形式列出可能的问题及相应的解决方案。根据拟解决质量问题及相应解决方案的必要性及可行性对其进行排序。一定时期内着重解决一个或少数几个问题。

(4) 对选定项目进行质量改进的策划、组织、协调和监督。

(5) 负责向组织申报质量改进成果。

4. 田口方法

田口方法是日本著名质量工程专家田口玄一博士在20世纪60年代提出的一种设计质量工程方法。

(1) 田口方法强调质量管理在源头的理念。开发设计阶段是保证产品质量的源头，制造和检验阶段是下游。若设计质量水平不高，就很难生产制造出高质量的产品。

(2) 田口方法是三次设计方法，即系统设计、参数设计、容差设计。其中，参数设计是核心。田口方法通过分析质量特性与元部件之间的额非线性关系（交互作用），找出使稳定性达到最佳水平的组合。

(3) 田口方法注重质量与成本的平衡性。引入质量损失函数这个工具使工程技术人员可以从技术和经济两个方面分析产品在设计、制造、使用和报废等过程中的性能与费用，使产品在整个寿命周期内社会总损失最小。

(4) 田口方法的正交试验设计技术新颖、实用。使用综合误差因素法、动态特性设计等先进技术，用误差因素模拟各种干扰（噪音），使得试验设计更具有工程特色，大大提高试验效率，增加试验设计的科学性和经济性，并且使产品在制造和使用过程中达到最优。

(二) 质量管理工具

在实际质量管理中，常用的质量管理工具有直方图、相关图、排列图、控制图和因果图等“QC 七种工具”，以及关联图、系统图等“新 QC 七种工具”。应用这些方法可以从经常变化的生产过程中，系统地收集与产品有关的各种数据，并用统计方法对数据进行整理、加工和分析，进而画出各种图表，找出质量变化的规律，实现对质量的控制。石川馨曾经说过，企业内 95%的质量问题可通过企业全体人员应用这些工具得到解决。无论是 ISO9000 还是近年来非常风行的 6σ 质量管理理论都非常强调这些基于统计学的质量控制技术的应用。因此，要真正提高产品质量，企业上至领导下至员工都必须掌握质量控制技术并在实践中加以应用。

1. 直方图

(1) 直方图用途。

直方图法是把数据的离散状态分布用竖条在图表上标出，以帮助人们根据显示出的图样变化，在缩小的范围内寻找出现问题的区域，从中得知数据平均水平偏差并判断总体质量分布情况。

(2) 直方图画法。

下面通过例子介绍直方图如何绘制。

【例 2-1】生产某种滚珠，要求直径 x 为 15.0±1.0 毫米，试用直方图对生产过程进行统计分析。

①收集数据

在 5M1E（人、机、料、法、测量和生产环境）充分固定并加以标准化的情况下，从该生产过程收集 n 个数据。N 应不小于 50，最好在 100 以上。本例测得 50 个滚珠的直径如表 7-1 所示。其中 Li 为第 i 行数据最大值，Si 为第 i 行数据最小值。

表 7-1　　50 个滚珠样本直径

I \ J	1	2	3	4	5	6	7	8	9	10	Li	Si
1	15.0	15.8	15.2	15.1	15.9	14.7	14.8	15.5	15.6	15.3	15.9	14.7
2	15.1	15.3	15.0	15.6	15.7	14.8	14.5	14.2	14.9	14.9	15.7	14.2
3	15.2	15.0	15.3	15.6	15.1	14.9	14.2	14.6	15.8	15.2	15.8	14.2
4	15.9	15.2	15.0	14.9	14.8	14.5	15.1	15.5	15.5	15.5	15.9	14.5
5	15.1	15.0	15.3	14.7	14.5	15.5	15.0	14.7	14.6	14.2	15.5	14.2

②找出数据中最大值 L、最小值 S 和极差 R

$$L=MaxLi=15.9,\ S=MinSi=14.2,\ R=S-L=1.7 \tag{7.1}$$

区间 [S，L] 称为数据的散布范围。

③确定数据的大致分组数 k

分组数可以按照经验公式 $k=1+3.322lgn$ 确定。本例取 $k=6$。

④确定分组组距 h

$$h=\frac{R}{k}=\frac{1.7}{6}=0.3 \tag{7.2}$$

⑤计算各组上下限

首先确定第一组下限值，应注意使最小值 S 包含在第一组中，且使数据观测值不落在上、下限上。故第一组下限值取为：$S-\frac{h}{2}=14.2-0.15=14.05$

然后依次加入组距 h，便可得各组上下限值。第一组的上限值为第二组的下限值，第二组的下限值加上 h 为第二组的上限值，其余类推。各组上下限值见表 7-2。

表 7-2　　频数分布表

组序	组界值	组中值 bi	频数 fi	频率 pi
1	14.05~14.35	14.2	3	0.06
2	14.35~14.65	14.5	5	0.10
3	14.65~14.95	14.8	10	0.20
4	14.95~15.25	15.1	15	0.32
5	15.25~14.55	15.4	9	0.16
6	15.55~15.85	15.7	6	0.12
7	15.85~16.15	16.0	2	0.04
合计			50	100%

⑥计算各组中心值 b_i、频数 f_i 和频率 p_i

b_i =（第 i 组下限值+第 i 组上限值）/2，频数 f_i 就是 n 个数据落入第 i 组的数据个数，而频数 $p_i = f_i / n$。

⑦绘制直方图

以频数（或频率）为纵坐标，数据观测值为横坐标，以组距为底边，数据观测值落入各组的频数 f_i（或频率 p_i）为高，画出一系列矩形，这样就得到图形为频数（或频率）直方图，简称为直方图。

2. 排列图

意大利经济学家柏莱图（Vilfredo Pareto）1897 年提出：80%的财富集中在 20%的人手中（80/20 法则）。排列图（又称柏拉图、Pareto 图）是基于帕累托原理，其主要功能是帮助人们确定那些相对少数但重要的问题，以使人们把精力集中于这些问题的改进上。在任何过程中大部分缺陷也通常是由相对少数的问题引起的。对于过程质量控制，排列图常用于不合格品数或缺陷数的分类分析。在六西格玛中，也用于对项目的主要问题如顾客抱怨等进行分类。

【例 2-2】对曲轴加工进行抽样检验，得出不合格品共 160 个。画出排列图（见图 7-4），柱图为不合格数分类统计量，折线图为累积比例。可以看出前两种因素占 79%，应作为关键急需解决因素。

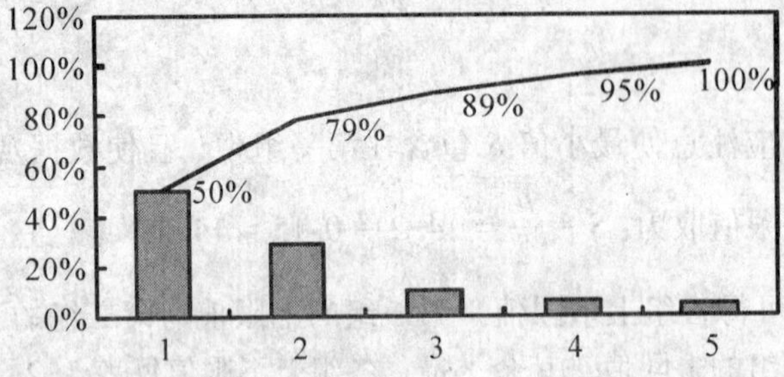

不合因素：
①蓄油孔扣环占 50%；
②动平衡超差占 29%；
③开档大占 10%；
④法兰销孔大占 6%；
小头直径大占 5%。

图 7-4　曲轴不合格品排列图

3. 因果图

因果图由日本质量学家石川馨发明，是用于寻找造成质量问题的原因、表达质量问题因果关系的一种图形分析工具。一个质量问题的产生，往往不是一个因素，而是多种复杂因素综合作用的结果。通常，可以从质量问题出发，首先分析那些影响产品质量最大的原因，进而从大原因出发寻找中原因、小原因和更小的原因，并检查和确定主要因素。这些原因可归纳成原因类别与子原因，形成类似鱼刺的样子，因此因果图也称为鱼刺图。图 7-5 是在制造中出现次品后，寻找其原因形成的因果图。图中可以看出，原因被归为工人、机械、测试方法等六类，每一类下面又有不同的子原因。

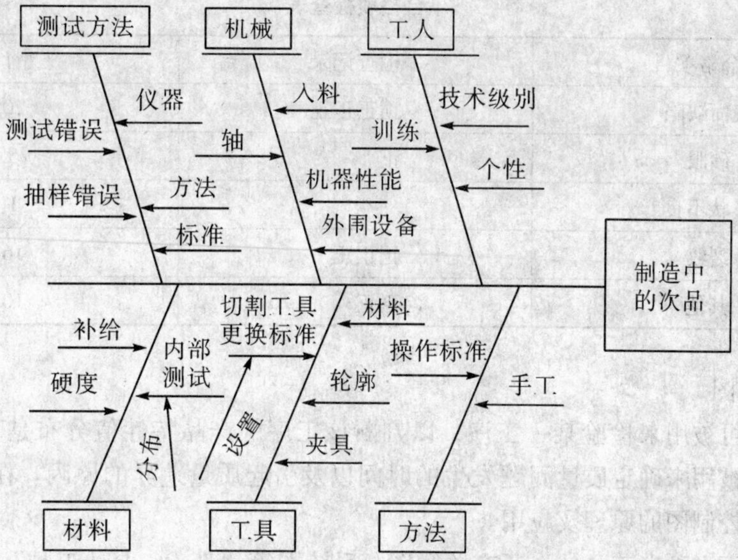

图 7-5　制造中次品出现原因的因果分析图

4. 分层法

分层法又名层别法，是将不同类型的数据按照同一性质或同一条件进行分类，从而找出其内在的统计规律的统计方法。常用分类方式：按操作人员分、按使用设备分、按工作时间分、按使用原材料分、按工艺方法分、按工作环境分等。

5. 散布图

散布图又称散点图、相关图，是表示两个变量之间相互关系的图表法。横坐标通常表示原因特性值，纵坐标表示结果特性值，交叉点表示它们的相互关系。相关关系可以分为：正相关、负相关、不相关。图 7-6 表示了某化工厂产品收率和反应温度之间的相关关系，可以出，这是正相关。

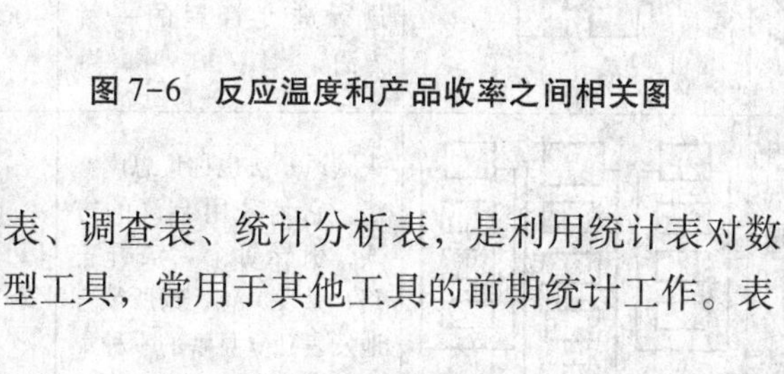

图 7-6　反应温度和产品收率之间相关图

6. 检查表

检查表又名核查表、调查表、统计分析表，是利用统计表对数据进行整体和初步原因分析的一种表格型工具，常用于其他工具的前期统计工作。表 7-3 为不合格品分项检查表。

表 7-3 **不合格项检查表**

不合格项目	检查记录	小计
表面缺陷	正正正正	20
砂眼	正	5
形状不良	一	1
裂纹	正正正一	16
其他	正正	10

7. 控制图

控制图可被用来检验某一工序，以判断该工序的产品特性值分布是否是随机的。控制图还能被用来确定质量问题发生的时间以及引起质量差异的原因。在下一节本书将重点介绍控制图的原理及应用。

除了上面七种老工具外，还有关联图、系统图等“新 QC 七种工具”。新 QC 七种工具是日本质量管理专家于 20 世纪 70 年代末提出的，用于全面质量管理 PDCA 的计划阶段。它们与上述主要运用于生产过程质量控制和预防的 QC 七种老工具相互补充，共同致力于质量提高（见表 7-4）。

表 7-4 **QC 新七种工具**

名称与描述	图示	名称与描述	图示
关联图用于将关系纷繁复杂的因素按原因-结果或目的-手段等目的有逻辑地连接起来的一种图形方法。	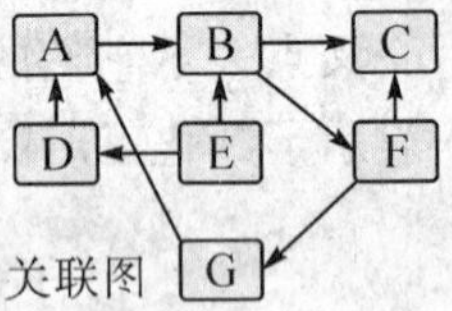	矩阵图是以矩阵的形式分析因素间相互关系及其强弱的图形。它由对应事项、事项中的具体元素和对应元素交点处表示相关关系的符号构成。	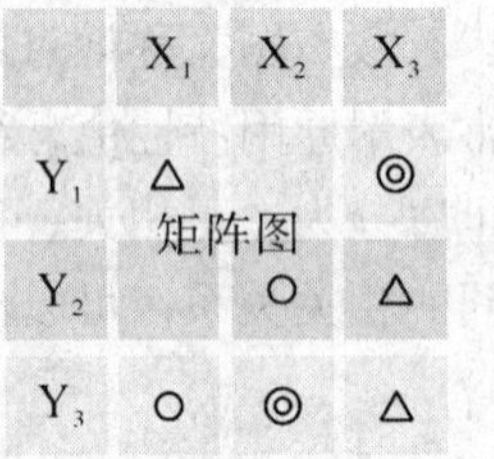
PDPC 法，又称过程决策程序图法，是将运筹学中过程决策程序图应用于质量管理。它是指在制定达到目标的实施计划时加以全面分析，对于事态进展中各种障碍进行预测，从而制定相应的处置方案和应变措施的方法。	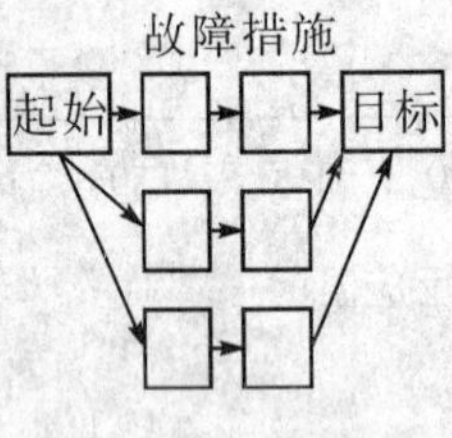	箭线图法，又称矢线图法，计划评审法 KERT、关键路线法 CPM，是网络图在质量管理中的应用。是制定某项质量工作的最佳日程计划和有效地进行进度管理的一种方法。	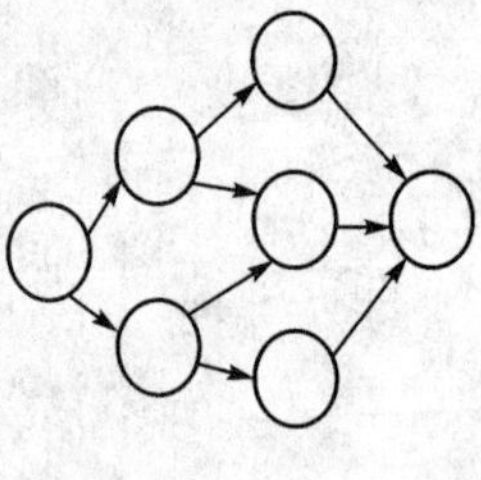
亲和图用于归纳、整理由“头脑风暴”法产生的观点、想法等语言资料，按它们之间亲近关系加以归类、汇总的一种图示方法。别名卡片法、KJ 法、A 型图解法。	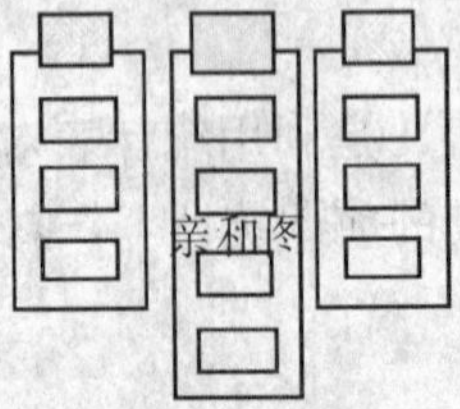	头脑风暴法也称集思广益法，它是采用会议的方式，引导每个人广开言路、激发灵感，畅所欲言地发表独立见解的一种集体创造性思维的方法。	

表7-4(续)

名称与描述	图示	名称与描述	图示
树图也叫系统图，它把要实现的目的与需要采取的措施或手段，一级一级系统地展开，以明确问题的重点，寻找最佳手段或措施。	树图 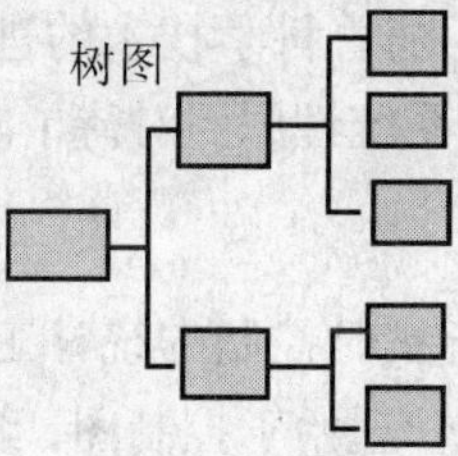		

四、统计过程控制与工序能力分析

1924 年，来自贝尔实验室的美国数理统计专家休哈特制定了第一张控制图，1930 年，同样来自贝尔实验室的数学家道奇与罗米格编制了第一批抽样数表。1931 年休哈特的《工业产品质量的经济检验》一书问世，统计过程控制理论逐步形成。统计过程控制就是应用统计抽样原理，抽取一部分产品（零件），对这些产品的主要质量特性给予数量测定，并经过统计分析来判断产品质量的情况和趋向，借以预防和控制不合格品的产生。它的主要特点是，从质量管理的指导思想上看，由事后把关变为事前预防；从质量管理的方法论上看，广泛深入地应用了数理统计的原理和方法。

（一）产品质量散差的原因

按一定标准制造出来的大量同类产品的质量数据总存在差异，即散差。

产品质量散差有下列几个来源：原材料、设计、制造方法、操作人员、生产环境及测量等。要求上述条件绝对保持不变是不可能的，因此产品质量散差就必须存在。对于这几个来源的散差原因还可以分为两大类：偶然性原因和系统性原因。

偶然性原因又称随机性原因或不可避免的原因。这种原因所造成的质量散差比较小，如机床的微小振动、原材料性质的微小差异、刀具的正常磨损、夹具的微小松动、工人操作技术的微小变化等。这些因素的出现是带有随机性的，一般不易识别，且难以消除，即使能够消除往往在经济上是不合算的。

系统性原因又称异常原因或可以避免的原因。这种原因往往突然发生，对产品质量影响较大，且前后是一致的，如机床、刀具严重磨损、设备调整不准、夹具严重松动，或者材料中混入了不同材质、规格的原材料等。这类原因一般容易识别和查找，并且易于采取措施进行消除。

一般来说，偶然性原因引起的误差往往表现为产品质量特性值分布的离散性，而系统性原因引起的误差则反映在质量特性值分布的离散性与集中性，而更多地表现在分布的集中性上。

假如生产过程中影响产品质量发生变化的原因全部属于偶然性原因，就称生产过程处于统计控制状态。在这种情况下，不仅已在这个稳定过程中制造出来的产品，而且正在制造和将要制造的产品的质量都有可靠的保证；反之，若有非偶然性原因即系统性原因在起作用，影响着产品质量的变异，那么就表示生产过程脱离了统计控制状态，应该及时发出警报，分析原因，采取措施，确保生产过程重新回到统计控制下的稳定状态。

划分偶然性原因和系统性原因是相对的。随着科学技术的进步，某些偶然性原因的机理或规律一旦被人们准确地掌握，就当做系统性原因对待了。

（二）控制图及其原理

控制图是对生产过程中产品质量状况进行实时控制的统计工具，是质量控制中最重要的方法。人们对控制图的评价是："质量管理始于控制图，亦终于控制图"。控制图主要用于分析判断生产过程的稳定性，及时发现生产过程中的异常现象，查明生产设备和工艺装备的实际精度，为评定产品质量提供依据。我国也制定了有关控制图的国家标准——GB4091.1。

控制图的基本样式如图 7-7 所示。横坐标为样本序号，纵坐标为产品质量特性，图上三条平行线分别为：实线 CL——中心线，虚线 UCL——上控制界限线，虚线 LCL——下控制界限线。在生产过程中，定时抽取样本，把测得的数据点一一描在控制图中。如果数据点落在两条控制界限之间，且排列无缺陷，则表明生产过程正常，过程出于控制状态，否则表明生产条件发生异常，需要对过程采取措施，加强管理，使生产过程恢复正常。

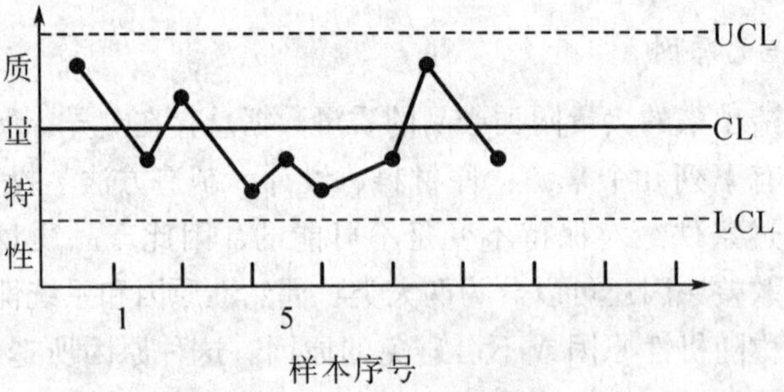

图 7-7　控制图

1. 控制图的设计原理

（1）正态性假设：控制图假定质量特性值在生产过程中的波动服从正态分布。

（2）3σ 准则：若质量特性值 X 服从正态分布 N（μ，σ^2），根据正态分布概率性质，有

$$P\{\mu - 3\sigma < X < \mu + 3\sigma\} = 99.73\% \tag{7.3}$$

也即（μ-3σ，μ+3σ）是 X 的实际取值范围。据此原理，若对 X 设计控制图，则中心线 CL=μ，上下控制界限分别为 UCL=μ-3σ，LCL=μ+3σ。

（3）小概率原理：小概率原理是指小概率的事件一般不会发生。由 3σ 准则可知，数据点落在控制界限以外的概率只有 0.27%。因此，生产过程正常情况下，质量特性值是不会超过控制界限的，如果超出，则认为生产过程发生异常变化。

2. 控制图的基本种类

按产品质量的特性分类，控制图可分为计量值控制图和计数值控制图。

（1）计量值控制图：用于产品质量特性为计量值情形，如长度、重量、时间、强度等连续变量。常用的计量值控制图有：均值——极差控制图（$\bar{x}-R$图），中位数——极差控制图（$\tilde{x}-R$图），单值——移动极差控制图（$x-R_S$图），均值——标准差控制图（$\bar{x}-S$图）。

（2）计数值控制图：用于产品质量特性为不合格品数、不合格品率、缺陷数等离散变量。常用的计数值控制图有：不合格品率控制图（P 图），不合格品数控制图（P_n图），单位缺陷数控制图（u 图），缺陷数控制图（c 图）。

按控制图的用途来分，可以分为分析用控制图和控制用控制图。

（1）分析用控制图：用于分析生产过程是否处于统计控制状态。若经分析后，生产过程处于控制状态且满足质量要求，则把分析用控制图装化为控制用控制图；若经分析后，生产过程处于非统计控制状态，则应查找原因并加以消除。

（2）控制用控制图：由分析控制图转化而来，用于对生产过程进行连续监控。生产过程中，按照确定的抽样间隔和样本大小抽取样本，在控制图上描点，判断是否处于受控状态。

3. 控制图的判别规则

（1）分析用控制图。

若控制图上数据点同时满足下表的规则，则认为生产过程处于控制状态（见表 7-5）。

表 7-5　　分析用控制图判别规则

规则	具体描述
规则 1：绝大多数数据点在控制界限内	1 连续 25 点没有一点在控制界限外
	2 连续 35 点中最多只有一点在控制界限外
	3 连续 100 点中最多只有两点在控制界限外
规则 2：数据点排列无右边的 1~8 种异常现象	1 连续 7 点或更多点在中心线同一侧
	2 连续 7 点或更多点单调上升或下降
	3 连续 11 点中至少有 10 点在中心线同一侧
	4 连续 14 点中至少有 12 点在中心线同一侧
	5 连续 17 点中至少有 14 点在中心线同一侧
	6 连续 20 点中至少有 16 点在中心线同一侧
	7 连续 3 点中至少有 2 点落在 2σ 与 3σ 界限之间
	8 连续 7 点中至少有 3 点落在 2σ 与 3σ 界限之间

（2）控制用控制图。

控制用控制中的数据点同时满足下面规则，则认为生产过程处于统计控制状态：

规则 1：每一个数据点均落在控制界限内；

规则 2：控制界限内数据点排列无异常情况（参见分析用控制图规则 2）。

4. 控制图的制作与判别

以均值—极差控制图为例，均值—极差控制图是 $\bar{x}$ 图（均值控制图）和 R 图（极差控制图）联合使用的一种控制图，前者用于判断生产过程是否处于或保持在所要求的受控状态，后者用于判断生产过程的标准差是否处于或保持在所要求的受控状态。

5. 控制图几种常见的图形及原因分析

在使用控制图时，除了根据表 7-4 的判断规则对生产过程进行正确判断以外，下面所列出的几种观察和分析方法也是十分重要的：

（1）数据点出现上、下循环移动的情形。

对于 $\bar{x}$ 图，其原因可能是季节性的环境影响或操作人员的轮换；

对于 R 图，其原因可能是维修计划安排上的问题或操作人员的疲劳。

（2）数据点出现朝单一方向变化的趋势。

对于 $\bar{x}$ 图，其原因可能是工具磨损，设备未按期进行检验；

对于 R 图，原材料的均匀性（变好或变坏）；

（3）连续若干点集中出现在某些不同的数值上。

对于 $\bar{x}$ 图，其原因可能是工具磨损，设备未按期进行检验；

对于 R 图，原因同上。

（4）太多的数据点接近中心线。

若连续 13 点以上落在中心线 $\pm\sigma$ 的带型区域内，此为小概率事件，该情况也应判为异常。出现的原因是：控制图使用太久没有加以修改而失去了控制作用，或者数据不真实。

（三）过程能力分析与过程能力指数

1. 过程能力指数

对于任何生产过程，产品质量总是分散地存在着。若过程能力越高，则产品质量特性值的分散就会越小；若过程能力越低，则产品质量特性值的分散就会越大。那么，可用 6σ（即 $\mu\pm3\sigma$）来描述生产过程所造成的总分散。即过程能力 $=6\sigma$。

过程能力是表示生产过程客观存在着分散的一个参数。但是这个参数能否满足产品的技术规格要求，仅从它本身还难以看出。因此，还需要另一个参数来反映工序能力满足产品技术要求（公差、规格等质量标准）的程度。这个参数就叫做过程能力指数。

过程能力指数（Process Capability Index）用于反映过程处于正常状态时，即人员、机器、原材料、工艺方法、测量和环境（5M1E）充分标准化并处于稳定状态时，所表现出的保证产品质量的能力。过程能力指数也称为工序能力指数或工艺能力指数。它是技术规格要求和工序能力的比值，即：

过程能力指数=技术规格要求/过程能力　　(7.4)

当分布中心与公差中心重合时，过程能力指数记为 Cp。当分布中心与公差中心有偏离时，过程能力指数记为 C_{pk}。过程的质量水平按 Cp 值可划分为五个等级：Cp>1.67，特级，能力过高；1.67=Cp>1.33，一级，能力充分；1.33=Cp>1.0，二级，能力尚可；

1.0=Cp>0.67，三级，能力不足；0.67>Cp，四级，能力严重不足。

2. 过程能力指数计算方法

过程能力指数的计算可分为四种情形：

（1）过程无偏情形。

设样本的质量特性值 X~ N（μ，σ^2），又设 X 的规格要求为（T_l，T_u），则规格中心值 T_m=（T_u+T_l）/2，T=T_u-T_l为公差。当 u=T_m时，过程无偏，此时过程能力指数按下式计算：

$$C_p = \frac{T}{6\sigma} \tag{7.5}$$

（2）过程有偏情形。

当 μ≠T_m时，则称此过程有偏。此时，计算修正后的过程能力指数：

$$C_{pk} = (1 - k)C_p \tag{7.6}$$

$$k = \frac{|\mu - T_m|}{\frac{T}{2}} \tag{7.7}$$

k 称为偏移系数。

（3）只有单侧上规则限 T_u时，X<T_u产品合格情形。

$$C_p(u) = \frac{T_u - u}{3\sigma} \tag{7.8}$$

（4）只有单侧上规则限 T_l时，X>T_l产品合格情形。

$$C_p(l) = \frac{u - T_l}{3\sigma} \tag{7.9}$$

3. 过程能力指数与过程不合格品率 p 之间的关系

（1）Cp 与 p 的关系。

$$p = 2[1 - \Phi(3C_p)] \tag{7.10}$$

（2）Cpk 与 p 的关系。

$$p = 2 - [1 - \Phi(3C_p)] - \Phi[3C_p(1 + k)] \tag{7.11}$$

（3）Cp（u）与 p 的关系。

$$p = 2\{1 - \Phi[3C_p(u)]\} \tag{7.12}$$

（4）Cp（l）与 p 的关系。

$$p = 2\{1 - \Phi[3C_p(l)]\} \tag{7.13}$$

以上四式中，Φ 值可根据正态分布函数表查出。例如，Φ（4.17）= 0.999985。

【例 2-3】已知某零件加工标准为 148±2（毫米），对 100 个样本计算出均值为 148 毫米，标准差为 0.48（毫米），求过程能力指数和过程不合格品率。

由于样本均值 $\bar{x} = T_m = 148$（毫米），过程无偏。根据式 2.4，过程能力指数为：

$$C_p = \frac{T}{6\sigma} \cdot \frac{T}{6S} = \frac{4}{6 \times 0.48} = 1.39$$

过程不合格品率为：

$p=2[1-\Phi(3C_p)]=2[1-\Phi(3\times1.39)]=2[1-0.999985]=3\times10^{-5}$

【例 2-4】某厂生产一种零件，长度要求为 49.50±0.10（毫米），生产过程质量要求为过程能力指数不小于 1，为对该过程实施连续控制，试设计均值—极差控制图。

（1）收集数据并加以分组。

本例每隔 2 小时，从生产过程中抽取 5 个零件，测量长度值，形成一组大小为 5 的样本，一共收集 25 组样本。

（2）计算每组的样本均值 $\tilde{x}$ 和极差 R 。

$$\tilde{x}=\frac{1}{n}\sum_{i}^{n}x_i\ ,\ R=x_{\max}-x_{\min}\ i=1,\ 2,\ \cdots,\ k \tag{7.14}$$

计算结果如表 7-6 所示。

表 7-6　　某零件长度各组均值和极差

组号	1	2	3	4	5	6	7	8	9	10	11	12	13
均值	49.49	49.52	49.50	49.50	49.53	49.51	49.50	49.50	49.51	49.53	49.50	49.51	49.49
极差	0.06	0.07	0.06	0.06	0.11	0.12	0.10	0.06	0.12	0.09	0.11	0.06	0.07
组号	14	15	16	17	18	19	20	21	22	23	24	25	
均值	49.53	49.49	49.50	49.51	49.51	49.51	49.50	49.52	49.50	49.50	49.50	49.52	
极差	0.10	0.09	0.05	0.07	0.06	0.05	0.08	0.10	0.06	0.09	0.05	0.11	

（3）计算总均值和极差平均。

$$\bar{\tilde{x}}=\frac{1}{k}\sum_{i=1}^{k}\tilde{x}_i=49.5068,\ \bar{R}=\frac{1}{k}\sum_{i=1}^{k}R_i=0.800 \tag{7.15}$$

（4）计算控制界限。

$\tilde{x}$ 图的控制界限计算：

$$UCL=\bar{\tilde{x}}+A_2R=49.5068+0.577\times0.800=49.5530$$
$$CL=\bar{\tilde{x}}=49.5068 \tag{7.16}$$
$$LCL=\bar{\tilde{x}}-A_2R=49.5068-0.577\times0.800=49.4606$$

R 图的控制界限计算：

$$UCL=D_4\bar{R}=2.115\times0.0800=0.1692$$
$$CL=\bar{R}=0.0800 \tag{7.17}$$
$$LCL=D_3\bar{R}<0$$

以上两式中，A_2、D_4、D_3 均可从相关控制图系数表中查出：当 n=5，$A_2=0.577$，$D_3<0$，$D_4=2.115$。

（5）制作控制图。

根据各样本的均值和极差在控制图上描点，如图 7-8 所示。

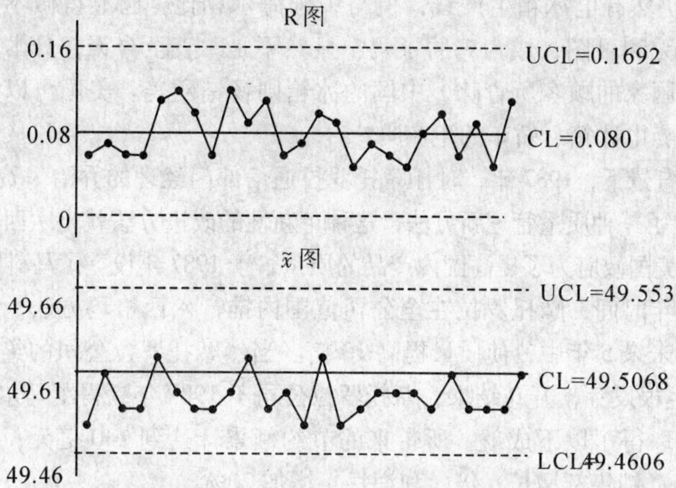

图 7-8　零件长度的均值——极差控制图

（6）分析生产过程是否处于控制状态。

利用表 7-4 的规则进行判断，可知生产过程处于统计控制状态。

（7）计算过程能力指数。

在本例中，零件长度规格限为双侧且样本总均值不等于规格中心值，应该根据有偏情形计算过程能力指数。σ 根据极差法估计得出：$\sigma = \frac{}{d_2(n)}$，式中 d_2（n）根据相关控制图系数表查出，n=5 时 d_2（n）= 2.326。则：

$$C_p = \frac{T}{6\sigma} = \frac{T}{6\bar{R}/d_2(n)} = \frac{0.20}{6 \times 0.08/2.326} = 0.97$$

修正系数 $k = \frac{|\mu - T_m|}{\frac{T}{2}} = \frac{|49.5068 - 59.50|}{0.20/2} = 0.068$

$$C_{pk} = (1-k)C_p = (1-0.068) \times 0.97 = 0.90$$

根据题意，由于过程质量要求为过程能力不小于 1，显然该过程不能满足要求。因此不能将分析用控制图转化为控制用控制图，应采取措施，提高加工精度。

（8）计算过程平均不合格品率 p。

根据式（7.11），过程不合格品率为：

$$p = 2 - [1 - \Phi(3C_p)] - \Phi[3C_p(1+k)] = 2 - \Phi(2.71) - \Phi(3.11) = 0.43\%。$$

五、六西格玛管理

（一）六西格玛的兴起及在世界级公司的实践

20 世纪 80 年代，当一家日本公司从摩托罗拉手中买走摩托罗拉在美国的一家电视机制造厂后，在很短的时间内摩托罗拉的这个电视机厂在日本人手里像变戏法一样，电视机的缺陷率降低到原来摩托罗拉公司管理下的二十分之一。正是在这一时期，摩托罗拉和通用电气（GE）先后放弃了电视机的生产，甚至整个美国都放弃了电视机的生产。今天 GE 仍然有电冰箱生产线，但与中国海尔相比，已显得微不足道了。电视机、电冰箱真的无利可图，成为鸡肋了吗？显然不是，直至今天，日本的电视机仍为中国及其发展中国家的顾客所青睐，中国的冰箱则畅销欧美。美国可以放弃电视机的生产，但还敢放弃电冰箱、轿车的生产吗？

正是在这个背景下，1987 年，时任摩托罗拉通信部门经理的乔治 · 费歇尔，即后来柯达的 CEO 创立了一种质量管理新方法，这种革新性的改进方法就是六西格玛（6σ）方法。就在同时，美国政府为了提高国内产品的质量，于 1987 年设立了马科姆 · 波里奇奖。

在随后的几年时间，摩托罗拉在全公司范围内推行六西格玛方法，鲍勃 · 高尔文提出初始目标：未来 5 年中，使质量提高 10 倍。当然摩托罗拉公司的绝对目标是产品质量达到 6σ。生根发芽，开花结果，摩托罗拉公司于 1989 年赢得了马尔科姆 · 鲍德里奇国家质量奖。取得了以下成就：所带来的节约额累计达到 140 亿元；股票价格平均每年上涨 21. 3%；销售额增长 5 倍；利润每年增加 20%。

1996 年年初，杰克 · 韦尔奇领导的 GE 实施三大战略举措：6σ、全球化和服务。GE 认识到：GE 的生存有赖于顾客满意，顾客满意度决定于产品或流程的质量、价格和交付期。6σ 是解决质量问题既治标，又治本的方法。

事实上，正是 GE 真正把 6σ 这一高度有效的质量管理战略变成了管理哲学和实践，从而形成一种企业文化。首创并培养了“冠军”、“黑带大师”、“黑带”、“绿带”等不同层次的骨干。

除摩托罗拉、GE 等先行者，其他世界级公司也先后推行了 6σ 项目，这些公司有：德州仪器（1986）、ABB（1993）、霍尼韦尔（1994）、柯达（1995）、西屋（1996）、西门子（1997）、诺基亚（1997）、索尼（1997）、亚马逊（1999）。

（二）六西格玛管理的统计意义

六西格玛管理是通过过程的持续改进，追求卓越质量，提高顾客满意度，降低成本的一种质量改进方法，是根据组织赶超同业领先目标，针对重点管理项目自上而下进行的质量改进。

“西格玛”一词源于希腊字母“σ”，在统计学中它代表“标准差”，用来表示数据的分散程度。在六西格玛管理中，西格玛具有特定的意义，它是对产品、服务或工作质量的一种统计度量。它有两方面的度量意义。

西格玛可以用来度量产品、服务或工作过程出现不符合要求的情况或出现缺陷的可能性。如果达到了 6σ 水平，那么出现不符合要求或出现缺陷的可能性仅为百万分之三点四，我们通常将其记为 3. 4ppm（ppm 为非法定计量单位，$1ppm=1\times10^{-6}$）。这是一个非常高的质量标准。统计资料显示，欧美企业一般可达到 3σ~4σ 水平，对应的缺陷率为 66 810ppm~62 10ppm。而一些发展中国家的制造业，仅为 2. 5σ 水平左右，对应的缺陷率大约为 158 655ppm。事实上，缺陷率在某种程度上反映了企业经营流程的效果和效率。这里所说的缺陷不仅指产品缺陷，也包括服务缺陷和工作缺陷等。如果一个流程运行得不好，就会出现缺陷。而缺陷一旦出现，就需要花费额外的资源和时间来弥补它，造成成本和周期的浪费。我们把由于缺陷而引起的额外成本称为不良质量成本 COPQ（Cost of Poor Quality）。一般说来，一个 3σ~4σ 水平的企业，其 COPQ 占销售额的 15%~25%，而达到 6σ 水平的企业，其 COPQ 仅占销售额的 1.5%。表 7-7 是各西格玛水平下对应的缺陷率以及 COPQ 占销售额的比例。

表 7-7 西格玛水平与缺陷率的对应关系

西格玛水平	缺陷率／ppm	COPQ（占销售额%）
1	697 700	
2	308 700	50%以上
3	66 810	25%
4	6 210	15%
5	233	8%
6	3.4	1.5%

除缺陷率外，西格玛还从另一个角度描述了产品、服务或工作质量。当我们考察产品、服务或工作是否满足要求时，我们会发现，得到的测量数据通常会分散在一定的范围内。比如，在过去 3 个月中某项产品的实际交付期在 15~30 天的范围内，某项信用卡申领业务从申请到发卡的时间是 1~4 周；某项服务响应时间是 8~72 小时；某批产品的性能测量值在 12~20 毫伏范围内。事实上，数据的分散程度反映了事物符合要求的好坏程度（见图 7-9）。

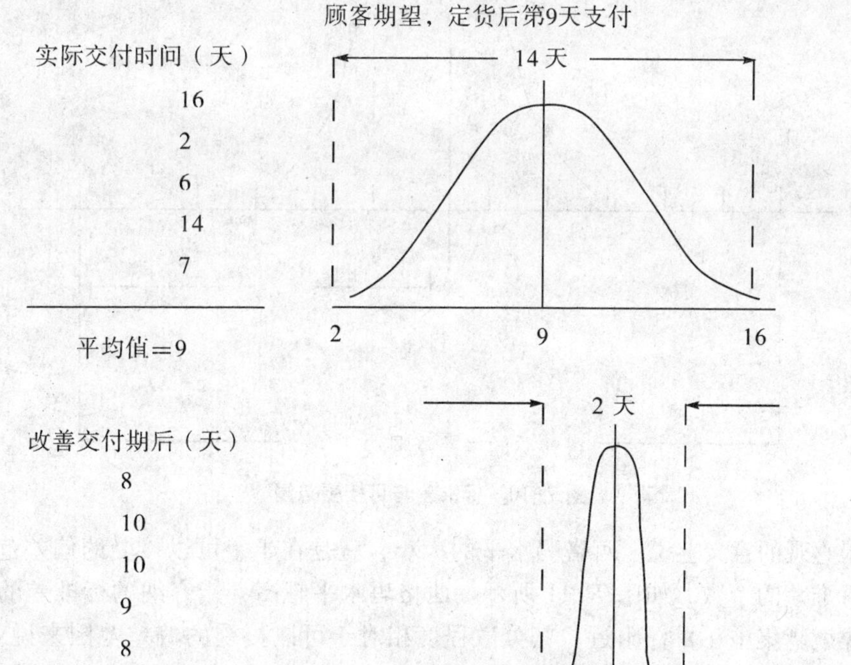

图 7-9 数据分散性的影响

我们用一个例子来说明这个问题。顾客对某项产品交付期的要求是：订货后第 9 天准时交付。供应商向客户交付了 5 批产品，交付期有迟有早，分散在 2~16 天内，如图 7-9 所示。正如交付期数据显示的那样，虽然交付期的平均值为 9 天，但这家公司没有一批是准时交付，交付期的分散程度竟然达到了 14 天。有时顾客早了 7 天就收到了产品，也许他们需要额外的库房或场地来保存它们。有时他们晚了 7 天才能领到货物，影响了使用。对于顾客来说，“数据分散”就意味着经济损失。在这里顾客感受到的不是平均值，他们感受到的是实际得到与期望得到之间的差异！在这个例子中，如果供应商能将他们的交付期“压缩”到 8~10 天内交付，那么他们符合要求的程度就会极大地改善，顾客满意程度也会因此而改善。而顾客满意对留住顾客和赢得市场是非常关键的。

在统计学中，数据分散性越小，标准差就越小；反之，标准差就越大。标准差可以用统计学的方法计算出来。在六西格玛管理中，标准差具有非常重要的意义。如果产品、服务或工作达到了 6σ 水平，那么它们的标准差相对于可以接受的偏差范围或者允许的变化范围来说是非常小的，相当于在半个可接受的偏差范围内，可以容纳六个标准差，如图 7-10 所示。此时，数据的分散性是非常小的，它们与目标非常接近，具有非常高的符合要求的程度。

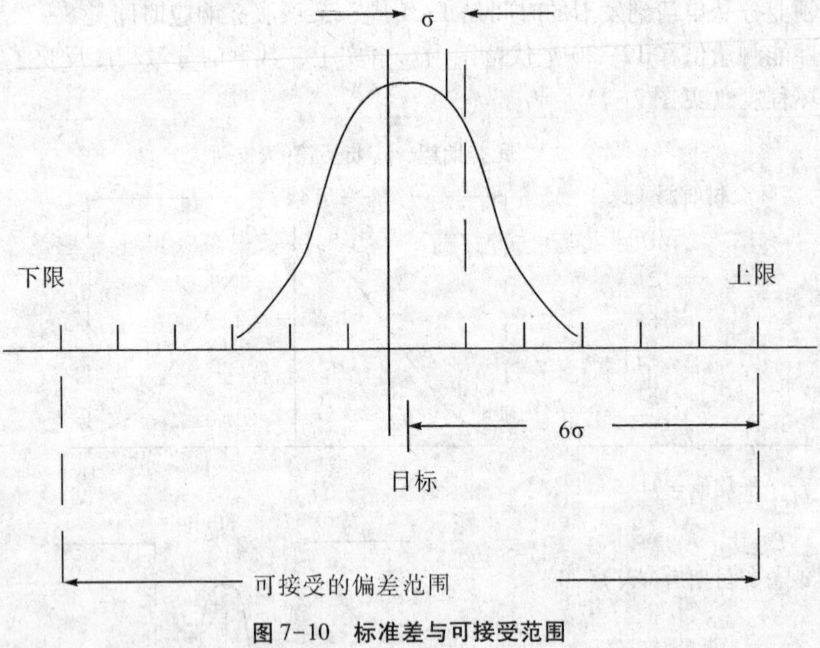

图 7-10　标准差与可接受范围

从最直观的意义上说，西格玛水平的大小，就是在半个可以接受的偏差范围内能容纳的标准差的个数，如图 7-11 所示。西格玛水平越高，能容纳的标准差的个数越多，数据就越集中在目标附近，其分散程度相对于可以接受的偏差范围来说就越小。也就是说，西格玛水平越高，对要求的符合程度就越高。如果这些要求是顾客关于产品、服务、交付、成本、周期的关键要求，那么西格玛水平就代表了企业赢得顾客和赢得市场的能力。

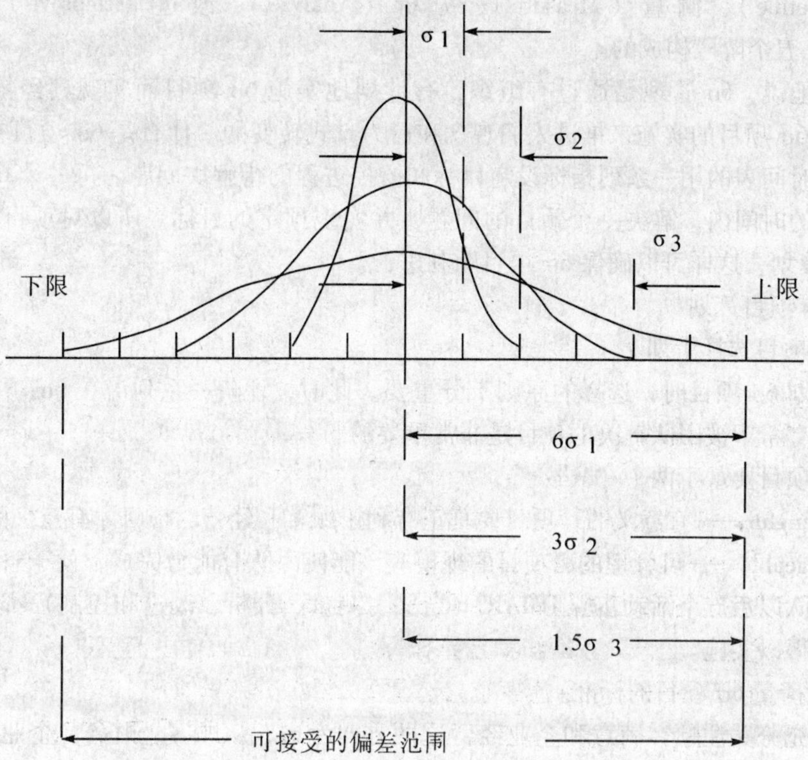

图 7-11 西格玛水平的直观意义

在日常管理活动中，人们往往习惯于用平均值来表达业绩。经常可以看到这样的表述：我们的顾客服务响应时间平均是 24 小时；我们的交付期平均为 5 天；我们的员工培训时间已经达到人均 100 小时。但是平均值有时候会"撒谎"，它们会掩盖事实真相。对管理人员来说，不但要把握平均值，还要把握标准差。因为，满足要求的能力不是用平均值就能完全表达的，它很大程度上还取决于数值范围，即取决于标准差。

西格玛水平是可通过统计数据计算出来的。不论度量的是缺陷还是与目标的接近程度都可以计算出它们的西格玛水平。这样，我们就可以将不同类型的产品，不同特征的服务，以及不同性质的工作放在同一平台上，就它们满足要求的程度加以比较。比如，某产品组装流程达到了 5σ，而某项维修服务仅为 2.5σ，我们可以说在满足要求方面，该组装流程要好于该维修服务工作。又比如，按要求考察培训工作执行情况时，测量得到该项工作的西格玛水平为 1.5σ，那么，可以说该项管理工作达到要求和程度远不如一项达到了 3.2σ 水平的生产活动。因此，该项管理工作还需努力改进。

(三) 西格玛管理方法论

作为一种管理方法，6σ 管理包括"六西格玛设计"和"六西格玛改进"两个重要方面。

"六西格玛设计"是用于对新产品、新服务流程或工作流程进行设计的方法，一般由 DFSS 表示，是 Design for Six Sigma 的缩写。

"六西格玛改进"是用于对现有流程进行改进的方法，一般记为 DMAIC，它是由定义（Define）、测量（Measure）、分析（Analyze）、改进（Improve）和控制（Control）五个阶段构成的。

简单地说，6σ 管理是通过有组织，有计划地实施 6σ 项目而实现其经济效益的，也是通过 6σ 项目的实施来推进人们观念和行为方式转变的。什么是 6σ 项目？6σ 项目是：列入时间表的用一系列指标设定目标和监控进程的待解决问题。每一个 6σ 项目都要在预定的时间内，解决一个预订的问题，并实现预定的目标。所以对项目的选择要实施 6σ 策划，这样可以确保 6σ 项目顺利进行。

1. 6σ 项目策划

（1）项目选择策划。

在策划 6σ 项目时，选择的原则十分重要。此时，评价一系列潜在 6σ 项目并从中挑选出最有希望被团队解决的项目是非常重要的。

挑选项目要基于两个“M”：

Meaningful——有意义的，项目要真正有利于顾客和经营，项目才有意义的。

Manageable——可管理的，项目的规模应该能使团队有能力完成，便于管理。换句话说，团队以后五个活动步骤 DMAIC（定义、测量、分析、改进和控制）都能够在这个范围内得以实施。

（2）衡量 6σ 项目的标准。

基于充分关注顾客满意和企业经营这两方面考虑，从顾客、财务、企业内部过程和学习与增长四个层面来综合考虑问题。

①顾客——为了让顾客满意，对顾客应如何表现？关注顾客是 6σ 管理的主题之一。6σ 质量的定义是有两个基本点，一是产品特性让顾客满意，二是在此前提下避免缺陷（差错）。因此，让顾客满意，其基础要掌握什么是顾客的期望和需求。用 6σ 语言来阐述，顾客的需求和期望称为关键质量特性（CTQ，Critical to Quality），我们可以用西格玛水平的测量方法来检查在满足顾客需求方面的业绩。

②财务——6σ 管理的一大特点就是用财务的语言来阐述现状水平和改进的绩效，用财务指标，将业绩转换成财务效益，劣质成本分析是一个十分有效的方法。劣质成本（COPQ，Cost of Poor Quality）是 6σ 管理重要的切入点，COPQ 的观念是帮助选择 6σ 改进项目的。因为理想的改进项目必须是：在成本节省方面具有很大的潜力；顾客和经营者都比较关心的问题。同样，根据劣质成本与销售的比例，我们也可以推算其质量水平处于什么西格玛水平。

③企业内部过程——为了满足顾客和经营者的愿望，有些过程必须优化。6σ 管理的另外一个主题之一是采取的措施应针对过程，通过对过程分析，可以确定过程能力和过程的关键输入或输出变量，以及过程详细 SIPOC（供方、输入、过程、输出和顾客）分析。由于产品、服务各异，过程相应不同，用西格玛水平度量，可以提供一致的方法来测量和比较不同的过程，从而实现过程优化。

④学习与增长——为了达到愿望，如何提高改进和变革的能力？无论是制造业，还是服务业，其生产和服务过程经常出现一个“隐蔽工厂”。过程的最终合格率（指通过检验的最终合格数占过程全部生产单位数的比例）的计算方法不能反映出该过程在

通过最终检验之前所发生的返工等情况，流通合格率是一种能够找出“隐蔽工厂”地点和数量的有效方法，为过程是否增值做出判断。增值和减少值，到消灭“隐蔽工厂”（指返工）是6σ管理的一项重要指标。经过换算，知道流通合格率也就知道西格玛水平。这是提高改进和变革能力的重要途径。

（3）项目特许任务书。

项目被确定的标志是一份项目特许任务书。在6σ管理中，特许任务书是提供关于项目或问题书面指南的重要文件。任务书包括进行项目的理由、目标、基本项目计划，范围和其他的考虑，以及角色职责的评价。一般任务书的内容由倡导者和团队在界定（Define）阶段将更加精确地确定。但事实上，特许任务书通常随着DMAIC项目的进展而不断完善的。

2. 6σ改进

6σ项目选定之后，团队全体成员要通力合作，共同完成他们所做的工作。表7-8所示的就是6σ改进方法DMAIC流程的概要说明。

表2-8　　6σ改进方法DMAIC流程概要

阶　段	主要工作
D定义（界定）	① 定义阶段D 确定顾客的关键需求并识别需要改进的产品或过程，将改进项目界定在合理的范围内
M度量 重新设计过程	② 测量阶段M 通过对现有过程的测量，确定过程基线以及期望达到的目标，识别影响过程输出Y的输入Xs，并对测量系统有效性做出评价
A分析 更改过程？ yes → 重新设计过程 → M度量	③ 分析阶段A 通过数据分析确定影响输出Y的关键Xs，即确定过程的关键影响因素
no I改进	④ 改进阶段I 寻找优化过程输出Y并且消除或减小关键Xs影响的方案，使过程的缺陷或波动降低
C控制	⑤ 控制阶段C 使改进后的过程程序化并通过有效的监测方法保持过程改进的成果

在DMAIC方法中，每一个需要改进的经营问题都要充分地分解和定义，并且明确对它的评判与测量方法。对问题的分析和改进是建立在测量的基础上的，每一个分析或改进的结论必须有充分的数据做支持。在分析和解决问题的过程中，“依据数据决策”是一个非常重要的原则。如果你的分析结论或解决方案没有数据作支持，则不能被接受。在运用DMAIC方法分析和解决问题的过程中，每个阶段都有明确的输入和输

出要求，各阶段的工作辅以若干分析和解决问题的工具，用以帮助获得阶段结果。由于6σ方法强调数据分析的作用，所以在DMAIC方法中大量地用到统计技术。表7-9列出了DMAIC过程活动的重点及各阶段使用的工具和技术，特别是统计技术。

表7-9　　DMAIC过程活动的重点及各阶段使用的工具

阶段	活动要点	常用工具和技术
D　界定阶段	项目启动 寻找Y=f（x）	头脑风暴法；亲和图；树图；因果图；项目管理；劣质成本分析；SIPOC图（是一种流程分析方法，用于确定流程的输入，输出以及供应商和顾客）
M　测量阶段	确定基准 测量Y，Xs	排列图；因果图；散布图；过程流程图；直方图；测量系统分析；失效模式分析；过程能力指数；水平对比法；趋势图；调查表；抽样计划
A　分析阶段	确定要因 确定Y=f（x）	头脑风暴法；因果图；箱线图；多变量图；水平对比法；抽样计划；假设检验；回归分析；方差分析；试验设计
改进阶段	消除要因 优化Y=f（x）	试验设计；测量系统分析；田口方法；过程改进；响应曲面法
C　控制阶段	保持成果 更新Y=f（x）	过程能力指数；防差错方法；控制图；标准操作程序（Sop）；过程文件控制

（四）6σ管理的组织与运行模式

通过前面介绍，我们已经知道了6σ管理的含义及其两个重要方法，即6σ设计（DFSS）和6σ改进（DMAIC），同时也了解了怎样才能选好6σ项目。6σ项目一经选定，那么，每一个6σ项目都应由相应的6σ项目团队来完成，项目团队由经过严格的6σ培训的人员领导，他们运用DMAIC或DFSS方法，分阶段完成项目工作，并通过项目工作取得经济效益。图7-12是DMAIC项目按阶段实施的示意图。

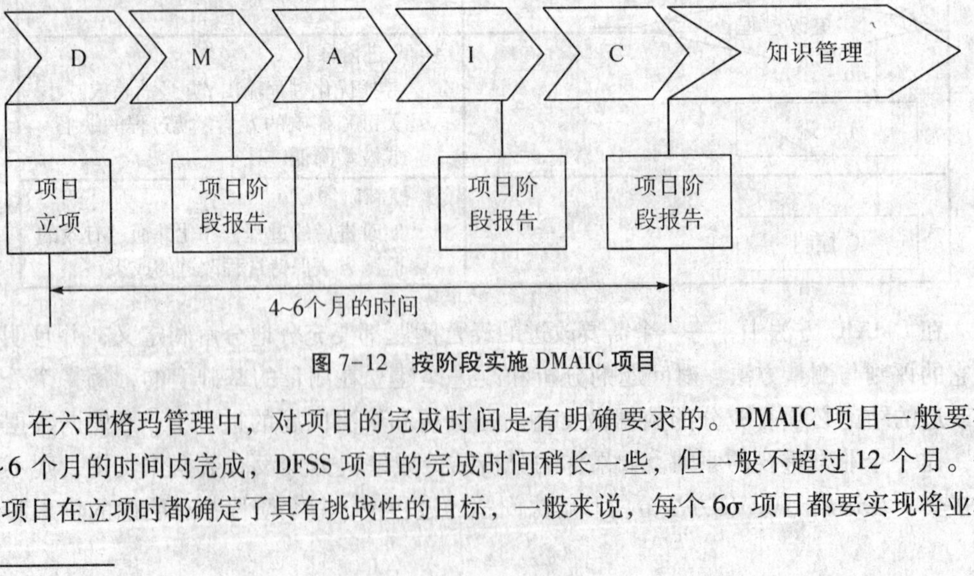

图7-12　按阶段实施DMAIC项目

在六西格玛管理中，对项目的完成时间是有明确要求的。DMAIC项目一般要在4~6个月的时间内完成，DFSS项目的完成时间稍长一些，但一般不超过12个月。每个项目在立项时都确定了具有挑战性的目标，一般来说，每个6σ项目都要实现将业绩提高 70%~80%的目标。同时，每个项目都必须为企业带来一定的经济效益，根据企业规模和行业特点不同，对项目的最低收益要求也不尽相同。例如，通用电气公司的 6σ 项目最低收益要求为每年创收益 25 万美元；另一个从事汽车零配件生产的企业，要求每个 6σ 项目的收益不低于每年 25 万美元。从我国一些企业的实践结果来看，每个项目每年实现 10 万元人民币以上的收益是完全可以达到的，已有一些项目达到了每年为企业节约 100 万元人民币的水平。

从项目的选择、立项，到项目实施的各个阶段，特别是每个阶段完成的结点，都应该在企业管理层的掌握之中，管理层始终要把握方向和指导项目工作，并且为项目的实施提供资源保障，以及消除项目实施中的组织障碍，确保项目能为企业带来最大收益。6σ 管理就是这样，通过一轮轮地实施 6σ 项目而一波波地逐渐推进和推广的。

6σ 管理要以一定的组织架构来运行和实施。在这个组织架构中，有这样一些关键角色：6σ 的执行领导或最高管理团队（Executives）、领航员或倡导者（Champion）、大黑带或黑带大师（Master Black Belt，MBB）、黑带（Black Belt，BB）、绿带（Green Belt，GB）、6σ 项目团队（Six Sigma Team）等。

现就 6σ 管理中的关键角色及其职能分述如下：

1. 执行领导或最高管理团队（Executives）

6σ 管理是由组织最高管理者推动的，其在 6σ 管理中负有以下职责：

（1）建立组织的 6σ 管理愿望。

（2）确定组织的战略目标和组织业绩的度量系统。

（3）确定组织 6σ 项目的重点。

（4）在组织中建立促进应用 6σ 管理方法与工具的环境。

2. 领航员或倡导者（Champion）

领航员或倡导者是企业 6σ 管理中的一个非常重要的角色，他们是 6σ 管理策划与推进工作的负责人，负责构建 6σ 管理基础，把握 6σ 项目的选择方向，消除组织障碍，沟通和协调 6σ 推进工作，是实施 6σ 组织中的关键角色，他们负有以下职责：

（1）负责 6σ 管理在组织中的部署。

（2）构建 6σ 管理基础。例如：部署人员培训，制定六西格玛项目选择标准并批准项目、建立报告系统、提供实施资源等。

（3）向企业最高管理者和最高管理团队报告六西格玛管理的进展。

（4）负责六西格玛管理实施中的沟通与协调。

3. 大黑带或黑带大师（Master Black Belt，MBB）

一般来说，大黑带或黑带大师是 6σ 管理的专家，在 6σ 管理中起着承上启下的作用。一方面，他们为领航员们提供 6σ 策划和推进方面的咨询意见，为 6σ 管理在本企业的组织与实施提供指导；另一方面，他们为黑带和绿带的工作提供技术支持，其中包括对黑带和绿带的 6σ 方法培训，指导完成 6σ 项目等。近年来，大黑带的职能在一些企业中发生了某些变化，从纯粹的技术性工作转变为管理角色，其主要任务是协助领航员开展 6σ 推进工作和对黑带进行管理。他们负有以下职责：

（1）6σ 管理理念和技术方法具有较深的了解与体验，并将他们传递到组织中来。

（2）培训黑带和绿带，确保他们掌握了适用的工具和方法。

（3）为黑带和绿带的6σ项目提供指导。

（4）协调和指导跨职能的6σ项目。

（5）协助领航员和管理层选择和管理6σ项目。

4. 黑带（Black Belt，BB）

黑带通常是6σ项目的领导者，接受过6σ方法的严格培训，同时具有成功地完成6σ项目的能力和经历。他们负责带领6σ项目团队“走过”完整的DMAIC或DFSS流程，实现6σ项目的预定目标，并为企业获得一定的收益。在许多成功地实施了6σ管理的企业中，黑带是专职的，他们来自企业的各个部门，有着良好的工作业绩和经验，具有组织与管理的才能或潜质，通常是企业中最优秀的人才。他们被抽调出来，担当专职6σ角色，全力以赴地投入6σ项目工作。在通用电气中，黑带任职一般为2年，在任职期间，黑带们每年都要完成一定数量的6σ项目，每个黑带每年要领导3~5个6σ项目团队，每年为企业带来100万美元以上的收益。可以说，黑带是关键的“场上队员”。他们负有以下职责：

（1）领导6σ项目团队，实施并完成6σ项目的。

（2）向团队成员提供适用的工具和方法的培训。

（3）识别过程改进机会并选择最有效的工具和技术实现改进。

（4）向团队传达6σ管理理念，建立对6σ管理的共识。

（5）向倡导者和管理层报告6σ项目的进展。

（6）将通过项目实施获得的知识传递给组织和其他黑带。

（7）为绿带提供项目指导。

在我国的质量专业技术人员职业资格考试中，取得中级质量专业资格证书的人员已基本掌握黑带所需的工具和知识，如果已完成几个有效的6σ管理项目，就可以由有关机构授予黑带资格了。质量专业资格的考试内容完全可以作为6σ管理的培训主要内容之一。

5. 绿带（Green Belt，GB）

6σ管理的另一些“场上队员”是绿带。绿带是企业中经过6σ管理方法培训的、结合自己的本职工作完成6σ项目的人员。一般，他们是黑带领导的项目团队的成员，或者是结合自己工作的范围较小的6σ项目的负责人。他们一般不脱产，一边工作一边完成6σ项目。

注意：6σ黑带和绿带不是“学历”等级，而是运用6σ方法解决实际问题的“功力”等级。

6. 6σ项目团队（Six Sigma Team）

6σ项目通常是通过团队合作完成的。项目团队由项目所涉及的有关职能（比如技术、生产、工程、采购、销售、财务、管理等）人员构成，一般由3~10人组成，并且应包括对所改进的过程负有管理职责的人员和财务人员。

7. 项目保证人（Sponor）

项目保证人是6σ项目所在部门的负责人，他有权在所辖部门内调动资源，负责为

6σ 项目提供必要的资源支持，并协调项目的实施。

8. 过程所有人（Process Owner）

6σ 项目所改进或建立的过程的负责人。在 6σ 项目完成后，他将负责过程的操作或运行。

上面我们介绍了 6σ 管理组织中八种角色及其典型职能。这样的组织架构与项目实施模式结合，使 6σ 项目得以有效地实施。

六、服务质量管理

(一) 服务质量定义

与制造企业的产品质量管理不同的是，服务企业的产品是无形的，如何根据服务产品的特点提高自己企业的竞争力，是服务企业质量管理的重要内容。由此提出服务质量管理的概念与管理内容。

服务质量是指服务能够满足规定和潜在需求的特征和特性的总和，是服务工作能够满足被服务者需求的程度。服务质量可以从以下几个方面进一步展现。

1. 服务水平

好的服务质量不一定是最高水平，管理人员首先要识别公司所要追求的服务水平。当一项服务满足其目标顾客的期望时，服务质量就可认为是达到了优良水平。

2. 目标顾客

目标顾客是指那些由于它们的期望或需求得到一定水平服务的人。随着经济的发展国内市场的日益成熟，市场的划分越来越细，导致每项服务都要面对不同的需求。企业应当根据每一项产品和服务选择不同的目标顾客。

3. 连贯性

连贯性是服务质量的基本要求之一。它要求服务提供者在任何时候、任何地方都保持同样的优良服务水平。服务标准的执行是最难管理的服务管理问题之一。对于一家企业而言，服务的分销网络越分散，中间环节越多，保持服务水平的一致性就越难。服务质量越依赖于员工的行为，服务水平不一致的可能性就越大。

(二) 服务质量特性

顾客的需求可分为精神需求和物质需求两部分，评价服务质量时，从被服务者的物质需求和精神需求来看，可以归纳为以下六个方面的质量特性：

(1) 功能性。功能性是企业提供的服务所具备的作用和效能的特性，是服务质量特性中最基本的一个。

(2) 经济性。经济性是指被服务者为得到一定的服务所需要的费用是否合理。这里所说的费用是指在接受服务的全过程中所需的费用，即服务周期费用。经济性是相对于所得到的服务质量而言的，即经济性是与功能性、安全性、及时性、舒适性等密切相关的。

(3) 安全性。安全性是指企业保证服务过程中顾客、用户的生命不受危害，健康和精神不受到伤害，货物不受到损失。安全性也包括物质和精神两方面，改善安全性重点在于物质方面。

（4）时间性。时间性是为了说明服务工作在时间上能否满足被服务者的需求，包含了及时、准时和省时三个方面。

（5）舒适性。在满足了功能性、经济性、安全性和时间性等方面的需求的情况下，被服务者期望服务过程舒适。

（6）文明性。文明性属于服务过程中为满足精神需求的质量特性。被服务者期望得到一个自由、亲切、受尊重、友好、自然和谅解的气氛，有一个和谐的人际关系。在这样的条件下来满足被服务者的物质需求，这就是文明性。

（三）服务质量管理中存在的主要问题

服务质量过程和服务质量管理具有自己的特点，其中最特殊的是顾客可能高度参与服务的生产和消费过程。因此，服务质量管理中存在许多由服务的抽象特性所导致的、企业难以控制的因素，在看似简单的服务运作管理过程中，如确定服务战略—制定服务标准—服务工作分解—实施，存在着许多问题并影响服务质量水平。

在服务战略方面，最常见的问题在于对服务管理的错误理解，比如，试图用同样的服务系统为不同的目标市场提供服务。另外，不深入了解顾客期望，根据管理人员的主观想象制定服务战略也是常见的失误之一。

在管理措施的制定和实施中，导致服务质量不高的原因主要有以下几个方面：

（1）企业高层管理人员不重视服务质量。企业高层管理人员的行为对员工起榜样作用，如果他们不重视服务质量，不把提高服务质量作为竞争的关键，即使企业已经制订了服务质量标准，也不会长期为员工们接受和实施。

（2）把服务质量作为专业人员的问题。许多企业还没有把服务质量放在整体的观念下去考虑，往往把提高服务质量和服务质量控制认为是应由专门的部门来解决的问题，认为服务质量的评估、处理和沟通应由这样的部门来完成。但服务与消费同时进行的特性也告诉我们服务质量及控制的责任属于事实服务工作的部门。也就是说，企业的各个部门应在平时就贯彻服务质量观念。

（3）角色模糊。服务人员的认识与行为是产生优质服务的基础，如果服务人员和管理人员没有达成共识，就会导致角色模糊。因为服务人员不了解管理人员的具体要求，在对顾客的面对面服务过程中就无法依照质量标准做好服务工作，无法满足顾客的需求。

（4）难以保持长期的努力。有些突击式服务质量管理措施在短期内能提高服务质量水平，通常这样的管理措施是以合理的计划、富有魅力的领导者以及一些有效的交流工具为前提，但仍存在着一定的风险：这种“运动式的质量提高”很有可能存在时间不长，除非企业采取系统化的努力措施以保证持续的提高质量机制。

（5）没有重视服务质量与社会进步的关系。顾客的期望在不断变化，很多企业管理人员不重视社会的发展及其带来的顾客需求的变化，不能理解这些变化对服务质量的影响。在管理中遇到类似的问题时，管理人员不能根据顾客需求及时改变管理要求和措施。

（四）服务质量管理中存在的主要问题

服务质量管理中的一项重要工作就是服务失误后的补救。服务过程出现了失误或者是差错，要能够采取果断措施及时补救，否则的话就会造成严重后果。制造企业的产品出现质量问题，可以很方便地更换另一个质量好的产品缓解客户的不满。但是服务上的失误有时是无法弥补的。因此，服务质量差错的补救的方式方法就显得尤为重要。

服务补救不当会造成客户的流失。根据专家的研究，通常在对产品和服务不满意的顾客中只有4%会直接对公司讲。在96%不抱怨的顾客中，其中25%有严重的问题；4%抱怨的顾客比96%不抱怨的顾客更可能继续购买；如果问题得到解决，那些抱怨的顾客中将有60%会继续购买。如果尽快解决，这一比例上升到95%；不满意的顾客将把他们的经历告诉10~20人；抱怨得到解决的顾客会对5个人讲他的经历。由此可见服务失误补救的重要价值。

服务补救的方法主要有以下几个方面：

（1）通过授权一线员工“将事情做对”可以将服务失误转化为服务惊喜。当服务过程中出现了差错时，重要的是及时换回这个损失，有的时候代价表面上看来很大。可是，这样的做法可以使顾客感到公司对他个人的关心，而且，与那些可能出现的不利的负面传闻相比，完成补救所用的费用简直是微不足道的，尽快解决服务失误是建立顾客忠诚的重要途径。

（2）要提高服务质量。服务补偿只是一种被动措施，真正解决这个问题是提高服务质量。企业应该根据服务的特性，真正理解顾客眼中的服务质量，有效地激励员工采取相应步骤制定服务质量标准和建立服务系统，使企业的服务质量得到改善。

（3）改进服务质量管理要使企业内部所有员工都具有优质服务的理念，理解服务质量对公司发展的影响。对于公司管理人员，更应使他们理解服务质量在企业战略制定中的指导作用。

（4）改进服务质量还要分析并理解企业为什么存在质量问题的实际原因，这是改善服务质量的具体工作，可通过控制服务工作中的四种差距达到改进服务质量的目的。

第三节　现代质量管理的发展方向

当今世界，经济活动的国际化趋势日益增强。国际市场对各国经济发展的促进作用明显提高。积极参与国际竞争，在世界经济体系中求发展，已经成为各国的共识。这就导致了各国的市场日益对外开放，国际市场不断扩大，全球性的竞争更趋激烈。现实环境揭示了一个简单的真理：质量已经成为市场竞争的焦点，是企业生存和发展的决定因素，是商品进入国际市场的通行证，是构成社会物质财富和精神财富的实质内容。

为了保证和提高商品质量，人类对质量管理科学的研究和人类的质量管理活动经历了长期的发展过程，随生产力的发展而不断深化。由于人类质量观念的不断更新，也导致了质量管理新的发展。现代质量管理具有以下发展趋势：

1. 全面质量和质量管理的社会化趋势

在“传统”质量观念中，质量一词主要是指产品质量，质量管理也主要是依据一定的标准对产成品、半成品等进行检验，以达到控制产品质量的目的。而现代质量观念认为质量是指全面质量，其含义首先表现在：它是一个完整的、系统的、整体的概念，即企业必须用系统论的思想和方法来认识和对待质量。企业的产成品质量、半成品和零部件质量、原材料质量、工艺工序质量、工作和服务质量等是一个完整的整体，质量管理应该是整个企业全体人员的总体行为。

全面质量的第二层含义是，人们对质量的认识向深度和广度发展。传统观念强调，产品质量就是要符合标准所规定的各项技术指标，而并不重视用户的实际需要和满意程度。如今，先进国家和企业对自己产品的要求，已不局限于符合质量标准。他们认为，即便符合质量标准，只要用户不满意，就不是“完美”的高质量商品，“用户需要什么就生产什么”，正体现了这种现代质量价值观。进入20世纪90年代后，日本逐渐兴起的CS经营战略也是当代质量观的表现。“CS”是英文“Customer Satisfaction”的缩写，意即顾客满意度。CS经营战略要求企业的整个经营活动要以顾客的满意度为指针，从顾客的观点而非企业的观点来定义消费者需求，并以此为据开发产品。追踪顾客购买商品后的满意程度，并通过改进和调节生产与经营来不断提高顾客的满意程度，达到以老顾客为企业扬名而吸引新顾客的目的。CS战略虽属经营战略，但它的实施表明日本人对质量的认识不断深化。

全面质量的另一层含义是，“质量已经进入人类社会的所有领域”。欧洲质量组织主席高尔德·史密斯博士在发起号召和倡导“世界质量日”活动的文告中说：质量一词的定义已从产品的物理特性戏剧般地扩展到为顾客提供满意程度的特性的总和，即质量和顾客的满意不可分，而每一个人都会是一个顾客，都应得到满足。因此，质量的概念必须进入人类社会的所有领域。只有这样，质量工作才能导致全世界生活质量的改善。

由于质量是联结商品生产、交换和消费过程的纽带，而每一个社会成员都是“顾客”，都关心质量问题，因此，质量进入人类社会的所有领域是商品经济发展和消费者追求“完美”商品所导致的必然结果。质量进入人类社会的所有领域将促进质量管理的社会化。传统质量管理和初期的全面质量管理主要立足于企业，虽然早期的全面质量管理已强调全员参与管理，但仍局限在企业内部。随着生产社会化程度的提高，社会分工越来越细，质量管理问题已从企业内部向社会扩展。其主要原因是：

（1）企业的产品质量受社会因素的影响日趋严重。由于社会化大生产分工协作的不断加强，使愈来愈多的企业感觉到，他们的产品质量受社会众多因素的影响。能源供应、原材料质量、配套件质量、商业企业的经营活动、贮存、运输、社会立法等都直接或间接影响企业的产品质量。因此，生产企业在加强质量管理的同时，也希望社会其他部门都来关心质量问题，这就促使质量问题的进一步社会化。

（2）质量问题造成的资源损失日益为社会所关注。物质产品都存在着能否合理利用自然资源的问题。例如，落后的黄金的开采方法，不但不能保证黄金产品的质量，而且造成金矿资源的极大流失；设备、工艺落后的小型钢厂能源消耗多、产品质量低。由于地球上的自然资源是有限的，企业如果不能合理利用自然资源，将会使自然资源短缺状况更为严重。

（3）人类社会越来越重视因质量问题引起的环境污染。随着科学技术的发展和人类文明程度的提高，人的环境意识逐渐加强，对引起环境污染的质量问题十分敏感。商品生产和商品的质量缺陷都可造成环境污染。例如，生产中的三废污染，机动车燃烧性能不好造成的尾气污染，质量不合格的彩电造成的放射性污染，食品的卫生性差引起的污染等。因为环境保护是整个人类的共同事业，所以，引起环境污染的质量问题必然被人类社会所重视。

（4）顾客日益群体化。消费者在长期和商品打交道的过程中，为了保护自身的利益逐渐联合起来，并寻找法律的武器来解决有关质量问题。各种类型的消费者协会、用户协会使单个顾客转变为社会群体用户，这就导致企业的商品和质量管理工作必须面对社会，并经受社会集团的评价和检验。

2. 微观质量管理和宏观质量管理同步发展的趋势

从不同角度研究问题，质量管理可分为微观管理和宏观管理。一般来说，微观质量管理主要是指生产企业或经营企业对产品或商品实施的质量管理。例如，生产企业对产品的设计质量、原材料质量、工艺工序质量、工作质量等实行的管理，经营企业对商品的检验、贮存、养护、售后服务等实行的质量管理。宏观质量管理主要是指国家、行业对整个国家或行业的质量问题实施的调控和管理。例如，国家通过法律手段保证和提高商品质量，对生产名优产品的企业施行政策倾斜，通过调控手段改变不合理的产品结构，国家或行业对商品进行的评优奖励活动等。

在全面质量管理的发展过程中，管理者对微观质量管理的理论和应用进行了大量研究，促进了质量管理的进步。鉴于质量问题日趋社会化，加强宏观质量管理的任务必然更加尖锐地摆在管理者面前。在西方国家，宏观质量管理主要是通过法律手段来进行，但政府对企业的行政干预和指导也有加强的趋势。我国的经济立法尚未健全，摆在我们面前的宏观质量管理任务十分艰巨。长期以来，我国的社会总需求大于社会总供给，政府和行业的宏观调控更侧重于商品的数量。而当今世界，质量已经成为市场竞争的焦点，只有把质量放在重要的战略地位，在搞好微观质量管理的同时，同步地提高宏观质量管理的水平，才能有效地促进质量管理的发展，以保证商品质量的稳定提高。把宏观质量管理和微观质量管理很好地结合起来，使之成为一个有机整体，不但对于我国是一个重要课题，而且也是国际上质量管理的发展方向。

3. 更加重视人的作用和素质

质量管理是全员性的管理，只有调动一切积极因素，动员社会力量和企业全体人员都积极参加管理，才能确保商品质量。随着管理科学的发展，人在管理中的作用大大加强了，对人的素质要求也大大提高了。重视人的作用，不断提高全员的素质，已经成为质量管理的重要内容。

经济发达国家在经历了国际市场的风风雨雨后，清醒地认识到“质量就是市场”，

“人的素质最终决定着商品质量”。美国政府和工业界为了提高产品质量，制定了庞大的计划，对各层次的人员进行培训，鼓励广大职工参加质量活动，并设立国家质量奖，奖励对质量作出贡献并取得成效的企业。日本人能在短短的时间内迅速提高产品质量，成为世界上的经济大国，也正是优先发展教育，提高民族素质所取得的结果。

20 世纪 80 年代以来，我国曾在全国范围内大力推行全面质量管理，但效果并不理想。原因固然是多方面的，其中，管理者素质较低也是重要原因。企业在实施质量管理的过程中，一方面，应始终把职工教育和培训放在重要地位，不断提高全员的文化素质，促进质量管理的持续发展。另一方面，也应看到我国目前的教育水平还比较落后，提高全员的文化素质非朝夕之功。应根据企业的实际情况，把文化素质较高的职工安排在质量管理的重要岗位上，以保证质量管理的顺利实行。

提高人的素质，特别是提高高层管理者的素质，对发展中国家有着更为深远的意义。随着科学技术和工业化水平的提高，发展中国家将有更多的商品直接参与国际竞争，那时，质量的竞争、管理水平的竞争、人的素质的竞争将充分表现出来。所以，发展中国家在发展经济、狠抓质量的同时，要始终想到人才和教育的基础地位。只有不断提高人的素质，才能确保商品质量，扩大国际市场，更好地促进经济发展。

4. 重视环境对质量管理的影响

在现代市场经济条件下，企业往往处于合同和非合同两种经营环境中，因而也导致了两种环境条件下质量管理的差异。在非合同环境中，企业的质量管理主要是，根据市场调研了解市场对质量的需求和期望，确定质量方针和目标，自行建立质量管理体系，在企业内部开展质量保证，以实现质量管理的目标。在合同环境下，企业必须依据用户需求的质量特点，建立质量管理体系的实行质量保证。企业提供的产品和质量管理体系也必须接受用户的评价，以实现合同规定的质量目标和要求。因此，合同环境下的质量管理不仅要在企业内部展开，还要延伸到企业外部，在供需双方之间实行质量保证，以取得用户对企业的产品质量和质量管理体系的信任，建立稳定的市场关系。

我国的一些企业习惯于用同一模式的质量管理体系处理不同环境下的质量问题，往往容易忽视用户需求的某些质量特性，使用户对企业的质量保证能力产生疑问，影响稳定市场关系的建立。在合同环境下，用户要求的质量特性可以是质量标准中内容，也可以是质量标准外的内容。企业在实施质量管理时，一方面，可运用已建立的质量管理体系，对质量标准内的项目进行管理；另一方面，还必须根据用户需求，增加相应的质量管理内容，对质量标准外的项目进行管理，以达到合同规定的要求，使用户对企业的质量保证能力充满信心。

在当代国家贸易中，合同环境占有的重要地位日趋明显。这就要求企业必须根据用户的需求增加新的质量管理的内容，提高质量保证能力，通过增加用户对企业产品质量和质量管理体系的信任，不断开拓市场，提高经济效益。质量管理科学是近代大工业的产物，而且随着工业化的推进不断发展和完善。研究质量管理新的发展趋势，不断更新质量观念，能更好地促进质量工作的开展，进而促进人类生活质量的改善。

5. 集成化 SPC

集成化 SPC 方法主要表现为以下两个方面：

（1）多种控制图的联合使用。

休哈特控制图对识别较大的质量波动效果显著，但对较小的质量波动不够敏感。累积和控制图及指数加权移动平均控制图等改善了过程中较小的质量波动识别精度，但对过程中较大的质量波动的监视性能不够理想。因此，联合使用多种控制图法可以提高过程质量控制的总体性能：既能很好地识别较小的质量波动，又能很好地识别较大的质量波动。但如果这些方法所得到的结果自相矛盾时，如何进行裁决等深层次的问题还有待于进一步研究解决。

（2）将 SPC 与工业过程控制（EPC）相集成。

面向制造过程的质量控制主要有两大类方法：一类是 SPC；另一类是 EPC。SPC 旨在寻求识别和减少可避免的异常因素来减低质量波动；而 EPC 主要是在连续生产线上利用反馈、前馈及其二者结合的原理调整过程。由于调整通常要用到自动设备，所以也称为自动过程控制 APC。传统的 SPC 本身并不真正介入控制。仅起着监视过程的质量波动和识别制造过程中的系统误差源的作用，力图通过阶段性的调整，从根本上消除误差源，使过程的质量波动控制在某一可以接受的水平。而 EPC 则着重于控制，通过不断地调节、纠正状态变量的波动，使之处于合理的水平，但没有就其产生质量波动的根本原因做出识别。因此，如果存在着较大的系统干扰，则可能会出现过补偿或欠补偿的现象，不仅起不到控制的作用，反而会使过程质量更加恶化。

事实上，SPC 与 EPC 之间具有很强的互补性：EPC 可以弥补 SPC 在不断改进过程质量方面的不足，而 SPC 则可监视 EPC 的控制过程，防止出现过补偿或欠补偿的现象，优化控制性能。SPC 与 EPC 集成的实质，是将 SPC 的监视功能从产品（或工艺输出的质量特征）扩展到了过程控制。

6. 人工智能技术在 SPC 中的应用

目前，计算机技术在质量管理和质量控制领域中发挥着越来越重要的作用。计算机在这一领域中的早期应用，主要是帮助人们进行各种控制图的设计、计算与绘图，使原本繁杂、单调的工作变得简单易行，大大提高了工作效率。然而，SPC 技术不只是单纯地统计计算和简单的绘图，它还需要专家知识和经验来选择、设计合适的质量控制图，并能正确地解释控制图来识别生产过程中的质量控制状况和失控原因，提供相应的纠正措施。但由于现场质量工程师的缺乏，使得 SPC 技术的推广工作遇到困难，尤其是在中、小型企业曾一度流于形式，未能真正发挥作用。随着人工智能技术的发展，研究和开发质量控制专家系统（QCES）已成为近年来 SPC 研究的一大热点。

自 20 世纪 90 年代以来，下列一些新的课题日益引起了人们的重视：

（1）统计过程控制与自动过程控制的结合问题，国际上称之为 ASPC（Algorithmic Statistical Process Control），国内也有学者称之为 SPCDA（Statistical Process Control，Diagnosis and Adjustment）；

（2）接近零不合格品过程的统计过程控制（SPC）问题，以及接近零不合格品过程的统计过程控制与诊断（SPCD）问题。

针对第一个课题，目前虽然已开发出多个智能SPC系统，但离真正实用还有一段距离，主要表现在现场经验不足，判据规则甚至方法本身还很不完善、尚处于发展阶段。因此，人工智能在SPC中的应用仍是今后研究一大热点。

此外，从目前的研究现状来看，计算机辅助质量系统（CAQ）与SPC软件尚缺乏有机的集成机制，现行开发的CAQ系统大多比较注重于对质量数据、信息或报表的管理、较为简单的统计、查询与分析，以及对常用的统计分析工具的支持，但缺乏对复杂的SPC分析系统的信息支持。

案例分析：

润通管件有限公司走上质量管理的快车道

1. 问题背景（Background）

润通公司生产一种房屋装饰用高档管件。润通公司作为供应商同东方家园签署了一项合同。东方家园是一家大型建材批发零售商，服务定位于北京地区写字楼和高档住宅区。由于对这种产品的需求量增加，润通公司把生产班次扩展为3班制，并且雇了一些临时工。

在润通公司向东方家园配送这种管件不久后，收到了一些关于内丝公差太大的投诉。这让润通公司有点震惊，因为正是由于它作为优质管件生产商的良好信誉，才被选为东方家园的A级供应商。由于拥有训练有素、尽职尽责的员工，润通公司对其制造能力一向很有自信。在检查了近期的投诉之后，公司总裁王林怀疑是因为轮班的增加和产量的激增导致了质量的下降。

在总经理的建议下，王林聘请了一名质量顾问来培训轮班主管，并且选择切内螺纹加工工序的工人参加有关统计过程控制的培训。切割操作的理想指标是30.000毫米，公差是0.125毫米。因此，规范上限是TU=29.875毫米，规范下限是TL=30.125毫米。顾问建议在7天内，检查每班中间的5个产品，并记录实际尺寸。表7-10汇总了采集到的7天中的数据。

表7-10　　润通公司某管件统计数据

轮班	样本	观测值（毫米）				
		1	2	3	4	5
1	1	29.970	30.017	29.898	29.937	29.992
2	2	29.947	30.013	29.993	29.997	30.079
3	3	30.050	30.031	29.999	29.963	30.045
1	4	30.064	30.061	30.016	30.041	30.006
2	5	29.948	30.009	29.962	29.990	29.979
3	6	30.016	29.989	29.939	29.981	30.017
1	7	29.946	30.057	29.992	29.973	29.955
2	8	29.981	30.023	29.992	29.992	29.941
3	9	30.043	29.985	30.014	29.986	30.000

表7-10(续)

轮班	样本	观测值（毫米）				
		1	2	3	4	5
1	10	30.013	30.046	30.096	29.975	30.019
2	11	30.043	30.003	30.062	30.025	30.023
3	12	29.994	30.056	30.033	30.011	29.948
1	13	29.995	30.014	30.018	29.966	30.000
2	14	30.018	29.982	30.028	30.029	30.044
3	15	30.018	29.994	29.995	30.029	30.034
1	16	30.025	29.951	30.038	30.009	30.003
2	17	30.048	30.046	29.995	30.053	30.043
3	18	30.030	30.054	29.997	29.993	30.010
1	19	29.991	30.001	30.041	30.036	29.992
2	20	30.022	30.021	30.022	30.008	30.019

2. 提出问题（Questions）

（1）根据表7-10中的数据，绘制质量控制图，生产过程是否受控？如果工序失控，可能的原因是什么？工序能力如何？润通公司如何解决东方家园提出的问题？

（2）由于成功地运用了控制图，润通公司决定继续使用这种工具来改进攻丝操作。此后，又从20个轮班里选取了另外的样本，如表7-11所示。请根据这些数据评价工序是否受控。工序能力有改进吗？如果没有实质性的改进，会是什么原因呢？公司如何彻底解决所出现的问题？

表7-11　　润通公司某管件统计数据（追加数据）

轮班	样本	观测值（毫米）				
		1	2	3	4	5
1	21	30.046	29.978	30.026	29.986	29.961
2	22	29.972	29.966	29.964	29.942	30.025
3	23	30.046	30.004	30.028	29.986	30.027
1	24	29.997	29.997	29.980	30.000	30.034
2	25	30.018	29.922	29.992	30.008	30.053
3	26	29.973	29.990	29.985	29.991	30.004
1	27	29.989	29.952	29.941	30.012	29.984
2	28	29.969	30.000	29.968	29.976	29.973
3	29	29.852	29.978	29.964	29.896	29.876
1	30	30.042	29.976	30.021	29.996	30.042
2	31	30.028	29.999	30.022	29.942	29.998
3	32	29.955	29.984	29.977	30.008	30.033
1	33	30.040	29.965	30.001	29.975	29.970

表7-11(续)

轮班	样本	观测值（毫米）				
		1	2	3	4	5
2	34	30.007	30.024	29.987	29.951	29.994
3	35	29.979	30.007	30.000	30.042	30.000
1	36	30.073	29.998	30.027	29.986	30.011
2	37	29.995	29.966	29.996	30.039	29.976
3	38	29.994	29.982	29.998	30.040	30.017
1	39	29.977	30.013	30.042	30.001	29.962
2	40	30.021	30.048	30.037	29.985	30.005

3. 解决问题（Solutions）

（1）根据表7-10中的数据，绘制质量控制图。

根据观测数据，计算样本的平均值、中位数与极差，列于表7-10后面三列，构成表7-12。

表7-12　　**润通公司某管件统计数据**

轮班	样本	观测值（毫米）					平均值 $\bar{x}$	中位数 $\tilde{x}$	极差 R
		1	2	3	4	5			
1	1	29.970	30.017	29.898	29.937	29.992	29.963	29.970	0.119
2	2	29.947	30.013	29.993	29.997	30.079	30.006	29.997	0.132
3	3	30.050	30.031	29.999	29.963	30.045	30.018	30.031	0.087
1	4	30.064	30.061	30.016	30.041	30.006	30.038	30.041	0.058
2	5	29.948	30.009	29.962	29.990	29.979	29.978	29.979	0.061
3	6	30.016	29.989	29.939	29.981	30.017	29.988	29.989	0.078
1	7	29.946	30.057	29.992	29.973	29.955	29.985	29.973	0.111
2	8	29.981	30.023	29.992	29.992	29.941	29.986	29.992	0.082
3	9	30.043	29.985	30.014	29.986	30.000	30.006	30.000	0.058
1	10	30.013	30.046	30.096	29.975	30.019	30.030	30.019	0.121
2	11	30.043	30.003	30.062	30.025	30.023	30.031	30.025	0.059
3	12	29.994	30.056	30.033	30.011	29.948	30.008	30.011	0.108
1	13	29.995	30.014	30.018	29.966	30.000	29.999	30.000	0.052
2	14	30.018	29.982	30.028	30.029	30.044	30.020	30.028	0.062
3	15	30.018	29.994	29.995	30.029	30.034	30.014	30.018	0.040
1	16	30.025	29.951	30.038	30.009	30.003	30.005	30.009	0.087
2	17	30.048	30.046	29.995	30.053	30.043	30.037	30.046	0.058
3	18	30.030	30.054	29.997	29.993	30.010	30.017	30.010	0.061
1	19	29.991	30.001	30.041	30.036	29.992	30.012	30.001	0.050
2	20	30.022	30.021	30.022	30.008	30.019	30.018	30.021	0.014
总计							600.158	600.160	1.498

因 n=5，有 A2=0.577，A3=1.427，d2=2.326，d3=0.864，D2=4.918，D3=0.000，D4=2.114，m3=1.198，E2=1.290。

①计算 $\bar{x}$ 控制图的控制界限。

$$CL_{\bar{x}}=\bar{\bar{x}}=\frac{\sum_{i=1}^{k}\bar{x}_i}{k}=\frac{600.158}{20}=30.008$$

$$UCL_{\bar{x}}=\bar{\bar{x}}=A_2\bar{R}=30.008+0.577\times\frac{1.498}{20}=30.051$$

②计算 $\tilde{x}$ 控制图的控制界限。

$$CL_{\tilde{x}}=\bar{\tilde{x}}=\frac{\sum_{i=1}^{k}\tilde{x}_i}{k}=\frac{600.160}{20}=30.008$$

$$UCL_{\tilde{x}}=\bar{\tilde{x}}+m_3A_2\bar{R}=30.008+1.198\times0.577\times\frac{1.498}{20}=30.060$$

③计算 R 控制图的控制界限。

$$CL_R=\frac{\sum_{i=1}^{k}R_i}{k}=\frac{1.498}{20}=0.075$$

$$UCL_R=D_r\bar{R}=2.114\times\frac{1.498}{20}=0.158$$

$$LCL_R=D_3\bar{R}=0.000\times1.498=0$$

④绘制控制图和控制图（见图 7-13 和图 7-14）。

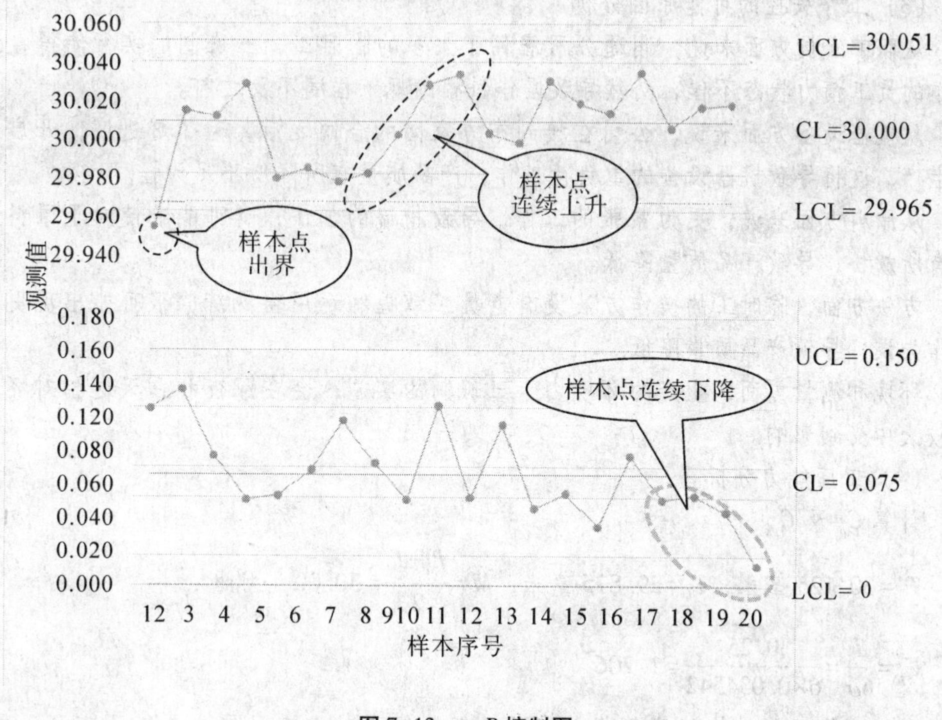

图 7-13　$\bar{x}$-R 控制图

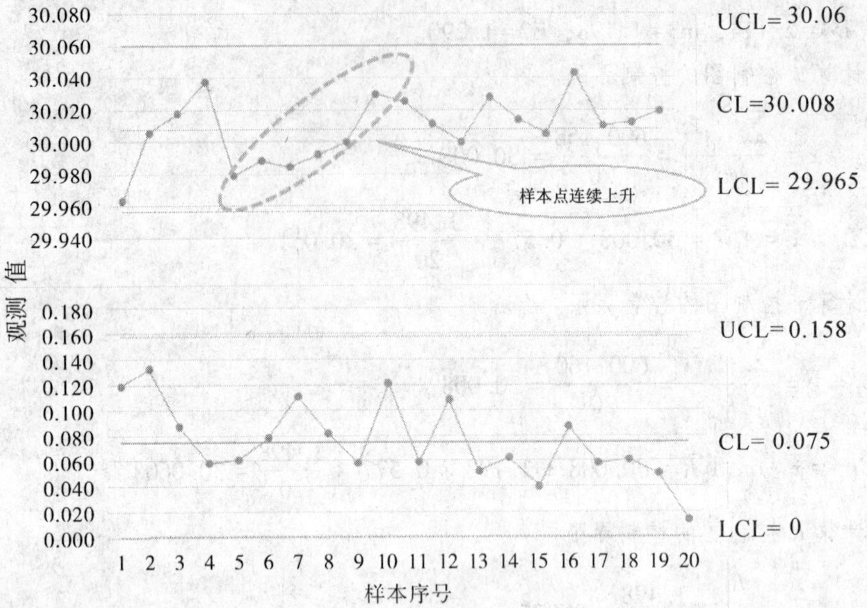

图 7-14　$\bar{x}$-R 控制图

(2) 根据质量控制图分析生产过程是否受控。

详细分析见控制图中标注，由分析可知，当样本点分布破坏了“随机性”，过程处于非受控状态。

(3) 工序失控的可能原因分析

从职工人员方面来说，润通公司雇佣了太多的临时工，三班制的实行使得在深夜工作的员工精力状态不佳，必然导致操作过程的规范程度不及之前。

从机器设备方面来说，公司在接到东方家园的合同之后，为了赶进度，开启三班制生产，这将导致机器设备的重负荷工作，产品质量有所降低不足为怪。

从原料方面来说，更为紧张的工作，导致物流的加快，有可能致使对于原料的检测有所放松，导致产品质量降低。

方法方面，临时工的操作方法没有老员工掌握和运用得熟练，很可能出现更多的操作失误，导致产品质量降低。

环境和测量方面，生产的环境由于三班制的实施，会在深夜和白天这相对环境变化较大中受到影响。

(4) 工序能力分析。

计算 C_p 及 C_{pk}

T_u=30.125 毫米，T_l=29.875 毫米，$M=\frac{T_u+T_l}{2}=30.00$，因此

$$C_p=\frac{T}{6\sigma}=\frac{0.25}{6\times0.034542}=1.206$$

查工序等级表，知工序等级为二级。工序能力基本满足要求，但不充分；另外，

C_p 接近于1，应当采取措施提高工序能力。

(5) 润通公司如何解决东方家园提出的问题。

导致润通公司此次质量问题的出现最主要的有两方面的原因，一个是聘请了临时工，另一个是将生产班次扩展为了三班制。为了在提高生产效率的同时又保障质量，建议对临时工加强上岗培训和加大物质奖励，提高员工的工作技能和激发员工的工作热情。另外，在实施三班制的同时，适当增加设备的休息时间，保证其平稳运作。

4. 持续改进（Improvement）

由于成功地运用了控制图，润通公司决定继续使用这种工具来改进攻丝操作。此后，又从20个轮班里选取了另外的样本，如表7-11所示。现在，我们根据这些数据评价工序是否受控。

(1) 根据表7-11中的数据，绘制质量控制图。

根据观测数据，计算样本的平均值、中位数与极差，列于表7-11后面三列，构成表7-13。

表7-13　　润通公司某管件统计数据（追加数据）

轮班	样本	观测值（毫米）					平均值 $\bar{x}$	中位数 $\tilde{x}$	极差 R
		1	2	3	4	5			
1	21	30.046	29.978	30.026	29.986	29.961	29.999	29.986	0.085
2	22	29.972	29.966	29.964	29.942	30.025	29.974	29.966	0.083
3	23	30.046	30.004	30.028	29.986	30.027	30.018	30.027	0.060
1	24	29.997	29.997	29.980	30.000	30.034	30.002	29.997	0.054
2	25	30.018	29.922	29.992	30.008	30.053	29.999	30.008	0.131
3	26	29.973	29.990	29.985	29.991	30.004	29.989	29.990	0.031
1	27	29.989	29.952	29.941	30.012	29.984	29.976	29.984	0.071
2	28	29.969	30.000	29.968	29.976	29.973	29.977	29.973	0.032
3	29	29.852	29.978	29.964	29.896	29.876	29.913	29.896	0.126
1	30	30.042	29.976	30.021	29.996	30.042	30.015	30.021	0.066
2	31	30.028	29.999	30.022	29.942	29.998	29.998	29.999	0.086
3	32	29.955	29.984	29.977	30.008	30.033	29.991	29.984	0.078
1	33	30.040	29.965	30.001	29.975	29.970	29.990	29.975	0.075
2	34	30.007	30.024	29.987	29.951	29.994	29.993	29.994	0.073
3	35	29.979	30.007	30.000	30.042	30.000	30.006	30.000	0.063
1	36	30.073	29.998	30.027	29.986	30.011	30.019	30.011	0.087
2	37	29.995	29.966	29.996	30.039	29.976	29.994	29.995	0.073
3	38	29.994	29.982	29.998	30.040	30.017	30.006	29.998	0.058
1	39	29.977	30.013	30.042	30.001	29.962	29.999	30.001	0.080
2	40	30.021	30.048	30.037	29.985	30.005	30.019	30.021	0.063
总计							599.877	599.826	1.475

因 n = 5，有 A2 = 0.577，A3 = 1.427，d2 = 2.326，d3 = 0.864，D2 = 4.918，D3 = 0.000，D4 = 2.114，m3 = 1.198，E2 = 1.290。

①计算 $\bar{x}$ 控制图的控制界限。

$$CL_{\bar{x}} = \bar{\bar{x}} = \frac{\sum_{i=1}^{k} \bar{x}_i}{k} = \frac{599.877}{20} = 29.994$$

$$UCL_{\bar{x}} = \bar{\bar{x}} + A_2\bar{R} = 29.994 + 0.577 \times \frac{1.475}{20} = 30.037$$

②计算 $\tilde{x}$ 控制图的控制界限。

$$CL_{\tilde{x}} = \bar{\tilde{x}} = \frac{\sum_{i=1}^{k} \tilde{x}_i}{k} = \frac{599.826}{20} = 29.991$$

$$UCL_{\tilde{x}} = \bar{\tilde{x}} + m_3A_2\bar{R} = 29.991 + 1.198 \times 0.577 \times \frac{1.475}{20} = 30.042$$

③计算 R 控制图的控制界限。

$$CL_R = \frac{\sum_{i=1}^{k} R_i}{k} = \frac{1.475}{20} = 0.074$$

$$UCL_R = D_4\bar{R} = 2.114 \times \frac{1.475}{20} = 0.156$$

$$LCL_R = D_3\bar{R} = 0.000 \times 1.475 = 0$$

④绘制控制图和控制图（见图 7-15 和图 7-16）。

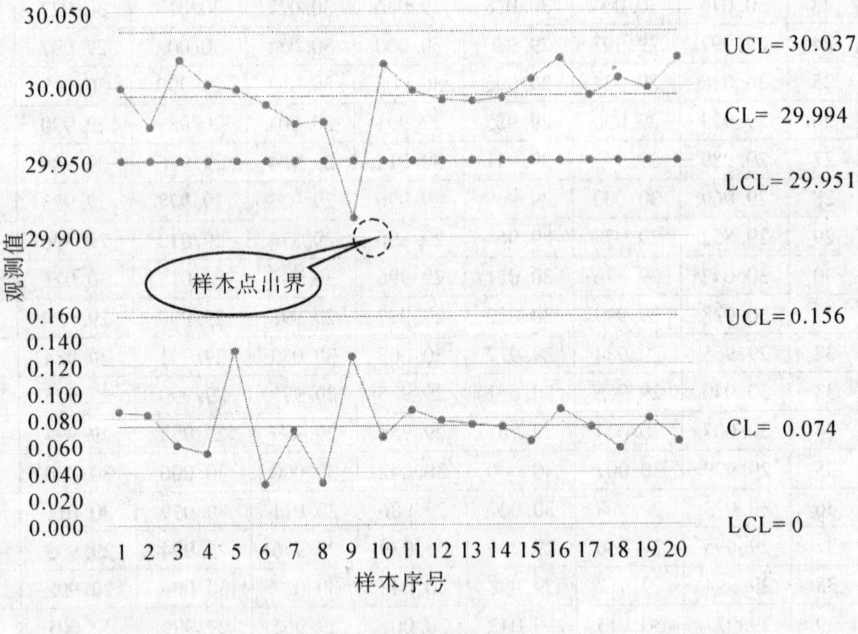

图 7-15　$\bar{x}$-R 控制图

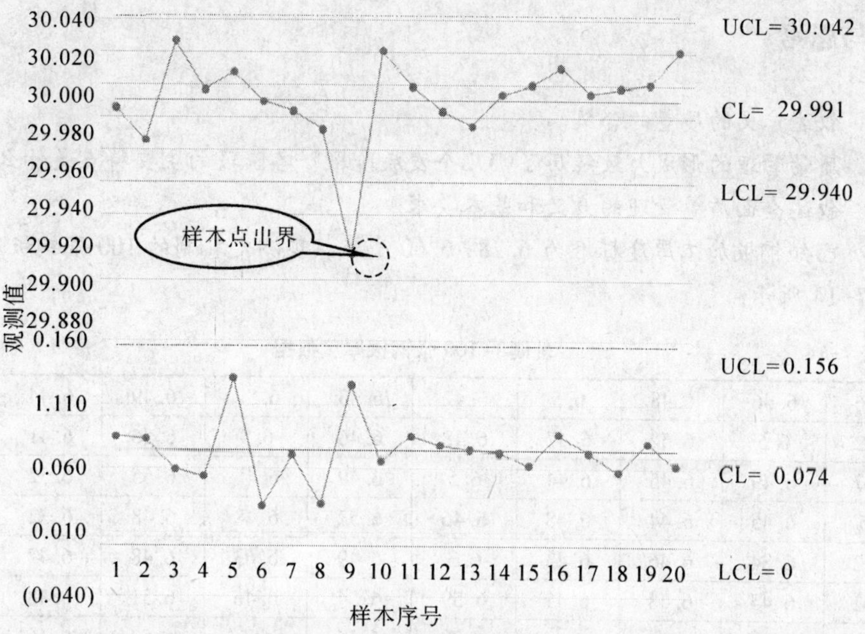

图 7-16　$\bar{x}$-R 控制图

(2) 根据质量控制图分析生产过程是否受控。

详细分析见控制图中标注，由分析可知，当样本点分布的“随机性”有所减小，但是生产过程仍然处于非受控状态。

(3) 改进后的工序能力分析。

计算 C_p 及 C_{pk}

$T_u = 30.125mm$，$T_l = 29.875mm$，$M = \frac{T_u + T_l}{2} = 30.00$，因此

$$C_p = \frac{T}{6\sigma} = \frac{0.25}{6 \times 0.035639} = 1.169$$

查工序等级表，知工序等级仍然为二级。工序能力基本满足要求，但不充分，工序能力没有改进；另外，C_p 更加接近于 1，应当采取措施提高工序能力。

(4) 工序能力没有实质性改进的原因分析解决办法。

经过改进后工序能力依然没有实质性的改进，原因可能在于轮班的增加和产量的激增导致了质量的下降，机械设备陈旧或者局部出现缺陷也是可能的原因。建议的解决办法是适当控制日产量，在三班制的情况下准予员工更多的休息时间，另外也不妨尝试维修或者直接更新设备。

(5) 验证的结论。

①基于经验的质量管理已变得不灵了。

②SPC 实现了质量管理的三个根本性转变。

③通过工序能力的计算可以找到新的突破口。

复习与思考

1. 叙述广义的质量的含义。

2. 质量管理的形成大致经历了哪几个发展阶段？各阶段的主要特点是什么？

3. 叙述全面质量管理的意义和基本要求。

4. 已知钢板加工厚度标准为 6.28~6.60 毫米，现测定轧制的 100 张钢板厚度数据如表 7-14 所示：

表 7-14　　轧制的 100 张钢板厚度数据

6.56	6.46	6.48	6.5	6.42	6.43	6.52	6.49	6.44	6.48
6.52	6.5	6.52	6.47	6.48	6.46	6.5	6.56	6.41	6.37
6.47	6.49	6.45	6.44	6.5	6.49	6.46	6.55	6.52	6.44
6.5	6.45	6.44	6.48	6.46	6.52	6.48	6.48	6.32	6.4
6.52	6.34	6.46	6.43	6.3	6.49	6.63	6.48	6.47	6.38
6.52	6.45	6.48	6.41	6.59	6.54	6.46	6.51	6.48	6.5
6.68	6.6	6.46	6.4	6.5	6.56	6.5	6.52	6.46	6.48
6.46	6.52	6.56	6.48	6.46	6.45	6.46	6.54	6.54	6.48
6.49	6.41	6.45	6.34	6.44	6.47	6.47	6.41	6.51	6.54
6.5	6.38	6.46	6.46	6.46	6.52	6.46	6.56	6.4	6.47

根据上述资料，利用 Excel 软件：

（1）制作频数分布表；

（2）计算平均数和标准差；

（3）绘制直方图；

（4）计算工序能力指数，并对工序能力作分析判断。

5. PDCA 循环有何特点？其应用有哪些步骤？

6. 通过课外书籍的阅读和网络资料的查询，谈谈你对“6σ 质量标准活动”的认识。

7. 如何利用控制图来识别生产过程的质量状态？

8. 服务质量的特点是什么？

9. 服务补救的重要性是什么？有哪些基本的补救措施？

10. 案例分析：惠普改善质量目标的十项原则

惠普公司曾经作过的一项内部研究表明，25%的生产成本是应付不合格质量造成的。

约翰·扬（John Young）作为惠普公司前总裁，他经分析认为：无论是产品的实物转移、发货信息的传递、复杂的组织计划体系的设计，还是对电话投诉的处理方式，每一过程中都蕴藏着改善质量的机会。问题的关键在于如何对这种改善进行管理。为此，约翰·扬为公司建立了一套改善质量的目标，该目标作为“全面质量控制”的结构性程序，是由一套基本管理原则组成：

(1) 以用户、用户的需要及期望为中心。只有了解市场上用户的需求，你才有指望提供高质量的产品及服务。

(2) 把下一道工序中的后续者的需求和期望，及其对所受服务的衡量标准，就像对待外部用户一样。

(3) 定期检查用户的满意程度。用户对产品性能的意见是衡量改善程度的标准。一项研究结果表明，如果有了问题，只有4%的用户会投诉，只剩下10%的用户还会继续购买这家公司的产品。每一个不满意的顾客又会向另外十个人倾诉自己的不满。

(4) 努力排除造成用户不满的根本原因。把问题掩盖起来只会加大成本和降低生产率。曾经有几个工人把不属于他们工作范围的零件和用户手册保留在身边。当问他们为什么要这样做时，他们解释说，送到这里来的产品经常有缺零件的情况，为了保证按期出运，就不得不自存一部分零件。但是这样做的结果，是管理层无法看到存在于制造系统中的更重大缺陷。

(5) 保持目标的稳定性，如“始终如一地向用户提供足以超出他们不断变化着的需求和期望的产品和服务”等。改善质量不是一个项目，它是一种经营方式。惠普质量管理的早期，经常有人把全面质量控制当作一个项目。但也有许多人看到了这种方法的威力，并把它作为工作方式的一部分。

(6) 实行标准化以保持成果。当一个工序发生了变化时，应当对有关流程、衡量标准和人员培训做出相应的调整，确保所做的改进能够巩固下去。

(7) 从上游开始，确保全过程每个环节的质量。从供货商提供的产品和服务开始保证高质量。

(8) 打破部门障碍。如果对一道工序的改进会造成对另一工序的损害，那么对双方都不会有好处。各部门需要建立有利于各方的内部供货商与顾客关系。如果一个部门采纳了全面质量控制，而另一部门却不执行，全面质量控制只会给整个企业造成“疲劳”。

(9) 消除企业上下的畏惧情绪。鼓励有效的双向交流，以便各方愿意无所顾忌地表达意见；人们应该不怕承认错误。在出现问题的时候，人们往往会很自然地找出是哪个人的问题，而不注意是哪个抽象过程的毛病，这么做既不准确，而且于事无补。

(10) 不断地对员工进行教育、培训，以便发挥并保持员工的最大潜力。在技术日新月异的今天，企业只有依靠知识才能在竞争中立于不败之地。

惠普在质量领域取得相当大的成绩，节约了八亿美元保修成本，减少了五亿美元库存，并因此节省了二亿美元占地。但它的努力还远未结束，在当今飞速发展的环境下，光做改进还不够。一个公司必须以比对手更快的速度进行改进。所以，全面质量控制和年度方针计划都不是一次性用完便可置之脑后的项目。它们是持续的过程，是一种生活的方式。

思考题：

(1) 将惠普改善质量目标的十项宗旨与全面质量管理的基本要求作比照，分析惠普公司的实际作法和理论要求相吻合之处。

(2) 我国企业在推行全面质量管理中最大障碍是什么？

第八章　现代企业供应链管理

第一节　概述

随着经济全球化的发展，市场竞争更加激烈，社会分工更加细密，任何企业都不可能单独有效地完成与企业核心产品相关的所有业务。企业必须依靠上下游企业的协同合作，才能拥有有效资源，在竞争中取胜，这必然使企业在管理企业内部事务、关注内部价值链的同时，更加注重外部关系。供应链就是价值链理论从企业内部延伸到企业外部的产物。美国战略管理学家迈克尔·波特指出，企业在对内部价值活动分类的基础上，通过对自己的价值链进行分析，剔除没有实现价值增值或价值增值不高的业务活动，巩固和提高价值增值能力强的环节，以实现、维持和发展自己的竞争优势。由于企业价值链与其上下游企业的价值链密切相关，1985 年，侯里瀚第一次提出“供应链”（Supply Chain）的概念，提出供应链是一个涉及多个企业的整体系统，从而引起了人们对于上下游企业之间的合作和协调问题的关注，供应链管理（Supply Chain Management，SCM）也因此逐渐发展起来，并在短时间内引起学者和业界的广泛重视。人们从理论研究和实践上进行了许多有益的探索，并取得了可喜的成果，从而推动了供应链和供应链管理的不断完善和发展。

一、供应链

1. 供应链的含义

供应链的思想源于流通（Logistics），原指军方的后勤补给活动。随着商业的发展，便逐渐推广应用到商业活动上。流通系统最终目的在于满足消费者，将流通所讨论的范围扩大，把企业上下游成员纳入整合范围，就发展出供应链。希望能对相关的企业个体以及流程加以整合，以减少浪费与重复，并通过各相关企业紧密的合作，来提高经营绩效与服务水平。

事实上，自从近代真正意义上的企业出现以后，供应链的概念已经蕴藏在企业日常管理之中了，不过是没有把它上升到概念的高度提出来而已。自 1985 年侯里瀚首次提出“供应链”的概念后，相关学者和有关组织在对供应链研究的基础上，从不同的角度提出了许多不同的定义，从而丰富和发展了供应链的内涵。与早期相比，如今人们对供应链的理解更加深刻。

一般来说，现代社会人们的生产和生活所需物品，都要经过最初的原材料生产、零部件加工、产品装配和分销，最终才能进入消费的过程。这个过程既有物质形态的产品和消费，也有非物质形态（如服务）产品的生产（提供服务）和消费（享受服务）。它涉及原材料供应商、产品制造商、产品销售商、运输服务商和最终用户等多个独立的厂商及其相互之间的交易，并因此形成物流、服务流、资金流和信息流，最后到达消费者手中。上一个业务流程为下一个业务流程提供物料或服务，由此形成环环相扣的链条。链条上每一个企业都构成一个节点，节点企业之间构成供需关系，并形成交易。这种由多个节点构成的企业业务流程网络就叫供应链，也成为“需求链”。它既存在于制造行业，也存在于服务性行业，即供应链上传递的既可以是产品也可以是某种服务。

传统的供应链结构模式偏重于企业内部的过程，即把从企业外部采购的原材料和零部件，通过生产转换和销售等活动，再传递给零售商和用户。现代意义上的供应链的概念是指围绕核心企业，通过对信息流、物流、商流和资金流的控制，从采购原材料开始，到制成中间产品以及最终产品，再到最后由销售网把产品送到消费者手中的将供应商、制造商、分销商、零售商，直到最终用户连成一个整体的功能网链结构模式。核心企业是指在供应链中处于主导地位的企业，图 8-1 是一个简单的供应链示意图，其中核心企业可以是制造商、零售商，等等。在此阶段，供应链形成了一个网络的概念。这时供应链的概念强调供应链的战略伙伴关系，认为供应链中的战略伙伴关系是很重要的，通过建立战略伙伴关系，可以与重要的供应商和用户更有效地开展工作。

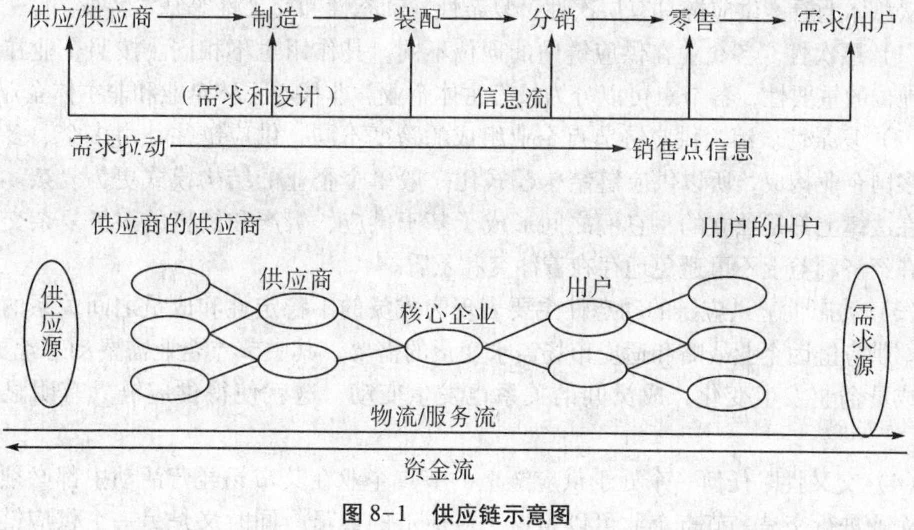

图 8-1　供应链示意图

理解供应链应注意以下几点：

（1）供应链的结构是一种网链结构。从供应链的结构模型中可以看出，供应链中的企业之间通过物流、资金流和信息流联结成一个网链，每个企业都是这个网链中的一个节点，每个节点既是供方又是需方，节点之间则形成供需关系。

（2）面向客户需求。供应链的形成、存在、重构都是基于一定的市场需求而发生的。在供应链的运作过程中，客户的需求信息引导着供应链中的物流和资金流。因此，客户需求是供应链运作的驱动源。

（3）供应链是一种增值链。供应链的形成是相关企业基于分工基础上的合作，目的在于提高企业运营效率，获取更大的收益。没有增值，供应链就没有存在的必要。所有形式的供应链都是通过承担不同职能的企业进行资源转换和组合，将原材料加工成在产品或产成品，然后通过一定的流通渠道“分送”到客户手中。

从供应链的组成来看，参与供应链的基本实体主要有供应商（还包括供应商的供应商等）、制造商、配送中心或分销商、零售商、客户等。其中，配送中心、零售商、最终客户等可被看做制造商的客户、客户的客户。

供应链中的各个实体在其物流活动以及由物流活动引起的资金往来和信息沟通过程中，形成了三个明显的流，这就是物流、资金流和信息流。其中，物流从上游向下游流动，资金流从下游向上游流动，而信息流的流动则是双向的。这三个流贯穿于供应链的全过程，囊括了供应链上所有企业的全部活动，它们将供应商、制造商、分销商、零售商、客户等联结成一个整体。

从供应链的实际运行情况来看，一个供应链系统一般至少有一个企业处于核心地位，它可以是制造型企业，也可以是零售型企业。核心企业是整个供应链的信息流、资金流和物流的调度与协调中心。其他企业则在核心企业需求信息的驱动下，参与供应链的职能分工与合作（生产、分销、零售等），通过资金流、物流、服务流实现整个供应链的不断增值。

2. 供应链的特征

从总体上看，供应链具有层次性、复杂性、动态性和交叉性等基本特征。

（1）层次性。各企业在供应链中的地位不同，其作用也不相同。按照企业在供应链中地位的重要性，各节点可以分为核心主体企业、非核心主体企业和非主体企业。

（2）复杂性。因为供应链节点企业组成的跨度不同，供应链往往由多个、多类型甚至多国企业构成，所以供应链结构模式比一般单个企业的结构模式更为复杂。且各企业在法律上都是独立的，它们之间形成了基于供应、生产和销售的多极复杂交易关系，在经济利益上不可避免地存在着冲突和矛盾。

（3）动态性。供应链的动态性主要表现为成员的不稳定性和成员之间关系的不稳定性。供应链因企业战略和适应市场需求变化的需要，其中节点企业需要动态地更新，一旦成员企业发生变化，成员间的关系也发生变动，这就使得供应链具有明显的动态性。

（4）交叉性。任何一个处于供应链上的节点企业在其市场经营活动中都必须和不同的企业进行交易。节点企业可以是这个供应链的成员，同时又是另一个供应链的成员，众多的供应链形成相互交叉的网络结构，增加了协调管理的难度。

（5）面向用户需求。供应链的形成、存在、重构，都是基于一定的市场需求而发生，并且在供应链的运作过程中，用户的需求拉动是供应链中信息流、产品及服务流、资金流运作的驱动源。

二、供应链管理

对供应链这一复杂系统，要想取得良好的绩效，必须找到有效的协调管理方法，供应链管理思想就是在这种环境下提出的。

对于供应链管理，有许多不同的定义和称呼，如有效用户反应（Efficient Consumer Response，ECR）、快速反应（Quick Response，QR）、虚拟物流（Virtual Logistics，VL）或连续补充（Continuous Replenishment），等等。这些称呼因考虑达到层次、角度不同而不同，但都通过计划和控制实现企业内部和外部之间的合作，实质上它们一定程度上都集成了供应链和增值链两个方面的内容。

1. 供应链管理的含义

供应链的概念和传统的销售链是不同的，它跨越了企业界限，从建立合作制造或战略伙伴关系的新思维出发，从产品生命线的“源”头开始，到产品消费市场的“汇”，从全局和整体的角度考虑产品的竞争力，使供应链从一种运作性的竞争工具上升为一种管理性的方法体系，这就是供应链管理提出的实际背景。

供应链管理起源于20世纪80年代后期，是在工业发达国家兴起并迅速发展的一种全新的管理思想和实践。全球性的竞争使得市场变化太快，单个企业依靠自己的资源进行自我调整的速度赶不上市场变化的速度。以虚拟企业或动态联盟为基础的敏捷制造模式的提出为供应链管理奠定了理论基础。

供应链中的每个企业在网络中扮演着不同的角色，他们既相互合作、谋求共同的利益，同时在经济利益上又相互独立，存在一定的冲突。处于同一供应链中的企业在分工基础上相互依赖，通过资源共享，优势互补，形成伙伴关系或战略联盟，谋求整体利益最大化，而在利益分割中又相互矛盾和冲突。要使一个供应链获得良好的整体绩效，实现各企业的双赢或者多赢，使整个供应链的价值最大化，在供应链之间的竞争中取得优势，就必须对供应链中各企业进行有效的组织和协调，尽可能减少矛盾和冲突，对供应链中的物流、信息流、资金流、业务流程以及伙伴关系进行有效的系统计划、组织、协调和控制，使供应链中的各节点以及节点之间的信息、资金、物料能够高效流动。供应链管理就是利用计算机网络技术，对供应链中的商流、物流、信息流、资金流等进行组织、协调与控制，在节点企业之间建立战略伙伴关系，最大限度地减少内耗和浪费，提高各节点企业的运营绩效，实现供应链整体效率最优化。

供应链管理是一种集成的系统管理思想和方法，它执行供应链中从供应商到最终用户的物流的计划和控制等职能。例如，伊文斯认为：“供应链管理是通过前馈的信息流和反馈的物料流及信息流，将供应商、制造商、分销商、零售商，直到最终用户连成一个整体的管理模式”。菲利浦则认为供应链管理不是供应商管理的别称，而是一种新的管理策略，它把不同企业集成起来以增加整个供应链的效率，注重企业之间的合作。最早人们把供应链管理的重点放在管理库存上，作为平衡有限的生产能力和适应用户需求变化的缓冲手段，它通过各种协调手段，寻求把产品迅速、可靠地送到用户手中所需要的费用与生产、库存管理费用之间的平衡点，从而确定最佳的库存投资额，因此其主要的工作任务是管理库存和运输。

现在的供应链管理则把供应链上各个企业作为一个不可分割的整体，通过对节点企业的相关运营活动进行同步化、集成化管理，整合他们的竞争能力和资源，从而形成较强的竞争力，为客户提供最大价值。通过贯穿于供应链中从供应商到最终客户的物流、信息流、资金流的计划和控制的全过程的管理活动，供应链各企业分担的采购、生产、分销和销售的职能联系起来并协作运营，从而使生产资料以最快的速度，通过生产、分销环节变成增值的产品，到达消费者手中，以寻求在快速多变的市场中处于领先地位。

2. 供应链管理的目标

供应链管理使节点企业在分工基础上密切合作，通过外包非核心业务、资源共享和协调整个供应链，不仅可以降低成本，减少社会库存，使企业竞争力增强，而且通过信息网络、组织网络实现生产与销售的有效连接和物流、信息流、资金流的合理流动，使社会资源得到优化配置。

供应链管理的目标是通过调和总成本最小化、客户服务最优化、总库存最少化、总周期时间最短化和物流质量最优化等目标之间的冲突，实现供应链绩效最大化。供应链管理强调以客户为中心，即做到将适当的产品或服务（Right Product or Service），按照合适的状态与包装（Right Condition and Packaging），以准确的数量（Right Quantity）和合理的成本（Right Cost），在恰当的时间（Right Time）送到指定地方（Right Place）的确定客户（Right Customer）手中。因此，最好的供应链管理不是将财务指标最为最重要的考核标准，而是密切注视产品进入市场的时间、库存水平和市场份额这一类情况。以客户满意度为目的的供应链管理必将带来链中各环节的改革和优化，因此，供应链管理的作用就是在提高客户满意度的同时实现销售的增长（市场份额的增加）、成本的降低以及固定资产和流动资产更加有效的运用，从而全面提高企业的市场竞争实力。

3. 供应链管理的内容

供应链管理主要涉及四个主要领域：供应（Supply）、生产计划（Schedule Plan）、物流（Logistics）、需求（Demand）。由图 8-2 可见，供应链管理是以同步化、集成化生产计划为指导，以各种技术为支持，尤其以互联网/内联网为依托，围绕供应、生产作业、物流（主要指制造过程）、满足需求来实施的。供应链管理主要包括计划、合作、控制从供应商到用户的物料（零部件和成品等）和信息。

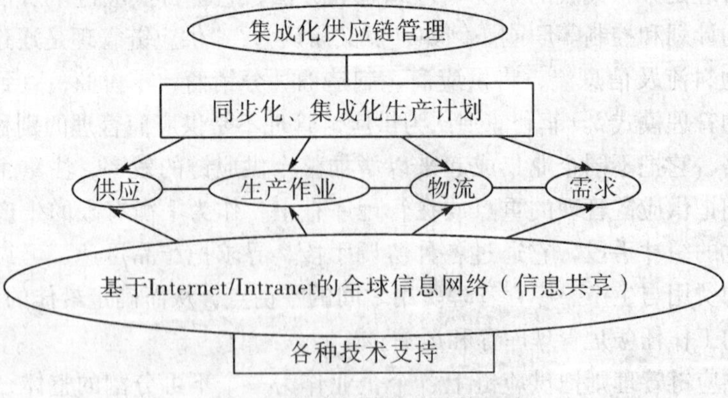

图 8-2 供应链管理涉及的领域

在以上四个领域的基础中，供应链管理又可细分为职能领域和辅助领域。职能领域主要包括产品工程、产品技术保证、采购、生产控制、库存控制、仓储管理、分销管理；辅助领域主要包括客户服务、制造、设计工程、会计核算、人力资源以及市场营销。

由此可见，供应链管理关心的并不仅仅是物料实体在供应链中的流动，除了企业内部与企业之间的运输问题和实物分销以外，供应链管理还包括以下主要内容：

（1）战略性供应商和用户合作伙伴关系管理。

（2）供应链产品需求预测和计划。

（3）供应链的设计（全球节点企业、资源、设备等的评价、选择和定位）。

（4）企业内部与企业之间物料供应与需求管理。

（5）基于供应链管理的产品设计与制造管理、生产集成化计划、跟踪和控制。

（6）基于供应链的用户服务和物流（运输、库存、包装等）管理。

（7）企业间资金流管理（汇率、成本等问题）。

（8）基于互联网/内联网供应链交互信息管理等。

（9）反向物流管理（Reverse Logistics）。

供应链管理注重总的物流成本（从原材料到最终产成品的费用）与用户服务水平之间的关系，为此要把供应链各个职能部门有机地结合在一起，从而最大限度地发挥出供应链整体的力量，达到供应链企业群体获益的目的。

4. 供应链管理的特征

与传统的企业管理相比，现代供应链管理思想有以下几个特征：

（1）以客户为中心。

供应链管理以客户满意为最高目标，客户服务目标的设定优先于其他目标。供应链管理本质上是满足客户需求，它通过降低供应链成本的战略，实现对客户的快速反应，以此来取得竞争优势。

（2）跨企业的贸易伙伴之间密切合作、共享利益和共担风险。

在供应链管理中，企业超越了组织机构的界限，改变了传统的经营意识，建立起新型的客户关系，使企业意识到不能仅仅依靠自己的资源来参与市场竞争，而要通过与供应链各成员进行跨部门、跨职能和跨企业的合作，建立共同利益的合作伙伴关系，追求共同的利益，发展企业之间稳定的、良好的、共存共荣的互助合作关系。

（3）集成化管理。

应用网络技术和信息技术，重新组织和安排业务流程，实现集成化管理。信息已经成为供应链管理的核心要素。通过应用现代信息技术，如商品条码技术、物流条码技术、电子订货系统、POS 数据读取系统、预先发货清单技术、电子支付系统等，使供应链成员能及时有效地获得其客户的需求信息，并对信息做出及时响应，满足客户的需求。

（4）供应链管理是对物流的一体化管理。

物流一体化是指不同职能部门之间或不同企业之间通过物流合作，达到提高物流效率、降低物流成本的目的。供应链管理实质上是通过物流将企业内部各部门及供应链各节点企业联结起来，改变了交易双方利益对立的传统观念，在整个供应链范围内建立起共同利益的协作伙伴关系。供应链管理把从供应商开始到最终消费者的物流活动作为一个整体进行统一管理，始终从整体和全局上把握物流的各项活动，使整个供应链的库存水平最低，实现供应链整体物流最优化。

三、供应链管理的形成与发展

1. 供应链管理提出的背景

供应链管理思想、方法兴起的原因很多，主要原因在于企业所面临的市场环境发生的巨大转变：从过去由供应商主导的、静态的、简单的市场环境变成了现在由顾客主导的、动态的、复杂的市场环境。

长期以来，市场供不应求，企业所面对的市场相对稳定，所以供应链中各组织之间、各部门之间的协调问题相对比较容易，企业绩效也主要取决于本组织与部门的绩效。进入20世纪80年代以来，市场供需双方的关系出现了一百八十度的转变，顾客在买卖关系中占据了主导地位。所以，企业的生存与发展不再仅仅取决于供应链中各组织、部门本身，更重要的是取决于用户，所以企业应将让顾客满意放在首位。然而，传统的企业管理很难做到这点，因为在传统的企业管理思想下，职能部门是相互独立地进行管理。在这种传统的管理思想指导下，供应链中各职能部门以及各组织通常只追求本部门的利益，而且各部门、各组织之间缺少有效的信息沟通与集成，造成需求波动沿着供应链的上游逐级放大，给企业带来严重的后果：产品库存积压严重、服务水平不高、产品成本过高及质量低劣等问题，这必然会削弱企业的竞争力。

另外，当今企业与企业之间的竞争不再仅仅是比价格、质量，供货时间已经成为当前激烈的市场竞争中的一个重要因素。然而，随着先进制造技术在20世纪七八十年代的迅速发展以及对传统制造系统的不断改进，制造周期已经大大缩短，因而非制造时间在总供货时间中所占比例就有显著的增加，要进一步缩短供货时间，就必须考虑对整个供应链的改进，重视各职能单位的合作协调。在这种情况下，供应链管理很自然就被提出来，并日益受到理论界和企业界的研究和重视。

2. 供应链管理的发展

（1）内部供应链的管理。

人们把这时候的供应链叫做“企业内部供应链”。管理只是基于企业内部范围进行，将企业内部经营所有的业务单元如订单、采购、库存、计划、生产、质量、运输、市场、销售、服务等以及相应的财务活动、人事管理均纳入一条供应链内进行统筹管理。企业重视的是物流和企业内部资源的管理，即如何更快、更好地生产出产品并把其推向市场，这是一种“推式”供应链管理，管理的出发点是从原材料推到产成品、市场，一直推至客户端。随着市场竞争的加剧，生产出的产品必须要转化成利润，企业才能得以生存和发展，为了赢得客户、赢得市场，企业管理进入了以客户及客户满意度为中心的管理，因而企业的供应链运营规则随即由推式转变为以客户需求为原动力的“拉式”供应链管理。这种供应链管理将企业各个业务环节的“信息化孤岛”连接在一起，使得各种业务和信息能够实现集成和共享。

（2）产业供应链或动态联盟供应链。

随着全球经济的一体化，人们发现在全球化大市场竞争环境下任何一个企业都不可能在所有业务上成为最杰出者，必须联合行业中其他上下游企业，建立一条经济利益相连、业务关系紧密的行业供应链以实现优势互补，充分利用一切可利用的资源来适应社会化大生产的竞争环境，共同增强市场竞争实力。因此，企业内部供应链管理延伸和发展为面向全行业的产业链管理，管理的资源从企业内部扩展到了外部。另外，在市场、加工、组装、制造环节与流通环节之间，建立一个业务相关的动态企业联盟（或虚拟公司）。它是指为完成向市场提供商品或服务等任务而由多个企业相互联合所形成的一种暂时的合作组织形式，通过信息技术把这些企业连成一个网络，以更有效地向市场提供商品和服务来完成单个企业不能承担的市场功能。

这种广义供应链管理拆除了企业的围墙，将各个企业独立的信息化孤岛连接在一起，建立起一种跨企业的协作，以此来追求和分享市场机会，通过互联网、电子商务把过去分离的业务过程集成起来，覆盖了从供应商到客户的全部过程，包括原材料供应商、外协加工和组装、生产制造、销售分销与运输、批发商、零售商、仓储和客户服务等，实现了从生产领域到流通领域一步到位的全业务过程。

（3）全球网络供应链的管理。

互联网、交互式网络应用以及电子商务的出现，改变了传统的商业方式，也改变了现有的供应链结构。传统多层的供应链将转变为基于互联网的开放式的全球网络供应链。在这种新的商业环境下，所有的企业都将面临更为严峻的挑战，它们必须在提高客户服务水平的同时努力降低运营成本；必须在提高市场反应速度的同时给客户以更多的选择。同时，互联网和电子商务也将使供应商与客户的关系发生重大的改变，其关系将不再仅仅局限于产品的销售，更多的将是以服务的方式满足客户的需求来替代产品卖给客户。

在全球网络供应链中，企业的形态和边界将产生根本性改变，整个供应链的协同运作将取代传统的电子订单，供应商与客户间信息交流层次的沟通与协调将是一种交互式、透明的协同工作。一些新型的、有益于供应链运作的代理服务商将替代传统的经销商，并成为新兴业务，如交易代理、信息检索服务等，将会有更多的商业机会等待着人们去发现。这种全球网络供应链将广泛和彻底地影响并改变所有企业的经营运作方式。

（4）敏捷供应链的管理。

敏捷供应链区别于一般供应链系统的特点在于，敏捷供应链可以根据动态联盟的形成和解体（企业重组），进行快速的重构和调整。敏捷供应链要求能通过供应链管理促进企业间的联合，进而提高企业的敏捷性。敏捷供应链管理提出了供应链本身的敏捷性和可重构要求，以适应动态联盟的需要。敏捷供应链支持以下功能：①支持迅速结盟、结盟后动态联盟的优化运行和平稳解体；②支持动态联盟企业间敏捷供应链管理系统的功能；③结盟企业能根据敏捷化和动态联盟的要求方便地进行组织、管理和生产计划的调整；④可以集成其他的供应链系统和管理信息系统。

敏捷供应链的实施，有助于促进企业间的合作和企业生产模式的转变，有助于提高大型企业集团的综合管理水平和经济效益。通过抓住商业流通这个龙头，协调、理顺每个企业的购销环节，来为企业提供直接的市场信息和广阔的销售渠道，并以此为契机促进企业间的联合，同时也为商家提供了无限的商机。完整的全球供应链管理系统，可以帮助企业随时掌握各地各网点的销售情况，全面掌握所有供应商的详细情况，合理规划异地库存的最佳效益，合理安排进货的批次、时间以及运输等问题，合理调整公司的广告策略和价格政策，向企业（供应商）提供有偿信息服务，网上订货和电子贸易，可随时把商品的情况动态告诉每一位想了解的顾客。

四、供应链与现代企业管理

现代社会，由于国际政治、经济和技术等方面都发生了巨大的变化，市场的不确定性明显增强，市场更加复杂、竞争更加激烈。这些环境的变化给企业带来了巨大的压力和挑战，企业为在严峻的竞争环境中获得生存和发展，就必须具有较强的应对市场环境变化的能力。原有管理模式的缺陷也日益突出，不能适应新的经营要求，为此，企业必然会根据市场环境的变化，不断调整自己的经营模式，以保持自己的竞争优势。

1. 传统企业管理模式及其缺陷

长期以来，企业为节约交易费用、稳定交易关系、获得技术经济和规模经济，一直采用基于所有权关系的企业管理模式。它以产品生产智能为中心，核心生产企业为了加强对原材料供应、产品制造和销售全过程的有力控制，采用投资自建和控股等形式组建辅助性企业，从而形成“大而全”、“小而全”的多元化经营模式。这种“纵向一体化”的经营模式在物资短缺环境下，通过规模性的条块垄断维持企业的生产和发展，取得了明显的效果。

但是，在信息技术飞速发展、全球经济一体化、消费者个性化需求不断提高、企业之间竞争日益激烈的形势下，这种基于所有权关系的“纵向一体化”的管理模式显示出以下致命的缺点：

(1) 核心企业除了管理生产外，还要管理原料供应和产品销售等全部经济活动，管理跨度过大导致管理效率低下，企业资源配置效率不高。

(2) 企业以生产为核心的组织结构，各职能部门相互独立，客户需求反应与生产制造脱节，导致物流和信息流经常被扭曲变形，市场反应迟缓。

(3) 纵向一体化经营的业务链过长，企业在每个业务领域都直接面临众多竞争对手，人为地增大了竞争压力。

(4) 不能有效地获得社会分工的好处。企业花费了大量人力、物力和财力从事并不擅长的业务，无力顾及核心竞争力管理，从而丧失发展机会，限制了竞争力的提高，增大了企业风险。

(5)“纵向一体化”的企业管理模式导致企业规模庞大，企业内部各经营单元相互依赖，无法有效地发挥竞争效率，不能遵循优胜劣汰的竞争法则。

由于上述几种无法克服的缺陷，传统的纵向一体化管理模式已经不能适应新的市场竞争环境。为适应新的市场环境，人们尝试着在传统管理模式基础上，对制造技术、生产方式和管理方法进行创新。20 世纪 60 年代以后，相继推出了物料需求计划（Material Requirement Planning，MRP）、制造资源计划（Manufacturing Resources Planning，MRPII）、准时制（Just-in-Time，JIT）生产和精益生产等新的生产方式。它们着眼于企业内部资源的优化利用，对提高企业整体效益和竞争能力做出了不可低估的贡献。但是，随着信息经济时代的到来，市场竞争更加激烈，消费者对于定制化产品和服务的要求，最终导致传统生产方式和管理模式的改变。

2. 供应链管理与现代企业发展

供应链管理模式有效地利用社会分工，以客户为中心，强调企业间的协作，通过协调并整合整个供应链的业务流程和活动，利用从供应商、配送服务提供商、承运人、第三方物流公司到信息系统供应商等所有相关企业的无缝连接。实现对市场需求的快速反应，因而能够较好地适应新的市场环境。它作为一种新型的管理思想和模式，正在取代传统的管理模式，对现代企业的发展具有重要的作用和意义。

为充分发挥供应链管理模式的优越性，企业必须进行业务流程再造和相应的组织结构重构，以加强核心竞争力的思想为指导，冲破"大而全"、"小而全"的传统生产和流通方式，突出整体供应链价值，充分利用社会分工和企业外部资源，选择合适的合作伙伴，规范联系的程序和技术，与合作伙伴实行风险和利益的合理分担。只有这样，企业才能有效地消除工作重复、资源浪费和不确定性，降低供应链总库存量和总成本，实现整体供应链价值增值。供应链管理产生的效益具体体现在以下几个方面：

（1）通过建立共享的电子数据交换系统，实现合作伙伴间的信息共享，企业可以有效地减少因信息交换不充分所带来的重复与浪费，有效地消除不确定性，减小或消除"需求方法"效应。

（2）供应链成员间的协同管理，可以有效地减少成员企业间的重复工作，剔除流程中的多余步骤，从而使供应链流程简单化、高效化和低成本。

（3）优化成员组合，实施快速客户反应，创造竞争的时间和空间优势。通过在全球范围内优化选择供应链成员企业，既可以实现相互间的优势互补，又能够最大限度地减少产品销售、服务提供的空间距离和时间距离，从而有利于对客户需求的快速有效反应，大幅度地缩短从订货到完成交货的周期。此外，以互联网/内联网为技术支撑，成员企业实时获取并处理相关信息，实现供应链各环节即时出售、即时制造、即时供应，进一步提高了整个供应链对客户需求快速有效的反应能力，将客户需求的提前期减少到最低限度，从而有利于获取市场竞争的时间和空间优势。

（4）建立成员企业之间战略合作伙伴关系，充分发挥利用社会分工，创造竞争的整体优势。当今的国际市场竞争是全方位的竞争，企业单靠自己的力量很难在激烈的市场竞争中取胜。实施供应链管理使原来客观存在的供应链有机地连接起来，成员企业通过合作竞争，实现共赢。

供应链管理在企业战略管理中的地位日益突出，它是企业提高整体竞争力的一个十分有效的手段。它通过改变供应商与下游客户（如分销商和零售商）之间的对抗关系，用互联网整合供应链，通过合作，降低了存货水平和采购成本，缩短了交易时间，大大降低了供应链内各环节的交易成本；利用现代化的信息平台，及时交流，实现快速响应客户，提高客户满意度，为企业带来了丰厚的利润。

1997 年 PRTM（Pittiglio Rabin Todd & McGrath）公司进行的一项关于集成化供应链管理的调查（调查涉及 6 个行业的 165 个企业，其中化工 25%、计算机电子设备 25%、通信 16%、服务 15%、工业 13%、半导体 6%）表明，通过实施供应链管理，企业可以达到以下多方面的效益：

①总供应链管理成本（占收入的百分比）降低 10%以上；

②中型企业的准时交货率提高 15%；

③订单满足提前期缩短 25%~ 35%；

④中型企业的增值生产率提高 10%以上；

⑤绩优企业资产运营业绩提高 15%~20%；

⑥中型企业的库存降低 3%，绩优企业的库存降低 15%；

⑦绩优企业在现金流周转周期上具有比一般企业少 40~65 天的优势。

而戴维·霍尔认为，通过良好的供应链管理，企业可以在进入新市场，开发新产品，开发新分销渠道，改善售后服务水平，提高用户满意程度，降低库存、后勤成本和单位制造成本，以及提高工作效率等方面获得满意的效益。

3. 供应链管理在现代企业中的实施

企业要有效地实施供应链管理，第一，管理者和全体职工必须对供应链管理有充分的认识，包括供应链管理的重要性及其意义，供应链以及供应链管理的思想和模式等，只有这样，才能使相关人员积极、主动地参与供应链管理；第二，必须成立强有力的专门领导机构和整合的内部组织机构，具体负责制定合理的规划方案，指导整个实施进程。供应链管理的具体实施步骤可以分解如下（见图 8-3）。

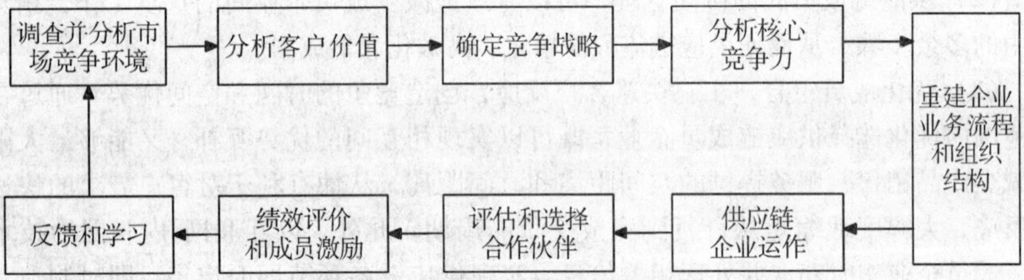

图 8-3　实施供应链管理的步骤

（1）调查并分析市场竞争环境，识别市场机会。

竞争环境分析是为了识别企业所面对的市场特征和市场机会。要完成这一过程，可以通过调查、访问、分析等手段，对供应商、用户、现有竞争者及潜在竞争者进行深入研究，掌握第一手准确的数据、资料。这项工作一方面，取决于企业经营管理人员的素质和对市场的敏感性；另一方面，企业应该建立一种市场信息采集监控系统，并开发对复杂信息的分析和决策技术。如一些企业建立的顾客服务管理系统，就是掌握顾客需要，进一步开拓市场的有力武器。只有这样企业才能在掌握详细的市场信息的基础上，做出正确的分析和判断。

（2）分析顾客价值。

供应链管理的目标在于提高顾客价值和降低总的交易成本，经理人员要从顾客价值的角度来定义产品或服务，并在不断提高顾客价值的情况下，寻求最低的交易成本。按照营销大师科特勒的定义，顾客价值是指顾客从给定产品或服务中所期望得到的所有利益，包括产品价值、服务价值、人员价值和形象价值。一般说来，发现了市场机会并不意味着真正了解某种产品或服务在顾客心目中价值，因此，必须真正从顾客价值的角度出发来定义产品或服务的具体特征，只有不断为顾客提供超值的产品，才能满足顾客的需求，而顾客的需求拉动是驱动整个供应链运作的源头。

（3）确定竞争战略。

从顾客价值出发找到企业产品或服务的定位之后，经理人员要确定相应的竞争战略。竞争战略形式的确定可使企业清楚认识到要选择什么样的合作伙伴以及合作伙伴的联盟方式。根据波特的竞争理论，企业获得竞争优势有三种基本战略形式：成本领先战略、差别化战略以及目标集中战略。譬如，当企业确定应用成本领先战略时，往往会与具有相似资源的企业联盟，以形成规模经济，当企业确定应用差别化战略时，它选择的合作伙伴往往具有很强的创新能力和应变能力。商业企业中的连锁经营是成本领先的典型事例，它通过采用大规模集中化管理模式，在整个商品流通过程中把生产商、批发商与零售商紧密结合成一个整体。通过商品传送中心发货中心把货物从生产商手中及时地、完好地运送到各分店手中，进而提供给消费者。这样的途径减少了流通环节，使企业更直接面对消费者。其结果不仅仅加快了流通速度也加快了信息反馈速度，从而达到了成本领先的目的。

（4）分析企业的核心竞争力。

核心竞争力是指企业在研发、设计、制造、营销、服务等某一个环节上明显优于并且不易被竞争对手模仿的、能够满足客户价值需要的独特能力。供应链管理注重的就是企业核心竞争力，企业把内部的知识和资源集中在有核心竞争优势的活动上，将剩余的其他业务活动移交给在该业务上有优势的专业公司来弥补自身的不足，从而使整个供应链具有竞争优势。在这一过程中，企业要回答这样几个问题：企业的资源或能力是否有价值；资源和能力是否稀有，拥有较多的稀有资源的才可以获得暂时竞争优势；这些稀有资源或能力是否易于模仿，使竞争对手难以模仿的资源和能力，才是企业获得持续竞争优势的关键所在；这些资源或能力是否被企业有效地加以利用。

（5）重建企业的业务流程和组织结构。

如前所述，供应链管理与传统的企业管理存在很大的差异，它建立在整合的业务流程基础上。企业应对自己的业务认真清点，并挑选出与企业的生存和发展有重大关系、能够发挥企业优势的核心业务，而将那些非核心业务剥离出来交由供应链中的其他企业去完成。在挑选出核心业务之后，企业还应重建业务流程，以核心业务为中心，改造原有的组织结构，使之符合业务流程的整体性要求。

（6）评估、选择合作伙伴。

供应链的建立过程实际上是一个供货商的评估、选择过程。选择适当的合作伙伴，选择合适的对象（企业）作为供应链中的合作伙伴，是加强供应链管理中最重要的一个基础，企业需要从产品的交货时间、供货质量、售后服务、产品价格等方面考核合作伙伴。如果企业选择合作伙伴不当，不仅会腐蚀企业的利润，还会使企业失去与其他企业合作的机会，从而无形中抑制了企业竞争力的提高。

对于供应链中合作伙伴的选择，可以遵循以下原则：

一是合作伙伴必须拥有各自的可资利用的核心竞争力。唯有合作企业拥有各自的核心竞争力，并使各自的核心竞争力相结合，才能提高整条供应链的运作效率，从而为企业带来可观的贡献。这些贡献包括及时、准确的市场信息，快速高效的物流，快速的新产品研制，高质量的消费者服务，成本的降低等。

二是拥有相同的企业价值观及战略思想。企业价值观的差异表现在，是否存在官僚作风，是否强调投资的快速回收，是否采取长期的观点等。战略思想的差异表现在，市场策略是否一致，注重质量还是注重价格等。可见，若价值观及战略思想差距过大，合作必定以失败而告终。

三是合作伙伴必须少而精。若选择合作伙伴的目的性和针对性不强，过于泛滥的合作可能导致过多的资源、机会与成本的浪费。在具体的选择过程中，经理人员一定要慎重考察如下内容：

①协作态度，包括良好的业务联系，提供信息的态度、对意外事件的处理态度和措施；

②质量保证，包括事故的发生情况，质量问题；

③社会信誉主要指其他进货商对他的评价；

④按期交货的保证情况；

⑤生产保证情况，主要指安全生产；

⑥从运输、联络方面来考察供应商所处的地理条件；

⑦旦选定后，则应建立战略合作关系。

（7）供应链企业运作。

根据对市场竞争环境和客户机制的分析，企业确定了相应的竞争战略，并根据自己的竞争优势，对业务流程和组织结构进行重组，选择适当的合作伙伴。在此基础上，企业开始具体的供应链运作。供应链运作属于战术层面的工作，其主要内容包括生产计划与控制、库存管理、物流管理与采购管理和信息技术支撑体系的建立等，涉及企业的各个层面，需要一定的人员整合和资金投入。

（8）绩效评价和成员激励。

为了不断提高供应链管理运作的效果，企业必须建立一系列评价指标体系和定量方法，对供应链的运作进行实时监测，发现问题及时解决。同时，企业还必须制定相应的激励措施，并建立有效的惩罚机制，激励供应链成员企业诚意合作，树立供应链整体价值观念，并以供应链整体价值增值为目标，组织完成各自的业务流程。

（9）反馈和学习。

反馈和学习对供应链节点企业非常重要，有效的供应链运作关系到每个节点企业的运作。相互信任和学习，从失败中吸取经验和教训，通过反馈的信息修正供应链，并寻找新的市场机会成为每个企业的职责。因此，企业必须建立一定的信息反馈渠道，且逐渐从根本上使企业演变为自觉的学习型组织。

第二节　研究现状

自供应链管理诞生以来，学术界在理论和方法等方面进行了大量的研究和探讨，并获得了丰富的成果。例如，人们从核心企业出发来讨论供应链的组成问题，研究供应链的运作方法与运作效率，供应链与制造商、制造商与分销商的关系，以及供应链中的库存等问题。随着供应链理论研究的不断深入以及供应链应用的扩展，人们对于供应链的研究逐步从点到线、从线到网络。例如，供应链的系统支持与协调控制方法、供应链中的信任机制、供应链中的不确定性问题、供应链的全球化趋势等以及由此带来的一系列问题。网络设计方法、近似方法和仿真方法以及综合集成等方法的发展和应用，有力地推动了供应链管理理论和供应链管理实践。目前，供应链管理的研究中具有代表性的有以下几个方面：

1. 供应链和供应链管理概念的发展

随着企业竞争环境的变化和管理学理论的发展，供应链概念也在不断地丰富和发展。供应链一开始是作为制造企业的一个内部过程，即将采购的原材料和零部件通过生产转换和销售等过程，将产品传送到制造企业的用户的全过程，它局限于企业的内部操作，以单个企业利益为目标。

20 世纪 80 年代末期，合作竞争思想为供应链概念注入了新的内容，人们开始注意到企业间的联系以及整合相关企业业务流程的潜在收益，并将供应链定义为存在业务关系的不同企业在制造、组装、分销、零售等过程中，将原材料转换成产品到达最终用户的整体链条，它包括供应商、制造商、分销商和最终用户。

20 世纪 90 年代末期互联网技术的发展，使供应链更加注重围绕核心企业的网链关系，如核心企业与供应商、供应商的供应商乃至与一切前向的关系，与客户、客户的客户及一切后向的关系，将供应链看成是包含不同企业的极其复杂关系的价值链网络。

供应链管理则是围绕供应链展开的。人们从不同角度探讨供应链管理的内容：菲利普等人从竞争的角度定义供应链管理，认为供应链管理使一种基于时间的竞争策略；特纳则从管理技术层面认识供应链，认为它是市场渠道各层之间的一个连接，是控制供应链中从原材料通过各制造和分销层直到最终用户的一种技术。但无论如何，供应链管理都是围绕三个主题展开：一是有效的采购与分销；二是合作伙伴的长期合作关系；三是合作者间的运作集成。它是通过集成各个组织的目标提高整个供应链的价值，从而提高相关企业的经营效率。

2. 关于供应链的策略性研究

围绕着供应链的策略性研究主要包括准时制采购、快速反应、有效客户反应、IT 应用、延迟技术等。

有效客户反应与快速反应是分别给予不同的行业的策略研究。有效客户反应主要是 1972 年后从美国食品业兴起的一种供应链策略。其主要观点是：通过企业间的密切合作，不断降低供应链的成本，而给客户更大的利益与更有效的反应。快速反应则是美国纺织与服装行业在20世纪80年代以后发展起来的。其主要观点是：最大限度地减少从原材料到最终销售的运行时间与库存数量，以提高对于客户的快速反应性。这两种策略关注的重点不同：有效客户反应侧重于减少成本，而快速反应侧重于时间的节约。两者的共同点在于，都依赖于供应链企业间的良好合作关系，并使用IT技术作为支持平台。

延迟技术最早用于市场营销，后来逐渐用于供应链管理。它是响应客户需求、提高产品设计与制作柔性的一种有效的经营策略。其基本思想是把产品最终定型的位置与时间尽可能地靠近客户，以便为客户提供定制化产品。为此，产品采用标准、模块化方法进行设计制造，然后运送到分销中心，再由分销中心根据客户的具体要求进行组装，满足客户对产品多样化的要求，提高供应链的市场反应能力。惠普公司成功地运用了延迟化策略生产与销售打印机，取得了明显的经济效果。

3. 供应链建模技术

供应链建模就是通过建立模型来描述供应链系统的运营机制，以支持对供应链管理的各种分析和决策活动。供应链模型的发展经历了从简单模型到复杂模型、从单阶段模型到多阶段模型、从单产品模型到多产品模型、从国家模型到国际模型、从确定型模型到不确定型模型的发展过程。概括起来，供应链模型有三类：信息系统模型、经济运行模型和功能结构模型。按照分析研究方法，供应链模型又可以分为排队论模型、对策论模型、网络流模型和策略评价模型等。

研究供应链建模技术，建立相应的供应链模型对于供应链管理中的各项分析和决策活动是十分必要的。目前供应链建模技术主要包括：网络设计方法、近似方法、基于仿真的方法。网络设计方法一般使用整数规划或混合整数规划来描述和求解问题模型，建立的模型可以覆盖供应链管理中的所有决策领域，但对于规模较大的模型存在着求解困难的问题，另外模型考虑随机因素的能力也十分有限。近似方法主要用于供应链多级库存问题，研究在考虑多级库存情况下建立库存控制策略及确定控制参数，该方法在降低库存、提高用户服务水平等方面都相当重要，但它忽略了非平稳随机因素的存在、忽视了生产和运输问题等。基于仿真的方法可用于分析全面的供应链模型，由于不存在数学求解上的问题，因此建立的模型可以考虑各种复杂因素，包括结构上的和参数上的随机性，比较适于评价现有策略。

4. 供应链合作关系选择

供应链中节点企业合作关系是供应链运营成功的关键，供应链管理是通过供应链上成员之间的合作和能力的协同，来有效地实现各种资源的集成与优化利用。在建立企业间合作关系的研究中，学者们认为供应商—制造商的关系在供应链企业关系中是最重要的。建立企业良好的合作关系，需要双方的相互信任，制造商对于供应商的信任程度与供应商的声誉和规模呈正相关，与供应商为制造商而进行专门投资的意愿、信息共享的程度和双方合作时间的长短呈正相关。研究人员探讨了供应链系统中企业间合作关系与委托实现机制的发展动态，认为合作对策与委托实现机制是合作型竞争企业实现供应链管理的重要环节，并提出了基于企业间委托代理关系的三种激励模型。此外，人们还提出了基于企业间战略伙伴关系的企业集成模式，并对供应链系统中合作伙伴的选择问题进行了深入的探讨。

供应链的伙伴选择涉及诸多因素：如产品质量、价格、交货提前期、加工能力、运输距离、企业信誉、批量柔性、技术实力、资金状况等。大多数关于供应商选择的研究在本质上是定性的或实证的，考虑经济上的重要性，定量分析就非常适用。

5. 供应链绩效评价

关于供应链绩效评价问题的研究也是学者们关心的问题。不同节点企业对于客户需求和各自工作业绩的评价也是不同的。例如，客户对交货期更为敏感，下游企业对客户需求更为敏感。通过研究供应链上不同企业对各自行为和相互行为的满意度评价，学者们指出了供应链绩效评价的框架核定量化评价的方法体系，即资源指标、输出指标和柔性指标。其中，资源指标主要是关于成本和投资回收率等方面的指标，输出指标是关于产出与用户服务方面的指标，柔性指标则反映供应链的市场响应能力。

6. 供应链管理的支持技术

信息技术对供应链管理提供了有效的支持。这方面的研究可以分为两部分：一是研究企业内部基于供应链管理的多种信息系统的集成，从而形成一个开放的和可伸缩的集成框架；二是研究企业间或多个企业组成的虚拟企业内部的信息共享和相互协作。

信息共享是实现供应链管理的基础，有效的供应链管理离不开信息技术系统提供可靠的支持。信息技术在供应链管理中的应用主要包括：基于EDI、基于互联网、基于电子商务的供应链管理信息技术支撑体系。信息技术的应用有效地推动了供应链管理的发展，它可以节省时间、提高企业信息交换的准确性、减少了工作中的人为错误，从而提高了供应链管理的运行效率。

第三节　前沿问题

2005年初，有40多年历史的美国物流管理协会（Council of Logistics Management，简称CLM）正式更名为美国供应链管理专业协会（Council of Supply Chain Management Professionals，简称CSCMP）。美国物流管理协会是全球最有影响的物流管理专业组织，其组织名称的变化从某种意义上揭示了21世纪供应链管理是世界物流发展的主流趋势，也表明了供应链管理在现代企业发展中越来越受到重视。

近年来，供应链管理已经越来越被人们所重视，学术界对供应链管理的研究也不断拓展和深入，在集成化供应链管理、供应链重构、供应链的协调、供应链委托代理、供应契约和供应链绩效评价等方面取得了可喜的成果。目前，供应链管理研究主要集中在以下的前沿问题：

1. 集成化供应链动态联盟

独立的供应链管理正向半集成化的供应链管理和集成化的供应链管理发展，企业内外部物流集成化成为重要的课题。研究者将研究视角放在了供应链与物流管理的结合点上，从企业的产业链静态层面和物流、信息流和价值流等动态层面，分析集成供应链的形成。有的学者根据供应链所涉及的研发、资源、制造、物流、信息和决策六个柔性子系统关系，研究建立了供应链柔性系统集成模型。

集成化供应链动态联盟是基于一定的市场需求、根据共同的目标而组成的，通过实时信息的共享来实现集成。主要应用的信息技术是互联网/内联网的集成，同步化的、扩展的供应链计划和控制系统是主要的工具，基于互联网的电子商务取代传统的商务手段。这是供应链管理发展的必然趋势。

2. 供应链的重构与优化

为了提高企业供应链运行的绩效，适应市场的变化，增加企业的竞争力，需要对企业的供应链进行优化与重建，以获得更加精细的、敏捷的、柔性的企业竞争优势。供应链重建的原则应该是从市场竞争全局出发，站在供应链系统的高度，为提高竞争优势，实现工作流的快速响应和敏捷通畅，调整企业内外业务流程和组织结构。

市场剧烈变化、竞争加剧和客户需求多样化的市场环境中，供应链具有十分明显的动态性，这就需要企业对供应链不断进行优化或重构。供应链的重构与优化成为供应链管理研究的一项重要内容。国内外学者就如何运用多种模型和方法，构建高柔性、精细的和敏捷性的供应链管理系统等方面已经展开了研究，这必将推动供应链管理理论的发展，对提高企业供应链管理水平具有重要的意义。

3. 供应链绩效评价

供应链管理与传统企业管理模式有较大差别，在绩效评价上也有所不同。为了科学、客观地反映供应链的运营情况，应该考虑建立与之相适应的供应链绩效评价方法，并确定相应的绩效评价指标体系。但是供应链绩效评价目前还没有一个明确的、统一的供应链绩效定义，如何应用供应链绩效评价结果为企业的业务提升服务，在理论和实践方面都还处于初期阶段。

供应链管理的绩效评价问题实质上对供应链整体运行情况、供应链成员和供应链企业间的合作关系的度量，一般涉及供应链上各企业内部绩效度量、供应链上企业外部合作绩效度量和供应链整体绩效度量三个方面。不同供应链模型结构对绩效评价有重要影响，如利润、成本、时间、客户服务、柔性和可靠性等指标。建立系统的供应链绩效评价指标体系、综合评价供应链整体绩效和各子系统的绩效必将是未来供应链绩效评价研究的主要方向。

4. 供应链敏捷化

20 世纪 80 年代后期，美国提出了敏捷制造的概念，强调基于互联网的信息开放、共享和集成。敏捷制造和供应链管理的概念都是把企业资源的范畴从单个企业扩大到整个社会，使企业之间为了共同的市场利益而结成战略联盟，借助敏捷制造战略的实施，供应链管理也得到越来越多人的重视，成为当代国际上最有影响力的一种企业运作模式。

敏捷制造是一种面向 21 世纪的制造战略和现代生产模式。敏捷化是供应链和管理科学面向制造活动的必然趋势。基于互联网/内联网的全球动态联盟、虚拟企业和敏捷制造已成为制造业变革的大趋势，敏捷供应链（Agile Supply Chain）以企业增强对变化莫测的市场需求的适应能力为向导，以动态联盟的快速重构为基本着眼点，以促进企业间的合作和企业生产模式的转变，提高大型企业集团的综合管理水平和经济效益为主要目标，着重致力于支持供应链的迅速结盟、优化联盟运行和联盟平稳解体。供应的敏捷性强调从整个供应链的角度综合考虑、决策和进行效绩评价，使生产企业与合作者共同降低产品的市场价格，并应该能够快速了解市场变化锁定客户的需求，快速安排生产满足客户需求，并加速物流的实施过程，提高供应链各环节的边际效益，实现利益共享的双赢目标。所以，实现供应链敏捷性的关键技术——基于网络的集成信息系统、科学管理决策方法、高效的决策支持系统将成为值得深入研究的课题。

5. 供应链绿色化

新的环境时代对全球范围内制造和生产型企业提出了一个新的挑战，即如何使工业生产和环境保护能够共同协调发展。绿色制造是近年来研究非常活跃的课题。美国的一些国家重点试验室和国家标准技术研究所，以及麻省理工学院、Berkeley 加州大学等著名高校，均开展了这方面的研究，其学科前沿性不容忽视。

由于公众、法规及环境标准的压力，环境管理已成为企业不容忽视的重要问题。面对这种压力，企业必须重新调整供应链流程，把环境问题融于整个供应链过程。绿色供应链管理是企业有效的环境管理方法，为了实现绿色供应链管理，企业必须首先建立绿色供应链管理的概念，把绿色管理作为企业文化，渗透到企业的各个环节，同时在企业的产品设计、材料选择中加强绿色管理，既降低成本，又达到环境标准，实现可持续发展。

在这样的研究大背景之下，美国国家科学基金会资助密歇根州立大学的制造研究协会进行一项“环境负责制造（ERM）”研究，并于 1996 年提出了绿色供应链的概念。他旨在综合考虑环境影响和资源优化利用的制造业供应链发展。绿色供应链是绿色制造和供应链的学科交叉，是实现可持续制造和绿色制造的重要手段。其目的是使整个供应链对环境的负面影响最小，资源效率最高。今后绿色供应链研究的主要内容将会是建立绿色供应链系统的理论体系，和进行绿色供应链的决策支持技术、运作和管理技术以及集成技术等关键技术的研究。

6. 供应链电子化

按照世界贸易组织电子商务专题报告定义，电子商务（Electronic Commerce，EC）即通过电信网络进行生产、营销、销售和流通活动，它不仅指基于互联网上的交易，也指所有利用电子信息技术来解决问题、降低成本、增加价值和创造高级的商务活动，包括通过网络实现从原材料查询、采购、产品展示、订货到出品、储运以及电子支付等一系列的贸易活动。

企业建立自己的内部网络，再将其扩展到企业外部，与供应商和客户联结就可以从事电子商务。电子商务对企业供应链的影响包括：

（1）企业内部供应链。企业内部通过内联网自动处理商务操作及工作流，增加对重要系统和关键数据的存取，共享经验，共同解决客户问题，并保持组织之间的联系。因而可以提高商务活动的敏捷性，对市场变化做出更快反应，更好为客户提供服务。

（2）企业与合作伙伴之间。电子商务中，企业之间可以通过电子形式将关键的商务处理构成联结起来，形成一个虚拟企业。信息的畅通有利于合作伙伴之间高度信息共享，共同为整体供应链提供增值服务。

（3）企业与客户。企业开设网上商店，使客户与企业提供双向交互通信，节省了客户和企业双方的时间和空间，提高了交易效率。更为重要的是互联网和电子商务也将使供应商与客户的关系发生重大的改变，其关系将不再仅仅局限于产品的销售，更多的将是以服务的方式满足客户的需求来替代将产品卖给客户。越来越多的客户不仅以购买产品的方式来实现其需求，而是更看重未来应用的规划与实施、系统的运行维护等，本质上讲他们需要的是某种效用或能力，而不是产品本身，这将极大地改变供应商与客户的关系。企业必须更加细致、深入地了解每一个客户的特殊要求，才能巩固其与客户的关系，这是一种长期的有偿服务，而不是产品时代的一次或多次性的购买。

由此可见，电子商务带来了供应链管理的变革。它运用供应链管理思想，整合企业的上下游的产业，以中心制造厂商为核心，将产业上游供应商、产业下游经销商（客户）、物流运输商及服务商、零售商以及往来银行进行垂直一体化的整合，构成一个电子商务供应链网络，消除了整个供应链网络上不必要的运作和消耗，促进了供应链向动态的、虚拟的、全球网络化的方向发展。

因此，确定电子商务环境下，电子供应链的基本思想、运营模式，解决其所面临的问题等是电子供应链研究的主要任务。目前，人们还不清楚电子商务对供应链运营，对企业、社会乃至政府会产生怎样的冲击和影响，它需要哪些法律法规来规范和保障等，这些问题都需要深入的探讨。

第四节　实施应用

作为现代企业供应链管理的应用，本节以沃尔玛以及国内的一家物流公司为例进行供应链管理的相关分析，以帮助读者理解现代企业供应链管理相关理论及其应用。

一、沃尔玛（中国）供应链管理分析

全球500强企业沃尔玛百货有限公司由美国零售业的传奇人物山姆·沃尔顿先生于1962年在阿肯色州成立。经过五十多年的发展，沃尔玛公司已经成为世界最大的私人雇主和连锁零售商，多次荣登《财富》杂志世界500强榜首及当选最具价值品牌。沃尔玛于1996年进入中国，经过多年的发展经营，截至2013年2月28日，已经在全国21个省、自治区和4个直辖市的150多个城市开设了390多家商场，在全国创造了近10万个就业机会。

沃尔玛就是凭借出色的供应链管理逐步成为世界零售业的巨头。沃尔玛供应链管理成功的关键在于一整套先进、高效的物流和供应链管理系统。将顾客需求管理作为供应链管理的起点和原动力是沃尔玛供应链管理成功的基础，现代信息技术是沃尔玛供应链管理成功的保证，物流系统的整合是沃尔玛供应链管理成功的内部优势。

1. 沃尔玛供应链管理的现状

沃尔玛的供应链管理主要由四部分组成：①顾客需求管理；②供应商和合作伙伴

管理；③企业内和企业间物流配送系统管理；④基于互联网/内联网的供应链交互信息管理。

(1) 顾客需求管理。

沃尔玛坚信，“顾客第一”是其成功的供应链管理的精髓。沃尔玛的创始人山姆·沃尔曾说过：“我们的老板只有一个，那就是我们的顾客，是他付给我们每月的薪水，只有他有权解雇上至董事长的每一个人。道理很简单，只要他改变一下购物习惯，换到别家商店买东西就是了。”

沃尔玛的营业场所总是醒目地写着其经营信条：“第一条：顾客永远是对的；第二条：如有疑问，请参照第一条。”沃尔玛一贯重视营造良好的购物环境，经常在商店开展种类丰富且形式多样的促销活动。如社区慈善捐助、娱乐表演、季节商品酬宾、竞技比赛、幸运抽奖、店内特色娱乐、特色商品展览和推介等，吸引广大的顾客。

沃尔玛毫不犹豫的退款政策，确保每个顾客都会永无后顾之忧。沃尔玛有四条退货准则：①如果顾客没有收据——微笑，给顾客退货或退款；②如果你拿不准沃尔玛是否出售这样的商品——微笑，给顾客退货或退款；③如果商品售出超过一个月——微笑，给顾客退货或退款；④如果你怀疑商品曾被不恰当地使用过— 微笑，给顾客退货或退款。

另外，沃尔玛还从顾客需求出发提供多项特殊的服务类型以方便顾客购物，如免费停车、免费咨询、送货服务等。当然，沃尔玛对顾客需求的管理，更多地体现在“天天低价”的经营理念上，通过更多的让利于顾客，获得顾客的青睐。

沃尔顿的名言是：“一件商品，成本 8 角，如果标价 1 元，销售数量就是标价 1.2 元的三倍，我在一件商品上所赚不多，但卖多了，我就有利可图。”所以，沃尔玛提出了一个响亮的口号：“销售的商品总是最低的价格”，为实现这一承诺，沃尔玛想尽一切办法从进货渠道、分销方式、营销费用、行政开支等一切办法节省资金，把利润让给顾客，从而成功地锁定了顾客群体。

(2) 供应商和合作伙伴管理。

在我国要想成为沃尔玛的供应商必须满足以下条件：所提供的商品质量优良，符合中国政府及地方政府的各项标准和要求；商品价格是市场最低价；提供全部的企业及商品资料；首次洽谈新品必须带样品；有销售纪录的增值税发票复印件；能够满足大批量订单的需求，接连三次不能满足沃尔玛订单将取消与该供应商的合作关系；供应上应提供年度佣金、仓库佣金、新店赞助费、新品进场费等；供应商不得向采购人员提供任何形式的馈赠，如有发现，将做严肃处理。

建立产销联盟，是沃尔玛构建其“物流帝国”过程中一项具有战略意义的举措。沃尔玛不但创造了生产商与零售商新型合作关系，而且将这种关系做出进一步深化，使产和销相互渗透融合，并逐步开始形成销售商对供应商进行控制的这种产销新格局。

经过长期的实践和改进，沃尔玛与大多数供应商建立了联盟关系，即通过签订长期性的采购合同，直接从供应商那里进货，省去了各级批发代理环节。这样就大大地降低了流通费用和相应的成本。

同时，它还通过要求生产商为其生产自有品牌商品，使各店铺内具有更多的廉价商品供应，让顾客获得实惠。另外，沃尔玛通过已建立的联盟，强制供应商实现最低成本、提高收益率，与供应商形成联动关系，辅助供应商降低产品成本，如对生产场所、存货控制、劳动力成本及管理工作进行质询和记录，来迫使其进行流程再造，使他们同沃尔玛一起致力于降低产品成本的运作。

沃尔玛公司建立了以自己为核心企业，链接供应商与顾客的全球的供应链，它要求降低上游企业的原材料的采购成本、制造成本、存货成本等，同样也要求供应商的供应商降低成本。此外，沃尔玛公司还参与到上游企业的生产计划中去，与上游企业共同商讨和制定产品计划、供货周期、甚至帮助上游企业进行新产品的研发和质量控制方面的工作。

及时将消费者的意见反馈给供应商，供应商可通过信息系统查询沃尔玛的产销计划，以此作为安排生产、供货和送货的依据，保证生产出的产品是顾客所需求的，降低了经营风险。

通过以上的举措，沃尔玛与供应商建立了长期稳定的合作伙伴关系，取得了双赢的结局。

（3）集中的配送系统和高效的运输系统。

有效的商品配送是保证沃尔玛达到最大销售量和最低成本的存货周转及费用的核心。沃尔玛的第一家配送中心于1970年建立，占地6 000平方米，负责供货给4个州的32家商场，集中处理公司所销商品的40%。随着公司的不断发展壮大，配送中心的数量也不断增加。沃尔玛完整的物流系统如图8-4所示：

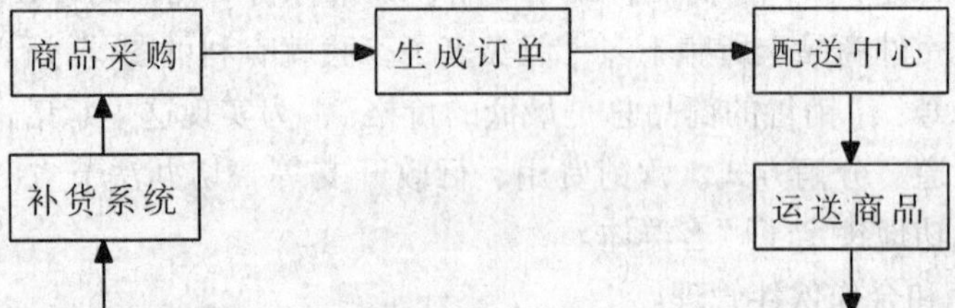

图8-4　沃尔玛物流系统流程

沃尔玛的配送中心在这个闭环中发挥着极其重要的作用，这些巨型建筑的平均面积超过11万平方米，相当于24个足球场那么大。在配送中心，计算机掌管着一切。供应商将商品送到配送中心后，先经过核对采购计划、商品检验等程序，分别送到货架的不同位置存放。

当每一样商品储存进去的时候，计算机都会把它们的方位和数量一一记录下来；一旦商店提出要货计划，计算机就会查找出这些货物的存放位置，并打印出印有商店代号的标签，以供贴到商品上。整包装的商品将被直接送上传送带，零散的商品由工作人员取出后，也会被送上传送带。商品在长达几千米的传送带上进进出出，通过激光辨别上面的条形码，把它们送到该送的地方去，传送带上一天输出的货物可达20万箱。对于零散的商品，传送带上有一些信号灯，有红的、有黄的、有绿的，员工可以根据信号灯的提示来确定商品应该被送往的商店，也可以实现商品的抽样检查等功能。

第一，高效的运输队伍。

沃尔玛的配送中心的一端是装货平台，可供 30 辆卡车同时装货，在另一端是卸货平台，可同时停放 35 辆卡车。配送中心 24 小时不停地运转，平均每天接待的装卸货物的卡车超过 200 辆。沃尔玛在美国本土 6 000 多辆运输卡车全部安装了卫星定位系统，该卫星系统能够每隔 15 分钟向沃尔玛总部报告一次，因此每辆车在什么位置、装载什么货物、目的地是什么地方，总部都一目了然。因此，在任何时候，调度中心都可以知道这些车辆在什么地方，离商店还有多远，他们也可以了解到某个商品运输到了什么地方，还有多少时间才能运输到商店。对此，沃尔玛精确到小时。沃尔玛公司在美国本土的近 3 万个大型集装箱挂车，6 000 多辆大型货运卡车，24 小时昼夜不停地工作，每年的运输总量达到 77.5 亿箱，总行程 6.5 亿千米。

沃尔玛的车队还采用一系列科学的合理的运输策略，如满车（柜）运输，散货装车，晚间送货，按预约准时送货，以及配送中心提供回程提货运输折扣，供应商按订单要求备货和按预约时间准时送货，同时降低了沃尔玛和供应商的运营成本。

第二，智能的自动补货系统。

沃尔玛最早的自动补货系统采用条形码（UPC）技术和射频数据通讯（RFDC）技术，电脑系统自动分析并建议采购量，使得自动补货系统更加准确、高效，降低了成本，加速了商品流转。目前，随着 RFID 技术的应用条件的成熟，沃尔玛依然借助其强大的影响了领导者零售业的这一新的变革，其自动补货系统的运作能力又得到了进一步的加强和提高。

灵活高效的物流配送使得沃尔玛在激烈的零售业竞争中技高一筹。沃尔玛可以保证每天至少向分店送货一次，分店货架平均一周可以补货两次，而其他同业商店平均两周才补一次货；沃尔玛分店向总部订货到货物补送到任何一家商店的时间不超过 48 小时，如果急需甚至可以 24 小时内送到。通过维持尽量少的存货，沃尔玛既节省了存贮空间又降低了库存成本。经济学家斯通博士在对美国零售企业的研究中发现，在美国的三大零售企业中，商品物流成本占销售额的比例在沃尔玛是 1.3%，在凯马特是 8.75%，在希尔斯则为 5%，远远领先于竞争对手。

（4）供应链交互信息管理。

信息共享是实现供应链管理的基础。供应链的协调运行建立在节点主体间高质量的信息传递与共享的基础上，因此，有效的供应链管理离不开信息技术的可靠支持。在沃尔玛除了配送中心外，投资最多的便是电子信息通信系统。

沃尔玛的电子信息通信系统是全美最大的民用系统，甚至超过了电信业巨头美国电报电话公司。沃尔玛是第一个发射和使用自有通信卫星的零售公司。它在本顿威尔总部的信息中心，1.2 万平方米的空间装满了电脑，仅服务器就有 200 多个。截至 20 世纪 90 年代初，沃尔玛在电脑和卫星通信系统上就已经投资了 7 亿美元。

20 世纪 80 年代初，沃尔玛较早地开始使用商品条码和电子扫描器实现存货自动控制。采用商品条码可代替大量手工劳动，不仅缩短了顾客结账时间，更便于利用计算机跟踪商品从进货到库存、配货、上架、售出的全过程，及时掌握商品销售和运行信息，加快商品流转速度。

20 世纪 80 年代末，沃尔玛开始利用电子数据交换系统（EDI）与供应商建立自动订货系统。该系统又称为无纸贸易系统，通过计算机联网，向供应商提供商业文件，发出采购指令，获取收据和装运清单等，同时也使供应商及时精确地把握其产品销售情况。1990 年沃尔玛已与 1800 家供应商实现了电子数据交换，成为 EDI 技术的全美国最大用户。

沃尔玛还利用更先进的快速反应系统代替采购指令，真正实现了自动订货，此系统利用条码扫描和卫星通信，与供应商每日交换商品销售、运输和订货信息。正是依靠先进的电子通信手段，沃尔玛才做到了商品的销售与配送中心保持同步，配送中心与供应商保持同步。

（5）“无缝”供应链的运用。

物流的含义不仅包括了物资流动和存储，还包含了上下游企业的配合程度。沃尔玛之所以能够取得成功，很大程度上在于沃尔玛采取了“无缝点对点”的物流系统。“无缝”的意思指的是，使整个供应链达到一种非常顺畅的联结。沃尔玛所指的供应链是说产品从工厂到商店的货架，这个过程应尽可能平滑，就像一件外衣一样是没有缝的。在供应链中，每一个供应者都是这个链当中的一个环节，沃尔玛使整个供应链成为一个非常平稳、光滑、顺畅的过程。这样，沃尔玛的运输、配送以及对于订单与购买的处理等所有的过程，都是一个完整网络当中的一部分，这样大大降低了物流成本。

在衔接上游客户上，沃尔玛有一个非常好的系统，可以使供货商们直接进入到沃尔玛的系统，沃尔玛称之为“零售链接”。通过零售链接，供货商们就可以随时了解销售情况，对将来货物的需求量进行预测，以决定生产情况，这样他们的产品成本也可以降低，从而使整个流程成为一个“无缝”的过程。

沃尔玛真正的挑战是能够提供顾客所需要的服务。大家都知道，物流业务要求比较复杂，如有的时候可能会有一些产品出现破损，因此在包装方面就需要有一些对产品特别的运销能力。因此，对沃尔玛来说，能够提供的产品的种类与质量是非常重要的，在与沃尔玛的合作当中，沃尔玛似乎已经能够寻求到这种高质量与多品种结合，而且对于商场来说，它的成本也是最低的。

物流的循环没有结束，也没有开始，它实际上是循环的过程，在这个循环过程当中，任何一点都可以作为开始，而且循环涉及每一点。沃尔玛就从顾客这一点开始谈，顾客到一个商店之中，他们买了一些产品，比如说给孩子买尿布，那么在他买了之后，这与配送中心联系在一起的系统就开始自动进行及时的补货，配送中心可以从供货商那里直接拿到货。配送中心实际上是一个中枢，有供货方的产品，然后提供给商场。供货商可以把货物只提供给配送中心，减少很多成本。

沃尔玛有的时候是采用空运，有的时候采用轮船运输，还有一些采用卡车进行公路运输。在中国，沃尔玛百分之百采用公路运输，就是卡车把产品运到商场，然后卸货，然后自动放到商店的系统当中。在沃尔玛的物流当中，非常重要的一点，沃尔玛必须要确保商店所得到的产品是与发货单上完全一致的产品，因此沃尔玛整个的过程都要确保是精确的，没有任何错误的。这样，商店把整个卡车当中的货品卸下来就可以了，而不用把每个产品检查一遍。因为他们相信过来的产品是没有任何失误的，这样就可以节省很多的时间。沃尔玛在这方面已经形成了一种非常精确的传统，这可以有助于降低成本，而这些商店在接受货物以后就直接放到货架上，来卖给消费者，这就是沃尔玛物流的整个循环过程。

沃尔玛进行物流业务的指导原则，不管是在美国还是世界上其他地方，都是百分之百一致和完整的物流体系。不管物流的项目是大项目还是小项目，沃尔玛必须要把所有的物流过程集中到一个伞形结构之下。

在供应链中，每一个供应者都是链当中的一个环节，沃尔玛必须使整个供应链是一个非常平稳、光滑的过程，一个顺畅的过程。这样，沃尔玛的运输、配送以及对于订单与购买的处理等所有的过程，都是一个完整的网络当中的一部分。这样的优势就可以大大降低成本。在沃尔玛的供应链当中，能够做到这一点，就可以把所有环节上可以节省的钱都节省下来。这样，整个链条、整个环节就可以节省不少钱。

沃尔玛的物流部门进行全天候的运作，而且是每天 24 小时，每周 7 天的运作。沃尔玛的产品卖得非常多，物流的支持是非常必要的，必须要确保这些产品是在不断地流向沃尔玛的商店，而没有任何停止的过程。沃尔玛采用一些包括零售技术在内的最尖端的技术，采用更加先进的、现代化的信息技术，这样可以有效地提高效率，节省成本。

（6）线上线下的协同效应。

虽然继续使用第三方公司对订单进行处理，但 Walmart. com 通过自己的配送中心控制商品配送和客户服务。2000 年 8 月，沃尔玛公司在佐治亚建立了一个配送中心，单独用于存储和配送来自 Walmart.com 的订单商品。同时，沃尔玛总公司与 walmart.com 公司签订了分销协议，以便让 Walmart.com 能充分分享沃尔玛公司多年的物流经验，为顾客节约每一分钱。

整合店面与网络之间的关系，积极提供新服务。例如，顾客可以在网上实时查询店内商品是否有库存；可以在 Walmart. com 上面订购轮胎，然后到当地的沃尔玛商店去安装；医药部门允许顾客从网上下订单，然后到当地的实体店取货；顾客可以把照片放在店里，然后通过上网查看最终的版本，并通过电子邮件发给朋友。如果顾客对网购的商品不满意，可以到当地的实体店退换。店里没有的商品，网站上可能会有；推出“今日到达”（Pick Up Today）的项目，即允许顾客在网上订货，并选择由快递送上门，或到指定的门店提货。对沃尔玛而言，该项目的目标顾客还包括那些位于沃尔玛实体店覆盖不到的人群。

沃尔玛的优势来源于技术和规模，特别是物流、配送和库存控制技术。此外，沃尔玛还拥有世界一流的 IT 管控、卫星定位系统和电视调度系统。它的可携式条形码阅读机、SMART 灵敏营运数据网络、GDS 采购系统、零售联机和加速结账系统都是全球绝无仅有的。这些硬件和软件上的优势，给线下业务带来了飞速增长，也为线上业务提供了有力支撑。

2009 年，沃尔玛与联邦快递进行合作，在洛杉矶和波士顿地区推出了新服务，即顾客在网上下订单，沃尔玛可以将商品免费配送到顾客所在地的联邦快递公司网点，这种服务是对“网到店”（Site-to-Store）的模仿，弥补了有些地方没有实体店或实体店稀疏带来的不足。

总之，网站为沃尔玛带来了额外的订单，雄厚的实体也支持了网上业务的发展，“网到店”服务则将线上线下的协同效应得到有效释放。

2. 沃尔玛供应链管理的成功之处

（1）顾客需求管理是沃尔玛供应链管理成功的基础。

零售业是直接与最终消费者打交道的行业，顾客决定一切，如果企业不以满足消费者需要为中心是无法生存下去的。这一点沃尔玛公司理解得最为透彻，“让顾客满意”始终排在沃尔玛公司目标的第一位，“顾客满意是保证我们未来成功与成长的最好投资”，是公司的基本经营理念。沃尔玛每周都对顾客期望和反映进行调查，管理人员根据计算机信息系统收集的信息，以及通过直接调查收集到的顾客期望，及时组织采购，更新商品，改进商品陈列摆放，营造舒适的购物环境。顾客需求管理使沃尔玛相对于其他供应链主体更贴近消费者、了解消费者，更能及时和真实地反馈消费者信息，进而使它超越“商业零售企业”的纯粹等待上游厂商供货、组织配送的现状。沃尔玛通过对消费者信息的掌握，直接参与到上游厂商的生产计划中去，与上游厂商共同商讨和制定产品计划、供货周期，甚至帮助上游厂商进行新产品研发和质量控制方面的工作，将消费者的意见迅速反映到生产中，这就意味着沃尔玛总是能够最早得到市场上最希望看到的商品，当别的零售商正在等待供货商的产品目录或者商谈合同时，沃尔玛的货架上已经开始热销这款产品了。将顾客需求管理作为供应链管理的起点和原动力，使它一直保持了良好的商品结构，并与供应商结成了稳定的战略合作伙伴关系，这是沃尔玛供应链管理成功的基础。

（2）与供应商双赢合作是沃尔玛供应链管理成功的关键。

建立产销联盟，是沃尔玛构建其“物流帝国”过程中一项具有战略意义的举措。沃尔玛不但创造了生产商与零售商新型合作关系，而且将这种关系作出进一步深化，使产和销相互渗透融合，并逐步开始形成销售商对供应商进行控制的这种产销新格局。经过长期的实践和改进，沃尔玛与大多数供应商建立了联盟关系，即通过签订长期的采购合同，直接从供应商那里进货，省去了各级批发代理环节。这样就大大地降低了流通费用和相应的成本。同时，它还通过要求生产商为其生产自有品牌商品，使各店铺内具有更多的廉价商品供应，让顾客获得实惠。另外，沃尔玛通过已建立的联盟，强制供应商实现最低成本、提高收益率与供应商形成联动关系，辅助供应商降低产品成本，如对生产场所、存货控制、劳动力成本及管理工作进行质询和记录，来迫使其进行流程再造，使他们同沃尔玛一起致力于降低产品成本的运作。沃尔玛公司建立了以自己为核心企业，链接供应商与顾客的全球的供应链，他要求降低上游企业的原材料的采购成本、制造成本、存货成本等。同样也要求供应商的供应商降低成本。此外，沃尔玛公司还参与到上游企业的生产计划中去，与上游企业共同商讨和制定产品计划、供货周期、甚至帮助上游企业进行新产品的研发和质量控制方面的工作。及时将消费者的意见反馈给供应商，供应商可通过信息系统查询沃尔玛的产销计划，以此作为安排生产、供货和送货的依据，保证生产出的产品是顾客所需求的，降低了经营风险。

沃尔玛与供应商建立了长期稳定的合作伙伴关系，取得了双赢的结局。

（3）现代信息技术是沃尔玛供应链管理成功的保证。

沃尔玛领先于竞争对手的秘诀在于领先的信息技术和有力的后勤保障。凭借信息技术的鼎力支持，沃尔玛实现了以最低的成本、最优的服务、最快的管理反应拓展全球连锁业务。进入20世纪90年代，随着其业务量的增加，沃尔玛提出了新的零售业配送理论，开创了零售业的工业化运作新阶段：集中管理的配送中心向各商店提供货源，而不是直接将货品运送到商店。其独特的配送体系，大大降低了成本。加速了存货周转，形成了沃尔玛的核心竞争力。20世纪90年代初，沃尔玛就在公司总部建立了庞大的数据中心，全集团的所有店铺、配送中心和经营的所有商品，每天发生的一切与经营有关的购销调存等详细信息，都通过主干网和通信卫星传送到数据中心，任何一家沃尔玛商品都通过卫星与总部相连。所售商品都会即时通过与收款机相连的电脑记录下来，每天都能清楚知道实际销售情况，管理人员根据数据中心的信息对日常运营与企业战略作出分析和决策。沃尔玛总部的通讯网络系统使各分店、供应商、配送中心之间的每一进销调存节点都能形成在线作业，使沃尔玛的配送系统高效运转。这套系统的应用，在短短数小时内便可完成“填妥订单—各分店订单汇总—送出订单”的整个流程，大大提高了营业的高效性和准确性。

3. 沃尔玛的中国本土化策略

（1）地方贴近。

沃尔玛在中国有三种形式的商店：购物广场、山姆会员店和社区店。通常，食品和日用品在沃尔玛中国的购物广场里各占一半，而沃尔玛美国购物广场以日用商品为主。在华北，食品和日用商品的比例大约是6∶4，跟华南的情况相反。

沃尔玛中国购物广场的商品结构反映了地方贴近策略。以深圳蛇口的购物广场为例，第一层主要是新鲜农产品、肉类和包装食品。因为当地居民喜欢亲自挑选活鱼海鲜，在深圳的沃尔玛店通常设有巨大的海鲜柜台。

销售方式也体现了入乡随俗策略。最初，蛇口店的化妆品销售并不理想，但在增加了展示台之后，销量立即改观，不少价格高达800元一套的化妆品也卖得很好。此外，沃尔玛发现，中国顾客不仅对价钱很在乎，对质量和品牌同样挑剔。

仅有的两家沃尔玛社区店都在深圳，位于不宜开设购物广场的地段。社区店内食品占80%，日常用品占20%。深圳蜜湖山姆俱乐部店是沃尔玛中国店中业绩最好的一家，2004年销售额已达到8亿元，每人次购买额超过300元。

（2）选址。

为了做到“天天平价”，沃尔玛在各方面都追求低成本，其中包括选址。在美国，沃尔玛店通常位于郊区；当它第一次进入北京时，也采取了同样的手法。北京的第一家沃尔玛店位于石景山区，距离北京城市中心的天安门广场大约20千米。第二家北京店虽然位于中关村，但因为不靠近主街，不易被购物者发现。这些选择都是出于低租金考虑。相反，家乐福通常将店铺放到人流拥挤的商业区，因为它知道中国仍然是一个以城区为居住和消费中心的国家。

第三家北京店于2005年12月在宣武门开张，表明沃尔玛在中国的选址战略正从以郊区为中心向以市区为中心转移。沃尔玛瞄准了宣武门周边 2.5 千米范围内的 32 万居民，预计实现日营业额 56 万元。

然而，这家店可能成为最后一家被容许在北京中心城区开设的大型购物广场，因为北京市政府已经意识到，购物中心在中心城区过分集中带来了巨大的交通问题。

(3) 本地进货。

尽管沃尔玛的货架上充斥着美国品牌，但是几乎所有商品都是中国制造的。沃尔玛中国总部设在深圳。除了经营 56 家商店，它在华南的深圳和华北的天津有两个配送中心，在各省设有办事处。沃尔玛各省办事处负责购买烟酒等本地货物，也从当地生产商那里购买新鲜食品。沃尔玛在每一个经营零售中心的城市都有采购代理，因为很多商品需要向当地政府许可的厂家购买，从外地引进的货物不多。沃尔玛中国购物广场中 90%的商品是当地品牌，而沃尔玛美国店则以经营全国品牌著称。

地方采购比重过高造成供应链的地区分隔严重，给沃尔玛的配送和供应链管理带来不小的难度。不过，沃尔玛尽可能在“天天平价”基础上给消费者提供最广泛的选择。其全国范围的采购和集中配送所拥有的灵活性和高效性是达到这一目标的关键。

(4) 低价采购。

美国《财富》杂志记者克莱·钱德靳在他的文章中写到沃尔玛重庆超级百货商店，男装夹克售价在 60 元左右，正装鞋不到 40 元，而三年前的价格是现在的 3 倍。在这些商品上通常都有标签标明本商品的沃尔玛采购员从供货商身上“砍掉”了多少利润。在云南红酒的总部，一名业务员说，为了赢得沃尔玛的生意，公司不得不将价格降低 15%。

按克莱·钱德勒的话说，就像在美国一样，中国的供货商难以搞清楚沃尔玛的拥抱究竟是“热烈拥抱”还是“死亡之手”。不过，考虑到中国商品的物流成本占据商品成本的 60%左右，云南红酒如果能从供应链中节约物流成本，降价 15%也能无损赢利。

(5) 回程载货。

沃尔玛在中国的供应链早先以深圳为配送中心，2003 年天津配送中心建成之后，北方地区的配送由天津配送中心负责。

沃尔玛不要求那些仅对当地店供货的生产商使用它的配送中心，而且鼓励在全国范围销售的供应商使用其配送中心。因为供应商向单独一家沃尔玛店送货不如通过沃尔玛配送中心向全国各地的沃尔玛店发货更划算。

对于向配送中心送货有困难但希望在沃尔玛全国各地商店销售其产品的供应商，沃尔玛为它们提供回程载货服务，从而让这些供货商的产品到达原本无法达到的市场。沃尔玛（中国）相信，利用配送中心和回程载货服务是有效的，这使得沃尔玛（中国）能够控制它的供应链。除了外包货运服务，沃尔玛（中国）直接管理供应链的其他所有环节。

(6) 信息系统。

保存记录对于以本地购货、本地消费为中心的供应链至关重要。沃尔玛（中国）开业初期，每一笔订货单包括 21 个文件。每个店必须手写自己的货单、支票等。现在，沃尔玛要求中国供应商使用它的订货和补货系统“零售联接”，这一系统是供应商与沃尔玛之间的电子交易平台，供应商借助它可以即时获取商品销售、库存等信息。

“零售联接”可谓是沃尔玛供应链管理的核心。在中国，虽然“零售联接”的应用不像美国那么严格，但是其规则基本与美国相同。

“零售联接”无疑改变了零售商与供应商之间的关系。在中国，零售商与供应商多年来建立在人际关系之上，转向无人参与的电子交易对它们来说既是基于技术上的，也是基于文化上的调整。

（7）积极的关系营销。

十多年来，沃尔玛通过和专业协会、合资伙伴、供应商和政府官员合作，经营并积极扩大了在中国的零售业务。

为了克服配送和供应链管理的难题，供应链管理者需要创造力，也需要耐心。沃尔玛的经验显示，即使最严重的问题也可能演变为机会。比如，沃尔玛通过案例分析教育它的供应商如何优化管理从而降低成本，结果是双方受益。沃尔玛还参与有政府机构参加的开放和标准化讨论。通过参与这些讨论，沃尔玛获得了与地方和中央政府官员直接交流的机会。

二、定邦物流公司供应链管理分析

（一）公司发展概况

1. 公司简介

宁波定邦物流有限公司（为方便阅读，以下简称定邦）是一家集海运、空运、陆运（铁路、公路），内贸运输、仓储为一体的综合性国际物流企业。定邦注册资金1 180万元，前身是1983年开办的慈溪市周巷镇海兴货物运输服务部，于2006年11月成立的个人独资企业。定邦资源基础稳固，业务力量雄厚，已经成为慈溪市重点物流基地。

定邦也是一家经中国商务部批准的一级货运代理有限公司，且具有国家交通部无船承运业务经营资格资质，在这块的业务做得非常好。现下设三家子公司，现有货运车辆106辆，从业人员（包括驾驶员）280人，月运输货物吞吐量为34 000吨，2004年纳税（地税）195万元，2005年纳税280万元（其中杭州湾新区70万元），2006年纳税300余万元，2007年纳税360余万元，2008年纳税420万，2009年纳税470万。

定邦秉承“货源就是生命，客户就是上帝”的理念，主要经营范围包括：无船承运业务；国际航运、空运代理、进出口报关、内陆运输、保税仓库、货物保险、物流项目解决方案。经过数年努力发展，已经成为了有自己特色的综合物流公司，目前主要服务于宁波和上海口岸。

2. 公司业务范围

定邦下设国内物流部和国外海运部，除了从事国内外物流、货运、仓储、配送等服务，还从事报关报检等一系列服务。定邦本着“想客户之所想，急客户之所急，满足客户之所需”的原则，重组业务流程，力争组合一个从慈溪至全国各大、中、小城市的货物运输线路，以便全力打造安全、方便、快捷、诚信、高效的运输环境。

在国内物流部，公司主要负责的业务外包内容包括：①国内物流、货运、仓储、配送等服务；②全国各地道路、铁路、水路的整车、零单运输业务；③提供门对门送货上门服务；④危险品特种运输、超重超宽运输；⑤食品药品贵重仪器运输；⑥私人用品、家具运输。

在国外海运部，定邦主要承办货物进出口海运运输业务，包括：订舱、报关、报验、保险、国内运输、集装箱拼、拆、装等一条龙服务。定邦在这块的供应链管理服务做得非常出色。同时，它与 CNC，APL、YML、KLN、HJS、CMA、COSCO、CSCL、MARSK、NYK、EVERGREEN、MSC、OOCL、LT、CSAV、RCL 等世界各主要船公司建立了良好的战略合作关系。

(二) 定邦供应链管理现状

1. 供应链流程分析

定邦营运部下设国际物流、国内物流和专线三大块。国际物流部主要负责货物运输航线的开拓，目前定邦的优势航线有东南亚航线和欧洲航线等。它在宁波、上海设有海运进出口货运操作中心，在欧洲和俄罗斯、中东、东南亚等国家港口也有实力较强的合作代理。国内物流主要负责国内货物的运输和仓储等活动，它和一般的第三方物流公司从事的服务一样。专线是指定邦承办货物进出口海运运输业务，提供订舱、报关、报验、保险、国内运输、集装箱拼、拆、装等一条龙服务。因为一般的第三方物流公司很少具有无船承运人的资格，而定邦在这块外包服务做得很出色，所以本文主要选择了专线这方面的供应链管理来阐述。它的供应链管理流程如图 8-5 所示。

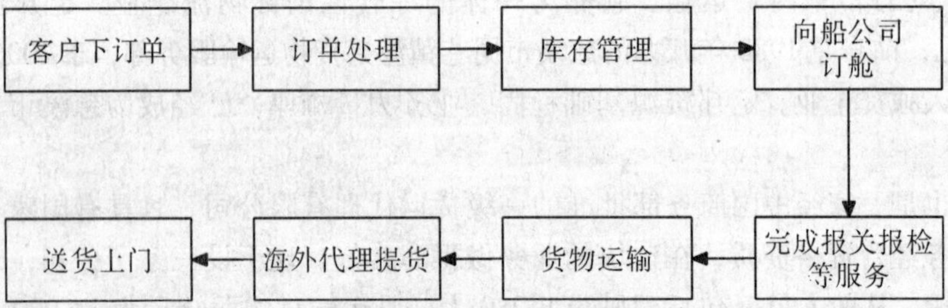

图 5　专线供应链管理流程图

(1) 订单处理。

定邦交易起始于客户的咨询、业务部门的报表，而后是订单的接收，业务部门查询出货日的存货状况、装卸货能力、流通加工负荷、包装能力、配送负荷等来答复客户，而当订单无法依客户之要求交货时，业务部加以协调。由于定邦一般都不是随货收取货款，而是于一段时间后，予以结账，因此在订单资料处理的同时，定邦的业务人员尚依据公司对该客户的授信状况查核是否已超出其授信额度。此外在特定时段，业务人员统计该时段的订货数量，并予以调货、分配出货程序及数量。

自交易订单接受之后由于受供应货品要求的影响，定邦要向供货厂商或制造厂商订购材料或商品，也就是所谓的采购计划。采购计划的内容包含商品数量需求统计、对供货厂商查询交易条件，而后依据所制订的数量及供货厂商所提供较经济订购批量，制订出采购单。

（2）库存管理。

定邦除了有自己的仓库外，在宁波还与安博仓库、新世洋仓库和龙星仓库合作。当采购单开出之后，定邦采购人员在进行进货入库跟踪和催促的同时，入库进货管理员即可依据采购单上预定入库日期，做入库作业排程、入库站台排程。在商品入库当日，货品进入时仓库管理人员要做入库资料查核、入库品检，查核入库货品是否与采购单内容一致，当品项或数量不符时即做适当的修正或处理，并将入库资料登录建档。对于由客户处退回的商品，退货品的入库亦经过退货品检、分类处理而后登录入库。

定邦的库存管理作业和传统的仓储作业一样，包含仓库区的管理及库存数控制。仓库区的管理包括货品在仓库区域内摆放方式、区域大小、区域的分布等的规划；货品进出仓库的渠道控制选择，如先进先出和后进先出等方式。另外，在进出货方式的制定方面，定邦的工作包括：货品所用的搬运工具、搬运方式；仓储区储位的调整及变动。定邦库存数量的控制原则则依照一般货品出库数量、入库所用时间等来制定采购数量及采购时点，并做采购时点预警系统。

在补货及拣货作业中，根据客户订单资料的统计，定邦员工即可知道货品真正的需求量，而于出库日，当库存数足以供应出货需求量时，定邦即可依据需求数制定出库拣货单及各项拣货指示，拣货区域的规划布置、工具的选用、及人员调派等一系列方案。在出货拣取方面，定邦不只注重拣取作业，更注意到拣货架上商品的补充，以保证拣货作业得以流畅运行而不至于缺货。当然，这中间还包含了补货水准及补货时点的制定、补货作业排程、补货作业人员调派等活动。

众所周知，在物流中心的各项作业中以流通加工最易提高货品的附加值，所以在流通加工作业中，定邦在将商品由物流中心送出之前做了流通加工处理，包括物品的分类、过磅、拆箱重包装、贴标签及商品的组合包装等活动，尤其是化纤品之类的特殊货物。

定邦在完成货品的拣取及流通加工作业之后，就可执行商品的出货作业。出货作业主要内容包含根据客户订单资料印制出货单据，订制出货排程，印制出货批次报表、出货商品上所要的地址标签、及出货检核表，然后由排程人员决定出货方式、选用集货工具、调派集货作业人员，并决定所运送车辆的大小与数量。仓储业务流程如图8-6所示。

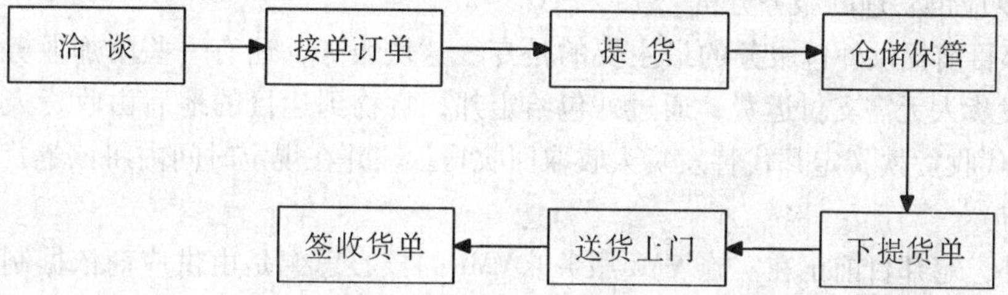

图8-6　仓储业务流程图

（3）报关报检。

定邦在向船公司定完舱后就会向顾客拿到报关报检所需要的数据，主要是核销单、报关单、装箱单、发票和合同，如果是一些特殊货物，还需要提供产品要素说明和换证凭条。定邦操作在收到这些资料后就向报关行报关，目前在上海的报关行合作伙伴主要是上海易流。最后，定邦操作完成货物的报关和报检，特殊货物如需要保险的还要办理保险代理业务。另外，向出口到日本的货物因为公司在日本有专门的代理商，所以定邦可以帮助客户完成海外的进关等服务，从而实现重国内到国外的一条龙服务。

（4）运输。

在完成上述步骤后，定邦就进行拖车业务。在运输服务层上，公司设置了两种运输方式：集中化的运输即整车运输（如图 8-7 所示），分散化的运输即零担散件运输（如图 8-8）。整车运输的业务流程为，洽谈—接单订单—提货—长途运输—送货上门—签收回单。零担散件运输的业务流程多了仓储业务。另外，针对化纤品等特殊货物，定邦专门配备集装箱等设备。目前定邦除了有自己的车队外，还和永明车队、上海云丰车队、盛翔车队等有合作。这些都保证了货物的及时运送。

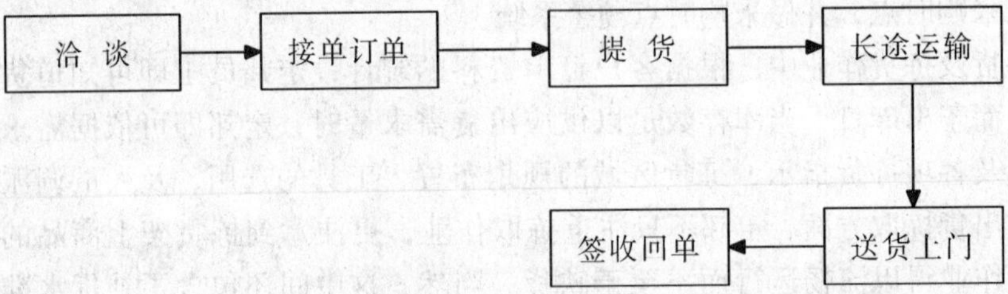

图 8-7 整车运输

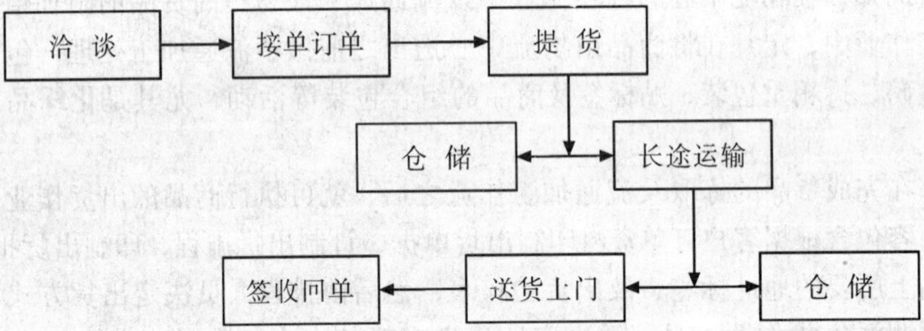

图 8-8 零担运输

2. 供应链管理的服务分析

定邦目前提供外包服务的最主要的是专线这块服务，还有一些附加业务，如货到付款（发货人无需支付运费，通过外包给定邦，货物到达目的地后由收货人支付该笔运费），代收货款（定邦代替发货人收取回收贷款，并在规定时间内将该笔货款汇入发货人账户）。

另外，定邦目前正在实施 VMI 服务。VMI 的核心思想是由供应商依据制造商提供的每日原材料或半成品出入库资料和库存情况来集中管理库存，替制造商下订单或连续补货，从而实现对市场需求变化的快速反应。定邦将员工划分成若干个团体，常年进驻对方企业的成品库、原料库和包装库等仓库，及时掌握库存，随时调配货物进出，落实装运安排，并为其设计最优物流方案。同时，派驻熟练的叉车队伍，配备进口高档搬运设备，24 小时不间断操作，做到企业货物不积压、不滞留，并承担企业生产车间内原材料的投放、锅炉的投煤工作和废料处理工作，这些服务为企业大大精简了人力、物力。

（三）定邦供应链管理的优势

随着市场竞争的激烈化，在我国供应链管理思想已经被越来越多的企业认可和接受，越来越多的企业愿意非核心业务委托或外包给合作伙伴企业，建立动态战略联盟，实行虚拟化运作，从而避免自己投资带来的周期长等问题，赢得低成本的竞争优势，以便更好的响应市场需求，提高企业的竞争力。这种思想观念的转变就为像定邦这样的第三方物流公司的发展创造了现实依据。

加之定邦在仓储和运输服务上一直具有较好的声誉，所以“浙江华鑫”、“SK 振邦”、“康鑫”等行业巨头愿意将他们的业务外包给定邦来完成，而定邦也不负众望，将这块业务完成的非常好，博得了很多好评。“SK 振邦”的谭总表示这一模式使其非核心业务从企业生产经营活动中分离了出来，独特的供应链运作模式和深度分销的物流平台，对企业“集中火力”增强竞争力提供了有力支持。因此，业务外包已经成为定邦的核心竞争力。

1. 定邦供应链管理的内部优势

定邦在提供仓储和运输服务上一直具有较好的声誉，随着业务的拓展，其提供外包服务的能力也逐渐提高，这些服务的提供离不开定邦自身的努力。

（1）定邦提供的外包服务。

除做好运输、储存、装卸、搬运等传统物流必备环节外，定邦还为客户提供全程的物流服务。一方面，定邦下设的营运部和上游企业做好沟通，根据市场需求，不断细分市场，拓展业务范围，以客户增效为己任，发展增值物流服务；另一方面，通过信息共享，定邦实现从原材料采购到产品销售的全过程的一体化管理。对于一些特殊的客户，定邦能够根据用户的特别要求进行“顾客化定制”，提供个性化的解决方案。

另外，定邦通过外包服务，提供从原材料引进，再到产品下线、包装入库，最后完成货物的报关报检和出口业务，所有的过程都由定邦全程代劳。对于某些特殊货物如化纤产品，运输时需要有特定的运输车辆，定邦专门出资 50 多万元，购进了能全方位伸展移动的日本尼桑铲车，为其客户振邦化纤公司提供特色服务。

因为定邦具有无船承运人的资格，所以将仓储、运输和出口紧密地联系在一起。定邦通过提供订舱、报关报检和海外代理等一系列服务，延伸了传统物流只提供仓储和运输服务的情况。

（2）内部管理分工协调。

定邦在总经理陈虹先生的带领下，公司下设营运部、营销部、行政部、财务部。其中营运部又分支出三个部分，分别是国际物流、国内物流和专线三大块。为方便高层管理者与下属部门的交流，公司又独具匠心的设置了管理者代表这一职务。员工可以将工作时遇到的困难直接向管理者代表反映，管理者代表依据情况及时解决，如在专线供应链管理服务中订舱这块，因为在节假日，有些船会爆仓或者有些货物会被查验，这时操作就可以向管理者代表反映情况，然后管理者代表就要和船公司联系，负责解决此类突发事件。

（3）重视员工素质。

营销、运作部门的员工是公司与客户接触的第一层面，是企业能否与客户建立紧密联系的关键。不合格的员工会怠慢客户，使其需求不能顺畅地反馈给企业，给企业带来巨大的损失。加强对员工的培训是企业提高客户服务水平的捷径。定邦培训包括企业文化、企业规划以及员工专业知识技能等方面的学习，让他们知道在不同情况下应该怎样做，怎样才能让客户满意。甚至，在有条件的情况下，让员工亲自充当客户，去体验客户的订购经验。许多现代企业相信客户服务不仅存在于企业与客户间，而且也存在于企业内部各部门之间。

2. 供应链管理的外部优势

慈溪的物流业发展一直很好，加之随着杭州湾跨海大桥的及南连接线的全面通车，使处于交通末梢的慈溪一跃成为连接上海、宁波和整个长江三角洲都市群的重要节点与交通枢纽，这就为像定邦这样的第三方物流企业提供外包业务服务创造了更好的区位优势。

政府的大力支持，对慈溪的物流发展，尤其是对定邦的发展有着非常重要的作用，他为定邦的发展提供了一个良好的外部环境，使定邦增强了发展的信心。2008 年 8 月 8 日，慈溪市物流行业协会成立，这是宁波市首家县（市）级物流行业协会，定邦也在此行列中，这些为定邦的发展开拓了一个新的合作平台。

（四）定邦供应链管理的不足

定邦是一家从传统物流企业过渡到现代物流企业的第三方物流公司，他在提供供应链管理方面还存在着一些不足之处。

1. 信息传递不够完善

定邦虽然在服务方面具有较好的优势，但他在信息传递方面还存在着不足。定邦目前还没有开发出一套适合自己的供应链管理信息系统可以将企业的内部信息系统和外部信息系统结合起来。例如，定邦虽然有了自己的网站，但是网站过于简单，功能过于单一，不能满足客户的需求。

定邦现有的 IT 物流系统可以保证货物在 24 小时内完成发货。通过这个系统，定邦在每一个时点可以了解到每一个型号分布在哪个仓库、哪个库位，并且在物流运作的每一个状态、每一个节点都可以做到实时跟踪。定邦可通过整合物流网络来达到整个供应链效率最大化，并对途经相同配送点不同线路的物流实现优化。然而，定邦与供应链上其他伙伴之间的信息交流渠道却很少，只有传统的电话、传真、电子邮件等方式。例如一些文件要给客户时主要依靠圆通快递、申通快递和顺丰快递。在进行报关报检等业务时，因为没有找到可以进行长期合作的战略盟友，所以在处理业务时总是不能第一时间得到报关行等的回复，影响运作效率。

2. 与上下游企业缺乏有效地沟通

供应链管理一般由原材料供应商、制造商、分销商、零售商以及消费者等多个结点的控制组成的，在这些结点企业中，必然有一个核心企业，而其他企业则处于从属地位。定邦应明确自己在供应链中的定位。由于供应链是一条价值增值链，成功的供应链能够创造财富，使供应链的每个成员都能获益，这就需要大家同心协力、抛开私利、共享信息，建立战略性合作伙伴关系。

因而，外包服务的顺利实现就需要定邦与链上其他企业不断地进行交流和沟通，只有这样，才能将产品及时准确快速的送到客户手中。定邦作为一家从传统物流企业转为现代物流企业，长期合作的战略同盟企业还没有完全出现。而且目前他的客户和代理都是新拓展的业务，存在着许多的不确定性。这些都为定邦提供外包服务增加了很多难度。

3. 服务多却不精

定邦目前不仅提供传统的仓储和运输业外，还为一些企业提供物流外包业务。就目前来说，定邦在同行业中的信誉还是比较好的，但是随着市场的激烈变化，个性化需求服务随之上升，而定邦在核心竞争力服务方面还没有得到非常好的发展，主要是航线开拓和海外代理这两块。航线开拓影响到货物的及时出口情况，因为多种航线可以为客户提供多种出口货物的时间选择，定邦目前的优势航线的业务服务做得非常好，但是对于像非洲航线这种不是优势航线的客户来说，其外包服务的质量明显比优势航线的要差。而海外代理的选择直接影响到“一条龙服务”的实现。定邦在日本基本港处都有相应的代理服务商，他可以为客户提供送货上门服务，但是在北欧等地，定邦还没有较好的代理服务商，因而去北欧的货物的接收情况明显没有去日本的那么好。

4. 缺乏有效地绩效评价体制

供应链绩效评价是对供应链整体运营状况和供应链节点企业之间的运营关系进行评价。供应链绩效评价的最终目的不仅是要获得企业或供应链的运营状况，更重要的是优化企业或供应链的业务流程，它为供应链管理体系的优化提供了科学的依据。定邦现有的评价机制只是一般的公司业绩评价制度，并没有制定针对实施供应链管理的绩效评价机制。例如定邦的账单制作方面，最先是操作写出海运费和附加费等，然后拿给业务员签字，业务员签完字后交给操作，操作录入系统交给财务，财务审核结束后开具发票，从这可以看出做账的时间都非常长。而定邦一般都是根据账单的完成情况来进行业务评价。另外，定邦现行绩效评价指标，如总资产收益率、净资产收益率、投资收益率等、人均收益率等都侧重于本公司，评价对象是公司内部职能部门或员工，其评价指标在设计上存在下列局限性：一方面数据来源于财务结果，时间上滞后，不能反映供应链动态运营情况；另一方面公司现行绩效评价主要评价企业职能部门工作完成情况，只能对内部业务流程进行评价，且很难做到客观公正，更不能评价整个供应链的情况。

（五）定邦供应链管理改进建议

只有建立在核心能力之上的竞争优势，才是靠得住的、真正的竞争优势。因此，第三方物流企业唯有集中资源，通过对市场定位的专注、忠诚和持续投入，苦心经营，精心培育核心竞争力，把它作为企业保持长期竞争优势的根本战略，才能使企业立于不败之地。所以，定邦要想快速发展该核心业务，就必须解决上面提到的问题。因此，本文在对其供应链管理进行分析的基础上，提出了以下建议：

1. 加强信息化技术的应用

外包服务需要满足高效的要求，定邦现有的系统只能满足企业内部的管理要求，而与供应链上其他成员间的联系渠道很少。因而要定邦加强自身的信息化建设，以推动和改善公司内部的交流与沟通，如建设 CRM（客户资源管理）系统，建立信息网络，运用管理信息系统、数据交换技术（EDI）等信息技术，实现物流企业和客户共享资源，对物流各环节进行实时跟踪、有效控制与全程管理，形成相互依赖的市场共生关系。通过全程动态监控对供应链上每个成员信息、行为和服务结果进行检查，鉴别出整条供应链上的冗余行为和非增值行为，从而提高一体化物流运作的效率和竞争力。在网站上，定邦可以增设文件下载这个选项，包括无唛保函、小包装保函、电放保函和更改保函等，这样一来一些保函可以直接下载，而不用每次都向定邦操作索要，节约了人力和物力。

另外，因为定邦有自己的运输车队，为了满足日益增长的业务需求，定邦可以购入 GPS 系统，这样一来操作就可以随时知道箱子的运输情况，而不用经常打电话询问司机，这不仅提高了工作效率，也降低了司机开车时的风险。

2. 增强与供应链上各伙伴间的协作关系

供应链的良好运作是以供应链成员企业相互间充分信任和相互合作为基础的。作为提供外包服务的定邦，不仅需要加强与核心企业的关系，更需要与链上其他成员加强联系。据物流业的发展趋势，那些既拥有大量物流设施、健全网络，又具有强大全程物流设计能力的混合型公司发展空间最大。这些企业能把信息技术和实施能力融为一体，提供"一站到位"的整体物流解决方案，

因此，定邦在提供基本物流服务的同时，应积极参与供应链建设，把物流运作建成一个以满足经营需要为目标的供应链体系，这样才能增强自身适应市场竞争的能力。另外，定邦应不断细分市场，以客户增效为己任，发展增值物流服务，广泛开展加工、配送、货代等业务，甚至提供包括物流策略和流程解决方案、搭建信息平台等服务用专业化服务满足个性化需求，与大客户加强业务联系，发展战略伙伴关系。除了和现有一些车队和船公司合作，定邦还应该继续寻找新的合作伙伴，争取找到长期合作同盟。

3. 注重核心竞争力和供应链管理的关系

经济全球化扩大了企业竞争的空间范围，激烈的竞争形势既要求企业对产品需求作出快速反应，也促使企业重新审视自己的核心业务，将增值能力弱或根本不增值的业务环节外包给在这些方面拥有核心竞争力的企业。企业的核心竞争力是指企业独具的，支撑企业可持续竞争优势的能力。

定邦如果想取得长期的生存和发展，进而向国外市场的扩张，就必须注重自身核心竞争力的构建与培育。针对定邦现在的的服务项目多却不精的现象，定邦要深入研

究市场形势，根据自身的资源、组织、能力、技术等因素，集中资源，通过对市场定位的专注、忠诚和持续投入，苦心经营，精心培育核心竞争力，强化增值服务。

众所周知，开发新客户比留住老客户的成本平均高出几倍。所以通过提供高水平的服务挽留大客户往往是企业生存的关键。定邦存在一些大客户如浙江华鑫，他们的数量不大，但他们的订货占了企业销售的大部分。对于这样一些客户，理所应当的定邦应为他们提供更好的服务，以确保他们对企业的忠诚度。定邦应根据顾客需求来定制服务方案，合理地配置资源。通过向顾客提供合适的成本节约、高质量的服务为先的解决方案，使物流企业和顾客双方满意。具体从两个方面进行改革：一是要拓展服务范围，突出服务特色，即把外包服务作为其核心竞争业务来规划发展；二是要保持合理的人力资源配置结构。航线开拓和海外代理的发展不是一夕间就可以完成，这需要日益积累的良好的公司信誉和高素质的人才作支撑。所以定邦一方面要加大对从业人员的培养力度；另一方面要广纳人才，高起点发展第三方物流业务，为货主企业提供切实有效的物流服务。

4. 对供应链管理绩效进行正确评估

供应链管理绩效评价包括内部绩效评价、外部绩效评价和供应链综合绩效评价三个方面。供应链管理绩效评价的方法有很多种，目前广泛应用的方法有比较分析法、层次分析法和线性加权法等。从客户角度来说，供应链管理评价指标的选择应集中在快速响应、柔性、服务质量等方面；从流程角度来说，其评价指标主要侧重在减少提前期、提高响应度、减少单位成本和构成敏捷企业这几个方面，因为供应链管理的目标之一是将企业内部和企业之间的功能集成、共享和协调，达到减少浪费和提供供应链绩效的目标。

所以，定邦一方面应该尽快制定出一套针对供应链管理的绩效评价体制，而不是仅仅靠财务数据来评定供应链管理的好坏。另外，在制定评价体制前，公司应该明确经营目标，以保证体制符合企业自身的发展情况。

第九章 现代企业创新管理

第一节 概述

一、创新的概念

创新，是当今世界人们使用频率最高的词汇之一，但何为创新，人们对它的含义却不甚一致。多数人的理解，如《现代汉语词典》的注释为“抛开旧的，创造新的”，或《汉语大词典》的解释为“创立或创造新的；首先……”，将其与发明、创造、发现，或是提出新观点、新想法（甚至翻个新花样）等同起来。另外一部分人所说的创新，可能仅仅等同于技术创新。

然而，首次系统提出创新理论的约瑟夫·熊彼特，于1912年在其《经济发展理论》一书中提出，所谓“创新（Innovation）”就是把生产要素和生产条件的“新组合”引入生产体系，建立一种新的生产函数。它包括以下五种情况：

（1）引入新产品；

（2）采用新的生产方法；

（3）开辟新市场；

（4）获得原料或半成品的新来源；

（5）实行新的组织形式。

它们可依次对应于产品创新、工艺创新、市场创新、资源配置创新和组织创新。

此时，所界定的创新概念已大大超出技术创新的范畴. 把制度创新和管理创新也包含了进去。五种创新情况中，前两种属于典型的技术创新，后三种属于管理创新。

熊彼特认为，“新组合”的实现就称为企业，企业家的职能就是实现创新。只有企业家，才有能力把生产要素和生产条件的“新组合”引入生产体系，建立一种新的生产函数。

熊彼特之后，对创新的定义，至少有数十种，在这些众多的定义中，如果从范围上分，概括起来不外乎是两种：狭义的创新概念和广义的创新概念。狭义的创新概念主要就是立足于企业，从创意（新思想）的产生到产品的研制（包括R&D、设计、试验、试生产等）、生产、营销和市场化，直至产业化的一系列活动的集合。注意这里面的产品更准确的理解是“产出”，包括服务等。广义的创新概念则将科学、技术、教育，政治等与经济活动融合起来，即创新表现为不同参与者（包括企业、政府、大学、各种机构、学术团体等）之间交互作用的网络。创新行为因而可以表现在技术、制度或知识等不同的侧面。由此而产生了国家创新体系的概念和理论。

本章因为研究的是企业创新管理，所以偏于狭义。

二、创新的类型

当代的创新有着丰富的内涵，技术创新是最早的内容，熊彼特的观点已经表明了创新还包括管理创新，有些学者还提出了营销创新、知识创新、战略创新等类型。从企业职能上说，创新可以分为生产创新、营销创新、采购与物流创新、财务创新、人事创新等。从创新的连续性上划分，有突破性创新，也有渐进性创新。

一般来说，人们更多地是把创新的类型分为技术创新和管理创新。其中常说的制度创新可以归类于管理创新。关于技术创新，通常又将其分为产品创新（或服务创新）和工艺创新。产品（服务）创新是指研制生产新产品，或研制提供新的服务，或改进旧产品旧服务。工艺创新是指生产过程和生产方法的创新。

三、创新的方法

企业创新需要以一种挑剔的眼光，审视企业的各方面和各层面工作，打破平衡，以推动事物的前进和发展，包括重新思考、重新组合、重新定序、重新定位、重新定量、重新指派和重新装备，简称为企业创新的 7R 方法。

创新的方法也可以归纳为以下五种：

（1）模仿借鉴。通过模仿借鉴同行业好的技术、管理和商业模式，照搬或加以改进。比如淘宝、Ebay、拍拍三者。

（2）嫁接改造。将其他行业、其他领域的技术、管理、商业模式、创意嫁接到本行业进行改造。

（3）综合集成。将已有的几种技术、管理、商业模式、创意进行综合、集成、改进、找到和发现。

（4）原始创造。通过仔细分析需求和客观规律等从而原创性地找到和发现，也包括通过自身积累灵光一现式地发现。

（5）其他。以上几种的组合，或可能还存在的其他方法。

四、创新管理含义

关于“创新管理”的语义理解，主要有以下两种：一是理解为动宾结构的，内涵近于“管理的创新”或“创新型管理”；还有一种理解是“对创新的管理”其内涵是“对创新活动的管理”，具体说是指为了实现创新目标，运用管理职能（计划、组织、领导、控制）对创新过程的管理，“创新”或“创新活动”是“管理”的对象。本书中的“创新管理”是第二种含义，即是“对创新的管理”。

现代企业创新管理即为现代意义上企业对创新的管理。本章题目是现代企业创新管理，因此重点不是谈创新，而是谈创新管理，将根据管理的一般职能（计划、组织、领导和控制）对现代企业创新管理进行分述。

案例分析：

伟大创新的悲惨结局

2000 年 3 月 17 日，掌握当时最先进通信技术的美国铱星公司宣告破产。

铱星公司，从它的诞生到开通运营，从它的股价狂升至 70 美元，到进入破产保护程序，直到最终破产，给人们带来的思考是深远而又长久的。

1987 年，摩托罗拉的 3 位科学家提出用 66 颗卫星，在 7 个低地圆轨道上运行，把整个地球覆盖起来，让世界上任何人在任何地方、任何时间与任何人都能沟通。然而，用 57 亿美元建造的 66 颗低地轨道卫星组成的铱星系统开通营运不到 10 个月，就因为无法偿还于 1999 年 8 月 11 日到期的债务而宣布破产保护，铱星公司股票也于 3 个月后被纳斯达克交易所“停牌”。美国破产法院已经同意一项议案，授权以 20 万美元的价格把铱星在华盛顿公司总部的家具、设备等进行出售。曾经风光一时，令世人瞩目的铱星公司已走到山穷水尽的境地。

铱星公司的创新，天才般地开启了人们的思路，把人们对通信的理念提升到更高境界。然而，市场是一个无情的杀手，即使像铱星公司这样高科技产业，这样伟大的技术创新，也要优秀卓越的企业家职能帮助实现创新，也要经过市场的检验。

第二节　创新过程及其模型

虽然实际的创新过程非常复杂，但从过程角度理解企业创新管理是一种恰当的方法。企业创新既包括技术创新，还包括管理等非技术性的创新。因此，对企业创新过程的分析将涉及两个方面的内容：一是一般意义上的创新过程分析；二是专门针对技术创新的过程分析。鉴于现有对技术创新更多的关注和了解，对技术创新的描述可能更多一些。

一、A-U 模型

前面提到，技术创新通常又分为产品创新和工艺创新。1975 年，美国哈佛商学院的威廉·艾伯纳西与麻省理工的斯隆管理学院的詹姆斯·阿特拜克共同提出了关于技术创新的动态过程模型，也被称为 A-U 模型，如图 9-1 所示。

A-U 模型描述了特定产业中产品创新与工艺创新相互依存的关系，以及技术创新对产业成长的作用。在 A-U 模型中，产业发展分为三个阶段：不稳定阶段，过渡阶段和稳定阶段。这些阶段既与创新的速度有关，也与产品、工艺、竞争和组织的基本方面有关。

对于不稳定阶段：

（1）不稳定阶段是发生大量变化的阶段，这个阶段的成果非常不确定。

（2）不稳定阶段中，要求产品以较快速度变化。新的产品技术常常粗糙、昂贵、缺乏可靠性，但是它能以某种方式填补急需某中功能的市场空缺。

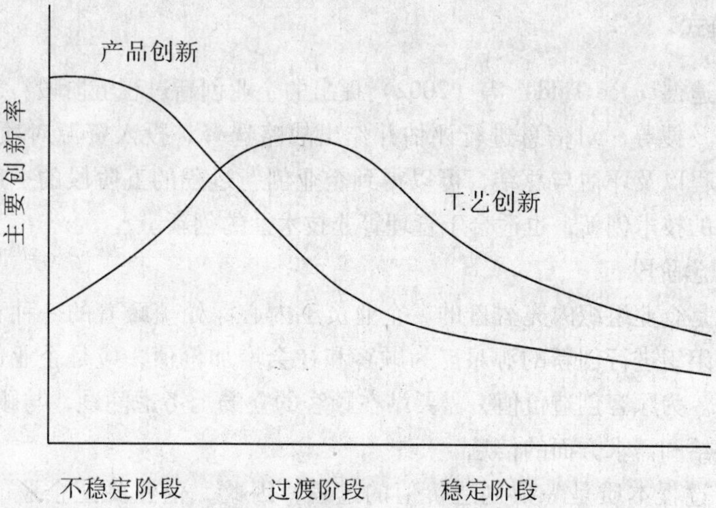

图 9-1　创新过程的 A-U 模型

（3）不稳定阶段产品创新面临目标不确定和技术不确定。

（4）工艺创新在不稳定阶段的早期通常不如产品创新，产品设计和规格的频繁出现与重要变化阻碍了相应工艺创新的发展。

（5）在不稳定阶段，功能性的产品性能是竞争的基础。

（6）在不稳定阶段，大部分公司都保留着他们的创业特征。

对于过渡阶段：

（1）随着新产品的增长，该产业就进入了过渡阶段。

（2）市场接受了产品创新和出现了主导设计是这个阶段的标志。

（3）随着对用户需要的了解日益清楚，竞争强调的是为更多的用户生产产品，企业开始采用大规模生产方式制造新产品。

（4）在过渡阶段，产品创新和工艺创新有着更为重要的联系。

（5）材料更为专业化，工厂开始使用专业化设备，出现了局部的自动化。

（6）管理控制开始变得重要起来，生产运行方面不断增长的刚性需求表明，考虑产品变化需要更高的成本。

对于稳定阶段：

（1）稳定阶段的目标在于高效率地生产非常专业的产品，质量与成本的价值比率成为竞争的基础。

（2）稳定阶段的产品都有十分明确的界定，竞争者产品之间的差异小，共同之处多。

（3）产品和工艺之间的联系非常密切，产品和工艺的任何细小变化都可能是困难的，而且支出也大，并需要另一方发生相应的变化。

（4）在组织方面，由“创业”改为“守业”，监控生产系统的平稳运行，不是专指工人，也包括管理者与工程师。

二、五阶段模式

根据乔·迪德（Joe Tidd）等（2002）提出的企业创新过程五阶段：对内部及外部环境进行扫描及搜寻、对信息进行评估并作出战略选择、投入资源对项目进行开发、创新的实施过程以及评估与总结，可以得到企业创新过程的五阶段的一般模式，此模式适合于企业的技术创新，也适合于管理等非技术性的创新。

1. 创新理念阶段

创新理念是企业组织内充盈着的、企业员工内心深处蕴藏着的一种不断创新的价值观，是企业组织进行创新的源泉。为顾客和社会增加价值，应是企业创新的根本理念和根本目的。为顾客创造价值，需要站在顾客的立场上考虑问题，与顾客进行协作，让顾客掌握供给和需求方面的信息。

企业创新过程本质是一项创造价值的过程，因此，企业要让企业的利益相关者（尤其顾客）参与到企业的创新活动中，企业要不断地对内部及外部环境进行扫描及搜寻，确保价值链上的所有成员能轻易地得到实时正确的创新信息，并享有创新带来的价值和利益。

2. 创新定位阶段

一个公司不可能同时在各个方面实施创新，因为没有足够的人力、物力和财力去实现。于是企业应该选择哪个创新，以及这项创新可能引发其他方面哪些选带作用，这都涉及企业创新的定位和选择问题。企业创新的定位和选择对一家企业非常重要。

为了评估创新的可行性，在确定优先次序的过程中，必须有所意识。第一，公司运作的每一部分都不是孤立的。对一个方面的创新必将对其他方面产生影响。一旦某方面确定要实施创新，必须尽早认清它将如何适应其他方面的工作，如何适应整个公司的运转。第二，对各种能力要在战略的重要性和可能带来的潜在收益基础上进行排序，考虑究竟强化哪种能力更有效提高竞争力。

3. 创新方案设计阶段

这个阶段主要是在创新定位的结果上，运用多种条件、方法、工具，提出创新构想和方案，通过策划、计算、筛选、综合等设计出可行性创新方案。

4. 创新实施阶段

创新实施即根据已有的创新方案采取相应的创新行动。这个阶段又可以细分为：旧范式的解冻、变革（初步实施）、固定和深化（持续实施）。实施创新行为，协作成为重要的前提条件。

5. 总结与评估阶段

创新成果的评估与总结是创新后期的一项重要工作。创新工作结束之后，有必要对创新效果以及经济效益与社会效益加以概括与总结，促进企业组织不断找出差距，形成新的冲动，以便进行更深层次的创新。

三、五代技术创新过程模型

目前的研究，对企业创新主要是围绕技术创新过程展开的。企业的技术创新过程涉及创新构思产生、研究开发、技术管理与组织、工程设计与制造、用户参与以及市场营销等一系列的活动。在创新过程中，这些活动相互联系、相互连接，有时又形成循环交叉或并行的操作。这些活动以不同的方式联系起来，就形成了不同的企业技术创新过程模型。从实践和理论发展的不同时期，技术创新过程形成了所谓的“五代过程模型”：技术推动模型、需求拉动模型、交互作用模型、一体化过程模型、系统集成和网络（SIN）模型。

1. 技术推动模型（第一代，20 世纪 50 至 20 世纪 60 年代中期）

该模型认为技术创新是由技术成果引发的一种线性过程，起始于基础研究，终止于市场实现，市场是研究开发成果的被动接受者，如图 9-2 所示。

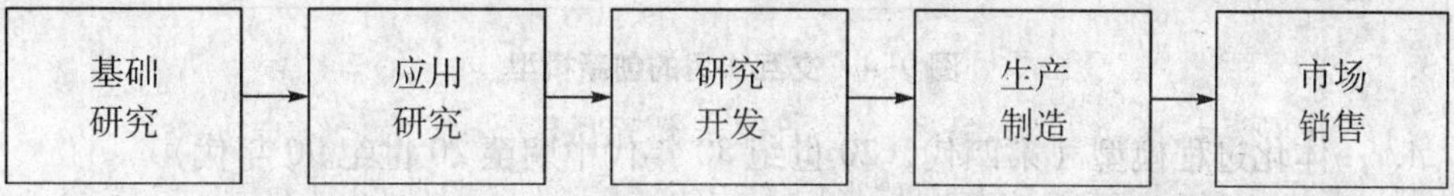

图 9-2 技术创新的技术推动模型

从局部和单个企业看，技术创新貌似确实如此。无线电报的创新过程可以用来理解技术推动模型。法拉第的电磁科学启示的观察（1846）——麦克斯韦尔的电磁波理论（1864）——赫兹的电磁波的实验检测（1886）和威廉、科鲁克将上述应用于无线电通讯（1892）——洛奇应用的实验空演示（1894）——古格力莫、马可尼的第一个专利与现场试验（1896）、商业引入（1907）和创新采用不断增加（1910—1912）——众多人物的扩散：无线电行业、雷达和电视行业等（1912 年以后）。

由于技术推动模型强调了科学技术对创新的推动作用，从而产生了高技术产业成长观点，如库思（Kuhn）范式的科学知识增长和高技术产业成长过程。

2. 需求拉动模型（第二代，20 世纪 60 年代后期至 20 世纪 70 年代早期）

进入 20 世纪 60 年代后期，人们认真思考和仔细分析发现，各领域的重要创新活动，有 60%~80%是由市场需求和生产需求拉动的。前一种创新需求的目的是创造更多的细分市场，直接抢占市场份额；后一种创新的目的是减少相对昂贵的物资消耗和环节支出，以降低生产成本，提高竞争力。在需求拉动的模型中，市场或生产的需求为技术创新创造了机会，刺激了研究开发为之寻找可行的技术方案。模型如图 9-3 所示。

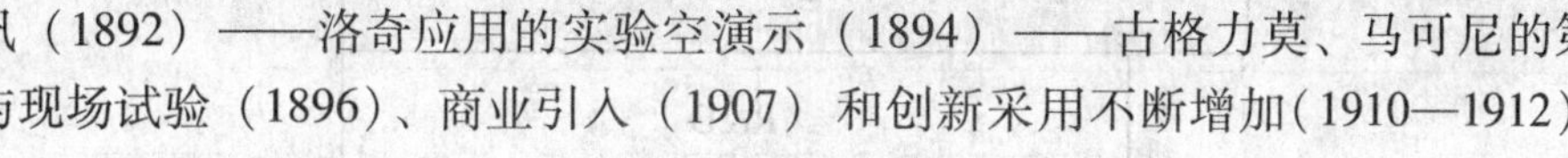

图 9-3 需求拉动的创新模型

3. 交互作用模型（第三代，20 世纪 70 年代中期至 20 世纪 80 年代早期）

20 世纪七八十年代初期提出的第三代技术创新过程模型整合了上述两种模型的合理观点，认为技术创新是技术与市场交互作用共同引发的。技术推动与需求拉动在产品生命周期中具有很好的作用，单纯的技术推动和需求拉动只是技术与市场交互作用模型的特例。技术与市场交互作用模型加强了技术推动和需求拉动模型中营销与技术的联结，意味着创新管理是将市场需求与新技术相匹配，营销与研究开发之间的反馈是实质性的环节。模型如图 9-4 所示：

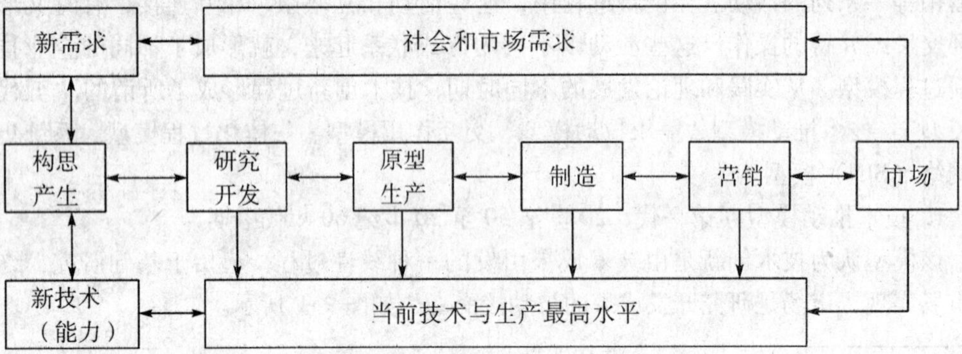

图 9-4　交互作用的创新模型

4. 一体化过程模型（第四代，20 世纪 80 年代中期至 20 世纪 90 年代）

20 世纪 80 年代后期出现的第四代创新过程模型将创新看做是同时涉及 R&D（研究开发）、原型开发、制造、营销等因素的并行过程。其主要特点是并行性和同步活动期间高水平的职能综合。模型如图 9-5 所示。

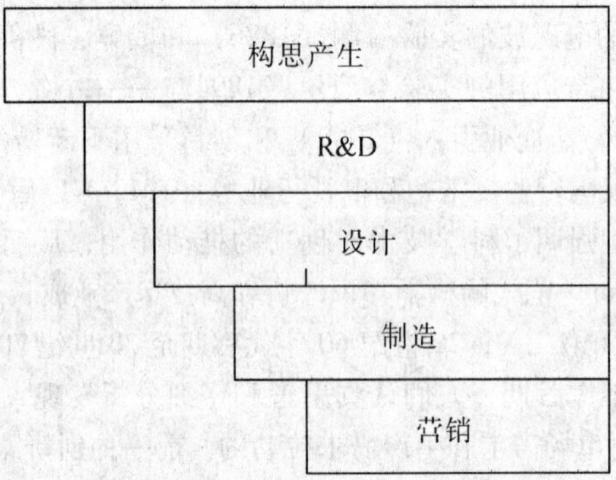

图 9-5　一体化的创新模型

5. 系统集成和网络（SIN）模型（第五代，1990 年代中期至今）

最新的第五代创新过程模型（SIN）是一体化模型的理想化发展，同时又增加了一些新的特征，例如合作企业之间更密切的战略联结。SIN 最为显著的特征是它代表了创新的电子化和信息化过程，更多地使用了专家系统来辅助开发工作，仿真模型技术部分代替了实物原型。SIN 将供货商和用户之间的计算机辅助设计系统作为新产品合作开发过程的一部分，强调为电子化产品设计制造密切的联系，不仅将创新看成是交叉职能联结过程，还把它看做是多机构网络过程。

五代过程模型的特征可做如下简要总结：①技术推动模型是简单的线性序列过程，

强调 R&D。市场是 R&D 成果的被动接受者。②需求拉动模型也是简单的线性序列过程，强调营销. 市场是指导 R&D 行动的构思来源，R&D 作被动反应。③技术与市场交互作用模型，同样为序列式过程，但有反馈环路，推动与拉动相结合，R&D 与营销管理更为平衡。④一体化模型为并行开发过程，强调逆向与供货商联系，顺向与领先用户联系，强调 R&D 和制造之间的联结，横向合作创新。⑤系统集成和网络模型是完全一体化的并行开发，R&D 使用专家系统和仿真模型技术，与领先用户密切联系，多方合作开发新产品，强调组织的柔性和创新开发速度，更为强调质量和其他非价格因素。

第三节 企业创新计划

企业创新管理的第一项职能就是企业创新计划。企业创新计划是指根据对企业创新所相关的内外环境分析和企业的使命、目标和总体战略的要求，确定企业创新的目标，并对未来创新活动所作的事前安排。由于创新活动的不确定性，创新的计划工作难度很大，有些创新活动无法进行事前详细的具体安排，但创新的环境分析和创新战略选择仍是创新计划中非常重要的两项工作。

一、企业创新外部环境分析

企业创新外部环境可以分为宏观环境、行业环境和竞争环境。国家创新系统也属于企业创新的外部环境，在一定意义上，企业创新系统是国家创新系统的一部分，不同国家的总体技术战略会有很大的差异，单个企业的创新方向、创新能力受到国家创新系统的深远影响。外部环境在为企业创新提供机会的同时也带来威胁。外部环境分析，是企业创新战略制定与实施的基础之一。此处着重分析企业创新的制度政策环境和行业环境。

1. 企业创新的政策环境分析

如何激励企业从事创新，一般认为是一个政策和制度问题，即设计一种制度，保证创新企业的利益，从而激励企业开展创新。创新过程的不可分性、创新收益的非独占性和创新过程的不确定性是技术创新市场失灵的主要根源。根据市场失灵原因的不同，出现了多种政策工具，包括通过专利制度提高技术发明人的私人收益、以直接补贴和减免税收的形式为创新提供财政支持、通过风险投资机制分散技术风险、建立公共科技基础设施、通过社会科技服务促进技术知识流通与转化等。它们的基本功能是弥补或纠正技术创新中各种市场失灵，促进科技资源的优化配置。因此，创新政策是一套复合的政策体系，是政府干预创新活动的有效手段，在创新全过程都发挥着作用。

以专利政策为例。专利制度是法律、技术、经济三位一体的知识产权保护方式。专利是赋予一项新技术的发明者以独占的权利。专利有激励创新、披露信息和促进扩散三大功能，但专利同样会形成垄断，因此，如何取得专利在保护发明者积极性、促进技术创新活动的繁荣和垄断产生的危害间的最佳平衡是研究专利与技术创新关系的关键之一。制定专利制度的目的是通过激励创新活动以最大限度地增进社会福利。一项发明不仅带来了私人收益，而且会产生外部效应，研发投资上的社会收益比创新者收益多得多。正是基于上述考虑，专利制度规定了专利权的期限，年限的确定是权衡发明的私人收益与社会收益的结果。除这两个因素外，专利最优保护期限还与专利的经济寿命相关，而这种经济寿命取决于产品生命周期、发明的开发成本、从发明小获得收益的速度、对该产品的需求价格弹性和资金折现率等因素。

创新政策的作用领域主要作用于包括基础研究、基础设施、社会收益大的创新、避免创新的重复、增强国际竞争能力、创新的扩散、合作研究等。按激励效果来分，有激励型政策、引导型政策、保护型政策和协调型政策。按技术产生影响的层面划分，有供给政策、环境政策和需求政策。

（1）供给政策。

供给政策指政府通过人才、信息、技术、资金等的支持直接扩大技术的供给，改善技术创新相关要素的供给状况，从而推动技术创新和新产品开发。供给政策又可分为人力资源培养、信息支持、技术支持、资金支持和公共服务等方面的政策。

（2）环境政策。

环境政策指政府通过财务金融、租税制度、法规管制等政策影响技术发展的环境因素，为产业进行技术创新提供有利的政策环境，间接推动技术创新和新产品开发。环境政策包括：财务金融、租税优惠、法规管制以及政府基于协助产业发展的需要，制定区域政策、鼓励企业合并或联盟的政策，以及鼓励技术引进和创新的政策等。

（3）需求政策。

需求政策指政府通过采购与贸易管制等做法减少市场的不确定性，积极开拓并稳定新技术应用的市场，从而拉动技术创新和新产品开发。其包括政府采购、外包、贸易管制和对海外机构的支持等。

改革开放以来，我国创新政策依其特点不同可分为三个阶段：20世纪80年代，在计划经济体制下推出多项科学技术计划，如“国家重点实验室计划”、“星火计划”、“863计划”、“火炬计划”等；20世纪90年代，政府对科技成果转化为生产力问题给予了特别的关注和支持，服务体系建设开始进行，如“科学技术开发贷款”、“国家工程技术研究中心建设计划”、“产学研联合开发工程计划”及《科学技术成果转化法》等。1995年至今，国家技术创新工程开始实施，创新政策急剧增多。从已出台的创新政策来看，主要呈现出如下特点：一是创新政策的分布呈现出对科技成果管理推广较重视，对体制改革逐渐重视；二是从偏重供给政策逐步向偏重环境方面的政策转变；三是政府对创新的干预方式由更多依赖计划手段逐步向市场手段转变，干预对象由主要面向国有大中型企业向不同所有制、中小企业转变；四是创新日益受到政府的高度重视，创新工程开始实施。

2. 企业创新的行业环境分析

技术的每一次重大变化都会引起一个新的行业生命周期，如晶体管、集成电路、微处理器等计算机行业的影响。一般来说，从技术的角度看，一个行业的生命周期分为五个阶段：孵化、技术成长和分化、市场成长和细分、成熟、衰退。

不同阶段的需求和技术特征是不一样的。

孵化阶段的主要特征：对于渐进性创新，技术和需求比较容易预测，不确定程度低；如果是突破性创新，面临的技术和需求的不确定性程度都很高，这是该阶段的最大难题。技术重点是加强发明、应用研究和根本性创新；由于需求比较小，这个阶段可以发挥专家的作用和加强对领先用户的研究；关键部门是 R&D；组织倾向于简单灵活式。

技术成长与分化阶段的主要特征：①基本需求的各种特征初见端倪，技术推动产业和市场成长；②产品寿命短，突破性创新多；③第一个把具有显著高性能的产品带入市场的企业可能取得创新成功；④企业死亡率高；⑤主导设计在后期出现。技术重点是提高产品性能和加快开发速度；营销重点在于把握需求的变化；关键部门是 R&D 和营销；组织倾向于简单灵活式。

市场成长和细分阶段的主要特征：①行业销售量快速成长；②市场细分不断增加；③技术进步速率较低；④技术创新更为渐进；⑤在新产品决策中，营销职能起更大作用；⑥市场中的企业数目进一步减少。技术重点是瞄准主导设计，加强工艺创新；营销重点是注意细分市场；关键部门是营销；组织逐步机械化、正规化。

成熟阶段的主要特征：①市场接近饱和，需求主要来自新产品对旧产品的更替；②大宗市场被少数几个产量大的制造商控制；③突破性产品创新的可能性较低；④大批量生产者将技术重点放在工艺技术创新方面；⑤小企业的机会在于设计高附加价值产品来开发空缺市场；⑥市场创新对商业成功意义重大，成为创新管理的中心。技术重点是加强工艺创新，产品的小改进；营销重点是进行价格和促销竞争；关键部门是生产与财务；组织倾向于机械化、正规化。

一个企业要在衰退阶段生存下来，必须获得新技术方面的专长并有效地利用它，以加强自己在当前市场的实力。或者使用现技术进入新市场，使用旧技术来提高产品的使用寿命，以统治替换市场，即靠产品的使用寿命自然替换。技术重点是提高产品使用寿命以及技术多样化发展；营销重点是价格、质量和服务；关键部门是生产、财务、营销，组织倾向于机械化、正规化。

企业创新的行业环境分析，关键一点是要判断企业所进行的创新处于什么阶段，以及对此项创新所致的行业未来吸引力、发展前景和趋势的分析和判断。

二、企业创新内部情况分析

企业创新内部情况分析，主要分析支撑企业创新的内部情况，包括企业创新资源和能力等的分析，以及对创新项目本身的评价。由于资源主要表现为能力的支撑，所以这一部分主要讨论企业创新能力分析与创新项目评价。

1. 企业创新能力分析

不同的人对企业创新能力有不同的认识。有人认为，企业创新能力是企业支持创新战略的一系列综合特征，它包括可利用资源及分配、对行业发展的理解能力、对技术发展的理解能力、结构和文化条件、战略管理能力。也有人认为，企业创新能力的核心是掌握专业知识的人、技术系统、管理系统的能力及企业的价值观。还有人认为，创新能力是产品开发能力、改进生产技术能力、储存能力、组织能力的综合。简要言之，企业创新能力，就是企业所具有的在技术、管理等创新方面的能力，其目的是企业更好地满足市场和社会需求，增强企业竞争力。因此，企业创新能力是一个比技术创新能力在内涵上更大的概念。

对创新能力的评价，直到20世纪90年代初，国内外对企业创新能力度量的理论研究都比较缺乏，使用的指标也比较粗略。国家统计局在20世纪90年代初主要以技术开发经费投入等为基础建立技术开发能力综合指数指标。20世纪90年代中期以后，国内外对企业创新能力度量的研究开始活跃起来，使用的方法也日趋丰富。

评价指标有三个方面：创新资源投入能力、创新资源转换能力和创新成果产出能力。

创新资源投入能力指企业投入技术创新资源的数量和质量，分为研究开发投入和非研究开发投入。研究开发投入集中体现在经费、人员和设备上；非研究开发投入是指市场研究、设计、工艺和材料准备、试制、试销和广告活动的经费、技术引进和技术改造的投资。

创新资源转换能力首先是创新管理能力，即企业从整体上、战略上安排创新和组织实施创新的能力，包括创新战略的可行性（发现和评价创新机会，选择创新方向）和创新机制的有效性（创新人员的配置、内部合作、外部联盟、创新人员激励等）；其次是产品制造能力，指将研究开发成果从实验室成果转化为符合设计要求的批量产品的能力，包括企业装备的先进性、工人的技术等级、适应性和质量、产品的标准化程度；最后是市场营销能力，不仅指产品开发出来后所具有的营销能力，还指研究市场，使消费者接受新产品，通过用户和竞争者反馈信息以改进产品，从而提高新产品的市场占有率和扩大市场范围的能力。

创新成果产出能力用来考察创新资源投入的配置和产出效果，如消化吸收能力、专利成果、新产品销售额占全部产品销售额的比例等。

2. 创新项目评价

总结创新项目成败的因素一直是研究者的兴趣，研究结论也众说不一。创新项目评价即从企业目标出发，对具体的项目进行评价，以保证创新项目成功。在创新项目评价时需要明确两个问题：一是要处理好创新项目的无限性和一定时期内资金有限性的矛盾，以便在有限资金条件下，对创新项目作最合理的安排；二是项目选择是一个动态过程，创新活动具有较大不确定性。

表9-1是从影响创新项目成败角度所做的一套创新项目评价指标体系，包含12个一级指标，45个二级指标：

表 9-1　　　　　　　创新项目的一套项目评价指标体系

一级指标	二级指标
从企业来看的新颖性	企业的新顾客
	企业的新产品
	顾客的新需求
	企业的新工艺
整个项目与企业资源的适应情况	有适当的财务资源
	有足够的研究开发力量
	有足够的技术力量
	有必要的市场研究力量
	有必要的管理能力
	有足够的生产能力
	有足够的推销力量
产品优越性与“独一无二”性	高度创新的产品
	产品有独一无二的特点
	比同类产品优越
	产品可使顾客节省开支
	比同类产品的质量优越
市场的竞争	高度竞争的市场
	市场价格的激烈竞争
	市场上有众多竞争者
	有许多新产品引入
	有强大的竞争对手
市场需求、增长和规模	市场上用户需要的变化
	用户满足于竞争对手的产品
	用户需求量大
	市场销售量大
	市场增长快
产品的技术复杂性	高技术产品
	价格较高的产品
	机械和技术的复杂

表9-1(续)

一级指标	二级指标
产品的创新性	对市场来说，有高度创新性
	对用户来说，有独特的功能
	首次进入市场
	仅有潜在需求
产品的确定性	市场明确规定出产品的规格与要求
	技术解决方案一开始就很明确
生产和工艺上的新颖性	生产资源是否具备
	对企业来说生产过程是新颖的
	产品工艺是新颖的
技术资源的适应性	项目具有足够的研究与开发能力
	具有必要的技术力量
产品的特制性	由市场产生出产品设想
	特制产品（根据特定需要生产）
	不具备大量需求
产品在经济上的优点	产品不能使用户达到节约的目的
	产品价格高于竞争对手的价格

3. 企业创新计划的编写

计划是对未来行动或资源的一组安排。企业创新计划是指企业进行创新活动的总的谋划。企业在前述对企业创新的外部环境、内部创新能力及创新项目本身全面深入分析后，通过科学的预测、权衡客观需要和主观的可能，提出在未来一定时期内要达到的目标及实现目标的途径，制定企业创新的整体计划和创新项目的计划。

按计划期限分类，企业创新计划可以分为企业创新长期计划、企业创新短期计划。

按计划明确性分类，企业创新计划可以分为企业创新具体性计划、企业创新指导性计划。

按计划层级分类，企业创新计划可以分为企业级创新计划、部门级创新计划。

企业创新计划的编写，应该是在前述的企业创新的外部、内部分析估量后，设立企业创新目标，并由企业的创新计划部门和专职的计划专家负责拟订和开发出创新计划的预案，然后将此提交相关部门人员商议修订。实际企业中经常采用的，可简要归纳为“上—下—上”法，即由企业高层委托人员编写计划草案，下发企业各层级广泛征求意见，修改形成正式预案，然后向上提交由决策部门正式议定。

编写计划的方法，实际中经常采用不断调试法和滚动计划法，当然，也可以使用一些数学的方法提高计划的精确度和准确度，如投入产出方法、线性规划方法等。

第四节　企业创新组织

组织就是对实现目标的各种要素和人们在工作过程中的相互关系进行组合、配置，从而建立起一个有机整体的一种管理活动。企业的各种计划都是通过组织职能的作用来实现的，企业创新计划也不例外。组织职能主要有两项任务：一是设计有效的组织结构，二是确保组织有效的运行。此部分将重点分析企业创新的组织结构、企业创新组织的界面管理。

一、企业创新组织结构

企业创新组织的形式多样，随着企业创新在企业管理工作中的地位不断提升，企业创新组织形式也在发生演变，以适应企业创新工作的需要。企业创新组织在企业中由附属部门逐渐成为一个独立部门，职能从技术创新和研发到企业总体创新的推进和管理，规模及其对企业的影响也越来越大。这里着重介绍企业创新组织结构的基本形式和新形式。

1. 企业创新组织结构的基本形式

企业创新组织结构的基本形式有以下几种。从水平角度来看，可以分为职能分工型和产品分工型。从垂直角度来看，可以分为层级型和集中型。

(1) 职能分工型。

目前我国大多数企业采用的是职能分工型组织结构，就是企业内部按职能设立部门。图 9-6 是一家典型的职能分工型企业的组织结构示意图。创新工作主要承担者——研发部门是这种类型组织中的一个职能部门。

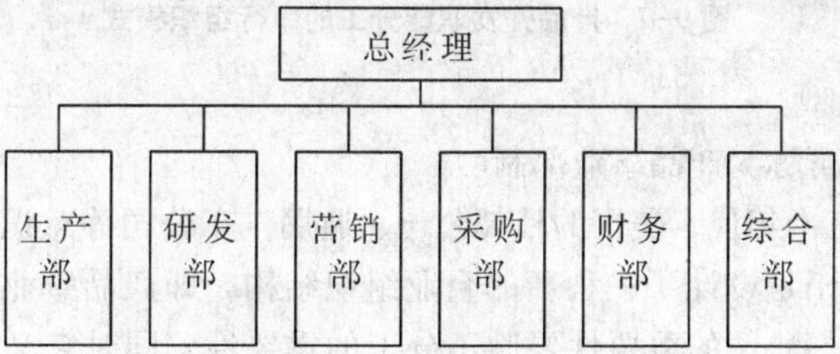

图 9-6　职能分工型的组织结构示意图

这类形式广泛存在于部分中小型企业，主要从事成熟技术的局部、渐进改进，产品的构思、设计、制造、市场试验等基本上在产品开发部门进行，其他职能部门在企业的领导和协调下配合创新。实践证明，这是中小企业从事成熟技术的后续改进、开发、提高组织效率的一种比较有效的方法。

该组织形式的主要优点是权力集中，强调信息的纵向传递，上层较易管理各个职能部门，便于决策计划的执行，从而最高管理层较易实施创新动态。其缺点是较缺少部门间的横向信息交流和联系，部门间的协作较为困难，当企业产品多样化后，各部门面对已有的多种产品而难以顾及新产品的开发、试制和生产。

现代创新过程可以分解为调查与预测、决策与计划、产品结构设计和试制、工艺设计和试生产、成本核算与控制、营销设计与促销等环节。将各环节的任务分别赋予相应的部门来完成，从而形成按产品开发职能分工的串行组织模式，如图 9-7 所示。

这种模式通常是以设计部门为主，在主管人员的协调组织下，充分地发挥企业现有职能部门的作用，分工协作进行。由于分工明确、循序渐进地开展工作，因而易于组织管理，产品开发风险小。在工业化初期，它成为许多企业产品开发设计的主要组织模式。一般地，串行组织模式适用于开发任务量小的中小型企业。

但是职能分工型过分强调创新活动的顺序性，容易导致创新周期过长，降低开发效率。同时，专业之间、部门之间信息交流渠道不畅，容易造成工作内容脱节，影响开发质量。

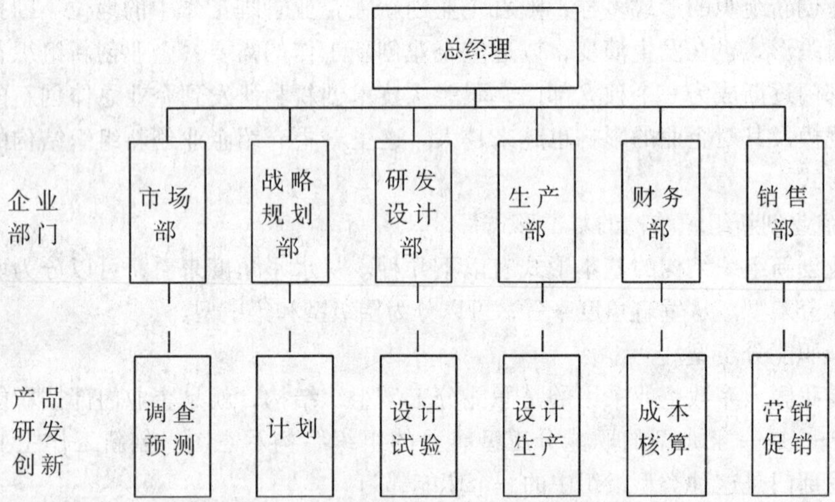

图 9-7 产品开发职能分工的串行组织模式

(2) 产品分工型。

产品分工型也可称为产品事业部制。

在 20 世纪二三十年代，美国的杜邦公司、通用汽车公司等意识到职能分工型组织存在一定局限性，于是设计了一种新的企业组织结构，即产品事业部制。因为企业规模扩大后，职能部门协调的重要性要胜于分工的重要性，同时它又继续保持了企业高层对下属各个职能的管理。当企业产品品种较多，开发任务量较大时，可以建立按产品分工的事业部结构。产品事业部全程负责产品从开发、制造到营销的全部工作，在总公司领导下实行独立经营、自负盈亏。

产品事业部制遵循“集中决策、分散经营”的原则，是一种在集中领导下的分权管理模式。杜邦公司在众多产品事业部中的合成橡胶事业部的组织结构就是围绕合成橡胶的开发经营，事业部内设置了销售部、研究部、制造部等部门。其他事业部基本上也采用这种形式。

在产品事业部制下，多个部门的创新、管理、生产的报酬都可单独核算，这改善了创新的组织和激励方式，既保证了总部的重大创新动态和各个产品部门间的协调，又保证了各分部的灵活创新能力和创新优势。

很显然，在产品事业部制下，每个事业部都有自己的创新研发部门。

（3）层级型。

层级型依托企业从上至下的多级组织结构，建立相应的开发机构，从而形成垂直角度分级型的产品开发组织体系。比如，一家大型公司，它采取三级的研发创新组织体制，分别为公司级研究与开发中心、事业部级研究所、工厂级研究室（试验室），各级研发创新的重点有所区别。层级型把研究开发活动伸展到企业各级部门，有利于调动和发挥各方面的积极性和创造性，提高企业整体开发能力和水平。由于从上到下分级研究，有利于开发与应用结合，从根本上实现了产品的梯度开发。但这种模式需要大量的人力、财力、物力投入，而且易于滋生多头领导，协调困难。一般地，技术发展快、要求创新性强的企业宜于采取这种形式。

（4）集中型。

集中型是将新产品开发、老产品改造等一系列研发创新任务集中到企业这一最高层级来完成，即企业单独设立一个独立部门、主体来完成，形成相对独立、完整的技术中心及研究中心或创新开发基地。企业其他层级基本不承担研发创新任务。由于这种形式体现了以产品开发为中心的动态重点，因而成为许多跨国公司、大中型企业追求的一种组织模式。它有利于充分利用技术开发的人力、物力和财力，实现基础研究与应用研究结合、产品设计与工艺设计结合、软技术与硬技术结合，能较大地提高企业产品开发的能力和水平。

（5）技术中心的组织结构。

技术中心或研究中心或创新开发基地的组织结构，取决于企业规模及行业特点。一般来说，技术中心的组织结构包括有以下几个部门：①信息部：掌握产品标准、专利情况，负责实施企业专利动态及专利申报工作；广泛收集、整理国内外相关技术情报、市场情报，包括竞争对手的技术经济情报。②规划部：规划近期与远期开发目标，优化企业产品组合；制订品种、型号、规格的开发计划，安排部门工作任务；市场调研。③开发部：开发和设计新材料、新工艺、新产品，提供可供试制或生产的工艺文件、技术明细、图纸和产品样品。④试制部：组织小批试制、性能累积测试和用户试用，详细记录、收集产品数据；组织产品鉴定。⑤协作部：组织科研院所联合开发、供应商联合开发，协调开发中心与其他部门的业务关系。

2. 企业创新组织结构的新形式

上节介绍的企业创新组织的基本形式本质上都是传统的等级制组织形式，而等级制组织往往并不是创新活动的最佳组织形式。一般而言，企业要成功地实现创新活动，企业组织结构必须具有以下功能：企业组织结构中各单元能有效地进行信息传递；组织结构能协调各个职能部门的创新活动；组织结构必须能有效地激发员工的创新积极性。大量实践证明，非传统等级制的组织形式如矩阵制组织结构是比较适合创新的组织模式。图 9-8 是在按产品开发职能分工的串行组织模式的基础上加以改进的一种矩阵制组织。其中创新项目组的成员，都是来自于职能部门，具有矩阵式组织结构特征的双重身份，既是项目组成员，也是职能部门成员。

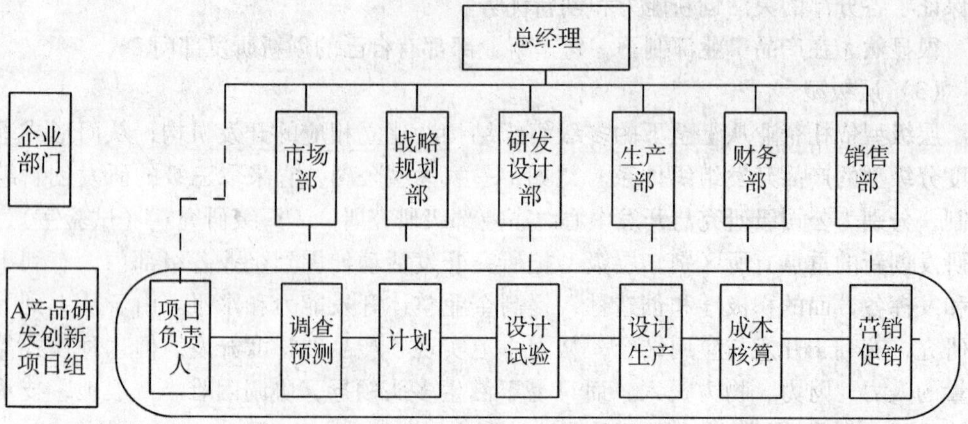

图 9-8　一种矩阵制组织

适用于创新的矩阵制组织多种多样，如新产品开发委员会、项目小组、工作组及风险群体等。

图 9-9 给出了一套企业多个创新项目的矩阵制组织的示意。

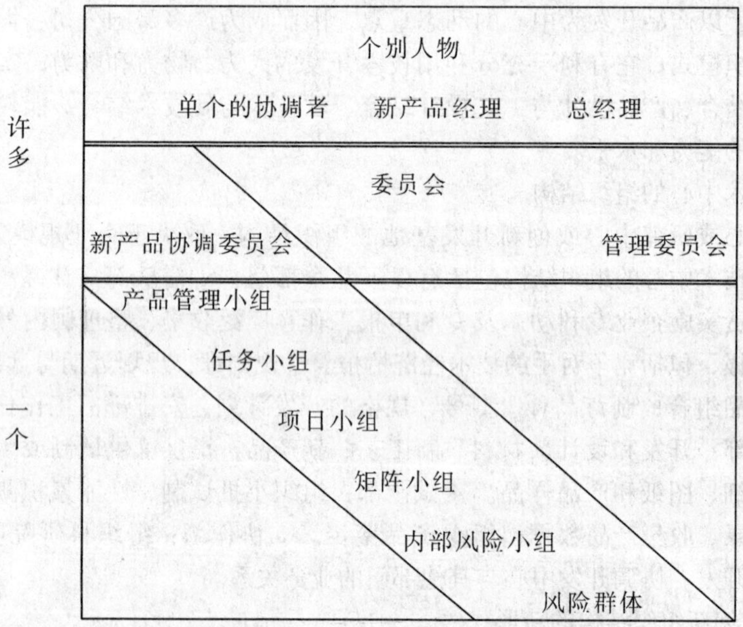

图 9-9　多创新项目的企业矩阵制组织示意

图中上方的个别人物是指对创新活动最终负责的人，他肩负的责任可以是左边的简单协调，也可以是右边的决策。个别人物是相对委员会而言的，个别人物表明组织的集权度高，而委员会的分权化程度高一些。上部的“许多”是指企业创新的总体管理组织，它有两种选择，即集权化的个人和分权化的委员会。下部的“一个”是指一个开发项目的组织形式，它有若干种选择，从产品管理小组到风险群体。这就是说，企业创新事业的组织管理最好由委员会负责，委员会是一种分权的组织模式，它可以提供协调和作出决策。而具体的开发项目，就应由委员会领导的各种小组负责。

并行工程是另外一种企业创新组织的形式。

传统的创新组织模式是沿用“串行”、“顺序”和“试凑”的方法。为了赢得市场和竞争，在20世纪80年代初，人们不得不开始寻求更为有效的创新组织结构。“并行工程”的概念应运而生。并行工程是集成地、并行地设计产品及其过程（包括制造过程和支持过程）的系统方法。

要实现并行工程最重要的途径就是加强各个部门之间的信息沟通和交流。对设计人员来说，只有充分了解企业的制造设备加工能力、生产能力、检测手段等，才能在设计中及早考虑这些因素。从事不同零部件设计的人只有充分了解其他部件设计的进展和信息数据，才能使自己的设计不断进展。各个设计人员只有充分了解其他过程及其相互关系才能真正做到使整个过程和产品达到系统集成与整体优化。

实施并行工程，除了需要计算机及通讯技术有关的软、硬件支撑外，还需要科学的组织管理。产品开发的并行绩效是在一定的技术支持环境下，通过跨学科、跨部门小组的协同工作来实现的：项目小组的运行与人们在传统组织内的工作方式有根本的不同，它的组织管理是现代信息、技术、人等多种因素多功能管理的集成。

虚拟组织和无边界组织也是近些年新出现的企业创新组织结构的新形式。

二、企业创新组织的界面管理

界面管理是近年来企业创新管理中出现的一种新概念，是指为完成同一任务，企业需要处理企业之间、企业内部的各部门、各有关成员之间在信息、物质、财务等要素交流方面的相互作用，解决界面双方在专业分工与协作需要之间的矛盾，实现控制、协作与沟通，提高管理的整体功能，实现企业绩效的最优化。界面管理致力于企业之间、企业内各职能之间的有效沟通和协作，能够沟通各项价值活动，建立各价值活动之间的联系，这种联系对竞争者来说具有模糊性，竞争者可以模拟价值活动，却不易复制价值活动之间的联系，价值活动之间的联系正是产生特殊竞争优势的来源，所以界面管理能力能够成为企业的核心能力。

创新也涉及大量的界面问题，因此从创新角度看，界面管理就是设计并保持一种良好的界面环境，使得跨界面的交流、协调、合作能够有效进行，从而实现企业创新目标。一般认为，创新界面主要有两个：一是企业内的界面，其中R&D、营销与制造之间的界面最受关注；二是企业外的界面，如供应商、制造商和顾客之间的界面。

企业内的界面问题的研究首先源自内部界面尤其是营销和研发之间的界面问题，随着对这个问题研究的深入，人们发现企业存在着广泛的界面问题：从研发与营销的界面到研发、制造和营销乃至企业内部各职能之间的界面；从横向的界面到纵向的界面。纵向界面是指企业内部不同层次之间由于目标、价值取向和专业背景等的差异所造成的界面。

企业内部界面管理方法，主要包括以下三点：

(1) 界面分析与设计。

界面设计是指对流程结构和职能边界进行的设计，企业竞争实力80%在设计阶段被确定，所以界面设计是界面管理的基础。专业化带来效率，但却增加了界面管理的难度，所以界面设计要防止过度专业化。

界面分析与设计的任务是确定界面，主要分析三个问题：是否要求界面管理、实际界面管理情况、何处需要加强界面管理。

界面设计必须遵循以下原则：一是以核心能力为导向。现代信息技术发达，降低了市场的交易费用。根据科斯的交易费用理论，它在很大程度上压缩了企业的边界，企业必须把注意力集中在发展自己的核心能力上，非核心业务让市场来实现。二是以流程为中心。以前的界面设计是以职能为中心的，广泛存在于职能界面和等级界面，职能界面有着明显的专业特色和目标差异，等级界面存在着很大的信息不对称和信息黏滞，这极大地降低了界面管理的效率。要提高界面管理的效率就必须面对顾客的需要，以流程为中心来设计界面，使供应链的组织结构扁平化，这样便于沟通和协作，提高界面管理的效率，所以界面设计的对象是流程而不是职能。三是单元模块化。模块化的优越性在于一方面它能提供一个标准化的接口，提高协作的效率，另一方面它能利用外包市场的竞争压力为单元提供一种协作的动力。所以界面设计时应能够尽量将非核心业务实行模块化外包。四是建立协作机制。界面设计确定了流程结构和职能边界，还应该提供一种协作机制，它提供了一种在原则基础上而不是在权力基础上制定经营和组织决策的基础，它是企业竞争实力的重要来源。

（2）加强界面沟通。

为了克服信息黏滞的障碍，必须加强界面沟通和协作。所以应做好以下工作：一是要建立一个高效的沟通平台；二是要有一个健全的网络体系和一个通用的标准语言。电子商务和管理信息系统都可以提供所需的网络支持，信息技术在这方面发挥着举足轻重的作用，它让信息动态化和可视化。通用的标汉语言是信息的载体，它可以跨越封闭的网络体系，实现兼容。

（3）提升界面自我完善能力。

提高界面的学习和自我完善能力，建立学习型组织，有利于克服文化冲突的负面影响。界面双方首先应该保持一种开放的心态，认识到知识和信息的交流会结双方带来受益。再者要提高对知识和信息的敏感性。界面双方还应该培养一种系统思考的习惯，系统地看待双方的作用和相互影响，保持一种战略的协调，共同致力于创新。如此，不断调适修正，提升界面自我完善能力。

供应链、企业联盟、虚拟企业等的出现，这为企业创新管理提出了新的课题——企业外部界面管理。

通过企业的创新活动，企业与各种组织之间建立了联系。这些联系组成了网络，影响着创新。企业创新网络可以表示创新过程中企业的这种联网行为。对这种企业创新网络的界面管理，具有如下鲜明的战略特征：①界面管理的开放性。界面双方有着截然不同的文化特征和观念差异，要保持整体战略的协调性，就必须创造一种开放的界面文化，界面双方彼此间建止一种基于战略的伙伴关系，彼此合作、协同进化，以实现资源的高效共享。界面管理的开放性也意味着界面管理的合作性。②界面管理的网络性。界面双方采取一种全范围的整体观点看待他们的管理活动，这是一种网状模式。界面双方形成有效的工作关系，意见充分交流，各相关主体考虑特殊环境约束和供应链整体战略，彼此合作，多重界面相互作用，构成一个有效的网络。③界面管理的信息依赖性。界面双方处于不同的组织体系中，存在极度的信息不对称，于是需要沟通和激励，沟通时又存在信息黏滞，这是界面管理的最大障碍，界面管理表现出对信息的极度依赖性，界面管理的网络性又加大了这种依赖性。进行系统集成，利用信息技术，可以克服信息不对称和信息黏滞，改善界面管理的状况。

第五节　企业创新领导

企业创新过程中的领导主要体现在领导者在企业创新过程中的活动内容和发挥的作用，即领导的职能。

一、企业创新的关键角色

在创新过程的不同阶段，经常需要有不同的人物扮演促成创新活动成功的关键性角色。一般而言，我们可以归纳出创意产生者、创新倡导者、项目领导者、信息守门人、创新保护者等五项关键性角色。在组织创新的经验过程中，有时一人可担任多个角色，但也可能分别由不同的人担任各角色。

（1）创意产生者。

在创新的过程中，创意的产生是首先的驱动步骤。企业组织中需要有一些具有科学家特质的人物，擅长于概念化和思维创新，对于科学技术的发展趋势有深入观察，经常能发挥先见之明，提出大量超乎寻常业务活动之外的新构想的创意；喜爱做创新工作；常愿意独自工作。产生新构思并测试其可行性；促进难题解决；以新的和不同的方式做事；寻求对现实的突破。

（2）创新倡导者。

这通常是一位对于企业创新与创业活动抱有高度兴趣的高层主管，具有能将创新活动实现的企图与行动力。创新与创业倡导者能经常在组织内宣扬有关创新的理念，倡导重视创新的企业文化，能够支持进行中的创新与创业活动，并勇于承担创新与创业失败的风险。这样的人物，通常不会参与创新活动的具体事务，但他是驱动组织创新活动的关键人物，并对创新团队的激励与资源支持，起了关键性的作用。他们对应用有强烈的意向；具有广泛的特长；对开发基础知识不感兴趣，精力充沛和果断；愿意在第一线。

（3）项目领导者。

项目领导者是创新项目的经理人与创新团队的负责人，应具备良好的组织、企划、协调、激励、控制的领导与管理能力，也扮演创新过程中问题与困难解决者的角色。这样的人物能凝聚创业团队的共识与信心，适时做出关键的决策，提供有关的信息与取得必要的资源，并对组织内外部环境变化具有敏锐的观察与掌控能人。他必须对于创新项目的成败负起责任；能动员、组织人力去完成事业；知识面广（如营销、财务）。他的主要工作是为小组提供领导职能和激励；计划和组织项目；在小组成员间提供必要的协作；维持项目有效地向前推进；使项目目标与组织目标保持一致。

（4）信息守门人。

信息守门人具有对信息的高度敏感与圆润的外部人际关系，通过多方面的渠道来源，经常能拥有许多第一手的信息。他在创新团队中扮演信息传播与内外部沟通协调的角色，能够促使创新活动不至于与变动的外部环境及市场需求脱节，所以也是创新过程中不可或缺的重要角色。

（5）创新保护者。

创新保护者是一位关心并乐于协助创新团队的企业高层主管，虽然他不直接参与或指导创新活动的进行，但经常协助创新团队取得资源或排除阻碍，并在企业高层决策中公开或不公开地给予创新活动以支持。创新保护者类似组织中的顾问角色，因此较容易突破组织对于创新活动的局限。由于创新过程经常充满了挫折和组织内的权力冲突，因此作为创新团队在企业高层中的保护者，往往能发挥起死回生的关键作用。

二、高层领导的作用

高层领导在创新活动中的重要作用主要体现在以下方面：

（1）提出创新目标。

任何一项创新总是有目的的，并且需要有一个目标。高层管理者由于对组织负有全责，因而在考虑问题时也比较全面，这就有助于其在创新过程中，从组织的全局出发，提出最为合适的创新目标。

（2）规划创新活动。

一项创新活动，要求高层管理者及其下属管理部门进行细心的规划，以使创新活动顺利地进行。创新是一个系统的过程，涉及企业内很多部门的利益，如何创造一个良好的有利于创新的组织环境，协调好各部门人员之间的关系，配置好创新所需要的各种资源，对各创新方案进行合理评价，都是高层管理者的创新规划组织职能。

（3）建立有效的支持网络。

企业在提出创新或进行创新评价及推行创新的过程中，为了保持公正性、权威性和充分利用专家的专业知识，都需要获得外部的支持和理解。高层管理者的重视和强有力的人际交往能力，将为获得这种支持提供条件。在组织内部，同样需要高层管理者致力于创新的组织文化的建设，为各种创新活动的开展创造良好的环境。

（4）推进创新成果的实施。

创新成果的实施不同于一般的管理工作，由于创新必然带来原有组织管理方式的变化，因而不可避免地会涉及一部分人员的利益调整，这就使得创新成果在实施过程中可能会遇到很大的阻力。这就需要高层管理者凭借其手中的权力和在组织中的个人威信，凭借其高超的领导艺术，来排除各种阻碍，推动创新成果的顺利实施，最终使创新成果能取得成功。

三、创新人才的激励

企业创新行为的形成取决于四个方面：行为主体的动机、行为主体的能力、环境的激励和环境的制约。其中行为主体的创新动机是企业创新行为产生的前提。行为主体的创新能力是产生企业创新行为的必要条件。行为主体的动机和能力一起决定了主体从事企业创新的目的和追求的目标。外部的刺激可激发和诱导行为主体的创新动机，并为行为主体实现其创新目标创造条件，而环境的制约则会抑制行为主体的创新动机，并影响行为主体实现其创新目标的程度。激励是领导的重要手段。在创新管理中，激励问题更加复杂。一方面，创新是多个主体复杂作用的结果，激励既要考虑个人的贡献，又要考虑团体的作用；另一方面，创新具有高度不确定性，失败是难免的，而失败的原因却是多方面的。因此，创新管理的激励问题需要充分认识到企业创新管理的复杂适应性特征，做到公正、系统、富有柔性。将物质激励和精神激励相结合，外部激励与自我激励相结合，政府、市场激励与企业激励相结合，最大限度地使企业目标与个人目标相吻合，充分激发员工的创新积极性，提高个人和组织的适应性。

（1）创新人才的物质激励。

创新人才的物质激励已有很多的研究，这里介绍物质激励的一种制度设计——多职业通道序列制度。多职业通道序列制度是在组织中设计一个多通道的层级结构：一个作为创新管理人员通道；另一个是专业或研究人员的通道。如实验室负责人和从事专业研究工作的高级工程师可以在一个层级，享受同样物质待遇。

（2）创新人才的精神激励。

创新人才的精神激励涉及对创新人才精神追求的认识，根据马斯洛的层次需要理论，精神层次的需要是一种高层次需要，这种层次的需要相对来说比较难以满足。物质激励作用于人们的生理方面，是对人们物质需要的满足，多以加薪、奖励和福利的形式出现；精神激励作用于人们的心理方面，是对人们精神需要的满足，多以授予称号、颁发奖状、开会表扬、宣传事迹等形式出现；作为满足人们精神需要的一种重要手段，精神激励作用巨大。

激励工作中，物质激励与精神激励是很难分开的。

第六节　企业创新控制

企业创新控制包括通过对创新实际绩效与创新预期目标之间差异的衡量，找出形成差距的原因，并采取措施加以纠正的一系列管理活动。由于风险性是企业创新的主要特征之一，因此创新活动具有高度的不确定性。从这个意义上说，企业创新控制本质上就是对企业创新的风险控制，这种创新风险不仅会引发财务风险而导致企业发生有形的经济损失，而且会导致时间损失、机会损失、心理损失等各项无形损失。这就需要对创新进行控制，以提高创新效果。这里着重介绍创新风险特征和企业创新的风险评价。

一、创新风险特征

企业创新的风险，具有以下特征：

（1）创新风险属于投机风险。

风险可以分为纯粹风险和投机风险。纯粹风险是指只有损失而无获利的风险，如火灾、地震等。投机风险是指既有损失机会又有获利机会的风险，如股票投资。投机风险因有利可图而具有不同程度的吸引力，使人们为求得利益而甘冒风险。

创新主体希望通过成功的创新获取期望的利益。但是创新系统在外部因素和内部因素的作用下可能创新失败，所以，创新风险属于投机风险。

（2）创新风险是一种动态风险。

所谓的动态风险是指由于外界的变动或人类行为的变化而导致发生的风险，即由创新系统的外部因素或内部因素的变动，如经济、社会、技术、政策、市场等因素的变动，研究开发、市场调研、市场营销等方面的不到位，均可能导致风险的发生。

（3）创新风险可以防范和控制。

创新活动是一种有目的、有组织的技术经济活动。通过对创新系统的组织管理，尤其是完善风险管理，能够在一定程度上防范和控制风险损失的发生与发展，使受控的创新活动向预期目标发展。影响创新的风险因素有一些是可以控制的。在改变某些可控因素之后，能够改变原来失败的结果。

（4）创新风险是可管理风险。

虽然创新风险不可能完全消除，但总的来说，管理比较完善的创新主体能够有效地防范和控制某些风险因素，其创新成功的可能性相对就会高一些。因此，要取得创新的成功，必须加强创新的风险管理。

二、企业创新的风险评价

产生创新风险的原因既有主观原因，也有客观原因。掌握创新风险的主客观原因可以更好地对创新风险进行评价。企业创新的风险评价是利用指标或指标体系，对创新风险进行质和量的测度，以帮助创新决策者对创新风险有一个准确的判断，进而在此基础上进行创新方法选择、创新项目进选以及创新方案优化。

创新过程与创新风险存在着一定的联系。虽然，创新的不同阶段均可能存在技术风险、财务风险、市场风险、管理风险和政策风险等。但在不同的创新阶段，创新风险的分布是不同的。因此，有必要结合创新的阶段特征和风险特征对创新风险进行研究。

创新概念的产生与形成阶段主要包括对市场进行调研、考虑国家或当地法规政策、对创新概念进行严格的筛选等内容，因此这一阶段主要风险是市场风险，其次是管理风险和政策风险；系统开发阶段是一个倾注大量物力、财力协调各部门按照创新设想进行开发的阶段，这一阶段可能会由于技术难度太大、开发成本过高、各部门无法协调及管理不力而导致开发的中断，该阶段的主要风险是技术风险、财务风险和管理风险；创新尝试阶段主要解决有关生产技术、辅助性技术和服务产品质量等问题，该阶段的主要风险是技术风险和管理风险；营销阶段可能会由于消费需求已改变、市场竞争过于激烈、替代品的出现、营销力度不够、国家或当地法规政策发生改变而导致创新的失败，该阶段的主要风险是市场风险、管理风险、财务风险和政策风险。

第十章 现代企业客户关系管理

学习目标

学习本章，主要掌握客户关系管理的基本概念、基本原理、客户关系管理的基本内容、CRM 系统的基础知识。了解大数据时代客户关系管理的重要性，以及大数据时代对客户关系管理的影响，了解客户关系管理系统的应用。

【案例导读】

小投诉带来大生意——培养忠实客户

入住酒店数日的客人在他离开的前一天，偶尔在电梯里遇到进店时送他进房间的行李员小陈。两人打过招呼后，小陈问他这几天对酒店服务是否满意，客人直率的表示，酒店各部门的服务都比较好，只是对餐厅的某道菜不太满意，觉得现在菜的味道不如从前，因为他在几年前曾多次入住该酒店。

当晚这位客人再次到餐厅用餐，餐厅经理专门上了这道菜请他免费品尝。原来，小陈与客人分开后，马上将此事汇报给了餐厅经理。当客人了解事情的原委后非常高兴，他没想到酒店对自己的建议如此重视。

几天后，这位客人的秘书打来预订电话，将下半年公司为期 3 天的研讨会定在这里召开，消费价值约 100 多万元。秘书还说，上次下榻酒店的这位客人是他们集团公司总经理，他高度赞扬了酒店员工的素质，并决定将研讨会从另一家商务酒店更改到这家酒店。

资料来源：河北地方管理咨询公司. 卓越服务：打造卓越服务的理念、要素和手段［M］. 北京：中国发展出版社，2006.

第一节 客户关系管理的基本概念

一、客户关系管理的产生

20 世纪 80 年代，随着卖方市场向买方市场的转变，市场竞争越来越激烈。以标准化、大批量生产的模式，已经不能满足市场竞争的要求。于是，小批量、多品种，甚至是单独定制的生产方式开始出现。客户关系管理也就随着营销的发展应运而生了。

20 世纪 80 年代，美国提出了“接触管理”（Contact Management）理论，该理论认为，优秀的企业应该与顾客保持最大程度的沟通，以获取市场需求信息、新产品测试、促进交易达成、获取产品试用信息反馈，从而获得客户最大的满意度与重视度，实现最大化营销。20 世纪 90 年代初，克拉特巴克提出了“客户关怀”（Customer Care）理论，认为顾客关怀是服务质量标准化的一种基本方式，它涵盖了公司经营的各个方面，从产品或服务设计到它如何包装、交付和服务。1999 年，高德纳咨询公司（Gartner Group Inc）首次提出了客户关系管理（CRM，Customer Relationship Management）的概念，将客户的概念提升到了企业战略层面。

客户关系管理的产生是市场竞争的必然结果。随着经济的发展，尤其是科技的进步，人类改造世界的能力大幅提升，产品日益丰富，市场也逐步由供给不足的卖方市场转变为供大于求的买方市场。市场格局的转变促使企业经营管理思想也逐步从“以产品为中心”转变为“以客户为中心”。客户关系管理正是在这种转变过程中产生的，它将企业关注从企业的内部运作拓展到了外部环境中的客户。企业通过获得客户信息，了解客户需求，并据此调整企业资源，提供个性化服务，获得竞争优势，提升企业价值。

信息时代的到来促进了客户关系管理的发展与完善。随着全球信息时代的到来，特别是网络营销的快速发展，使企业与客户的沟通更加通畅便捷，客户的个性化需求更加多样，迫使企业不得不适应新形势，实施客户关系管理。此外，网络的快速发展也带来了信息爆炸，基于互联网的各种服务，为企业获取客户信息、了解客户需求提供了可能；软件技术的发展，使企业有能力处理海量数据，并提高对客户管理的水平，促进了客户关系管理的发展。

二、客户关系管理的概念与内涵

尽管客户关系管理作为一种概念，早在 1999 年就被提出了，但是至今还没有公认的概念界定。

高德纳咨询公司（Gartner Group）认为，客户关系管理是企业层面的概念，它将每个部门与客户交流的行为提升为企业的全面责任，通过客户关系管理使客户处理过程更加有效率。客户关系管理的关键是明确企业的业务流程，包括将潜在客户发展为实际客户，管理营销渠道，发现未来客户和满足不满的客户。

埃森哲认为，客户关系管理的最终目标是达到企业的长期发展。客户关系管理也就相应的被理解为，通过对客户的了解，发现客户的需求与特征，并找出不同客户的价值所在，进而改变组织和业务流程，为客户提供所需要的产品，以实现企业的长远发展。

IBM 对客户关系管理的定义则包含企业的商务目标和对客户信息的整合两个层面。也就是通过一系列技术手段了解客户目前的需求与潜在客户，并通过整合各方面信息实现对客户的充分认识。相应的，IBM 将客户关系管理分为三类：关系管理、流程管理与接入管理。

尽管不同的人对客户关系管理的理解不同，但从客户关系管理的产生与发展看，我们认为，客户关系管理是综合运用各种工具整合、分析企业客户信息，选择目标客户，发现客户需求，进而通过改变企业流程等方式满足客户的差异化需求，进而实现企业长远发展的管理理念与方法。

三、客户关系管理的核心思想

客户是企业发展的核心资源。对企业资源的有效组织与计划是企业生存与长远发展的关键已经得到了共识。对企业资源的认识也已经随着时代的发展发生了巨大的变化：从最初仅将固定资产看作企业资源，到将商标、知识产权等无形资产被列入企业资源的范畴，再到今天企业掌握的信息也已经成为了企业的重要资源。客户是企业利润的源泉，更应该被看做企业发展的核心资源。客户关系管理就是正是为了充分利用这一核心资源，以实现企业的长远发展。

重视客户的个性化需求，提高客户满意度。科学技术的进步极大地提高了人类改造自然的能力，市场提供的产品与服务日益增多，市场竞争日益加剧。信息技术的发展使消费者获得了更宽广的选择渠道与能力，对产品的个性化更严苛。企业不得不满足客户的不同需求，提高客户的满意度，培养忠实客户，提升自己的竞争能力。客户关系管理就是要整合企业的客户信息，发现并满足客户的不同需求，并提高客户满意度，提升企业形象。

全程的客户关怀。客户关系管理的客户关怀涵盖了从产品设计生产到顾客选择、购买、使用、维护等全过程：设计过程，针对不同客户需求开发最大限度满足客户需要的产品；生产过程中，严格控制产品质量，保障客户利益；客户选择过程中，为其提供有针对性的相关产品与服务信息，提供产品体验；使用过程中，提供安装、讲解、维修等服务。

四、客户关系管理的功能

为产品研发提供决策支持。客户关系管理对产品研发的决策支持，体现在为现有产品改进与新产品设计提供依据方面，通过客户的消费特征分析与客户细分实现。客户关系管理使企业可以利用其掌握的大量历史数据，分析客户的偏好和对产品的需求，并提出相应的改进路线与新产品开发需求，制定服务策略。根据客户信息数据对客户进行细分，同样可以为企业有针对性地提出个性化产品与服务方案，为产品研发提供决策支持。

提高市场营销效果。客户关系管理对营销效果的提升，主要体现在制定有效的营销策略与高效的营销方式两个方面。通过客户关系管理的客户贡献分析，企业可以针对不同地区、不同业务在不同时间上的贡献差异，制定相应的产品、价格、渠道、促销等营销方案，从而提高营销效果。“一对一营销”是客户关系管理对营销效果提高的另一贡献。“一对一营销”又称关系营销，也就是在客户细分的基础上，针对每一个客户建立互动式、个性化沟通的业务流程，客户通过该流程提供需求信息，并由企业提供产品与服务供给。

提高企业的快速响应和应变能力。企业外部环境的不确定性是企业经营面临的最大风险所在，客户关系管理通过对客户历史资料的收集、整理与分析，对外部环境变化进行预判，从而缩短对外部环境变化的反应时间；通过设置预案、采取风险规避战略等方式提高应变能力。

改善企业服务，提高客户满意度，培养忠实客户。20世纪90年代，客户满意度成为热门话题。客户满意度是在客户消费形态发生彻底变迁后，用以衡量客户消费价值选择的指标①。尽管客户满意与客户忠实密不可分，但是只有客户对企业的满意程度达到一定水平后，才会成为企业的客户。客户关系管理通过对一线员工的培训，对客户进行全方位分析，创造以客户为中心的文化等方式改善企业服务，从而提高客户满意度，培养忠实客户。

案例分析：

“定制冰箱”——客户中心理念

2000年，海尔集团在全国率先推出“定制冰箱”概念，从传统的“我生产你购买”转型为“你设计我生产”，在业绩引起强烈反响。“我的冰箱我设计”的崭新思路使得消费者忽然眼前一亮，发现了一种和以往不同的全新的消费方式，即可以不必被动地接受厂家生产的冰箱，而根据自己的喜欢和意愿来定制冰箱。这一全新的经营方式随即在全国范围内掀起一股“定制”冰箱的热潮。从2000年8月，海尔推出“定制冰箱”只有一个月时间，就接到多达一百余万台的订单。而在1995年，海尔冰箱年产量才首次突破一百万台这个数量。不到五年的时间，定制冰箱一个月的销量便刷新了这个记录，相当于海尔冰箱全年产销量的三分之一，成为中国家电行业的奇迹。

资料来源：http://wenwen.soso.com/z/q167139653.htm。

第二节 客户关系管理的基本内容

一、客户分析

客户分析就是根据客户信息数据来分析客户特征，评估客户价值，从而为不同客户制定相应的营销策略与资源配置计划。通过系统的分析，企业可以发现潜在客户，拓展产品市场；也可以根据不同客户的特征与需求，制定、使用不同的营销策略，为客户提供差异化的产品与服务，从而获取更大的收益。企业对客户数据资料的分析，一般包括客户的个性化需求分析、客户行为分析，以及其他有利于企业市场拓展与战略制定的重要信息。

客户分析的内容主要有六个方面：

（1）商业行为分析是指，企业为获取客户的综合利用状况，对其产品的分布情况、消费者保持力、消费者损失率、升级且交叉销售等内容进行分析。

（2）客户特征分析包括，对客户行为习惯进行分析、识别客户价值并对其进行分类；对客户的产品意见进行分析，根据不同客户提出的意见，以及其对新产品的反应，

① 王广宇. 客户关系管理方法论［M］. 北京：清华大学出版社，2004.

改进现有产品，开发新产品。

（3）客户忠诚度分析是指企业为巩固客户忠诚度，通过一定的指标设置，对客户忠诚度的影响因素进行分析，以制定相关战略，保证客户忠实，从而获取更强的竞争力。

（4）客户注意力分析包括客户意见分析、客户咨询分析、客户接触评价、客户满意度分析与评价等方面内容，用以评价客户对企业的关注程度。

（5）客户营销分析是指企业为了对潜在的趋势和营销数据模型有比较清楚的理解，而对整个行销过程进行的全面分析。

（6）客户受利率分析是指企业对每一客户的成本与收益进行的分析，以判定那些客户为公司带来的理论更大。

二、客户识别

客户识别就是通过一系列技术手段，根据大量客户的特征、购买记录等可得数据，找出谁是企业的潜在客户，客户的需求是什么、哪类客户最有价值等，并把这些客户作为企业客户关系管理的实施对象，从而为企业成功实施 CRM 提供保障。客户识别可以降低企业保持现有客户的成本；为企业制定营销战略，开发新客户提供依据。它包括潜在客户的识别、价值客户的识别。

1. 潜在客户识别

潜在客户是指存在于消费者中间，可能需要产品或接受服务的人，是经营性组织机构的产品或服务的可能购买者。此类客户数量大、分布广，需要企业加大营销力度，才能促使其成为现实客户。潜在客户包括特定区域、特定人群和特定的组织与个人。

把潜在客户转化现实客户的现象，称为有利于企业营销的正向转化，而把现实客户转化为潜在客户的现象，称为不利于企业营销的逆向转化。促进潜在客户向现实客户的转化是客户关系管理的重要内容之一。潜在客户转化的途径包括强调客户的需求与欲望、加强品牌建设、降低客户付出的成本、提供购买便利、进行有效的沟通、重视客户接触、强化潜在客户动机、促进客户购买和实现销售九个步骤。

2. 识别有价值的客户

一般可将客户分为交易型客户和关系型客户。交易型客户更关心交易的价格与产品本身；关系型客户则寻求更可靠的提供商。客户识别首先要对上述两类客户进行分离，关系型客户可以分为给公司带来最大利润的客户、现在能够带来利润并可能成长为最大利润来源的客户和正在失去价值的客户。

对于第一种客户最好进行客户关系管理营销，目标是留住这些客户。对于第二种客户，开展营销同样重要。这类客户也许在你的竞争对手那里购买商品，所以针对这类客户开展营销的直接目的是提高你的产品在他们购买的商品中的份额；对于第三类客户，经过分析，剔除即可。

三、客户互动

为了在市场上为客户提供能够为其带来优异价值的产品和服务，企业需要充分利用信息的潜在内涵和各种互动技巧，努力在客户的购买流程中发展与客户的合作关系。通过互动、对话来建立对客户的了解，知道什么时候该提供什么东西，才能让客户心甘情愿地与企业合作。相关资料积累得越多，掌握客户的精确性就越准，应对不同挑战所提出对策的有效性也就会越高，从而降低风险，提高企业利润。客户与企业双方的任何接触，都可以视为互动。例如，产品和服务的交换、信息的交流和业务流程的了解等。

在客户互动的转变过程中，客户角色的转变、营销观念的转变，社会学与传播学理论知识的发展等驱动因素推动了客户互动向前发展与演进。这些驱动因素具体表现在：营销环境的变化、营销观念的变化、企业核心价值认知的改变、与信息技术相结合的营销方式的转变和信息技术推动的管理方式转变等方面。

尽管影响客户互动效果的因素与很多，但是参与互动的人、技术和流程是客户互动中的三大关键因素。客户互动的管理也就相应的集中在员工的有效性、流程的有效性、有效的信息技术和三者的互动四个方面。有效员工的衡量标准中一个重要因素就是给企业客户服务代表授权；企业内部流程的设计与实施，要有效地利用互动过程中的感应客户态度、需求 、认知变化的能力等要素；充分利用信息技术的作用，可以让流程和人事制度更富有柔性，更加快捷，更加有效；上述三者的有机结合可以提高客户互动的效率。

四、客户知识

客户知识是企业与客户在共同的智力劳动中所发现和创造的，并进入企业产品创新的知识，是企业进行商务活动所需要的重要知识。客户知识包括客户的消费偏好、喜欢选用的接触渠道、消费特征等许多描述客户的知识。客户知识是人们通过实践认识到的、与客户有关的规律性，而客户智能是获得客户知识并使用客户知识求解问题的能力。

客户知识主要包括客户需要的知识、关于客户的知识和来自客户的知识三种主要类型。客户需要的知识是由企业传递给客户，帮助客户更好地理解企业的产品和服务的知识。关于客户的知识包括客户的人文统计信息，客户的历史购买信息等基本情况，是企业进行客户分析的重要基础。来自客户的知识描述的是客户对于企业或竞争对手的产品和服务使用情况的反馈信息。这类知识能够使企业及时响应客户需求的变化，并相应的调整营销策略。

客户知识管理，就是利用先进信息技术和客户互动交流，帮助客户找出问题及答案，进而适应周围环境，把客户需求过程与企业的营销过程有力地交织融合，实施定制化服务。客户知识管理包括客户知识的获取、客户知识的共享、客户知识的创新和客户知识的应用四个方面。客户知识管理始于计划，经过聚焦、引申、编辑、分享和应用六个步骤，形成一个闭循环。

案例分析：

老太太的需求——客户识别

香港首富李嘉诚是做推销起家的。他做过茶楼学徒，卖过塑料花，还卖过铁桶。开始的时候，卖铁桶的业绩并不好。他研究市场后，决定从做酒店转为做家庭居民。但从哪里开始呢？一家一户去卖太费时间。有次他恰好到一个亲戚家，在楼下看到几个老太太在居民区的庭院中择菜、聊天，顿时茅塞顿开。于是找老太太卖桶，结果产生了奇效。

资料来源：李光明，李伟萁. 客户管理实务讲义［M］. 北京：清华大学出版社，2007.

第三节　客户关系管理系统

一、CRM 系统的概念

客户关系管理系统（CRM）是利用信息科学技术，实现市场营销、销售、服务等活动自动化，是企业能更高效地为客户提供满意、周到的服务，以提高客户满意度、忠诚度为目的的一种管理经营方式。

客户关系管理系统的主要功能包括：记录、管理所有公司和客户的交往，并能够通过分析，分辨有价值的客户，确定这些客户的特点、趋势；自动、动态的追踪客户需求、客户状态的变化，记录客户意见；通过电子邮件、网站等渠道向特定客户推销公司产品。

CRM 系统是应当具备综合性、集成性、智能化和友好性的特征。综合性包括对企业进行客户管理功能的普遍适用性和对客户信息处理的全面性。集成性是指 CRM 系统的拓展能力，即与 ERP 等系统的链接能力。智能化是指其不仅要实现商业流程的自动化，还能自动对客户数据进行分析。友好性是应用软件设计的基本要求，它使软件操作更简洁方便。

二、CRM 系统类型

根据不同类型企业的需求，CRM 系统可分为：呼叫中心、运营型 CRM、分析型 CRM、协作型和 eCRM 五种类型：

1. 呼叫中心

呼叫中心是充分利用现代通讯与计算机技术建立的，可以自动灵活地处理大量各种不同的电话呼入和呼出业务和服务的运营操作场所，客户可以通过呼叫中心与企业的客户代表进行对话，获取产品性能、价格和指南等信息。它是实现了语音与数据的集成，成为 CRM 应用的主要客户接触点，为客户提供快捷、有效的呼叫服务，并获取客户信息。

呼叫中心可分为四种类型：①基于互联网的呼叫中心，可以通过电子邮件、文字交谈、业务代表回复、互联网电话、网页同步等方式实现其功能；②多媒体呼叫中心，不仅是语音与数据的集合，还将结合了交换系统，使客户能够图片、影像等多媒体信息；③可视多媒体呼叫中心，实现了客户与企业服务人员的面对面交流；④虚拟呼叫中心，采用分布式结构在多个地点建立互通的呼叫中心，提高了呼叫中心的效率与服务质量。

呼叫中心的主要作用包括：通过向客户提供交互式、专业化、集成式的服务，提高客户服务水平；通过与客户的交流，获取客户偏好、产品使用情况以及客户意见与建议等信息；通过呼叫中心提供的数据、报表与意见反馈，完善企业内部管理；以较低的成本拓展市场，为企业创造利润。

2. 运营型 CRM

运营型 CRM 主要涉及自动化管理、营销、客户服务与支持等领域与客户关系有关的流程处理。它主要解决企业市场、销售、服务过程中的协作问题，将这些过程有机集成，并实现自动化运行。运营型 CRM 一般包含信息管理、服务管理、销售管理、知识库管理、产品管理、业绩考核、统计报表等功能模块。

3. 分析型 CRM

分析型 CRM 是通过对客户数据进行捕捉、储存、提取、处理、解释，创造和使用客户知识、帮助企业提高优化客户关系的觉得能力和整体运营能力的概念、方法、过程以及软件的集合。

分析型 CRM 应该具备六大基本功能：①为营销活动提供所需要的客户行为、购买模式、属性等客户信息的客户分析功能；②为预测客户购买倾向与行为，依据客户的历史资料和交易模式进行客户建模的功能；③根据相应的规则，实现与客户沟通的功能；④针对不同类型的客户，开展个性化营销与服务的功能；⑤分析客户管理管理活动，并对其进行优化的功能；⑥对客户与企业的接触进行管理的功能。

4. 协作型 CRM

协作型 CRM 使企业能够直接与客户互动，实现全方位地为客户交互服务和收集客户信息，形成与多种客户交流的渠道。协作型 CRM 包括了呼叫中心、因特网、电子邮件等多种内容。协作型 CRM 一般具备电话接入、电邮和传真接入、网络互动交流和呼出等功能。

5. eCRM

eCRM 是 CRM 系统的电子化扩展，是 CRM 系统与网络技术深入结合的产物，是面相电子商务的客户关系管理系统。eCRM 大致可分为电子营销、电子销售和电子服务三个领域。eCRM 一般包括客户联系中心、工作流程设计中心、客户应用、客户分析中心和中心控制器五个方面的功能，包含数据中心、市场模块、服务模块、销售模块、企业员工关系管理模块和合作伙伴管理六个模块。

三、CRM 系统的一般模型

依托现代信息技术，利用计算机软件与互联网，实现客户关系管理的思想，是企业最终实现以客户为中心的管理模式的重要途径。CRM 系统的一般模型体现了客户关系管理的基本思想和目标客户、主要过程以及功能之间的相互关系（见图 10-1）。

CRM的主要过程包括市场、销售和服务三部分（见图10-1）。营销管理过程是在对企业掌握的客户信息进行分析的基础上，制定新的营销战略与销售计划的过程；销售过程则是营销战略与销售计划的实现，包括风险潜在客户、与客户进行沟通、推销产品与服务和实现交易等；服务过程是营销过程的延伸，在这个过程中，企业为购买产品的用户提供服务与支持，并在该过程中收集客户反馈信息；产品开发和质量管理过程位于CRM过程的两端，为三个子过程提供必要的支持。

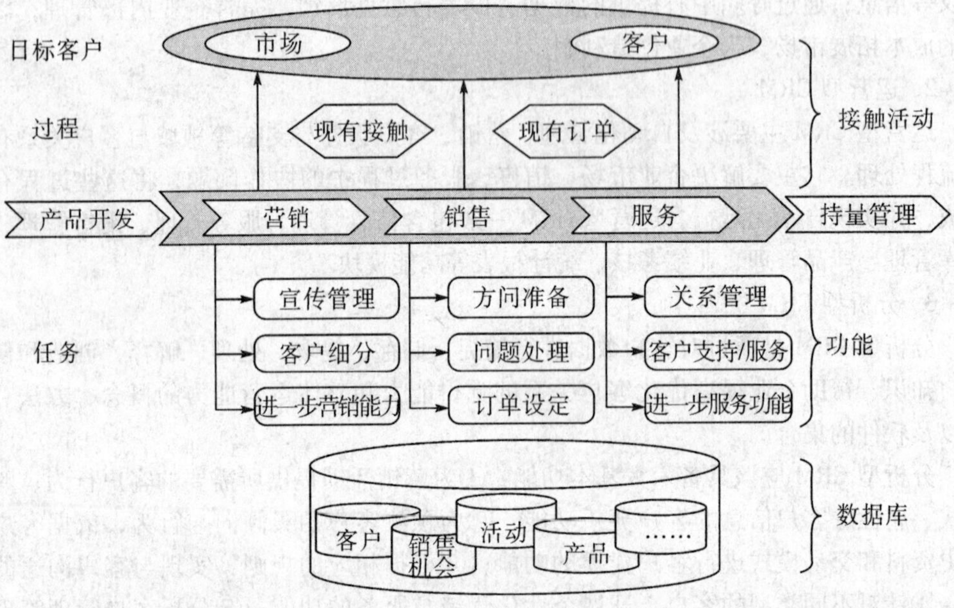

图10-1　CRM系统的一般模型

CRM软件系统通过位于中央的数据库，将企业拥有的客户信息资源进行共享，为所有参与CRM过程的部门提供信息支持，从而使企业与客户的互动过程更为高效，为企业实现客户导向，满足客户多样化与个性化的需求提供保障。各参与CRM过程的部门同样通过数据库，补充、完善、丰富企业掌握的客户信息，进一步提升CRM管理的效果。通过数据库连接，形成了CRM管理过程的闭循环，使各参与CRM管理的独立部门可以互相配合、协作，共同完成企业经营的目标。

四、CRM系统的主要模块

由于不同的企业存在经营理念、业务流程等方面的差异，其CRM系统也会有所不同，但是一般都包含销售、营销、客户服务、呼叫中心和电子商务五个基本模块。

1. 销售模块

销售管理模块主要对商业机遇、销售活动、销售渠道等进行管理。销售管理将企业的所有销售环节结合起来进行统一管理，为销售人员提供行业竞争信息、客户信息、产品信息、价格信息等大量最新的企业信息，以协助销售人员提高其销售成功率；通过系统优化缩短销售周期，降低销售成本。

销售模块的主要功能包括客户信息管理、订单管理、业务流程管理、分销信息管理、动态库存调配管理和销售统计分析与决策支持等。

2. 营销模块

营销模块对直接市场营销活动加以计划、执行、监视和分析。该模块在对客户、市场信息进行全面分析的基础上，进行市场细分，并提供相关市场的详细信息。营销人员可以根据营销模块提供的信息策划并实施营销活动，营销管理模块对营销活动的计划、执行过程进行监视与分析，通过统计数据对营销活动的效果进行反馈，从而提高营销活动的效果。

营销管理模块的主要功能有客户信息管理、营销活动管理、市场资料管理和统计与决策支持等。

3. 客户服务管理子系统

客户服务管理模块的主要提供客户支持、现场服务和仓库修理相关业务流程的自动化，可以完成现场服务分配、现有客户管理、客户产品全生命周期管理、服务技术人员档案、地域管理等工作。服务管理模块的主要功能包括：任务建立、服务委派、服务记录、任务核销、服务统计等。

4. 呼叫中心管理

呼叫中心将销售管理与服务管理功能集成起来，为客户提供实时的销售与服务支持。该模块主要功能包括：电话销售、呼入电话处理、统计报表分析等。

5. 电子商务模块

电子商务模块使企业可以建立基于互联网的销售平台，向客户展示企业形象、产品信息，收集客户信息、意见建议，允许用户通过该平台进行网上下单、电子支付、订单查询、服务申请等活动。

五、CRM 系统的发展趋势

随着计算机技术尤其是网络技术的发展，CRM 系统也在不断走向完善，当前 CRM 系统发展主要趋向于软件系统的完善、商业智能技术的应用以及 CRM 系统与其他管理系统的融合等方面。

先进的软件技术与设计理念的采用。近年来，B/S 软件体系结构、J2EE 体系框架、面向服务的体系结构等软件技术被引入到 CRM 软件的设计中，大大提高了 CRM 软件的功能。同时分布式技术的采用，使本地与远程管理实现了无缝连接，大大提高了企业管理的能力与效率。

商业智能技术的应用。商业智能是指利用数据挖掘、知识发现等技术分析和挖掘结构化、面向特定领域的存储于数据仓库的信息，以帮助用户认清发展趋势、识别数据模式、获取智能决策支持、得出结论。商业智能技术的应用为管理者做出正确决策提供了支持，其继续完善也是 CRM 系统的必然趋势。

CRM 系统与多系统的融合。CRM 系统功能的充分发挥，需要多种资源的支持，建立 CRM 系统与企业各种电子商务应用的交互，实现 CRM 系统与 ERP、SCM 等系统的融合，也是 CRM 系统发展的另一个趋势。

案例分析：

思科（Cisco）公司的 CRM——CRM 系统应用

作为一个对世界 IT 潮流有着足够敏感度的企业，思科公司已在网络上开展了其所有业务。它全面采用 Oracle 的数据库、网络技术平台及前端应用程序，建设了面向全球的交易系统，并已将市场及服务扩展到了全世界的 115 个国家。思科公司在客户服务领域全面实施了 CRM，这不仅帮助思科公司顺利地将客户服务业务搬到网络上，使通过网络的在线支持服务占了全部支持服务的 70%，还使思科公司能够及时和妥善地回应、处理、分析每一个通过 Web、电话或其他方式来访的客户要求。实施 CRM 使思科公司创造了两个奇迹，一是公司每年节省了 3.6 亿美元的客户服务费用；二是公司的客户满意度由原先的 3.4 提高到现在的 4.17。4.17 是一个惊人的数字，在这项满分为 5 的调查中，IT 企业的满意度几乎没有能达到 4 的。Oracle 先进的管理系统为思科公司创造了极大的商业价值：在网络上的销售额达到了每天 2 700 万美元，占到了全美国网络销售额的一半以上；发货时间由三周减少到了三天；在新增员工不到 1% 的情况下，利润增长了 500%。

资料来源：http://wenku.baidu.com/view/7478a5300b4c2e3f57276368html。

第四节　大数据时代与客户关系管理

随着互联网应用的普及，网络在为广大用户提供方便快捷的服务的同时，也形成了庞大的数据资源，这些数据资源蕴含着大量的信息，能否充分挖掘和运用这些数据资源决定着企业未来的发展。大数据时代的到来在企业提供商机的同时，也必将改变企业运营的方式，促进客户关系管理系统的发展。

一、大数据时代

2011 年全球知名的咨询公司麦肯锡首先提出了大数据的概念“数据，已经渗透到当今每一个行业和业务职能领域，成为重要的生产因素。人们对于海量数据的挖掘和运用，预示着新一波生产率增长和消费者盈余浪潮的到来”。随后，“大数据”一词越来越多地被提及，人们用它来描述和定义信息爆炸时代产生的海量数据。

实际上，近年来人类所产生的数据正以爆炸式的速度增长。国际数据公司的研究表明，2011 年全球所产生的数据量高达 1.82ZB，而截至 2012 年年底人类生产的所有印刷材料的数据量仅为 200PB，也就是说 2012 年全球数据的产生量相当于至 2012 年人类有史以来印刷材料数据总量的万倍之多。

除了数量巨大外，种类多、时效高、价值密度低也是网络数据的主要特征。网络提供的数据资源种类繁多，不仅包括传统的数字与文字，还包括图片、音频、视频、地理信息等资料。大量不同类型的数据资源相互印证，可以为企业提供各方面的信息，但是单一或部分数据资源所含的有价值信息却较少，甚至不具备实际价值，这就要求企业必须具备强大的信息处理能力，从海量信息中获取有价值的信息。此外，网络数据所提供的信息时效性强，只有企业具备快速的数据获取、分析能力，并根据数据所包含的信息做出迅速反应，才能获得商机。

海量数据的出现，要求企业加强员工培训，高度重视数据信息；加强企业整合、处理、分析数据的能力，充分发掘利用数据资源；对企业业务流程进行整合，提高快速反应能力，应对大数据时代的到来。

二、大数据时代对客户关系管理的影响

大数据在改变人们生活的同时，对企业管理的理念与方式也产生了巨大的冲击，其中对客户关系管理的影响尤为重大。

1. 拓宽了 CRM 数据获取的渠道

与以往企业获取客户信息主要通过企业经营过程中的积累、大规模的市场调查和第三方合作等渠道。互联网的发展，海量数据的产生，不仅可以为广大用户提供更加广泛、便捷的服务，还为企业提供了获取商业信息与市场机会的途径。企业可以通过建立基于互联网的 CRM 系统，方便快捷地获得所需要的大量客户信息，提高客户关系管理水平。

2. 企业与用户的互动成为可能

与传统的 CRM 系统不同，基于互联网的发展为企业与客户的互动成为可能。网络的发展，人们可以更加方便地进入网络系统，获得所需要的服务；企业也可以通过网络建立自己的商务平台，实现与客户的互动，及时了解客户的需求，掌握客户的动态。

手机、平板电脑技术的成熟与快速发展，开放式系统应用，为广大网络用户提供了参与网络应用设计的途径。基于移动平台的各种应用正以爆炸式的速度被开发并应用推广，进一步促进了企业与客户的互动。近年来，企业、社会组织，甚至包括政府机构，纷纷开通了微博、微信等应用平台，扩展与目标群体的互动渠道。企业与客户的这种互动使企业可以更近距离地了解客户需求，实现客户为中心的管理理念，提高企业盈利能力，也必将进一步推动客户关系管理的发展。

3. 使精准营销成为现实

通过对网络提供的文字、音频、视频、地理信息等信息的处理，企业可以更加精准地描绘客户需求及其变化，掌握市场动态，为其制定企业战略、细分市场、提供差异化服务提供了更加准确的依据。企业可以根据这些资料更加精准的投送企业信息，开发个性化产品，提供产异化服务。

4. 海量数据带来新的机遇

大数据时代的到来也为企业提供了新的机遇，使信息成为一种资源，并且成为提升企业核心竞争力的资源。这种机遇体现在数据收集与处理本身和对数据资源的应用两个方面。第一，海量数据的产生极具时效性与多样性的特点，必将促进信息分析与处理产业发展壮大，为企业带来新的发展方向。第二，企业通过获取、占有数据信息，可以获得核心竞争力，在市场竞争中获得优势，为企业发展带来新的动力。

5. 数据安全成为新的挑战

数据安全是指为数据处理系统建立和采用的技术和管理的安全保护，保护计算机

硬件、软件和数据不因偶然和恶意的原因遭到破坏、更改和泄露。对于客户关系管理方面的数据安全主要在数据的保密方面。

2014 年年初，西安市消费者协会等 37 个单位对参与网络购物的 15.4 万人进行了调查，调查结果显示显示，这些参与网络购物的人员中有 24%的个人信息被泄露[①]。这些信息的泄露不仅给消费者带来了不可估量的潜在与现实风险，也给企业造成了损失。在大数据时代，获取数据更为便捷的同时，也为企业管理，尤其是客户关系管理中的数据安全提出了巨大的挑战。

三、大数据时代客户关系管理的基本要求

大数据时代给企业的客户关系管理提供了机遇，也带来了挑战，企业必须正视新的环境变化，及时调整企业战略，以获取核心竞争力。

1. 适应环境要求，调整组织结构，建立用户数据部门

企业外部环境（Enterprise External Environment）是对企业外部的政治环境、社会环境、技术环境、经济环境等的总称。企业外部环境是企业营销活动的立足点和前提，是企业决策的基础。当企业外部环境发生改变时，企业必须对其当前使命、目标、战略、政策进行重新评价，以确定其中所存在的关键战略要素。

大数据时代的到来无疑是近年来企业外部技术环境的重大变化，面对这种变化，企业必须及时调整经营战略，基于互联网建立互动式、高效的客户关系管理平台，更加广泛的收集客户与市场资料；并根据企业自身条件，建立对企业数据进行维护与处理的部门，提高数据处理能力，以应对新的市场竞争。

2. 加强数据收集、整理与分析能力

大数据时代的到来，使企业在数据分析方面的能力将会决定其市场份额的得失。大数据可能来自于购物交易、生产制造、社交网络媒体、在线视频图像资料等渠道，包括事务性商业应用的数据和其他非结构化数据。其时效性强、种类繁多、有效信息量低的特点，要求企业具备强大的数据收集能力、对有用数据鉴别能力和快速的反应能力。

3. 充分利用信息资源提高企业绩效

信息资源与人力、财力、物力一样，都是社会的重要资源，应该像管理其他资源那样管理信息资源。大数据时代是信息爆发的时代，企业只有掌握并利用好数据信息，才能获得竞争力，提高企业绩效。要充分收集、利用好内外部信息，就需要对企业的信息资源进行规划，整合企业的管理理念、业务流程与数据资源，建立适合企业自身需求的信息管理体系，实现企业信息资源的最优化利用。

4. 防范数据风险

相关研究认为，内部窃取、外部入侵、员工大意和合作伙伴泄露是数据风险的主要来源。因此，要规避 CRM 的数据风险，就需要企业建立严格的操作与管理制度，设置分级权限，规范作业监管，加强内部管理；使用高级别的数据安全措施和数据编码，

① 数据来源于《消费领域维权成本大调查报告》。

定期对系统隐患进行排查，积极防范外部入侵威胁；加强对员工的教育培训，提高员工安全意识；与合作伙伴打成数据保密协议，明确双方在数据保密方面的责任与义务，减少信息泄露。

四、数据仓库与数据挖掘

大数据时代企业拥有了越来越多的数据资源，要对这些数据资源进行分析，生成企业经营与决策所需要的信息，建立数据仓库储存海量客户信息，并运用数据挖掘技术分析数据的相关归路、模型和趋势，就成为 CRM 系统有效发挥作用的关键。

1. 数据仓库与数据挖掘的概念

数据仓库是一个面向主题的、集成的、非易失的、随时间变化的数据集合，用于支持管理决策。可见数据仓库具有面向主题、集成性、非易失性和时变性四个特征。此外，与数据库相比，数据仓库存放的是历史的、静态的数据（见表 10-1）；与操作数据存储相比，数据仓库的数据具有稳定性。

表 10-1　　数据库和数据仓库的区别

特性	数据库	数据仓库
数据	当前数据	历史数据
面向	业务操作	数据分析
存储	读写存储	多为只读
使用频率	高	较低
数据访问量	少	多
请求的响应时间	较短	可以很长
关注	数据输入	信息输出

数据挖掘是从大量的、不完全的、有噪声的、模糊的、随机的实际应用数据中提取人们感兴趣的知识，这些知识是隐含的、实现位置的、潜在的有用信息。数据挖掘是一种决策支持过程，它主要基于人工智能、机器学习、模式识别、统计学、数据库、可视化技术等，高度自动化地分析企业的数据，做出归纳性的推理，从中挖掘出潜在的模式，帮助决策者调整市场策略，减少风险，做出正确的决策。数据挖掘的任务有关联分析、聚类分析、分类分析、异常分析、特异群组分析和演变分析等。

2. 数据仓库在 CRM 系统中的应用

客户数据仓库的使用者。数据仓库的使用者包括信息使用者和知识挖掘者两类。信息使用者是操作型用户，他们知道自己的需要，经常重复性的使用访问部分数据。知识挖掘者则不只是查询数据仓库，还要从数据中分析、发现其隐含的有用信息，探求数据中更深层次的知识，以指导决策。

客户数据仓库的功能。客户关系管理中的数据仓库应该具备动态、整合的数据管理与查询功能，基于数据库的客户关系结构和忠诚客户识别功能，基于数据支持的客户购买行为参考功能，基于数据库支持的客户流失警示功能和基于 Web 数据仓库的信息共享功能。

客户数据仓库的结构。客户数据仓库的基本结构包括数据源和前端工具两部分。数据源是数据仓库系统的基础，是整个系统的数据源泉，通常包括客户信息、客户行为等外部信息和生产系统等内部信息。前端工具主要包括各种报表工具、查询工具、数据分析工具、数据挖掘工具以数据挖掘及各种基于数据仓库或数据集市的应用开发工具。其中数据分析工具主要针对 OLAP 服务器，报表工具、数据挖掘工具主要针对数据仓库（见图 10-2）。

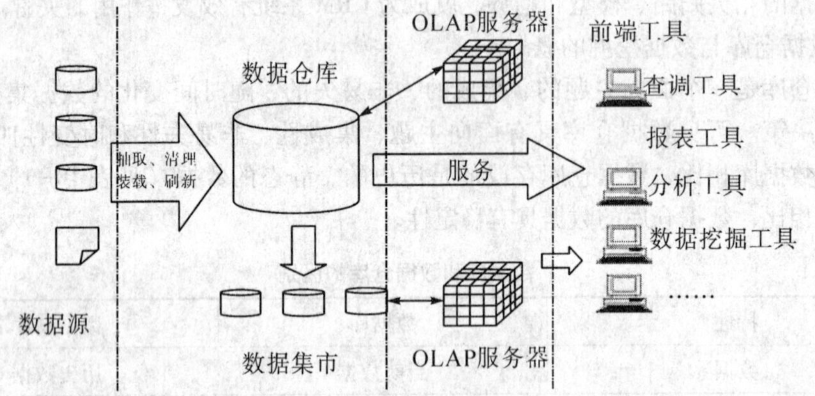

图 10-2　客户数据仓库的系统结构图

客户数据仓库的构建。客户数据仓库的构建包括数据仓库的设计和数据仓库建设两项内容。数据仓库的设计需要对企业的数据需求及数据关系进行抽象，建立企业模型，并将企业模型映射到数据库系统中；进行概念模型的设计，确定系统的边界与主题域，进行技术准备；针对概念模型中的每一个主题，构建逻辑模型；进行包括确定数据存储结构、存储位置和存储分配在内的物理模型设计；最后生成数据仓库。数据仓库的建设即是对数据信息的收集与录入。该过程需要企业各个部门的参与与写作，尤其要保证数据的质量。

3. 数据挖掘在 CRM 系统中的应用

数据挖掘在 CRM 系统中的应用主要包括客户分类、客户识别、客户忠诚度分析、客户盈利率分析和个性化营销五个方面。

客户分类。客户分类是基于客户的属性特征所进行的有效性识别与差异化区分的过程，一般采用分类法和聚类法。分类法是预先给定类别，然后确定对分类有影响的因素，将拥有相关属性的客户数据提取出来，选择合适的算法（如决策树、神经网络等）对于数据进行处理得到分类规则。经过评估和验证后就可将规则应用在未知类型客户上，对客户进行分类。聚类法则是一种自然聚类的方式，在数据挖掘之前并不知道客户可以分为哪几个类，只是根据要求确定分成几类，将数据聚类以后，再对每个簇中的数据进行分析，归纳出相同簇中客户的相似性或共性。

客户识别。客户识别就是通过一系列技术手段，根据大量客户的特征、购买记录等可得数据，找出谁是企业的潜在客户，客户的需求是什么、哪类客户最有价值等，并把这些客户作为企业客户关系管理的实施对象，从而为企业成功实施 CRM 提供保障。通过对企业数据仓库的数据挖掘，企业可以较容易的根据数据信息完成识别客户的工作，并进一步确定哪些客户需要保留、培养与维护，哪些客户属于没有价值的客户，从而进行营销策略的制定。

客户忠实度分析。忠实的客户可以降低企业成本，提高企业的核心竞争力，因此对客户忠实度的分析是企业客户关系管理的重要内容。数据挖掘在客户忠实度分析中主要对客户持久性、牢固性和稳定性进行分析，通过对客户购买的历史数据进行分析，发现忠实客户。

客户盈利率分析。企业是拥有一定资源以营利为目的组织，因此评价客户的盈利率对企业的经营非常重要。使用数据挖掘技术对客户营利率的分析包括对现有客户的盈利率分析和对目标市场的预测两个方面。对现有客户盈利率的分析，主要通过历史数据分析发现企业现有的有价值客户，为企业制定营销策略、维护有价值客户、稳固现有市场与利润提供决策依据。对目标市场的预测则是通过对历史数据的分析，发现价值客户的特征，结合目标市场的潜在客户信息分析，找到高价值客户。

个性化营销。个性化营销是企业面向消费者，直接服务于顾客，并按照顾客的特殊要求制作个性化产品的新型营销方式，是客户关系管理的重要内容之一。企业运用数据挖掘工具，对客户的兴趣爱好、生活习惯、需求等特性进行分析和预测，可以为个性化营销提供基础资料。

数据挖掘的工具。在数据挖掘过程中，数据挖掘工具必不可少。数据挖掘工具包括数据挖掘工具和文本挖掘工具。数据挖掘工具主要进行预测、聚类分析、关联分析、时间序列分析及统计分析；文本挖掘工具则主要是应对客户抱怨顶级、专利分类、网页分类和电子邮件分类等。此外，根据数据挖掘工具的适用范围，还可以将其分为专用工具和通用工具。

案例分析：

美国塔吉特（Target）百货：对顾客群体细分——数据挖掘

Target 的市场营销人员求助于它的顾客数据分析部（Guest Data & Analytical Services）的高级经理安德鲁·波尔（Andrew Pole），要求他建立一个模型，在孕妇第 2 个妊娠期就把她们给确认出来。在美国出生记录是公开的，等孩子出生了，新生儿母亲就会被铺天盖地的产品优惠广告包围，那时候 Target 再行动就晚了，因此必须赶在孕妇第 2 个妊娠期行动起来。如果 Target 能够赶在所有零售商之前知道哪位顾客怀孕了，市场营销部门就可以早早地给他们发出量身定制的孕妇优惠广告，早早圈定宝贵的顾客资源。

安德鲁·波尔对迎婴聚会登记表里的顾客的消费数据进行建模分析，就发现了许多非常有用的数据模式。比如模型发现，许多孕妇在第 2 个妊娠期的开始会买许多大包装的无香味护手霜；在怀孕的最初 20 周大量购买补充钙、镁、锌的善存片之类的保健品。最后安德鲁·波尔选出了 25 种典型商品的消费数据构建了“怀孕预测指数”，通过这个指数，Target 能够在很小的误差范围内预测到顾客的怀孕情况，因此 Target 就能早早地把孕妇优惠广告寄发给顾客。

根据安德鲁·波尔的大数据模型，Target 制订了全新的广告营销方案，结果 Target 的孕期用品销售呈现了爆炸性的增长。安德鲁·波尔的大数据分析技术从孕妇这个细分顾客群开始向其他各种细分客户群推广，从安德鲁·波尔加入 Target 的 2002 年到 2010 年间，Target 的销售额从 440 亿美元增长到了 670 亿美元。

资料来源：http://finance.sina.com.cn/leadership/jygl/20051020/12102049706.shtml。

第五节　客户关系管理系统实例①

目前，我国软件市场上 CRM 系统产品品种繁多、良莠不齐，本节以厦门快普信息有限公司的“快普 M6 整合管理平台-CRM 系统”为例，对 CRM 系统的功能及其应用进行简略介绍。

一、基本功能

快普 CRM 客户关系管理系统是快普 M6 整合平台的一个子系统。系统包含目标管理、市场活动、线索管理、商机管理、费用管理、客户管理、客户跟踪、合同订单、报价管理、系统设置十大主功能模块（见图 10-3），另外还设置有销售助理、报表中心、日常办公入口等辅助功能模块。

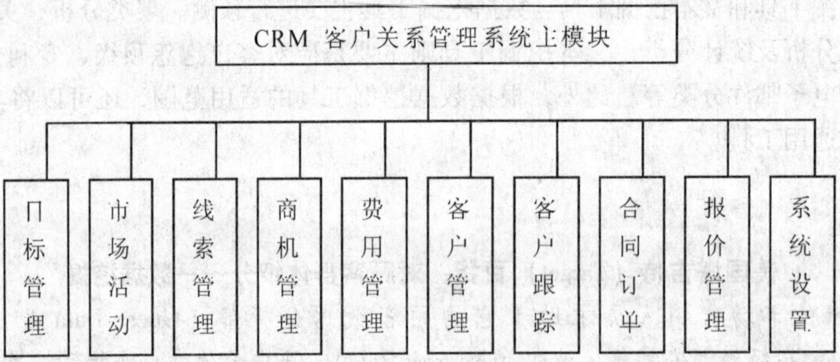

图 10-3　M6-CRM 主要功能结构

二、客户管理

1. 客户锁定

要实现数据库营销，将海量客户信息进行有效管理很重要，否则客户工作无从开展，锁定就是明确客户的负责人，根据数据权限设置为自己只能看到自己负责的客户，上级可以看下级的客户；可以分行业、分地区进地锁定，或谁创建谁负责，或新建后默认都是开放客户，由客户经理从开放客户向上级申请锁定，也可通过主管分配或移交给相应客户经理负责，锁定客户超过规定数量将无法再申请锁定。如有价值更高的

① 资料来源：深圳快普信息技术有限公司。

客户，必须先开放原有锁定你认为没价值的客户。

2. 客户解锁

很久没跟踪、或很久没产生商机可能自动被解锁为开放客户，这些功能将避免老员工霸占大量客户资源无法经营，而新人又没客户的现象。

3. 客户管理

当负责的客户太多时可将近期要重点跟进的客户列入重点，上级主管可将下属负责的客户和下属关注的客户列为自己关注的客户，客户经理也可从开放客户将自己认为有意义的客户暂时列为自己关注的客户，跟进一段后选择有价值的客户进行锁定申请，开放客户可以被多人关注。需要其他部门协助时也可将客户共享给他人，竞争对手也可集中分析。关注客户和重点客户用于临时存放的地方，否则经常好不容易过滤出来的客户，下次又还要去找。

4. 客户关系的建立

能将个人客户生成客户联系人，能将联系人生成个人客户，能将联系人所在单位生成潜在客户，同时自动建立关联关系，形成直系关系网，不仅不会出现大量重复数据，而且将传统系统孤立的客户、联系人及联系人单位三者有机整合起来，客户的关联关系是客户关系管理的基础，新增客户时客户、联系人、联系人单位的检索功能确保不会重复，客户重名会造成对账和服务不方便。

5. 会员管理

CRM 客户关系管理系统主要用于管理单位客户，个人客户的客户关系管理用会员来管理。当然，单位客户的联系人也可通过会员管理，把非法的回扣通过会员积分的方式合理化、隐蔽化，同时可以给介绍人进行积分奖励，会员积分达到一定分数时可自动升级，积分可兑换服务或礼品。

6. 客户跟踪

每次拜访完客户形成联系记录时根据跟踪频率可自动预约下次联系时间，根据“下次联系时间”有计划有层次地对电话销售、上门拜访等销售行为进行管理，先看有无今天要联系的客户，再到本周要联系、联系已过期、近期未联系的客户，如再没有就查看从未联系的客户，最后去网络或黄页寻找客户名单，预约时间改期可修改下次联系时间。

7. 联系人跟踪

同一客户、同一联系人只能预约一个时间，避免重复拜访，一个单位有多个联系人，往往经办人和使用人经常联系，关键决策人和领导因业务忙或传统系统不容易查找而造成“平时不烧香，临时抱佛脚”的情况，通过联系人跟踪模块通过职务、角色、联系次数、未联系天数等查询条件，很方便与重要联系人经常保持沟通，重要客户及重要联系人一个也不会遗漏。

8. 联系记录

主管可通过联系记录模块方便查看每个客户经理在某一时段的每条联系记录列表，发现问题可及时在联系记录关联页面进行点评，点评内容将自动短信给相应客户经理，同时也可重点分析近期已联系的客户相关情况。

三、业务管理

1. 合同管理与报价管理

根据合同范本自动生成新的合同文稿，系统对 Word 文档和纯文本格式具有完整的在线编辑支持和快速替换机制，方便追溯修改痕迹，简化起草过程；合同文档、合同附件及相关信息统一管理，便于完整了解一份合同所包含的全部内容。

有效管理每个项目成员的报价情况，可进行流程审批，便于协同。

2. 费用管理

业务费用管理是一项很重要的工作，加大投入销售费用将会提升业务，但对费用如何做到事前可控，先通过费用申请，经相关部门审批后，按审批后的预算额度再开支，最后凭相关票据在 ERP 费用开支进行实报实销。

3. 目标管理

将销售目标、计划任务、实际行动、工作报告结合成一体（布置、执行、汇报、检查进行全过程管理）。并可根据需要，灵活设定“提醒”方式和时间，大大增强管理的执行力。

4. 市场管理

市场活动是产品营销及品牌推广一项重要工作，如何策划好一场成功的市场活动，控制活动费用预算及做好活动效果的预估、执行跟踪总结，通过市场活动，找出线索，挖掘商机。

5. 报表中心

领导通过员工操作分析、模块操作分析、客户变动分析、客户状态分析、销售漏斗分析、职员商机预测、客户来源分布等报表进行决策分析。

CRM 数据权限——对需要看到相关数据的用户进行授权。可以对 CRM 不同的功能模块、不同的岗位或员工授权浏览不同的数据范围（全部或本部门）。总经理可以看到整个公司员工输入的数据，部门经理只能看到本部门员工输入的数据，一般员工只能看到自己输入的数据（除了共享数据外）。可以根据公司的组织结构来严密控制，有效防止越权操作。

四、数据挖掘

1. 商机管理

以商机为中心，将以此商机相关的所有信息关联在一起，包括商机信息、需求分析、阶段推进、竞争分析、团队建议、报价、计划、联系记录、费用、上游报备情况、订单、合同等，商机往往跟踪周期较长，而且需要多部门多人协同，大家对商机情况越了解，越容易成功；商机也可以作为项目的投标管理。

2. 商机阶段

根据销售漏斗管理，对商机阶段进行分析是商机管理的基础，分析出本行业商机全过程具有里程碑意义、标志性的几个关键阶段和成功概率，把商机工序化、标准化、简单化，在每道工序配套相应人员和标准作业技能，实现业绩可预测和可控制，缩短销售周期。

3. 商机报备

新建商机可根据商机大小进行公司内部审批，以便公司组织资源，然后及时向上游供应商进行商机报备，可通过上游报备模板向指定人员进行邮件报备，可方便查看商机是否报备，不会因为客户经理忙无意识客户关系做得很好，而因没遵守厂商游戏规则而失去支持。

4. 商机跟踪

商机报备完后将进入商机跟踪，按阶段停留时间查看分析、及时推动。商机可预约下次联系时间，商机因某种原因可能暂缓，我们可以将正在进行商机设置暂缓原因及激活时间，暂时我们不用花时间去关注，到时间自动激活，我们再去跟进。商机可生成报价单、订单、合同。

五、主要操作界面

M6-CRM 的主要操作界面如图 10-4 至图 10-9 所示。

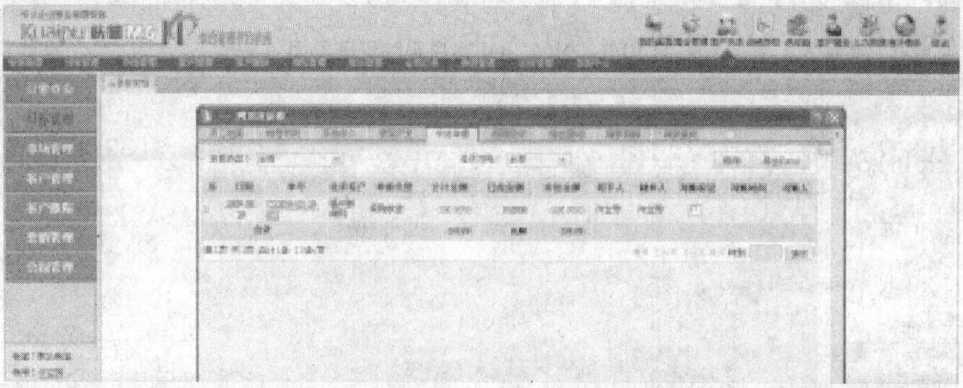

图 10-4　M6-CRM 目标管理界面

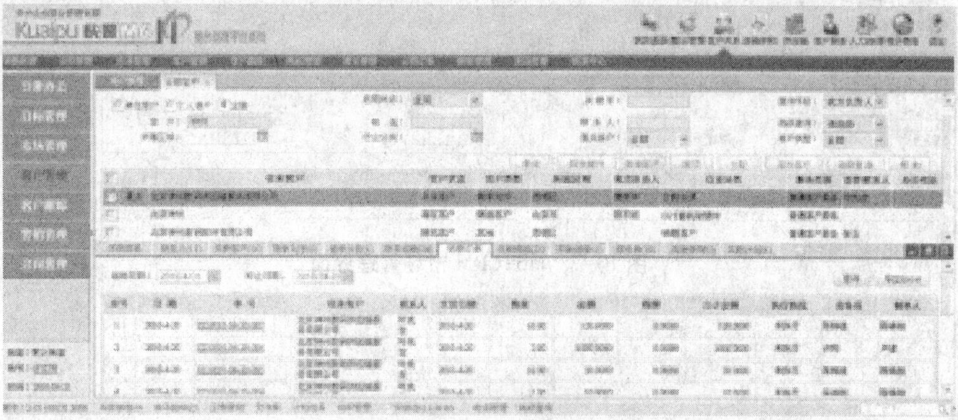

图 10-5　M6-CRM 客户管理界面

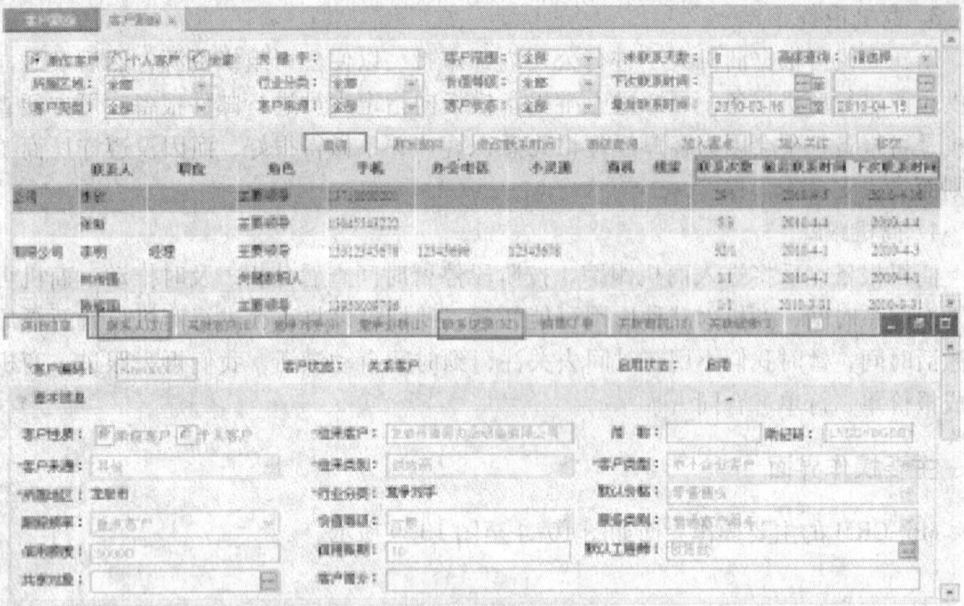

图 10-6　M6-CRM 客户跟踪管理界面

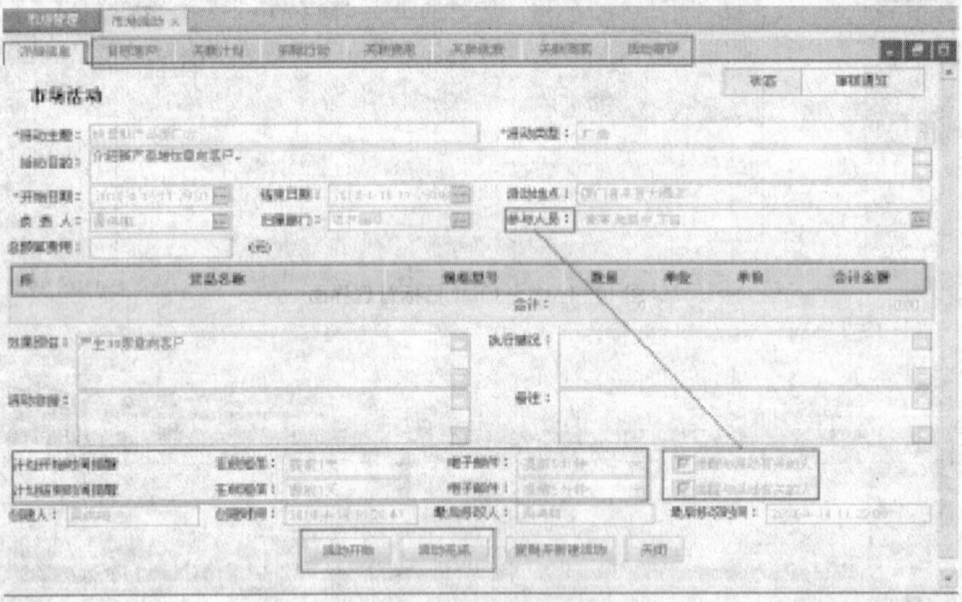

图 10-7　M6-CRM 市场管理界面

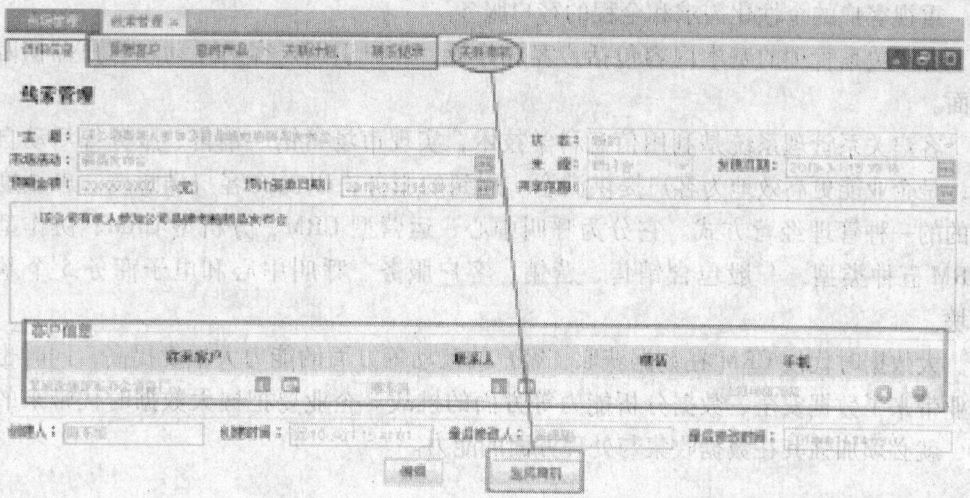

图 10-8　M6-CRM 商机管理界面

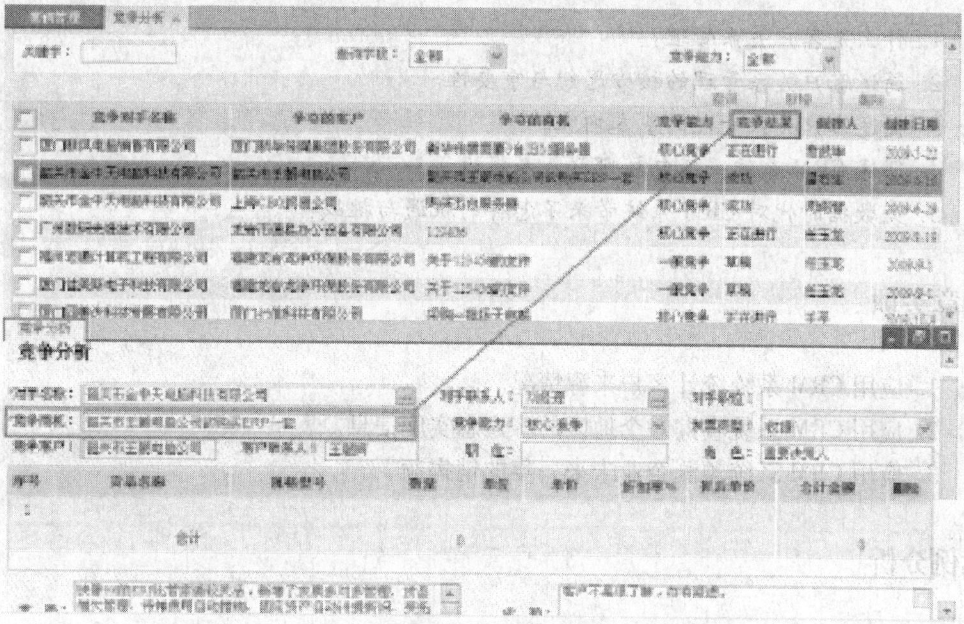

图 10-9　M6-CRM 竞争分析界面

本章小结

客户关系管理，是企业扩大市场规模、增强核心竞争力、加速提升运营效率的一种成功管理模式，是综合运用各种工具整合、分析企业客户信息，选择目标客户，发现客户需求，进而通过改变企业流程等方式，满足客户的差异化需求，进而实现企业长远发展的管理理念与方法。客户关系管理的核心思想为：客户是企业发展的核心资源、重视客户的个性化需求和全程的客户服务。

客户关系管理的基本内容包括，客户分析、客户识别、客户互动和客户知识四个方面。

客户关系管理系统是利用信息科学技术，实现市场营销、销售、服务等活动自动化，是企业能更高效地为客户提供满意、周到的服务，以提高客户满意度、忠诚度为目的的一种管理经营方式。它分为呼叫中心、运营型CRM、分析型CRM、协作型和eCRM五种类型，一般包含销售、营销、客户服务、呼叫中心和电子商务5个基本模块。

大数据时代使CRM在数据获取、客户的互动等方面的能力大幅度提高，同时也给企业带来了数据安全、数据分析能力等方面的挑战。企业要把握大数据时代带来的机遇，就必须加强其在数据收集与处理方面的能力。

复习思考题

1. 什么是客户关系管理?
2. 简述客户关系管理的核心思想与重要性。
3. 简述客户关系管理的基本内容。
4. 简述CRM系统一般包括哪些基本模块。
5. 大数据时代对CRM系统带来了怎样的机遇与挑战?

本章实训

1. 应用CRM系统统计客户来源情况。
2. 应用CRM系统查询一个地区的客户忠实度信息。
3. 应用CRM系统预测企业未来一年的销售额。

案例分析

苏宁电器的客户关系管理

苏宁电器是中国3C（家电、电脑、通讯）家电连锁零售企业的领先者。截止2005年12月底，苏宁电器在中国27个省和直辖市，90多个城市拥有近300多家连锁店，员工人数70 000多名。据商务部统计数据显示，2005年苏宁电器销售额近400亿元。苏宁电器是“全国20家大型商业企业集团”之一。更为之称道的是苏宁的信息化工作，曾入选“2005年度中国企业信息化500强”，排名第45位，成为前百强企业中唯一入选的零售企业。以SAP/ERP为核心的苏宁信息化平台在国内商业零售领域是第一家。

基于ATM专网实现采购、仓储、销售、财务、结算、物流、配送、售后服务、客户关系一体化实时在线管理。适应管理和处理日益庞大的市场数据的要求，建立全面、统一、科学的日常决策分析报表、查询系统。有效控制物流库存，大幅提高周转速度，库存资金占用减少，盘点及时有效。电脑区域配送派工。完善售后服务系统（送货管理、安装管理、维修管理）为客户服务中心提供强有力的基础服务平台。通过多维分析模型、商品生命周期分析模型等现代分析手段，综合运用数据仓库、联机分析处理、数据挖掘、定量分析模型、专家系统、企业信息门户等技术，提供针对家电零售业运营所必需的业务分析决策模型，挖掘数据的潜在价值。

BtoB、BtoC、银企直联构筑的行业供应链，实现了数据化营销。与索尼、三星等供应商建立了以消费者需求和市场竞争力为导向的协同工作关系。知识管理和数据库营销成为基本工作方式，标志中国家电和消费电子类产品供应链管理从上游厂商制造环节，延伸零售渠道环节。苏宁与索尼、摩托罗拉率先实现 B2B 对接，与 LG、三星、海尔等上游企业 B2B 对接完成，贯通上下产业价值链信息系统初具雏形。供销双方基于销售信息平台，决定采购供应和终端促销，实现供应商管理库存功能，加强产业链信息化合作，建立电子商务平台与现有的 SAP/ERP 系统完美结合，行业间 B2B 对接，订单、发货、入库和销售汇总等数据实时传递、交流，大幅度缩减业务沟通成本；建立完善的客户服务系统以及信息数据采集、挖掘、分析、决策系统，分析消费数据和消费习惯，将研究结果反馈到上游生产和订单环节，以销定产。

苏宁全国 100 多个城市客户服务中心利用内部 VOIP 网络及呼叫中心系统建成了集中式与分布式相结合的客户关系管理系统，建立 5 000 万个顾客消费数据库。建立视频、OA、VOIP、多媒体监控组成企业辅助管理系统，包括图像监控、通讯视频、信息汇聚、指挥调度、情报显示、报警等功能，对全国连锁店面及物流中心实时图像监控，总部及大区远程多媒体监控中心负责实时监控连锁店、物流仓库、售后网点及重要场所运作情况，全国连锁网络“足不出户”的全方位远程管理。

实现了全会员制销售和跨地区、跨平台的信息管理，统一库存、统一客户资料，实行一卡式销售。苏宁实现 20 000 多个终端同步运作，大大地提高管理效率。苏宁各地的客服中心都是基于 CRM 系统为运作基础的。客户服务中心拥有 CRM 等一套庞大的信息系统，CRM 系统将自动语言应答、智能排队、网上呼叫、语音信箱、传真和语言记录功能、电子邮件处理、屏幕自动弹出、报表功能、集成中文 TTS 转换功能、集成 SMS 短消息服务等多项功能纳入其中，建立了一个覆盖全国的对外统一服务、对内全面智能的管理平台。

依托数字化平台，苏宁会员制服务全面升级，店面全面升级为会员制（CRM）销售模式，大大简化消费者的购物环节，方便顾客。现在，累积积分可以冲抵现金，成为苏宁吸引消费者一个重要因素。目前苏宁针对会员消费者，推出会员价商品、会员联盟商家、会员特色服务等专项服务内容。

比如某一款产品限量特价之后，顾客荣誉卡里记录着该顾客的信息，苏宁可以提前通知这些有意向购买这个商品的顾客，把优惠让给他们，而不需要他们排队。

另外，苏宁针对客户的个性化优惠变得切实可行，比如苏宁可以给某些有着良好购买记录的顾客直接现金优惠，也可以根据对方的购买习惯打包进行捆绑式销售，这些都给顾客带来实际效益。而且让利是可见的、是实时的，比大规模没有针对性的促销更有利。

资料来源：商战名家网。

思考：

1. 苏宁电器的客户关系管理包含哪些内容?
2. 苏宁电器如何实现以客户为中心的理念?
3. 苏宁电器是怎样通过客户关系管理提升其竞争力的?

参考文献

[1] 邓淼. 企业管理概论 [M]. 北京：科学出版社，2011.

[2] 邸彦彪. 现代企业管理理论与应用 [M]. 2 版. 北京：北京大学出版社，2013.

[3] 钟颖. 企业管理中的激励问题原理研究 [J]. 赤峰学院学报：自然科学版，2013（07）.

[4] 董冰凌. 动态原理在海关实施企业分类管理中的运用 [J]. 魅力中国，2010（23）.

[5] 丁荣荣. 企业管理发展初探 [J]. 中国商贸，2013（17）.

[6] 杨明来. 企业管理的发展趋势与探讨 [J]. 价值工程，2013（23）.

[7] 魏勇. 管理的基本原理与企业管理的特点 [J]. 今日湖北，2013（09）.

[8] 张弛. 浅论企业管理及发展 [J]. 科技致富向导，2013（15）.

[9] 衡俊鹏. 企业管理基本特征与原理新探 [J]. 长江大学学报. 2011（04）.

[10] 夏晓明. 浅企业管理职能 [J]. 黑龙江科技信息，2010（23）.

[11] 揭筱纹. 战略管理——概论、案例与分析 [M]. 北京：清华大学出版社，2009

[12] 李福海. 战略管理学 [M]. 成都：四川大学出版社，2004.

[13] 王方华，吕巍. 战略管理 [M]. 2 版. 北京：机械工业出版社，2012.

[14] 方欣. 企业战略管理 [M]. 北京：科学出版社，2008.

[15] 希尔，琼斯. 战略管理 [M]. 孙忠，译. 7 版. 北京：中国市场出版社，2007.

[16] 周三多，邹统钎. 战略管理思想史 [M]. 上海：复旦大学出版社，2003

[17] 黄旭. 战略管理思维与要径 [M]. 2 版. 北京：机械工业出版社，2012.

[18] 乔泊·米尔科维奇，杰里·M. 纽曼. 薪酬管理 [M]. 成得礼，译. 6 版. 北京：中国人民大学出版社，2002.

[19] 林新奇. 人力资源管理发展八大趋势 [N]. 光明日报，2009-02-13.

[20] 曹嘉晖，张建国. 人力资源管理 [M]. 成都：西南财经大学出版社，2012.

[21] 张德. 人力资源开发与管理 [M]. 北京：清华大学出版社，2007.

[22] 暴丽艳，徐光华. 人力资源管理实务 [M]. 2 版. 北京：清华大学出版社，2010.

[23] 赵曙明. 跨国公司人力资源管理 [M]. 北京：中国人民大学出版社，2001.

[24] 李健. 论企业文化建设的基本规则 [J]. 云南名族大学学报，2005（5）.

[25] 沈萍，王爱兰. 关于企业文化建设的思考 [J]. 企业导报，2010 (6).

[26] 陈超. 立足实际的企业文化建设流程分析 [J]. 经济与管理，2003 (8).

[27] 胡忠贵. 知识经济内涵与定义的探讨 [J]. 生产力研究，2004 (2).

[28] 邱均平. 知识管理学 [M]. 北京：科学技术文献出版社，2006.

[29] 刘植惠. 知识经济中知识的界定和分类及其对情报科学的影响 [J]. 情报学报，2000 (4).

[30] 韩经纶. 知识管理 [M]. 天津：南开大学出版社，2006.

[31] 杨栋. 浅谈现代企业中的知识管理 [J]. 河西学院院报，2010 (2).

[32] 刘东. 知识管理的基本过程与知识的分类管理模式 [J]. 南京政治学院学报，2002 (3).

[33] 和金生，熊德勇. 知识管理应当研究什么 [J]. 科学学研究，2004 (1).

[34] 储节旺，周绍森，谢阳群. 知识管理概论 [M]. 北京：清华大学出版社，2006.

[35] 朱晓峰. 知识管理研究综述 [J]. 情报理论与实践，2003 (5).

[36] 储节旺. 国内外知识管理理论发展与流派研究 [J]. 图书情报工作，2007 (4).

[37] 杜维，司有和，温平川. IT 能力、知识管理战略与绩效：环境的影响 [J]. 科研理，2010 (1).

[38] 汪克强，古继宝著. 企业知识管理 [M]. 合肥：中国科学技术大学出版社，2005.

[39] 陈晔武. 国外知识创新模型研究综述 [J]. 情报杂志，2007 (12).

[40] 唐炎华，石金涛. 国外知识转移研究综述 [J]. 情报科学，2006 (1).

[41] 林枫，徐金发. 国外知识转移研究述评 [J]. 重庆大学学报：社会科学版，2010 (5).

[42] 岳金燕，金水英. 基于平衡计分卡的企业绩效评价体系的构建 [J]. 黑龙江对外经贸，2011 (9).

[43] 董文尧. 质量管理学 [M]. 北京：清华大学出版社，2006.

[44] 尤建新，等. 质量管理学 [M]. 2 版. 北京：科学出版社，2008.

[45] 马士华，林勇. 供应链管理 [M]. 北京：高等教育出版社，2011.

[46] 刘小卉. 供应链管理 [M]. 大连：大连理工大学出版社，2011.

[47] 邹辉霞. 供应链管理 [M]. 北京：清华大学出版社，2011.

[48] 赵修卫，黄本笑. 技术创新管理 [M]. 武汉：武汉大学出版社，2007.

[49] 陈劲. 技术创新管理方法 [M]. 北京：清华大学出版社，2006.

[50] 雷家骕，洪军. 技术创新管理 [M]. 北京：机械工业出版社，2012.

[51] 杨路明. 客户关系管理 [M]. 重庆：重庆大学出版社，2007.

[52] 王永贵. 客户关系管理 [M]. 北京：清华大学出版社，2013.